LIV VON BOETTICHER

DIE AKTE
TENGELMANN

UND DAS MYSTERIÖSE VERSCHWINDEN
DES MILLIARDÄRS KARL-ERIVAN HAUB

Welche Rolle der russische Geheimdienst spielt
und warum deutsche Behörden nicht ermitteln

Bibliografische Information der Deutschen Nationalbibliothek
Die Deutsche Nationalbibliothek verzeichnet diese Publikation in der Deutschen National-
bibliografie. Detaillierte bibliografische Daten sind im Internet über http://d-nb.de abrufbar.

Für Fragen und Anregungen:
info@finanzbuchverlag.de

Wichtiger Hinweis
Ausschließlich zum Zweck der besseren Lesbarkeit wurde auf eine genderspezifische Schreibweise sowie eine Mehrfachbezeichnung verzichtet. Alle personenbezogenen Bezeichnungen sind
somit geschlechtsneutral zu verstehen.

Originalausgabe
2. Auflage 2023
© 2023 by FinanzBuch Verlag, ein Imprint der Münchner Verlagsgruppe GmbH
Türkenstraße 89
80799 München
Tel.: 089 651285-0
Fax: 089 652096

Umschlaggestaltung: Marc-Torben Fischer
Umschlagabbildung: shutterstock.com/eugen_z; shutterstock.com/Mikolaj Niemczewski
Satz: ZeroSoft, Timisoara
Druck: GGP Media GmbH, Pößneck
Printed in Germany

ISBN Print 978-3-95972-705-1
ISBN E-Book (PDF) 978-3-98609-355-6
ISBN E-Book (EPUB, Mobi) 978-3-98609-356-3

Wir produzieren
nachhaltig
www.m-vg.de

Weitere Informationen zum Verlag finden Sie unter

www.finanzbuchverlag.de

Beachten Sie auch unsere weiteren Verlage unter www.m-vg.de.

INHALT

PROLOG

Am 7. April 2018 beginnt in Zermatt am Fuß des Matterhorns eine mysteriöse Geschichte, die sich liest wie aus einem Hollywood-Drehbuch. Es ist die Geschichte des Tengelmann-Chefs Karl-Erivan Haub, der an diesem Tag frühmorgens zu einer Skitour aufbricht und seitdem verschollen ist. Es ist eine Geschichte von Macht und Betrug, von Geheimdiensten und Oligarchen, von Gier und Größenwahn. Eine Geschichte, an deren Ende zwei Privatermittler tot sein werden.

Der breiten Öffentlichkeit sind bis zu jenem Tag weder der Name Karl-Erivan Haub noch sein Gesicht sehr präsent, die Milliardärsfamilie lebt äußerst zurückgezogen. Die Firmen ihres Familienimperiums kennt jedoch fast jeder. Bis zu seinem Verschwinden lenkte Karl-Erivan Haub die Tengelmann Warenhandelsgesellschaft KG. Zu ihr gehören über die Jahre nicht nur die Supermärkte Kaiser's und Tengelmann, sondern auch große Ketten wie OBI, KiK, Netto, TEDi und Internetbeteiligungen wie Zalando, Westwing und viele mehr. Die Familie ist in der Wirtschaft ganz oben angekommen. Sie pflegt außerdem enge Kontakte zu den höchsten Kreisen der deutschen und amerikanischen Politik.

Unmittelbar nach dem Verschwinden in den Schweizer Alpen beginnt eine beispiellose Suche, finanziert aus privaten Mitteln der Familie und von Tengelmann-Mitarbeitern koordiniert. Im Verlauf der Jahre steigen die Kosten auf mehrere Millionen Euro und es werden weltweit Ermittlerteams beschäftigt. Denn schnell wird klar: In Zermatt wird man nicht fündig. Die Ermittler müssen ihren Fokus ausweiten – bis nach Russland.

Nach und nach kommt ans Licht: Karl-Erivan Haub, für viele bis dahin der Inbegriff eines »ehrbaren Kaufmanns«, pflegte offenbar über Jahre hinweg intensive Kontakte und Geschäftsbeziehungen in Russland. Seine dortigen Partner: mitunter dubiose Gestalten mit höchst krimineller Vergangenheit. Auch seine Beziehung zu einer jungen Russin wirft viele Fragen auf. Allem Anschein nach ist Veronika, so ihr Name, eine aktive Agentin eines russischen Nachrichtendienstes. Sie begleitet den Milliardär auf Reisen. Auch in der Nacht vor seinem Verschwinden hat sie mehrere Stunden mit ihm telefoniert.

In welche dunklen Machenschaften ist der deutsche Milliardär möglicherweise verstrickt? Ist er als eine Art Doppelagent für Russland tätig, was die internen Tengelmann-Ermittler inzwischen als Option in Betracht ziehen?

Warum waren kurz nach seinem Verschwinden sowohl der amerikanische Inlandsgeheimdienst FBI als auch der amerikanische Auslandsgeheimdienst CIA in Zermatt vor Ort? Warum verschließen die deutschen Behörden bis heute ihre Augen?

Welche Rolle spielt Christian Haub, Karl-Erivans jüngster Bruder und der heutige Firmenlenker, in der ganzen Geschichte? Weiß er womöglich mehr, als er zugeben will?

Bis heute fehlt von »Charlie«, wie ihn seine Familie und enge Freunde nennen, *offiziell* jede Spur. Doch stimmt das wirklich? Oder soll die Öffentlichkeit dies glauben?

Investigativjournalisten konnten im Jahr 2021 einen umfassenden Einblick in die jahrelangen Nachforschungen der internen Tengelmann-Ermittler nehmen und die streng geheimen Dokumente auswerten. Auf dieser Grundlage wurde der Fall Karl-Erivan Haub in einer knapp zweijährigen journalistischen Recherche neu aufgerollt und durch eine Vielzahl von Ermittlungsergebnissen ergänzt: Offenbar ist der Aufenthaltsort des verschollenen Milliardärs innerhalb seiner Familie zeitweise bekannt. Doch warum wird er verheimlicht? Und welchen Zusammenhang gibt es zwischen den internen Tengelmann-Ermittlungen und dem plötzlichen Tod von zwei externen Privatdetektiven?

VORWORT

Ich glaube an das Schicksal. Und dass ich im Januar 2021 mehr oder weniger zufällig zu dieser Geschichte gekommen bin, hat sicherlich etwas damit zu tun. Zu diesem Zeitpunkt brauchte ich eine Aufgabe. Nicht nur dienstplantechnisch gesehen.

Im Herbst 2020 stehe ich vor der Entscheidung, die Mediengruppe RTL nach fünf Jahren zu verlassen und mich einem neuen Projekt zu widmen. Es zieht mich weg aus Leipzig, wo ich zwei Jahre lang Korrespondentin für RTL/n-tv gewesen bin. Mein Ziel: Berlin. Der Vertrag beim größten Mitbewerber von RTL liegt unterschrieben in meiner Wohnung, doch ich zögere ihn abzuschicken.

Mitte Oktober 2020 fasse ich mir dann ein Herz und teile der RTL-Chefredaktion mit, dass ich den Sender verlassen werde. Doch ein Mitglied der RTL-Chefredaktion »interveniert«, eine junge Frau. Sie will, dass ich bleibe und künftig für sie in der Primetime arbeite. Sie bietet mir an, ich könne dort zukünftig an großen, abendfüllenden Dokus arbeiten und in Berlin leben. Eine junge Frau als Chefin und Berlin als Wohnort – damit war die Entscheidung für mich gefallen.

Nicht so richtig klar war mir damals aber, was solche Themen sein könnten. Das RTL-Programm in der Primetime bestand, wie ich es zu diesem Zeitpunkt empfand, hauptsächlich aus Formaten wie »Wer wird Millionär?« und »Bauer sucht Frau«. Mein erklärtes Ziel waren Recherchen in Kriegs- und Krisengebieten sowie Hotspots weltweit. Aber wir würden sicherlich gemeinsam eine Lösung finden.

Zufrieden mit meiner Entscheidung ziehe ich vor Weihnachten 2020 erst mal von Leipzig nach Berlin und richte mich in meinem neuen Zuhause ein. Anfang Januar 2021 ruft mich meine Chefin dann an: »Es geht um diesen verschollenen Milliardär, der vielleicht in Russland lebt. Mach dich auf die Suche nach Karl-Erivan Haub und seiner russischen Geliebten.« Ich habe noch keine Ahnung, wer dieser Mann sein soll, und sprühe daher auch nicht vor Begeisterung.

Dass diese Recherche aber *d i e* Geschichte meines Lebens werden würde, hätte ich zu diesem Zeitpunkt nie gedacht. Dass ich noch Jahre später nachts auf dem Sofa in meiner Wohnung digitale Spuren in Russland überprüfen würde, weil mich diese Geschichte nicht mehr loslässt: In jenem Moment lag *nichts* ferner als das.

Weder von Karl-Erivan Haub noch vom Rest seiner Familie habe ich bis dato gehört. Doch ich erinnere mich dunkel daran, dass einige Jahre zuvor von einer großen Such- und Rettungsaktion in Zermatt berichtet wurde. Bilder von Hubschraubern, die vor der Matterhorn-Kulisse starten und landen, kommen mir wieder in den Sinn. Dass es sich bei dem vermissten Skifahrer von damals um den Tengelmann-Chef handelte, hatte ich schon wieder vergessen.

So richtig begeistert bin ich von der neuen Aufgabe nicht. Vor meinem inneren Auge sehe ich mich durch Moskau stapfen und auf der Suche nach der vermeintlichen Geliebten an fremden Türen läuten.

Doch es hilft ja nichts, meinen ersten Auftrag im neuen Job kann ich schließlich nicht sofort verweigern. In den ersten Januartagen lese ich mich also erst mal in die Familiengeschichte der Haubs ein und gewinne einen Überblick über die Geschäftsstruktur. Schnell wird mir klar: Hinter der Fassade der sympathischen Milliardärsfamilie muss sich noch eine andere Realität verbergen. Allem Anschein nach gibt es erhebliche Missstimmungen zwischen den drei Brüdern Karl-Erivan, Georg und Christian Haub. Karl-Erivan soll seinen Bruder Georg für mehrere Millionen Euro beschatten lassen haben. Jedenfalls steht es so in der Presse. Ich kann mir das Ganze zwar nur schwer vorstellen, doch so langsam ist meine Neugierde geweckt.

Im Laufe der darauf folgenden zwei Jahre sammeln meine Kollegen und ich genügend Fakten und Indizien, die einen ungeheuerlichen Verdacht erhärten: Der aktuelle Aufenthaltsort von Karl-Erivan Haub in Russland ist im

Umfeld der Familie (zeitweise) bekannt und es wird *alles* unternommen, um ihn vor der Öffentlichkeit und vor den Institutionen und Behörden zu verschleiern. Dieses Buch lässt tief eintauchen in eine Welt aus Gier und Verrat, aus Lügen und verletzten Eitelkeiten, Verstrickungen zu verschiedenen Geheimdiensten, Beziehungen bis in die höchsten Kreise der Macht, die Machenschaften dubioser Geschäftspartner, darunter Geldwäsche. Das alles liest sich wie ein Krimi und macht auch deutlich: Es geht um viel mehr als um eine reiche Familie, ihr Unternehmen und die dunklen Seiten ihres Privatlebens. Nicht nur einmal werden wir Journalisten Ziel von Überwachungsmaßnahmen und von verschiedenen Seiten gewarnt, nicht zu viele Fragen zu stellen. Und als wir uns mit Hinweisen an die deutschen Behörden wenden, reagieren sie nicht.

Viele haben ein großes Interesse daran, die Umstände des mysteriösen Verschwindens des Tengelmann-Milliardärs Karl-Erivan Haub verdeckt zu halten. Doch die Geschichte ist so groß und umfangreich und sie weist so viele Bezüge zu Skandalen auf, dass es mir sehr am Herzen liegt, sie zu veröffentlichen. Ich habe nicht aufgehört zu recherchieren, und nach zwei weiteren Jahren gelingt nochmals ein spektakulärer Durchbruch. Nach wie vor und sogar jetzt erst recht besteht ein öffentliches Interesse daran, den Fall aufzuklären. Nicht zuletzt hoffe ich, mein Buch wird die Behörden endlich dazu veranlassen, in diesem Fall zu ermitteln.

WER SIND DIE HAUBS?

DIE FAMILIE UND DAS UNTERNEHMEN

Der Name Haub sagt vielen Menschen, so wie auch mir zu Beginn der Recherche, vermutlich erst mal wenig. Und doch kaufen die meisten von uns regelmäßig in einem ihrer Geschäfte ein. Die Haubs sind eine der reichsten und einflussreichsten Familien des Landes, denn sie sind die Herrscher über die Tengelmann-Unternehmensgruppe. Zu diesem Großkonzern gehören mehr als 70 Beteiligungen, darunter die Baumarktkette OBI, der Textilhändler KiK und der Onlineshop für Baby- und Kinderartikel Babymarkt[1] sowie bis zu ihrem Verkauf auch die Billigkette TEDi,[2] die Supermärkte Netto,[3] Tengelmann,[4] Kaiser's[5] und PLUS[6] [7]. Außerdem hält das Unternehmen Beteiligungen im E-Commerce, zum Beispiel an Zalando[8] und Westwing,[9] sowie an Uber, Klarna und Delivery Hero,[10] um nur einige zu nennen.

Die Haubs mischen also in so ziemlich jedem Bereich des Einzelhandels mit, sowohl stationär als auch online. Kaum eine Unternehmerfamilie genoss über die vergangenen Jahrzehnte hinweg so großes Ansehen und Anerkennung.[11] Gleichzeitig betont kaum ein anderer Akteur der deutschen Wirtschaft seine Tradition als Familienunternehmen und die damit verbundenen Werte so gern und so oft wie die Haubs. Die Familiengeschichte füllt seitenweise die Tengelmann-Geschäftsberichte.[12] Die Öffentlichkeit soll die Haubs in der Tradition der ehrbaren Kaufleute aus dem Ruhrgebiet wahrnehmen.

Und bis zum mysteriösen Verschwinden von Karl-Erivan Haub am 7. April 2018 gelang das auch einigermaßen gut. Doch hinter der Fassade taten sich offenbar bereits seit vielen Jahren Abgründe auf.

In der Familie, so berichtet es mir die renommierte Wirtschaftsjournalistin Ursula Schwarzer vom Manager Magazin, sei es »nie besonders liebevoll zugegangen«.[13] Schwarzer hat die Familie mehr als 20 Jahre lang begleitet und mehrfach persönlich getroffen. Der Druck auf die Söhne Karl-Erivan, Georg und Christian sei enorm. Es entwickelte sich offenbar ein echter Bruderstreit um die beste Position innerhalb der Familie und die Gunst der Eltern. Der älteste Sohn, Karl-Erivan, sei der Lieblingssohn von Mutter Helga Haub.[14]

Der mittlere Sohn, Georg, sei aufgrund häufiger gesundheitlicher Probleme laut Schwarzer das Lieblingskind des Vaters,[15] der sich offenbar in ihm wiedererkennt und ihn »verhätschelt«.[16] Christian, der jüngste Bruder, sagt von sich selbst, dass er eigentlich »nie so richtig gemocht wurde«.[17] Die Brüder halten weder zusammen noch ziehen sie an »einem Strang«.[18] Außerdem sollen die Eltern mit ihren drei Söhnen hadern, die Schwiegertöchter kommen obendrein offenbar nicht miteinander aus.[19] Diese Einschätzung wird im Verlauf der Recherche so auch von den internen Tengelmann-Ermittlern bestätigt[20] und Christian Haub, der aktuelle geschäftsführende Gesellschafter, hat sich dazu mittlerweile mehrfach öffentlich geäußert.[21]

Bei den Haubs, so beschreibt es mir die Journalistin Schwarzer im Interview weiter, sei »immer alles eine Fassade«.[22][23] Auf den ersten Blick scheine die Familie nahbar, da sie sehr freundlich auftrete und auch immer versucht habe, auf jede ihrer Fragen eine Antwort zu geben. Auf rein menschlicher Ebene jedoch käme man nicht an sie heran.[24]

NICHT DIE LEISTUNG ZÄHLT, SONDERN DER NAME

Nicht nur in der Familie, auch in der Firma ist die Rangfolge klar geregelt: Karl-Erivan war als Erstgeborener quasi von Geburt an als Nachfolger bestimmt. Er ist so zusagen der Kronprinz und soll als Firmenlenker auf seinen Vater folgen. Der mittlere Sohn, Georg, ist geschäftlich »nicht voll einsatzfähig«[25] und spielt daher immer eine Sonderrolle. Der jüngste Sohn, Christian, fühlt sich offenbar von der Familie unterdrückt und nicht ernst genommen.[26] Neid und Missgunst untereinander scheinen die Brüder zu zerfressen.[27] Doch von all diesen familiären Zerwürfnissen bekommt die Öffentlichkeit lange nichts mit. Die Haubs, so scheint es, sind eine Vorzeigefamilie der deutschen Nachkriegszeit: ehrbare Kaufleute, die durch harte Arbeit ein riesiges Imperium aufgebaut haben.

Natürlich: Hier und da ist das Unternehmen in die Bredouille geraten.[28] Ob und wie dramatisch die finanziellen Schwierigkeiten des Konzerns jedoch sind, kann von außen kaum jemand abschätzen. Liegt in dieser Konstellation eine mögliche Ursache für das, was die Familie später heimsuchen wird? Für die unfassbare Geschichte, die Sie auf den folgenden Seiten lesen werden?

Haben die zwischenmenschlichen Zerwürfnisse, gepaart mit einer teils existenziellen Schieflage des Unternehmens, das Tor zu einer – sagen wir mal – *anderen* Geschäftswelt geöffnet? Ein Tor, das sich nicht mehr schließen lässt? Wie ist es zu erklären, dass einzelne Mitglieder dieser deutschen Vorzeigefamilie offenbar sehenden Auges mit Akteuren aus dem Spektrum der russischen Organisierten Kriminalität und Geldwäsche in Kontakt gekommen sind? Wie lassen sich die mutmaßlichen russischen Geheimdienstverbindungen des bis in die höchsten Ebenen der deutschen und amerikanischen Politik und Wirtschaft vernetzten Karl-Erivan Haub erklären?

In *was* ist die Familie Haub hineingeraten? *Wer* hat sie möglicherweise beeinflusst und von *wem* haben sie sich möglicherweise abhängig gemacht?

Dazu betrachten wir die Unternehmensgeschichte und die Familiengeschichte näher.

VOM KOLONIALWARENLADEN ZUM WELTKONZERN

Die Geschichte des milliardenschweren Großkonzerns Tengelmann beginnt ganz bescheiden im Jahr 1867 mit der Gründung eines kleinen Kolonialwarenladens durch Wilhelm Schmitz-Scholl in Mülheim an der Ruhr. Gehandelt werden unter anderem Kaffee und Tee, zur damaligen Zeit eine Sensation. Der kleine Laden wächst schnell, unter der Führung der zweiten Generation, den Söhnen des Gründers, Wilhelm junior und Karl Schmitz-Scholl, werden kleine Verkaufsstände eröffnet. Ihr Prokurist Emil Tengelmann ist Namensgeber für das darauf aufbauende Unternehmen, das 1893 gegründete »Hamburger Kaffee-Import-Geschäft Emil Tengelmann«. Ein riesiger Erfolg, eine Filiale nach der anderen wird eröffnet. Bis zum Ersten Weltkrieg sind es rund 560 in ganz Deutschland. Sogar eine Schokoladenfabrik kommt hinzu. Im Jahr 1933 übernimmt die dritte Generation die Leitung der Geschäfte: die Kinder von Karl Schmitz-Scholl, seine Tochter Elisabeth Haub und sein Sohn Karl Erivan Schmitz-Scholl junior. Sie sind die Großmutter und der Großonkel des verschollenen Karl-Erivan Haub.

In dieser Zeit beginnt aber auch ein dunkles Kapitel der Tengelmann-Geschichte, denn die Firma und ihre Eigentümer pflegen enge Kontakte zu Nazis in hohen Positionen und profitieren wirtschaftlich enorm: Unter anderem produziert das Unternehmen in dieser Zeit Spezialnahrung für die Wehrmacht.[29]

Karl Erivan Schmitz-Scholls Ehe bleibt kinderlos und nach seinem Tod wird sein Neffe Erivan Karl Haub, der Sohn von Elisabeth Haub, in vierter Generation der neue Chef des Familienunternehmens. Unter seiner Regie wächst Tengelmann zu einem Weltkonzern.

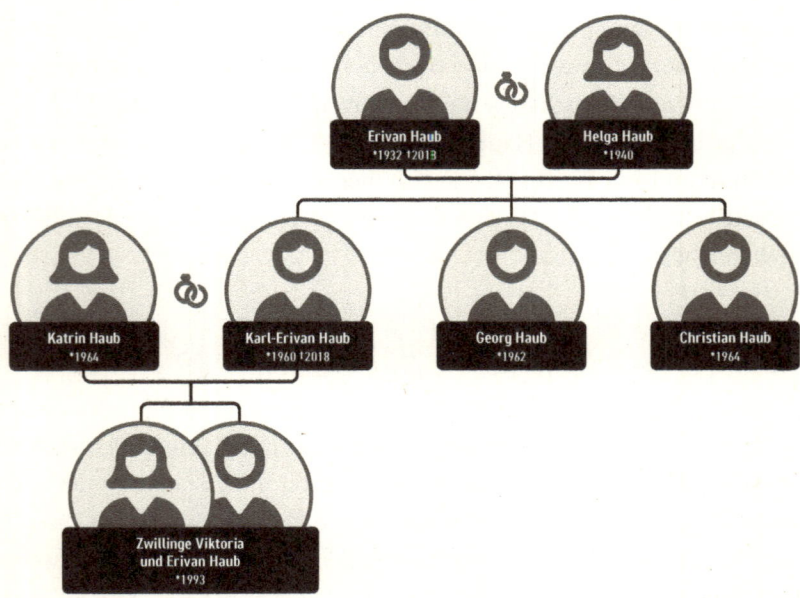

Stammbaum der Familie Haub

WARUM HEISSEN ALLE ERIVAN?

Spätestens an dieser Stelle verliert man ein wenig den Überblick, denn alle handelnden Akteure heißen gleich. Selbst der Sohn des verschollenen Karl-Erivan Haub heißt ebenfalls Erivan. Hinter der Namensgebung verbirgt sich jedoch mehr als eine einfache Familientradition: In einem Interview äußerte sich der verschollene Karl-Erivan Haub einmal, diese Tradition deute auf die Herkunft des Familienstamms aus Armenien hin, dessen Hauptstadt Jerewan oder anders geschrieben Eriwan ist.[30] Interessant ist diese Äußerung allemal, da im Verlauf der Recherche immer wieder geschäftliche und nachrichtendienstliche Bezüge zu Armenien aufgetaucht sind. Und: Mit der Namensgebung wird quasi schon bei der Geburt bestimmt, wer einmal die Verantwortung für das Familienunternehmen tragen soll.

DIE PATRIARCHEN: ERIVAN KARL UND HELGA HAUB

Erivan Karl Haub, der Vater des verschollenen Karl-Erivan, führt die Unternehmensgruppe Tengelmann zusammen mit seiner Frau Helga von 1969 bis ins Jahr 2000. Er denkt groß und kauft Konkurrenten auf, zum Beispiel das Kaffeegeschäft Kaiser's. Er gründet den Markendiscounter PLUS und übernimmt 1979 in den USA die Mehrheit an A&P, einem echten Schwergewicht der Branche.[31] Als Lebensmittelhändler wird Tengelmann das größte Unternehmen in Deutschland und in Europa.[32] Haub expandiert, gründet neue Filialen, kauft unablässig Firmen hinzu, so die Baumarktkette OBI und den Billighändler KiK.

Der Konzern besitzt Kaffeeröstereien und eine Süßwarenfabrik. Aber der europäische Markt reicht dem ehrgeizigen Kaufmann nicht mehr, er will auch im Osten wachsen. Das war in den 1970er- und 1980er-Jahren, einer Zeit, in der es »nur bergauf ging und man im Handel gar nichts falsch machen konnte«[33]. Zeitweise wird Tengelmann zum größten Lebensmittelhändler der Welt. Zunächst funktioniert das Konglomerat prächtig, die Geschäfte florieren. Mitte der 1990er-Jahre erwirtschaftet das Unternehmen mehr als 50 Milliarden Mark an Umsatz und beschäftigt rund 200.000 Mitarbeiter. Erivan Karl Haub ist gesellschaftlich hoch angesehen, eine schillernde Größe der deutschen Wirtschaft. Er wird zu einem der reichsten Männer des Landes.

Doch der Patriarch ist nicht innovativ. Er entwickelt keine neuen Vertriebstypen.[34] Erivan Karl Haub übernimmt sich und verliert den Überblick:[35] Das Konglomerat ist kaum noch zu steuern, es ruht auf zu vielen einzelnen Säulen – und der Alte weigert sich, sich von Verlustbringern zu trennen. Und so steht das Familienunternehmen Ende der 1990er-Jahre kurz vor der Pleite.[36] Der Patriarch hat »sich finanziell übernommen und mit 24 Geschäftsfeldern total verzettelt«.[37] Er muss immer mehr Geld aus eigenen Mitteln nachschießen, zum Schluss spricht man von 500 Millionen Euro aus seinem Privatvermögen.[38] Dass die Tengelmann-Geschichte nicht an dieser Stelle endet, ist Haubs Ehefrau Helga zu verdanken, einer »sehr, sehr klugen Frau«, wie Ursula Schwarzer sie mir beschrieb.[39] Helga Haub kennt den ehemaligen Chef des Darmstädter Kosmetikunternehmens Wella, Peter Zühlsdorff, und holt ihn Anfang 1998[40] gegen den Willen ihres Mannes zu Tengelmann.

Nachdem der neue Manager bei Tengelmann angefangen hat, räumt er erst mal auf. Offenbar erweist er sich sogar als »wahrer Segen«[41]. Er kann den Senior »mit wohldosiertem Druck«[42] davon überzeugen, Teile des Unternehmens zu verkaufen. Mehrfach droht der neue Manager zu kündigen, wenn sich der Patriarch seinen Ideen nicht beuge.[43]

Ende 1999 übergibt der Senior schließlich das operative Geschäft und damit das »marode Konglomerat«[44] an seine beiden Söhne: Sein ältester Sohn Karl-Erivan leitet von nun an die Geschicke des Großkonzerns, seinem jüngsten Sohn Christian vertraut er das US-Geschäft an. Der mittlere Sohn Georg leitet offiziell das Immobiliengeschäft. Inoffiziell ist es jedoch eher so, dass man ihm nicht mehr zutraut,[45] er gilt als das »schwarze Schaf«[46] der Familie. Die Söhne, so schreibt es in dieser Zeit das Manager Magazin, seien mit den Hinterlassenschaften ihres Vaters »offenkundig überfordert«. »Der fünften Generation« sei »das Unternehmer-Gen abhandengekommen«.[47] Nach der Übergabe der Macht bleiben Vater und Söhne jedoch noch zusammen in einem Beirat des Unternehmens.[48]

Am 6. März 2018 stirbt der Patriarch im Alter von 85 Jahren auf seiner Ranch in Wyoming. Wie sich erst später bei der Auswertung der Telefondaten seines verschollenen Sohns herausstellt, bringt der Tod des Vaters offenbar *irgendetwas ins Rollen*: Einen Monat und einen Tag später, am 7. April 2018, verschwindet Karl-Erivan Haub unter mysteriösen Umständen spurlos in Zermatt.

ANGST VOR ERPRESSUNG, RAF-ENTFÜHRUNG UND BÜRGERKRIEG

Schon in den 1950er-Jahren kaufen Erivan Karl Haub und seine Frau Helga eine riesige Ranch im US-Bundesstaat Wyoming, wo er später auch Bisons züchtet.[49] Später hält sich die Familie häufig in ihrer Zweitheimat USA auf, nicht zuletzt, weil sie es in Deutschland zunehmend ungemütlich finden.

Die 1970er-Jahre sind durch die spektakulären Entführungen des Aldi-Mitbegründers Theo Albrecht (1971) und des Unternehmersohns Richard Oetker (1976) geprägt. Viele Familienunternehmer bekommen Angst, es könne sie als Nächstes treffen. So auch Haub Senior, der sogar auf einer Liste der Rote Armee Fraktion (RAF) steht.[50] Die Sicherheitsvorkehrungen werden hochgefahren, erste gepanzerte Autos und Begleitfahrzeuge eingesetzt. Die tägliche Fahrstrecke wechselt. Der Unternehmer fürchtet, ausgehend von den Anschlägen der RAF, einen linken, kommunistischen Umsturz der Gesellschaft. Es ist die Zeit des Kalten Kriegs und Erivan Karl Haub hat Angst vor Russland.

Für den Fall, dass es in Deutschland zu einem linksgerichteten Bürgerkrieg käme, sollen die Vereinigten Staaten der Zufluchtsort der Familie sein. Alle drei Söhne kommen daher in den USA zur Welt und besitzen neben der deutschen auch die amerikanische Staatsbürgerschaft.

Diese Tatsache ist eine wichtige Information für die weitere Recherche, denn sollten amerikanische Staatsbürger in dubiose oder gar kriminelle Machenschaften mit Russland verwickelt sein, liegt es im Interesse der amerikanischen Geheimdienste, darüber Bescheid zu wissen.

WAHLKAMPFWERBUNG UND CDU-SPENDENAFFÄRE

Erivan Karl und Helga Haub genießen ihren gesellschaftlichen Status in vollen Zügen und knüpfen enge Kontakte auf höchster politischer Ebene in Deutschland, aber auch in ihrer zweiten Heimat, den USA. Bilder zeigen den Patriarchen Haub 2011 in vertrauter Runde mit dem ehemaligen amerikanischen Präsidenten Bill Clinton und Ex-Bundeskanzler Helmut Kohl.[51] Auch politisch gilt der Senior als großer Unterstützer der CDU. Er gehört zu Kohls Beraterstab, als die Mauer fällt, und unterstützt ihn 1994 mit Wahlwerbung. Nur zwei Tage vor der Bundestagswahl schaltet er in

30 Tageszeitungen ganzseitige Anzeigen, in der die Supermarktkette mit damals 200.000 Mitarbeitern die Wahlempfehlung »Im Zweifelsfall für Kohl« ausspricht. Kohl gewinnt die Wahl.

Als im Jahr 1999 die CDU-Spendenaffäre ins Rollen kommt, gibt Kohl die angeblichen Spender nicht preis. Gerüchte halten sich bis heute, Erivan Karl Haub könne einer von ihnen gewesen sein. Auch Beatrice Herbold, die ehemalige Geliebte von Helmut Kohl, gibt in ihrem Buch einen interessanten Hinweis:[52]

> »Ich zählte also diese drei Namen auf: erstens, zweitens, drittens. Ich sprach noch, da fiel Kohl das schwere Messer aus der Hand. Das Silber krachte auf den Porzellanteller. Es schepperte gewaltig, was Kohl kaum wahrnahm. Er schaute mich erschrocken an, presste die Lippen aufeinander, die Augen verengten sich zu Schlitzen – eine ungewohnte Mimik. Ich hatte diesen Gesichtsausdruck bei ihm noch nie bemerkt. Wenn sie diese Namen errät, dann wird es nicht mehr lange dauern, las ich in seinem Gesicht. Helmut Kohl nickte nachdenklich, sagte aber kein einziges Wort. (...) Erivan Haub – diesen Namen hatte ich als zweiten genannt. Der Eigentümer und Chef der Mühlheimer Tengelmann-Gruppe war einer der reichsten Deutschen.«[53]

Mit dem Ausscheiden von Erivan Karl Haub als Konzernlenker Ende der 1990er-Jahre endet die außerordentliche Nähe des Konzerns zur CDU nicht. Auch unter seinem Sohn Karl-Erivan hat es immer wieder deutliche Wahlkampfehlungen für die Christdemokraten gegeben: 2005 mit dem Slogan »Im Zweifel für eine Frau«. Damals wird Angela Merkel das erste Mal Bundeskanzlerin. Von 2013 ist der Slogan »Im Zweifel für die Raute«.[54] Tengelmann hatte auf dem Bild schon das Kreuz unter der berühmten »Merkel-Raute« gesetzt. Die Anzeige erscheint ganzseitig im Handelsblatt. Auch dieses Mal gewinnt Merkel die Wahl.

DER STAR: KARL-ERIVAN HAUB – BRUCH MIT DER FAMILIE
Karl-Erivan Haub wurde am 2. März 1960 in Tacoma im US-Bundesstaat Washington geboren. Seit 1989 ist er mit seiner Ehefrau Katrin verheira-

tet. Seine Karriere beginnt der Milliardärssohn zunächst außerhalb des Familienunternehmens, bei Nestlé Foods in der Schweiz und später bei der Unternehmensberatung McKinsey in Düsseldorf. Doch mit dem Zusammenbruch der Sowjetunion im Jahr 1991 tritt er in das zu diesem Zeitpunkt schon strauchelnde Familienunternehmen ein und leitet den Aufbau Ost, also die Expansion in die neuen Bundesländer. Er sei »1990 gleich rübergegangen« und habe »in einem Wohnwagen gelebt«, so Haub in einem Interview. Offenbar wollte er dort Standorte für Tengelmann-Läden finden.[55] Anfang der 2000er-Jahre übernimmt er schließlich die komplette Firmenleitung von seinem Vater, es ist eine unternehmerisch sehr herausfordernde Zeit:[56] Zwar gibt es einige gesunde Unternehmensteile, doch das Konglomerat ist viel zu groß, um wirtschaftlich zu sein.

Haub versucht Ordnung in das Chaos zu bringen: Jahrelang doktert er am eigentlichen Kerngeschäft herum, dem Lebensmitteleinzelhandel. Zusammen mit dem neuen Top-Manager, der sich langsam zu einem engen Vertrauten und einer fast väterlichen Figur entwickelt, muss Karl-Erivan Haub nun das Unternehmen radikal umbauen und sich von Altlasten trennen. Anders ist es nicht mehr zu retten. Schritt für Schritt zieht sich Tengelmann aus dem Lebensmittelhandel zurück, zunächst mit dem Verkauf der PLUS-Filialen in Deutschland. Im Jahr 2013 beschließt Haub dann, Kaiser's Tengelmann an Edeka zu verkaufen. Es folgt ein zwei Jahre währender Übernahmekampf, den Haub als »Höllenritt«[57] beschreibt.

Der Tengelmann-Chef will die Supermärkte geschlossen an den Konkurrenten Edeka übergeben, doch der Rivale Rewe blockiert diesen Schritt. Das Kartellamt interveniert, aber Karl-Erivan Haub schafft es, die Politik für sich einzuspannen:[58] Am Ende entscheidet der damalige Wirtschaftsminister Sigmar Gabriel und erteilt eine sogenannte Ministererlaubnis. Die meisten Filialen gehen an Edeka, ein kleiner Rest an Rewe.[59] Wie eng und gut das Verhältnis des SPD-Spitzenpolitikers zu den Haubs ist, zeigt die Tatsache, dass Sigmar Gabriel nach dem Verschwinden von Karl-Erivan Haub zu der nur kleinen und sehr exklusiven Zahl an geladenen Gästen der Trauerfeier gehört.

Nach dem Verkauf von Kaiser's Tengelmann ist der ganze Lebensmittelbereich weg, der den Konzern einst groß gemacht hat und in dem die DNA des Familienunternehmens liegt. Wie immens die Verluste sind, zeigt ein Blick in die Finanzen: Der Konzern schrumpft unter Karl-Erivan Haub gewaltig:

2003 lag der Umsatz bei 27 Milliarden Euro, 2016 sind es nur noch circa 6,5 Milliarden Euro.[60] Einer der größten Verlustbringer ist dabei das US-Geschäft, das der jüngste Sohn Christian leitet: A&P muss Insolvenz beantragen und Karl-Erivan Haub macht seinen jüngeren Bruder Christian dafür verantwortlich.[61] Ein Bruch geht durch die Familie, es entstehen zwischenmenschliche Verletzungen, die offenbar zu tief sind, um zu heilen.

Von jetzt an besteht Tengelmann nur noch aus der Baumarktkette OBI, dem Billig-Kleiderhandel KiK, aus Immobilien und diversen Internetbeteiligungen. In diesem letzten Punkt beweist der junge Firmenlenker aber den richtigen Instinkt und investiert in den boomenden Online-Handel.

Karl-Erivan Haub, so scheint es, macht endlich alles richtig. Er ist der neue, strahlende Stern an der Spitze des Familienunternehmens.

SPITZELAFFÄRE: KARL-ERIVAN LÄSST BRUDER GEORG BESCHATTEN

Im Jahr 2016 erfährt die Öffentlichkeit erstmals, was hinter der Fassade der ehrbaren Kaufmannsfamilie noch so passiert: Offenbar hatte Karl-Erivan Haub seinen Bruder Georg, dessen Familie, einen Bodyguard und diverse Geschäftspartner über Jahre hinweg für rund 8 Millionen Euro durch die Detektei *Adato* beschatten und bespitzeln lassen.[62] Ein riesiger Skandal: So etwas hat es in der deutschen Wirtschaft – und dann auch noch bei einer angesehenen Familie wie den Haubs – noch nie gegeben. Und doch muss man heute rückblickend sagen: Dieser Skandal war nur ein winziger Vorgeschmack für die Abgründe, die sich in den folgenden Jahren auftaten.

Im Verlauf der Recherche gelingt es meiner Redaktion und mir *erstmals*, direkt mit einer damals unmittelbar mit der Sache betrauten Person[63] zu sprechen. Was wir erfahren, wirft ein völlig neues Licht auf den Skandal und Karl-Erivan Haubs Rolle. Nach allem, was wir heute wissen, handelt es sich bei dem sogenannten *Adato-Komplex* weniger um einen hinterlistigen Akt innerfamiliärer Spionage als vielmehr um präventive Schutzmaßnahmen, da Karl-Erivan Haub möglicherweise eine ernstzunehmende Bedrohung für seine Familie und das Unternehmen identifiziert hatte. Eine Sorge, die ich nach heutiger Datenlage teile und für begründet halte. Die Spur führt nach Russland.

Um die Hintergründe zu verstehen, muss man auch die psychische Struktur von Karl-Erivan Haub kennen: Die Wirtschaftsjournalistin Ursula Schwarzer traf ihn über Jahre mehrfach persönlich und beschreibt ihn als einen äußerst misstrauischen Mann, der in allen Bereichen des Lebens auf größten Erfolg und höchste Leistung setzt – sowohl als Unternehmer als auch im Extremsport.[64] Die Journalistin charakterisiert Haub als sehr machtorientiert. Er sei jemand, der niemanden neben sich dulde. Seine Eitelkeit paare sich mit dem Wunsch, immer der Beste zu sein: vor den Eltern, vor den Brüdern, vor der Öffentlichkeit, vor seiner Frau.[65]

Einmal sei Haub sogar bei einem Marathon fast bewusstlos gegen eine Wand gelaufen. Offenbar hatte er sich einfach übernommen. Der Milliardär nimmt an den schwierigsten Skirennen der Welt teil.[66] Dafür trainiert er (zumindest offiziell) auch am Tag seines Verschwindens am 7. April 2018 in Zermatt. Gegen sich selbst geht Haub hart vor: Er ist ein Asket und Perfektionist, bereitet sich akribisch auf Dinge vor, geht im Sport über seine Grenzen hinaus. Rückblickend scheint es, als versuche er ständig, die Grenzen des Machbaren zu verschieben. An der Spitze kann es offenbar nur einen geben: ihn.

Doch der Milliardär kann auch ausgesprochen charmant sein, ein guter Redner, ein Frauenheld. Er gilt als jemand, der sehr auf seine Außenwahrnehmung bedacht ist. Es sei ihm wahnsinnig wichtig, als »ehrbarer Kaufmann« dazustehen und dabei »die Familie in den Vordergrund zu stellen« sowie »immer die Fassade zu erhalten«.[67]

Und um diese Fassade aufrechtzuerhalten, sei der verschollene Milliardär auch zu lügen bereit: Immer wieder habe der Tengelmann-Chef beispielsweise behauptet, ein »gutes Verhältnis« zu seinen Brüdern zu haben. Tatsächlich erklärt sein jüngster Bruder nun in aller Öffentlichkeit: »Wir konnten überhaupt nicht miteinander!«[68] und er sei unterdrückt worden. Auch sei der mittlere Bruder Georg fünf Jahre lang bespitzelt worden. Aus Sicht der Wirtschaftsjournalistin Schwarzer habe das »nichts mit einer intakten Familie zu tun«.[69] Außerdem, so berichtet sie mir, könne der inzwischen verschollene Tengelmann-Chef auch unwirsch und hart werden, nämlich dann, wenn es nicht so laufe, wie er es sich vorstelle.[70] Charaktereigenschaften, die jedoch am meisten hervorstechen, seien sein Misstrauen[71] und sein extremes Sicherheitsbedürfnis[72].

Der Schock der Oetker- und Aldi-Entführungen der 1970er-Jahre sitzt bei Karl-Erivan Haub offenbar tief: Er prägt ihn in seiner Kindheit und im Erwachsenenalter. Haub entwickelt ein deutlich »erhöhtes Sicherheitsbedürfnis«[73]: Sein Fahrer müsse beispielsweise abwechselnde Routen von seinem Wohnsitz in Köln zum Firmengelände nach Mühlheim an der Ruhr fahren, es gibt kaum öffentliche Fotos. Sein Wohnhaus und seine Fahrzeuge werden mit Panzerglas ausgestattet. Haub lässt sogar seine Personenschützer darauf schießen, um zu prüfen, ob die Scheiben tatsächlich einem Feuergefecht standhalten.[74] Bei diversen Anlässen begleiten den Milliardär bis zu 18 (!) Personenschützer.[75]

Wie lässt sich unter Berücksichtigung dieses allseits bekannten Sicherheitsbedürfnisses erklären, dass Karl-Erivan Haub im Frühling 2018 offenbar alle seine sonstigen Gewohnheiten über Bord wirft und sich ganz allein in eines der gefährlichsten Gletschergebiete der Welt begibt?

»SCHWARZES SCHAF«[76] MIT VIELEN FRAUEN: GEORG HAUB

Georg Haub wird als mittlerer Sohn im Jahr 1962 geboren. Im jungen Erwachsenenalter diagnostizieren die Ärzte bei dem gelernten Schreiner eine Krankheit, was seinen weiteren Lebensweg stark beeinflusst. Er ist geschäftlich »nicht voll einsatzfähig«[77] und lässt sich auf Gesellschafterversammlungen regelmäßig vertreten. Seine Gesundheit ist im familiären Umfeld kein Geheimnis, mehrere Personen[78] [79] haben mit mir darüber offen gesprochen. Außerdem bekomme ich im Rahmen meiner Recherche Zugang zu den *Adato*-Akten. Sie enthalten auch mehrere ärztliche Gutachten sowie interne Korrespondenzen zwischen Georg Haub, seiner damaligen Ehefrau und behandelnden Ärzten. Die Wirtschaftsjournalistin Ursula Schwarzer berichtete, dass Georg Haub aufgrund seiner Krankheit im Unternehmen »wenig sagen« dürfe,[80] [81] eine »Nebenrolle, die seinem Selbstbewusstsein nicht gerade zuträglich«[82] sei.

Georg Haub führt zudem ein höchst unbeständiges Liebesleben, das viel Zündstoff und eine Menge Drama bietet. Es ist ein gefundenes Fressen für die Boulevardpresse und damit wohl ein Dorn im Auge der öffentlichkeitsscheuen Familie. Die Haubs befürchten, dass eine von Georgs Frauen ihn in erster Linie finanziell ausnehmen wolle.[83] Man glaubt offenbar, dass der mittlere Sohn nicht richtig abschätzen könne, mit welcher Absicht sich Menschen in seinem Umfeld aufhalten.[84]

Aktuell ist Georg Haub in vierter Ehe mit einer Berliner Masseurin verheiratet, die er in ihrem Massagesalon kennengelernt hat.[85] Für sie verließ er seine dritte Ehefrau, die angeheiratete Preußen-Prinzessin Anabel Ternès.[86] Als besonders interessant erweist sich im Rahmen der Recherche jedoch seine zweite Ehefrau.

Sie tauchte laut Aussagen der Familie um das Jahr 2009 auf und findet in den *Adato*-Akten besonders viel Beachtung. Es besteht bis heute der Verdacht, Personen aus dem Umfeld der russischen Organisierten Kriminalität könnten die hübsche Frau *bewusst* im Umfeld von Georg Haub platziert haben, um über sie den gesundheitlich angeschlagenen mittleren Sohn zu steuern,[87] dem immerhin ein Drittel des Milliarden-Konzerns gehört. Offenbar ist diese Sorge gerechtfertigt, denn im Jahr 2010 betritt plötzlich ein dubioser Banker die Bühne – und Georg Haub erteilt ihm eine Generalvollmacht.[88] Die Vollmacht bedeutet nichts anderes, als dass der bis dahin unbekannte Banker quasi über Nacht ein Drittel von Tengelmann *kontrollieren* kann. Sein Name: Francisco Guadamillas Cortes.[89] Karl-Erivan Haub ist offenbar höchst alarmiert, denn dem ehemaligen JP-Morgan-Banker Cortes werden unbewiesene Verbindungen zur russischen Mafia,[90] [91] [92] zu Drogenkartellen in Kolumbien,[93] Geldwäsche[94] [95] [96] und Wladimir Putin[97] [98] [99] [100] nachgesagt. Auch dem Bundeskriminalamt ist der Mann wegen des Verdachts auf Geldwäsche und Verbindungen zur russischen Organisierten Kriminalität bekannt.[101] [102] [103] Aus den *Adato*-Akten geht die Befürchtung hervor, es sei »eine Struktur geschaffen worden«, »die das Unternehmen zunächst infiltriert«, um so von innen heraus nach und nach an das Vermögen der Familie zu gelangen.[104]

DER ADATO-KOMPLEX: »OPERATION SISSY«

Die Spitzelaktion durch die Detektei *Adato* kommt im Jahr 2016 ans Licht, es platzt eine mediale Bombe:[105] Das bisherige Saubermann-Image der Familie Haub wird schwer beschädigt. Dass die Öffentlichkeit überhaupt davon erfährt, was sich hinter den Kulissen der »ehrbaren Kaufleute« abspielt, ist der Tatsache geschuldet, dass ein ehemaliger *Adato*-Mitarbeiter versucht hatte, Karl-Erivan Haub zu erpressen. Der Mann forderte mehrere Zigtausend Euro Schweigegeld pro Monat bis an sein Lebensende, ansonsten würde er das kompromittierende Material an die Presse geben[106] [107]. Doch Karl-Erivan Haub lehnte ab und das Material gelangte aktenweise an den Springer-Verlag[108]. Im Laufe der Recherche habe ich den Erpresser von damals ausfindig gemacht: Bis heute versucht er, mit seinem Wissen Geld von der Familie zu erpressen.

Die Berichte der diversen Überwachungsaktionen füllen bis zu 80 Leitzordner,[109] wobei der weit überwiegende Teil der Ordner die Überwachungen von Georg und dessen Umfeld betrifft. Diese sind laut einem Protokoll, das mir eine Quelle mit Zugang zu höchst vertraulichen Informationen im Verlauf der Recherche zukommen lassen wird, »in einem separaten Raum verwahrt worden und auf Anweisung von GH [Georg Haub] nach dem Verschwinden von KEH [Karl-Erivan Haub] geschreddert worden«.[110] Auch Katrin Haub soll einem Bericht des Manager Magazins zufolge nach dem Verschwinden ihres Mannes mehrere dieser brisanten Dokumente an sich genommen haben.[111]

Die Überwachungsaktion vom mittleren Haub-Bruder trägt den Namen »Operation Sissy«, weil sich einer der Hauptakteure, der Banker Francisco Guadamillas Cortes,[112] hauptsächlich in Österreich und der Schweiz aufgehalten haben soll.[113] Im Zuge unserer Recherche gelingt es meinen Kollegen und mir unter Wahrung des Quellenschutzes, erstmals mit einer Person zu sprechen, die direkt mit der ganzen Sache betraut war und daher über Insiderwissen verfügt.

Georg Haubs gesundheitlicher Zustand ist innerhalb der Familie ein großes Thema. Die Familie hat offenbar das Gefühl, »auf Georg Haub besonders Acht geben zu müssen«. Und in dieser Situation betritt nun im Jahr 2010 der ehemalige JP-Morgan-Banker Francisco Guadamillas Cortes die Bühne: mit einer Generalvollmacht über den gesundheitlich angeschlagenen Georg Haub.[114] Karl-Erivan Haub war »sehr erschrocken und sehr schockiert«,[115] denn Cortes war in der Vergangenheit mehrfach Vorsitzender und im Beirat von Firmen, die dem Umfeld der russischen Organisierten Kriminalität zuzurechnen sind.[116] [117] [118] [119] [120]

Unter anderem war der Banker bis 2002[121] Aufsichtsratsvorsitzender der Sankt Petersburger Immobilien AG (SPAG), sesshaft im südhessischen

Mörfelden-Walldorf, in welcher der russische Präsident Wladimir Putin Beiratsvorsitzende war. Dem Unternehmen wurde damals vorgeworfen, »im großen Stil Schwarzgelder der russischen Mafia, insbesondere aus Sankt Petersburg gewaschen zu haben«,[122] ein Vorwurf, auf dessen Grundlage schließlich das Bundeskriminalamt seine Ermittlungen aufnahm.[123] [124] [125] [126] [127] [128] Einem Gründungsaktionär der SPAG werden zudem Verbindungen zu südamerikanischen Drogenkartellen und damit zusammenhängender Geldwäsche nachgesagt.[129] [130] Cortes fühlte sich jedoch offenbar zu Unrecht beschuldigt und erhob eine entsprechende Schadensersatzklage gegenüber der Bundesregierung.

Das Verfahren wurde schließlich wegen Verjährung eingestellt, die Vorwürfe blieben unbewiesen und Cortes nahm seine Schadensersatzklage gegen die Bundesrepublik Deutschland zurück.[131] Außerdem war Cortes ehemaliger Vorsitzender des Direktorenrats der Snamenskaja AG,[132] welche die SPAG als Gesellschafterin hat, aber ebenfalls unter dem Verdacht der Geldwäsche steht.[133] Außerdem soll die Snamenskaja AG personell und finanztechnisch[134] [135] [136] mit der St. Petersburger Tambow-Bande verbunden gewesen sein, einer einflussreichen Gruppierung der russischen Mafia. Der Kopf der Tambow-Bande Wladimir Kumarin war 1994 Vorstandsmitglied der Snamenskaja AG[137] und gut bekannt mit Wladimir Putin (genau wie der heutige Kopf der Tambow-Bande, Gennadi Petrow[138]). Durch die Ermittlungen des Bundeskriminalamts wurde Cortes bei JP Morgan wegen seiner Verbindung zur SPAG wegen »Rufschädigung« gekündigt.[139] Doch die SPAG ist nur eines der Unternehmen, das in Verbindungen mit Geldwäsche steht: Cortes war auch bis 2009 Aufsichtsratsmitglied[140] [141] [142] der litauischen Snoras Bank.

Diese Bank wurde 2011 überraschend vom Staat übernommen und notverstaatlicht, nachdem bekannt wurde, das drittgrößte Finanzinstitut des Landes sei in kriminelle Geschäfte verwickelt,[143] unter anderem Bilanzfälschung und Geldwäsche.[144] Der Mehrheitseigentümer Wladimir Antonow[145] [146] wurde von Interpol gesucht und schließlich 2011 festgenommen. Woher sein Vermögen ursprünglich kommt, lässt sich nicht feststellen. Auch taucht Cortes als Managing Director einer Bank im Steuerparadies Andorra auf, bei der Crédit Andorrà.[147] In dieser Funktion tritt er als Speaker beim Moscow International Financial Forum 2012 auf.[148] Andorranische Banken kamen in der Vergangenheit immer wieder mit Geldwäsche für die Organisierte Kriminalität in Russland sowie mit ausländischen Korruptionsgeschäften[149] [150] in Verbindung.

Wie aber war der mittlere Haub-Bruder mit diesem Mann in Kontakt gekommen? Nicht weiter verwunderlich, dass Karl-Erivan Haub darüber erschrocken war. Zunächst forderte der Tengelmann-Chef seinen jüngeren Bruder auf, die »Beratertätigkeit« mit Cortes unverzüglich aufzukündigen.[151] Dem kommt Georg Haub offenbar auch nach, die Sache sei »offiziell erledigt« gewesen.[152] Doch inoffiziell wird die »Operation Sissy« fortgesetzt. Karl-Erivan Haub hat offenbar den Wunsch, der »Sache auf den Grund zu gehen«,[153] notfalls Maßnahmen ergreifen zu können, um die Firma und seinen Bruder zu schützen. Haub und seine Sicherheitsleute von *Adato* wollen wissen, wie der Kontakt zu Cortes zustande kam und welche möglichen Interessen der Banker an Georg Haub haben könnte.[154] Der Insider, mit dem wir gesprochen haben, betonte mehrfach, diese Ermittlungen hätten nicht der Überwachung gedient, sondern als »präventive Schutzmaßnahmen«. Auch Georg Haub scheint es später so empfunden zu haben, wie aus den *Adato*-Akten hervorgeht, die ich im Laufe der Recherche zugespielt bekam.

Karl-Erivan Haub und sein Beraterteam befürchteten, dass »weitere Personen (...), die diesem Umfeld von Cortes zuzuordnen sind, auf ihn Einfluss nehmen« könnten.[155] Es herrschen »große Sorge und Ängste, dass Georg möglicherweise Opfer einer anderen Straftat« werden könnte:[156] zum Beispiel »Entführung oder Tötung«[157]. Oder geht es eher darum, an das Geld des Milliardärssohns heranzukommen? Im Laufe der Recherche stoße ich auf eine Firma in Großbritannien, in der sowohl Cortes als auch Georg Haub als Direktoren registriert sind. Offenbar handelt es sich dabei um nicht viel mehr als eine Adresse auf einem Briefkasten.[158]

Sowohl das Bundeskriminalamt als auch der Bundesverfassungsschutz werden im Zuge der *Adato*-Ermittlungen über Cortes informiert und teilen die Befürchtung, Cortes könne über Georg Haubs zweite Ehefrau gezielt im Umfeld vom mittleren Haub-Sohn platziert sein worden. Die Fahnder empfahlen daher ebenfalls präventive Schutzmaßnahmen.[159]

DAS UNGELIEBTE KIND: CHRISTIAN HAUB

Der jüngste Sohn Christian Haub, am 22. Juli 1964 in Tacoma im US-Bundesstaat Washington geboren, hat mit seiner Frau Liliane vier Kinder. Im Jahr 1989 geht er in die USA, wo er als Investmentbanker tätig ist. Doch bei seiner Rückkehr nach Deutschland schlägt ihm offenbar wenig elterliche Liebe entgegen: Als er nach drei Jahren zurück nach Deutschland will, um im Unternehmen mitzuarbeiten, hätten seine Eltern das »abgelehnt«[160], wie er im Interview berichtete.

Doch von den Dramen und Skandalen in der Familie bleibt Christian Haub zunächst verschont – oder besser: Die Öffentlichkeit bekommt lange nicht mit, wie sehr er offenbar über all die Jahre hinweg unter seiner Familie leidet. Erst nach Karl-Erivan Haubs mysteriösem Verschwinden spricht Christian Haub öffentlich darüber. Es ist eine späte Revanche.

Die Zurückweisung der Eltern muss sich für Christian Haub wie eine Missbilligung seiner Person und eine Degradierung angefühlt haben. Die Familie schiebt ihn mehr oder weniger ins Ausland ab: Er soll in den USA die amerikanische Tengelmann-Tochter A&P leiten. Doch die Firma steckt schon bei seiner Ankunft tief in den roten Zahlen, ist nicht gesund und lässt sich nicht mehr retten. Im Jahr 2010 muss Christian Haub für das Unternehmen Insolvenz beantragen. Für die Familie steht der Schuldige fest: Er. Seit diesem Moment ist der jüngste Sohn offenbar »endgültig unten durch«[161] und das, obwohl auch sein ältester Bruder Karl-Erivan im gleichen Zeitraum mit dem Mutterkonzern Tengelmann ins Straucheln gerät.

Christian Haub rechtfertigte sich in einem seiner seltenen Interviews: Er habe »alle wesentlichen Entscheidungen« laufend mit seinem Bruder abstimmen müssen. Trotzdem hätten die Eltern die Schuld am A&P-Ende ihm in die Schuhe geschoben. Mutter Helga Haub habe ihm »nie eine echte Chance gegeben«, sondern »Charlie als ihren Lieblingssohn immer bevorzugt«,[162] [163] während er »in Deutschland nicht existent war«.[164] Und schlimmer noch: Bei der Trauerfeier seines Bruders habe sich Mutter Helga sogar zu der Bemerkung hinreißen lassen, der »falsche Sohn« wäre gestorben.[165] Christian Haub sagt heute, die Familie habe »nie gut harmoniert«. Sein Vater habe nicht von der Macht lassen können. Diesen »Machtanspruch« hätten die Eltern »Karl-Erivan eingeimpft«, er habe ihn »verinnerlicht und perfektioniert.«[166] Selbst nach dem mysteriösen Verschwinden seines

Bruders habe seine Mutter »vergeblich versucht, Christian als neuen CEO zu verhindern«.[167]

Macht und eine *tiefe innere Verletzung* – sie scheinen die zentralen Elemente in Christian Haubs Leben zu sein. Vor allem, weil ihm beides offenbar so lange von der Familie verwehrt wird. Doch mit dem Verschwinden seines Bruders ändert sich über Nacht alles. Nach und nach sickern immer mehr Details über eine völlig zerrüttete Familie an die Öffentlichkeit. Christian Haub und seine Frau Liliane, so liest man heute, hätten »manche Demütigung über sich ergehen lassen müssen«.[168] Der jüngste Sohn sei »nur unterdrückt worden«[169] und habe sich in der Familie nie wirklich wohl gefühlt.

Die Wirtschaftsjournalistin Ursula Schwarzer beschreibt mir eine Situation aus dem Jahr 2009, in der sie die beiden Brüder zu einem gemeinsamen Interview getroffen hat. Sie hätten gemeinsam an einem langen Tisch gesessen und es sei ganz klar gewesen, »dass Karl-Erivan Haub hier der Macher ist. Alle Dinge werden von ihm erledigt. Der jüngere Bruder (...) durfte zwar auch mal was sagen, aber der Chef war er.« Es sei eine »sehr angespannte Atmosphäre« gewesen. Obwohl nach außen offenbar der schöne Schein gewahrt werden sollte, habe man die innerfamiliäre Abneigung »regelrecht spüren« können.[170]

Seit dem Verschwinden seines ältesten Bruders geht Christian Haub offen damit um, wie sehr er unter dessen Dominanz gelitten hat. Privat habe es »keine Kontakte« gegeben. Und geschäftlich habe man nur gut zusammenarbeiten können, solange der jüngste Bruder die Entscheidungen des ältesten Bruders »nicht hinterfragt« habe.[171] Doch nicht nur Christian, auch seine Frau Liliane leidet sehr unter der hervorgehobenen Stellung von Karl-Erivan und Katrin Haub. Bis heute sind sich die Ehefrauen nicht grün.[172]

Katrin Haub gilt innerhalb der Familie als *First Lady*, ihr wird ein sehr gutes Verhältnis zu ihrer Schwiegermutter Helga Haub nachgesagt. Zusammen mit den Patriarchen Erivan Karl und Helga Haub sind sie und ihr Mann das *öffentliche Gesicht* von Tengelmann. Man sieht sie zu viert gemeinsam auf großen Bällen und bei öffentlichen Anlässen. Katrin Haub ziert Titelseiten in der Klatschpresse: immer wunderschön und toll gestylt. Auf eine Homestory über ihr luxuriöses Anwesen in der Karibik sei sie besonders stolz gewesen.[173] Die ganze positive Öffentlichkeit für den Familienstamm von Karl-Erivan muss ein wunder Punkt für den jüngsten Bruder Christian und seine Frau Liliane gewesen sein.[174]

Doch das Verhältnis zwischen den Brüdern ist so oder so unterkühlt, auch ohne dass die Ehefrauen sticheln. Es sei schlicht »grottenschlecht« gewesen:[175] »Geschäftspartner und die Öffentlichkeit wussten kaum, dass Charlie auch noch zwei Brüder hatte.«[176] An Christian Haub bleibt der Makel des weniger begabten Kinds haften. Doch dann kommt der 7. April 2018 und Karl-Erivan Haub, der ewige Konkurrent, verschwindet spurlos in den Bergen.

Für Christian Haub scheint das beruflich eine glückliche Fügung zu sein: Unmittelbar nach der Schreckensnachricht übernimmt er den Chefposten bei Tengelmann. Er, der immer im Schatten gestanden hat, ist nun die Nummer 1. *Seine* Stunde ist gekommen. All die Schmach, all die Verletzungen sind Vergangenheit. Der übermächtige Vater ist tot, der übermächtige Bruder ist verschollen. Nun sitzt *er* auf dem Chefposten.

Und er will unbedingt *eigene* Impulse setzen: Jede Spur seines Bruders soll offenbar verschwinden. Christian Haub räumt *radikal* auf. Die großen Unternehmensbeteiligungen OBI und KiK agieren selbstständig und brauchen wenig Aufmerksamkeit. Das Firmengelände in Mühlheim an der Ruhr ist daher mit rund 50.000 Quadratmetern viel zu groß. Der neue Firmenchef kappt alle Verbindungen, bricht mit der Familientradition und verlegt die Zentrale von NRW nach München. Sogar den Namen ändert er: Aus der *Tengelmann Warenhandelsgesellschaft KG* wird die *Tengelmann Twenty-One KG*.[177] Alle Spuren der Vergangenheit verschwinden nach und nach.

Auch alte Berater, darunter ein Top-Manager und enger Vertrauter von Karl-Erivan Haub, der im Zuge der Recherche noch sehr wichtig werden wird, werden gnadenlos entmachtet.[178] Aus dem Handelskonzern wird eine Investment-Gesellschaft, die sich ausschließlich um die Verwaltung des Familienvermögens in Höhe von schätzungsweise rund 5 Milliarden Euro kümmert.[179]

Und auch die gesamte Familie von Karl-Erivan, also dessen Ehefrau Katrin und die Zwillinge Viktoria und Erivan, sollen in ihrem Einfluss als Gesellschafter beschnitten – ja am besten ganz entfernt – werden. Alles, wirklich alles, was mit den Verletzungen der Vergangenheit zu tun hat, soll offenbar raus. Zu diesem Zweck setzt Christian Haub den Beirat neu zusammen und geht eine strategische Allianz mit seinem Bruder Georg ein. Er beruft den mittleren Bruder in den Beirat.[180] Seine wenig geschätzte Schwägerin Katrin und ihre Kinder Viktoria und Erivan bleiben draußen.

Der Kampf ums Erbe beginnt.

DER KAMPF UMS ERBE

Bis zum Tod des Patriarchen Erivan Karl Haub am 6. März 2018, gehörte das Familienunternehmen vier Männern: den drei Brüdern Karl-Erivan, Georg und Christian jeweils zu 31,3 Prozent, dem Vater Erivan Karl zu 6,1 Prozent. Nach seinem Tod werden diese 6,1 Prozent jedoch nicht durch drei geteilt, sondern Karl-Erivan und Christian Haub erhalten jeweils die Hälfte. Georg Haub geht leer aus.

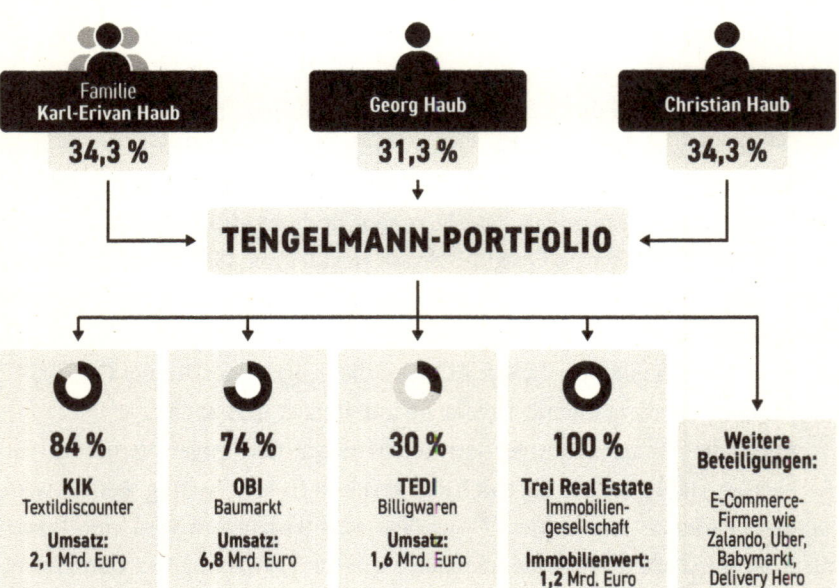

Doch mit dem plötzlichen Verschwinden von Karl-Erivan bleibt sein Anteil in »gewisserweise herrenlos«[181]. Katrin Haub will unbedingt vermeiden, ihren Mann für tot erklären zu lassen. Neben der Hoffnung, er könne doch noch gefunden werden, steckt zu diesem Zeitpunkt vermutlich vor allem eine finanzielle Sorge dahinter: In dem Moment, wo ihr und den gemeinsamen Kindern die Unternehmensanteile zufallen, wäre ein »mittlerer dreistelliger Millionenbetrag an Erbschaftssteuer fällig«.[182] [183]

Selbst für eine Milliardärsfamilie sind solche Summen nicht leicht zu stemmen. Das Vermögen ist nicht liquide vorhanden, sondern in Unternehmensanteilen und Immobilien langfristig investiert. Auf Christian Haubs Mitleid braucht der Kölner Familienstamm in dieser Situation nicht zu hoffen. Im Gegenteil: Christian Haub setzt die Erbschaftssteuer offenbar nun als Druckmittel ein. Er will seine Macht weiter ausbauen und Karl-Erivans Firmenanteile von dessen Kindern übernehmen – und zwar zu einem guten Preis.[184]

Doch Katrin Haub und ihre Kinder denken nicht daran, klein beizugeben. Sie weigern sich fast drei Jahre lang, den Ehemann und Vater für tot erklären zu lassen[185] – denn die Erbschaftssteuer muss erst dann bezahlt werden, wenn jemand für tot erklärt wurde. Und da es keine Leiche gibt, gibt es auch keinen Toten. So einfach ist das.

KAPITEL 2

WHISTLEBLOWER ODER GERISSENER »ZUFLÜSTERER«?

Während ich im Januar 2021 gerade erst beginne, mich in die Welt der Familie Haub einzulesen, tobt bereits seit rund zwei Jahren ein erbitterter Kampf um das Erbe. Katrin Haub und ihre Kinder weigern sich vehement, Karl-Erivan Haub für tot erklären zu lassen. Und die fehlende Todeserklärung stellte für Christian Haub ein Problem dar. Solange »Charlies« Schicksal nicht offiziell geklärt ist, kommt er nicht an das Drittel der Unternehmensanteile heran, das sein Bruder innehat. Die fehlende Todeserklärung blockiert alle Entscheidungen.[186]

Ich lese alle Artikel, die ich über die Familie finden kann. Wegen Corona müssen wir von zu Hause aus arbeiten, doch eines der Fenster in meiner neuen Wohnung schließt nicht richtig, und durch den Zehn-Zentimeter-Spalt kommt Luft von draußen. Es ist fürchterlich kalt und wirklich ungemütlich. Und so bedrückt mich alles, was ich lese, noch mehr. Ich frage mich, ob es wirklich sein kann, dass ein Familienvater, Ehemann und Chef eines so großen Familienunternehmens seine ganze Verantwortung über Bord wirft und mit einer jungen Russin durchbrennt? »Nur« um ein neues Leben in Moskau oder St. Petersburg zu beginnen? Oder ist das innerfamiliäre Zerwürfnis noch schlimmer als gedacht? Es fühlt sich irgendwie für mich nicht stimmig an. Doch *dass* durch die Familie eine riesige Kluft geht und *dass* diese Frau im Leben von Karl-Erivan Haub existiert, daran scheint es keine Zweifel zu geben.

Seit dem Moment des mysteriösen Verschwindens in Zermatt im April 2018 hatten die Medien ausführlich über die Tragödie berichtet. Doch irgendwann im Jahr 2020 kippte die Berichterstattung hin zum Skandalösen: Es soll eine Russin im Leben von Karl-Erivan Haub gegeben haben, eine geheime Geliebte. Ist der Milliardär *heimlich* abgetaucht, um ein *neues Leben* in Russland zu beginnen? Von diesem Zeitpunkt an hat die Geschichte alles, was ein gutes Komplott braucht: viel Geld, schöne Frauen und Betrug. Es ist eine Geschichte, wie sie sich Hollywood nicht besser hätte ausdenken können.

Wer lässt meinen Kollegen, die über den Fall bis dahin berichtet haben, eigentlich diese höchst privaten Informationen zukommen? Es muss jemand aus dem engsten Umfeld der Familie sein, da sich die Familie selbst so gut wie gar nicht öffentlich äußert. Die Informationen müssen in irgendeiner Form überprüfbar und nachweisbar sein, denn sonst hätte die Familie bestimmt ein Heer von Anwälten geschickt, um die Veröffentlichungen zu unterbinden. Gerade schmeichelhaft sind sie für die Familie ja nun wirklich nicht. Als Journalistin weiß ich, wie hoch die Hürden sind, bevor eine reißerische Geschichte gedruckt oder gesendet werden kann: Die Angst vor Klagen ist in den Redaktionen groß. Bei solchen Storys sitzt die hauseigene Rechtsabteilung immer mit am Tisch. Die Haubs sind Milliardäre, sie könnten mit ihren unbegrenzten finanziellen Mitteln die Verlage in den Ruin treiben. So etwas riskiert eine Chefredaktion nur, wenn die Beweislage eindeutig ist.

Was also wissen Haubs Ehefrau Katrin und die Zwillinge über »Charlies« Verbleib? Geht es wirklich nur um die Erbschaftssteuer oder wähnen sie ihn am Ende selbst in Russland? Ist das der Grund, warum sie ihn partout nicht für tot erklären lassen wollen? Seit seinem mysteriösen Verschwinden hat seine Ehefrau die Rolle der sogenannten Abwesenheitspflegerin übernommen. Das heißt, für die Dauer seiner Abwesenheit kontrolliert sie das Vermögen und die Geschäfte ihres Mannes. Im Moment ist *sie* die Herrin über ein Drittel der Firmenanteile von Tengelmann.

Während der Recherche fällt mir auf, dass gut informierte Personen aus dem Umfeld von Christian Haub sehr häufig zitiert werden, das Umfeld von

Katrin Haub jedoch fast gar nicht. Es scheint logisch, denn Christian Haubs Seite hat ein größeres Interesse, etwas an der aktuellen Situation zu ändern, als die Seite von Katrin Haub.

Ich muss irgendwie an diese Menschen herankommen. Am liebsten würde ich natürlich direkt mit den beteiligten Parteien Christian und Katrin Haub sprechen. Am 12. Januar 2021 kontaktiere ich daher zunächst eine Person, von der ich ausgehe, dass sie einen sehr guten Draht zu Christian Haub hat und die zu einer unserer wichtigsten Quellen werden und uns viele Türen öffnen wird. Nach einer kurzen Recherche ist mir klar: Der Mann spielt im Unternehmen eine sehr große Rolle und hat eine machtvolle Position inne, auch wenn er nicht direkt bei Tengelmann angestellt ist. Er scheint Christian Haub jedoch nicht nur sehr gut zu kennen, er darf sich auch offenbar (wahrscheinlich nach Absprache) in dessen Namen äußern. Außerdem nimmt der Mann im gerade stattfindenden Erbschaftsstreit eine wichtige Funktion ein. Leider bleibt es mir an dieser Stelle aus Gründen des Schutzes der Persönlichkeit verwehrt, diese Person beim Namen zu nennen. Ich bedaure dies zutiefst, denn bei dieser Person handelt es sich meiner Wahrnehmung nach um einen der skrupellosesten Akteure der ganzen Geschichte.

Dass ich über diesen machtvollen »Zuflüsterer« von Christian Haub überhaupt jemals schreiben werden würde, weiß ich zu diesem Zeitpunkt noch nicht. Damals, im Januar 2021, hoffe ich lediglich, dass zumindest er zu einem Hintergrundgespräch bereit ist.

> »Sehr geehrte Damen und Herren,
> mein Name ist Liv von Boetticher, ich bin Journalistin im Investigativbereich der Mediengruppe RTL.
> Ich recherchiere zum Verschwinden von Herrn Karl-Erivan Haub und möchte daher gerne ein Hintergrundgespräch mit (...) anfragen.
> Ich freue mich auf Ihre Rückmeldung!
> Mit freundlichen Grüßen,
> Liv von Boetticher«[187]

Etwa drei Stunden später klingelt mein Telefon und der Mann ist am Apparat. Meine Handynummer steht zwar in der Signatur der E-Mail, trotzdem bin ich über seinen Anruf ziemlich überrascht. Es passiert eher selten, dass so hochrangige Personen aus dem direkten Umfeld der Geschäftsleitung freiwillig den Kontakt zur Presse suchen. Dieser Mann ist da jedoch offensichtlich anders gestrickt. Am Telefon erscheint er mir wie ein fröhlicher, sehr von sich selbst überzeugter Mensch. Mehrfach betont er, dass er glücklicherweise auf der »richtigen« Haub-Seite steht, nämlich der, die am Ende als Gewinner vom Feld ziehen würde.[188] Wie ich der Presse bereits entnommen hatte, strebt die Seite von Christian Haub an, die Anteile von Katrin Haub zum bestmöglichen Kaufpreis zu übernehmen.[189]

Doch um den Verkauf anvisieren zu können, muss der Verschollene ja erst für tot erklärt werden. Und das, so mein Gesprächspartner am Telefon, sei nur noch eine Frage der Zeit. Er scheint sich seiner Sache sehr, sehr sicher zu sein. Zu meiner allergrößten Überraschung aber nicht, weil die Familie inzwischen davon ausgeht, dass Karl-Erivan Haub tatsächlich einen tragischen Unfall in den Alpen hatte, sondern ganz im Gegenteil: Jetzt, so erzählte es der Mann, lägen genug Hinweise vor, dass Karl-Erivan Haub sein Verschwinden *bewusst* herbeigeführt habe und sich wahrscheinlich in Russland aufhalte. Diese Hinweise seien so gewichtig, dass man nun anstreben könne, ihn als Gesellschafter der Firma Tengelmann auszuschließen. Während der Mann mit mir spricht und ohne Scheu die intimsten Informationen über die Familie Haub ausbreitet, frage ich mich, warum er das macht. Ist er ein *Whistleblower*, der aus einer inneren Überzeugung heraus handelt? Oder teilt er diese belastenden Informationen eher, weil er der Presse etwas »zuflüstern« soll – damit sich das Blatt im Erbschaftsstreit zugunsten von Christian Haub wendet? Ich beschließe, bei ihm vorsichtig zu bleiben. Sein Motiv ist mir in diesem Moment nicht klar.

Doch die Sache mit dem Gesellschafterausschluss ist interessant. Während meine Quelle mit mir spricht, krame ich in meinen Erinnerungen: Das Ganze kommt mir bekannt vor. Ich hatte über einen möglichen Ausschluss »wegen gesellschaftsschädigenden Verhaltens«[190] bereits in einem Artikel gelesen. Doch damals hatte ich nicht verstanden, auf welcher Grundlage man diesen gravierenden Schritt und das durchaus komplizierte gesellschaftsrechtliche Verfahren herbeiführen könnte. Offenbar stehen die Chancen für einen Ausschluss von Karl-Erivan Haub und seiner gesamten Familie jedoch sehr gut. Und bevor das geschehe, so die hochrangige Quelle, würde Katrin Haub einer Todeserklärung bestimmt zustimmen, denn dies sei für sie lukrativer.

Um jemanden als Gesellschafter auszuschließen, so erklärt mir der Mann, müsse man der Person ein Fehlverhalten nachweisen, das schädlich für das Unternehmen sei. Außerdem müsse man herausarbeiten, dass die Person ihren Verpflichtungen als Gesellschafter nicht nachgekommen sei. Und ein Ausschluss von Karl-Erivan Haub als Gesellschafter würde dann in Folge dazu führen, dass man sein Drittel der Unternehmensanteile für eine im Gesellschaftervertrag festgesetzte Summe ablösen könne: ein für Katrin Haub höchst unattraktiver Deal, denn das Unternehmen dürfte deutlich höher bewertet sein als die Summe, die im Gesellschaftervertrag genannt ist.

Katrin Haub, so die Quelle, würde daher schon bald der Todeserklärung zustimmen, da die Hinweise, dass ihr Mann noch am Leben sei, so erdrückend seien, dass sie aus Sorge vor dem finanziellen Schaden eines Gesellschafterausschlusses diesen Weg wählen »müsse«.

Ich kann es kaum glauben: Erzählt mir dieser enge Vertraute von Christian Haub gerade ernsthaft, Karl-Erivan Haub habe sein Verschwinden absichtlich herbeigeführt und sei möglicherweise in kriminelle Machenschaften verstrickt? Und wenn das alles stimmt: Warum sollte mir der Mann das erzählen? Einer Pressevertreterin? Einfach so, ohne Hintergedanken?

Mein Gesprächspartner stellt mir in Aussicht, mir noch viel mehr Informationen zu Karl-Erivan Haubs mysteriösem Verschwinden liefern zu können. Dafür müsse ich aber persönlich zu ihm kommen, denn das, was er mir zu sagen habe, sei zu delikat, um darüber am Telefon zu sprechen.

Christian Haubs Vertrauter residiert im Winter zeitweise in seinem Anwesen im Luxus-Skiort Sankt Moritz in der Schweiz. Dort sei er im Moment, und dorthin könne ich kommen.[191]

Nach dem etwa einstündigen Telefonat rufe ich meine Chefin an. Ich erzähle ihr von diesem außergewöhnlich offenen Gespräch. Uns beiden ist klar, dass es einen guten Grund geben muss, warum diese wichtige Person aus Christian Haubs direktem Umfeld solche äußerst brisanten Informationen mit der Presse teilt und darüber hinaus anbietet, bei einem persönlichen Treffen noch mehr Informationen preiszugeben. Meine Kollegin und ich sind uns *sehr* sicher, dass er kein *Whistleblower* mit ehrvollem Antrieb ist, sondern eher jemand, der die Presse für seine Zwecke benutzen will, und wir vermuten, dass dadurch der Druck auf Katrin Haub im Erbschaftskrieg erhöht werden soll.

Aber wie dem auch sei: Über mögliche Hintergründe können wir uns später Gedanken machen. Für den Moment nehmen wir es, wie es ist: Der Mann ist ein möglicher Informant. Wenn das, was er mir am Telefon erzählt hat, auch nur ansatzweise stimmt, dann ist es eine unglaubliche Geschichte. Ich muss zu ihm nach Sankt Moritz und meine Chefin stimmt der Fahrt zu.

BESUCH IN SANKT MORITZ

Die Reise in die Schweiz findet in der letzten Januarwoche statt. Zusammen mit einem Kameramann möchte ich zuerst nach Sankt Moritz fahren und dann von dort aus weiter nach Zermatt reisen. In den Wochen zuvor habe ich schon versucht, mit der Polizei, der Staatsanwaltschaft und den Bergrettern in Zermatt in Kontakt zu kommen, bin jedoch auf eine Mauer des Schweigens gestoßen. Niemand, wirklich niemand, will mit mir über den verschollenen Milliardär sprechen. Warum nur? In Deutschland würde man in so einem Fall an einen Pressesprecher verwiesen werden, der einem im schlimmsten Fall sagt, dass er *nichts* sagen kann. Aber man hätte zumindest diese Aussage. Da ich selbst an der Schweizer Grenze aufgewachsen bin, wundere ich mich sehr, dass die Schweizer offenbar ein völlig anderes Verständnis von der Zusammenarbeit mit der Presse haben. Irgendwie kommt mir das alles komisch vor.

Am 25. Januar machen mein Kameramann und ich uns mit dem Auto auf den Weg nach Sankt Moritz. Die Schweizer Alpen um uns herum liegen unter einer dicken Schneedecke, der Winter hat zu diesem Zeitpunkt seinen Höhepunkt erreicht. Es ist bitterkalt. Mit unserem ganzen Kamera-Equipment fahren wir über den Julierpass. Wir folgen blind dem Navi, im Nachhinein wirklich eine unkluge Idee, denn trotz Allradantrieb ist es eine einzige Rutschpartie. Wir kriechen mit dem Audi bei starkem Schneefall im Schritttempo die Serpentinen hoch und werden nur ab und an von Einheimischen in bergfesten Geländewagen überholt. Spät in der Nacht kommen wir endlich in Sankt Moritz an.

Das Treffen mit dem Informanten ist für den nächsten Tag gegen 14 Uhr geplant.[192]

Die Stimmung in Sankt Moritz ist in diesem Januar 2021 ganz eigenartig. Aus früheren Jahren kenne ich den kleinen Ort als vibrierende Mini-Metropole der Schönen und Reichen. Privatjets landen mehrfach täglich auf dem nahen Engadin Airport. Frauen in langen Pelzmänteln flanieren an den Boutiquen und Juweliergeschäften vorbei. Doch jetzt beherrscht die Corona-Pandemie auch die Schweiz. Es sind fast nur Einheimische in dem Alpendorf, die Straßen liegen wie ausgestorben in der verschneiten Landschaft. Eigentlich eine herrliche Ruhe.

Der Mann hat ein Apartment in der Nähe des weltberühmten Badrutt's Palace Hotels, einem imposanten Gebäude mit Türmchen und Blick über den zugefrorenen Sankt Moritzersee. Eine bessere und teurere Adresse gibt es wohl in der Schweiz nur an der Goldküste des Züricher Sees. Über WhatsApp gibt er mir die genaue Adresse sowie Anweisungen durch, wie ich den Eingang am besten finden könne.[193] Gegen 14 Uhr soll ich noch mal kurz anrufen, damit er mir aufmachen kann.

Den Vormittag des 26. Januars verbringen mein Kameramann und ich damit, Bilder von Sankt Moritz, den Bergen und dem See zu drehen.[194] Ich bin sehr gespannt auf das Treffen, doch die Vormittagsstunden vergehen quälend langsam. Was werde ich gleich erfahren? Die ganze Geschichte klingt viel zu verrückt, um wahr zu sein. Gleichzeitig habe ich das Gefühl, mich in eine Schlangengrube zu begeben. Mir ist der Mann nicht geheuer und es ist klar, dass er uns benutzen will. Ich muss bei ihm höllisch aufpassen.

Zur vereinbarten Zeit mache ich mich zu Fuß auf den Weg zu seiner Wohnung. Die Straßen sind äußerst rutschig und es ist bitterkalt. Normalerweise würde ich zu einem solchen Treffen ein Jackett, eine Bluse und ordentliche Schuhe tragen, doch in diesem Fall stapfe ich in schweren Winterschuhen, einer Skihose, warmer Unterwäsche, zwei Pullis und einer dicken Jacke zum Treffpunkt. Die Wohnung liegt in Hanglage in einem Wohngebäude mit mehreren Einheiten.

Pünktlich auf die Minute bin ich vor der Tür. Christian Haubs Vertrauter erwartet mich schon.

Vor mir steht ein sonnengebräunter, nicht besonders großer Mann. Sein Blick ist äußerst wach und etwas lauernd. In seinen Augen liegt ein undurchdringliches Funkeln. Während ich in voller Wintermontur vor ihm stehe, trägt er nur eine Jeans und ein Hemd mit hochgekrempelten Ärmeln und aufgeknöpftem Kragen. Am Handgelenk trägt er eine große Rolex. Für mich ist er alles in allem der Typ »Aufschneider«, vor dem ich mich (generell) in Acht nehmen würde.

Er führt mich in den wunderschönen Wohn-/Essbereich des Apartments. Die Einrichtung ist sehr stilvoll im Engadiner Design gehalten. Der Blick aus dem Wohnbereich reicht unverbaut bis auf die andere Seite des Sankt Moritzersees. Eine wirklich wunderschöne Wohnung.

Doch wegen der tollen Aussicht bin ich nicht gekommen. Ich will von Christian Haubs Vertrautem hören, was er mir am Telefon aus Sicherheitsgründen nicht erzählen wollte. Nur aus diesem Grund bin ich einmal quer durch Deutschland bis in die Schweiz gereist.

Er erzählt mir, dass sich alle seine Informationen im Wesentlichen auf die Arbeit von zwei *internen* Ermittlern von Tengelmann stützen, die er vor Kurzem bei einem Treffen in Stuttgart persönlich kennengelernt habe. Bei einem mehrstündigen Termin hätten die beiden Männer ihm erklärt, wie sich ihre Ermittlungsarbeit in den vergangenen zweieinhalb Jahren aufgebaut habe und welchen Kenntnisstand sie aktuell hätten.

Mein Gegenüber holt das Protokoll, das einer seiner Mitarbeiter angefertigt hat. Wir gehen es Zeile für Zeile durch. Was ich in den folgenden vier Stunden zu hören bekomme, ist so unglaublich und gewährt so tiefe Einblicke in das Leben von Karl-Erivan Haub, dass es mir schwerfällt, alles zu glauben.

Im Anschluss an unser persönliches Gespräch bekomme ich das Protokoll. Für die beiden internen Ermittler gilt auch heute noch mein mit ihnen vereinbarter Quellenschutz. Ich umschreibe sie deshalb mit *Sicherheitschef von Tengelmann* bzw. *Leiter der internen Ermittlungen* und *Tengelmann-Berater* oder *Krisenmanager*.[195] Beide Männer sind keine »Privatdetektive« oder Ähnliches. Der Tengelmann-Sicherheitschef ist ein direkter Mitarbeiter von Tengelmann, sein Berater hingegen war zum damaligen Zeitpunkt Geschäftsführer einer auf Krisenmanagement spezialisierten Firma, die als Subunternehmen für Tengelmann tätig ist.

DAS PROTOKOLL DER INTERNEN ERMITTLER

Das Protokoll umfasst zehn Seiten zu verschiedenen Themen und enthält mehrere Abkürzungen:

KEH	Karl-Erivan Haub
KH	Katrin Haub
GH	Georg Haub

In dem mir von Christian Haubs Vertrautem überlassenen Protokoll gibt es einige inhaltliche Fehler. Vermutlich Flüchtigkeitsfehler, die aufgrund der Fülle an Informationen versehentlich beim Mitschreiben des Gesprächs mit den internen Ermittlern passiert sind. Ich habe sie markiert.

Es folgt ein Auszug[196] der spannendsten Abschnitte. Er beginnt auf Seite 2 mit *Abschnitt II. Verschollenheitsgesetz-Komplex*:

Zunächst geht es um den Krisenmanager und seine Tätigkeit für Tengelmann. Offenbar ist dieser Mann Christian Haubs engem Vertrauten bisher noch nicht bekannt gewesen, denn laut dem Protokoll wird seine Funktion ausführlich erläutert: Er sei Geschäftsführer einer GmbH[197], die auf »Mobility Risk Management spezialisiert« sei. Außerdem sei er seit Längerem mit dem Sicherheitschef von Tengelmann befreundet. Der Krisenmanager habe Karl-Erivan Haub persönlich gekannt und ihn »wenige Male« gesehen. Sehr interessant ist, dass diese Person »Tengelmann in der ersten Phase nach dem Verschwinden von KEH« unterstützt habe und als einer der Ersten vor Ort gewesen sei.

Als Nächstes berichten laut dem Protokoll sowohl der Sicherheitschef von Tengelmann als auch sein Berater, der Krisenmanager, über die Suche nach Karl-Erivan Haub in Zermatt. Seltsamerweise gebe es eine »bewusste Diskrepanz zwischen dem Sachstand vor Ort und dem nach außen kommunizierten Geschehen«. Am Tag des Verschwindens sei »sehr gutes Wetter« gewesen. Von der Presse sei jedoch verbreitet worden, dass es »2 Meter Neuschnee in den Tagen nach dem Verschwinden« gegeben habe. Dies sei »falsch«. Es sei sogar genau das Gegenteil der Fall gewesen: Am Vortag des Verschwindens habe es »leichten Neuschnee« gegeben. Mögliche Spuren im Schnee seien »sehr gut ersichtlich« gewesen. Es hätten sogar »perfekte Bedingungen für eine Suche vorgelegen«. Das Wetter sei erst viel später schlechter geworden.

Christian Haubs enger Vertrauter berichtet mir weiter, dass es laut dem Protokoll die »größte Bergrettungsaktion gewesen sei, die jemals am Matterhorn stattgefunden habe«. Es seien nicht nur Polizei und Militärhubschrauber im Einsatz gewesen, sondern auch private Hubschrauber, auf die »die Geräte der Polizei und des Militärs umgebaut wurden, weil die Privathubschrauber höher fliegen konnten«. Bei der Suche in Eis und Schnee habe man sich zunächst auf jene Routen und Pisten konzentriert, bei denen die »höchste Wahrscheinlichkeit« bestanden habe, dass diese »von KEH gewählt worden sein könnten«. Doch nirgends habe man verräterische Spuren in Richtung der Gletscherspalten gefunden. Trotzdem habe man eine Vielzahl von »Gletscherspalten in unmittelbarer Nähe (30–40) auch physisch (d. h. durch Abseilen der Bergretter in die Gletscherspalten)« abgesucht. Alle Versuche seien »erfolglos« geblieben und schließlich habe man sich auch auf »schwerere Routen, die mangels Trainingseffekt eigentlich keinen Sinn ergaben und aufgrund der Kleidung von KEH auch eher unwahrscheinlich waren« konzentriert.

Das Protokoll führt weiter aus, dass auch »Fotos aus sozialen Medien ausgewertet und Zeugen gesucht und befragt« worden seien, da auf solchen schweren Touren eine Einzelperson auffalle, doch auch dies sei »jeweils erfolglos« geblieben. Laut dem Schreiben, dass Christian Haubs enger Vertrauter mit mir durchgeht, sei sich der Krisenmanager »sicher« gewesen, dass, »wenn es tatsächlich ein Unfall gewesen wäre, schon nach zwei Tagen keine Überlebenschance mehr bestanden habe und wenn KEH auf einer Piste oder Route unterwegs gewesen wäre, man ihn auch gefunden hätte«.

Dann kommen wir zum aus meiner Sicht wichtigsten Punkt: den »ungeklärten Fragen und Ungereimtheiten«. Denn davon, so erfahre ich, habe es einige gegeben. Und dies sei auch der Grund, warum sowohl der Tengelmann-Sicherheitschef als auch sein Berater, der Krisenmanager, die Wahrscheinlichkeit für einen Bergunfall »sehr gering« einschätzen.

Zum einen, so erfahre ich, sei Karl-Erivan Haub Mitglied eines Teams gewesen, das aus zwei Bergführern, ihm selbst und einem weiteren Freund bestanden habe. »Trainerin des Teams sei eine Ultra-Marathonläuferin und Triathletin gewesen.« Die Frau habe sich »überraschend« vor Kurzem beim Krisenmanager gemeldet und ihm erklärt, dass sie »nie an einen Bergunfall« geglaubt habe. Sie habe laut eigener Aussage zu Karl-Erivan Haub die »intensivste Beziehung aus dem Team« gehabt. Dem Protokoll zufolge erklärte die Trainerin dem Krisenmanager, dass sich der Milliardär »sehr akribisch an den von ihr aufgestellten Trainingsplan gehalten und hierzu auch immer Rückfragen gehabt habe«. Die Trainerin gibt an, sie habe dem Vermissten die »klare Ansage gemacht, dass er eine Woche vor der ›Patrouille des Glaciers‹ kein Belastungstraining, insbesondere kein Höhentraining, mehr machen solle«. Stattdessen, so das Protokoll, sei eine Ruhephase angesagt gewesen und die Trainerin sei »sehr überrascht« gewesen, dass Karl-Erivan Haub sich offenbar nicht an ihren Plan gehalten habe. Außerdem berichteten sowohl der Tengelmann-Sicherheitschef als auch sein Berater, der Krisenmanager, laut dem Protokoll, dass aufgrund ihrer eigenen Erfahrung »KEH kein ›Draufgänger‹« gewesen sei. Beide Männer können sich daher offenbar nicht vorstellen«, dass der ehemalige Tengelmann-Chef »mit dieser Ausrüstung und alleine eine extreme und zudem von seiner Trainerin untersagte Tour unternommen habe«.

Beide Männer gehen laut dem Protokoll daher davon aus, »dass KEH das Mobiltelefon bewusst ausgeschaltet« habe, denn sein Handy sei »noch am Samstagmorgen um 5 Uhr im Tengelmann-System eingeloggt gewesen« und der Akkustand betrug »zu diesem Zeitpunkt 83 %«[198]. Christian Haubs Vertrauter berichtet mir weiter, dass danach »ausweislich der Einzelverbindungsnachweise keine Telefongespräche mehr geführt« worden seien, »sodass nicht davon auszugehen sei, dass das Mobiltelefon wegen leeren Akkus (z.B. aufgrund der Kälte) ausging«. Außerdem berichten die beiden Männer offenbar, dass innerhalb der Familie Haub bekannt gewesen sei, dass der verschwundene Milliardär »sein Mobiltelefon sonst nie ausschalte und typischerweise noch Fotos vom Gipfel mache«.

Eine weitere Besonderheit sei außerdem, dass sich Karl-Erivan Haub »äußerst kurzfristig« dazu entschlossen habe, nach Zermatt zu fliegen. Im Protokoll steht an dieser Stelle: »Ursprünglich sei ein Flug nach Grenoble und ein

Aufenthalt in Les Deux Alpes geplant gewesen. Erst am Freitagmorgen um 1 Uhr habe er seinem Piloten per WhatsApp mitgeteilt, dass er wegen ›schlechten Wetters‹ nach Zermatt fliegen wolle.« Offenbar, so berichtet es auch Christian Haubs Vertrauter, habe Karl-Erivan Haub auch seiner Frau Katrin diese Information gegeben. Auch ein Blick in die Wettervorhersage habe wenig Erhellendes gebracht, denn »tatsächlich sei die Wettervorhersage zu diesem Zeitpunkt für Zermatt schlechter gewesen (als für Les Deux Alpes[199]).« Auch eine Art Rechtfertigung gegenüber dem Piloten sei »für KEH unüblich«.

Dann wird es aber richtig dubios: Nach dem Verschwinden von Haub am Samstag, den 7. April, seien am Montag »zwei seltsame Gäste im Hotel ›The OMNIA‹ eingetroffen, die bis auf einen einzigen Ausflug auf das Matterhorn ständig den Krisenraum und die Familie beobachtet haben«. Das Pärchen war offenbar so auffällig, dass der Krisenmanager Passkopien der deutschen Personalausweise der beiden erhielt. Im Nachgang habe man aufgrund der »guten Verbindung des Tengelmann-Sicherheitschefs zu verschiedenen Geheimdiensten« herausfinden können, dass es sich bei den beiden Personen um »Mitglieder des FSB« gehandelt habe. Interessant sei laut Protokoll außerdem, dass beide kurz vor ihrer Ankunft »telefonisch Kontakt zu GH aufgenommen haben« (sollen[200]). Den mittleren Haub-Sohn habe man allerdings bislang auf diesen ungeheuerlichen Vorwurf nicht angesprochen.

In Zermatt stand offenbar schnell fest, dass die Such- und Rettungsmaßnahmen zu keinem Ergebnis führen. Man konzentrierte sich daher auf andere Optionen. Mit Hilfe der Einzelverbindungsnachweise seines Telefons konnte man laut Protokoll feststellen, dass »KEH mit zunehmender Häufigkeit zum Tag des Verschwindens mit seiner (möglichen[201]) Geliebten, Frau Veronika E., telefoniert habe«, dies jedoch jeweils nur für »ganz kurze Zeit von etwa einer Minute (möglicherweise hat sie dann zurückgerufen)«. Als Besonderheit wird dann aber vermerkt, dass der Milliardär am Tag vor seinem Verschwinden »zwei[202] Telefonate (Frau E. und ein Banker[203]) nach Russland« tätigte, die zusammen »insgesamt 1,5 Stunden« dauerten. Als Nächstes wird im Protokoll ein Punkt angesprochen, über den ich schon in einem Artikel im Internet etwas gelesen hatte: Karl-Erivan Haub soll einen russischen Pass besessen haben: »KEH hatte einen russischen Pass, dessen Nummer mit 52 beginnt, was auf einen nicht normalen Prozess, sondern auf eine Ausstellung über das Konsulat oder Außenministerium« hindeute. Der Vertraute von Christian Haub erklärt mir an dieser Stelle, dass die beiden internen Ermittler ihm gesagt hätten, dass man eine Kopie des Passes »damals für rund 10.000 Euro« hätte bekommen können, zum damaligen Zeitpunkt habe man aber darauf verzichtet. Das Protokoll gibt an dieser Stelle wieder, dass »allein die ›Passöffnung‹ im System durch einen dortigen Mitarbeiter« in Russland hohe Wellen geschlagen habe, genau wie »die Verfolgung einer Fahrt von Frau E. durch Moskau mittels verschiedener Überwachungskameras (es wurde gezielt nach deren Autokennzeichen gesucht)«. Beides habe zu ziemlich viel Ärger für die betreffenden Beamten geführt.

Die internen Untersuchungen des Tengelmann-Sicherheitschefs und seines Beraters, des Krisenmanagers, hätten außerdem zutage gefördert, dass Karl-Erivan Haub bei seinen Einreisen nach Russland falsche Adressen angegeben habe: Bei jeder Reise nach Russland müsse der Einreisende seine »genauen Aufenthaltsdaten in das Computersystem eintragen« lassen. Hierbei müsse »jedes Feld« ausgefüllt werden, da sonst die Eingabemaske gar nicht geschlossen werden könne. Doch eine Überprüfung der Adressen habe ergeben, dass die angegebenen Adressen »nachweislich falsch« seien, sodass sich sein dortiges Reiseverhalten »nicht nachvollziehen lasse«.

Jede Zeile des Protokolls fördert neue, verstörende Informationen zutage: die junge Russin Veronika E., von der ich schon einiges in der Klatschpresse gelesen hatte, soll nicht nur Karl-Erivan Haubs Geliebte sein – offenbar hat sie »nach den vorliegenden Informationen« der internen Ermittler »für den FSB gearbeitet« und kenne den Milliardär bereits seit 2002. Die junge Frau arbeite in einer Eventagentur, hinter der »typischerweise der FSB stecke«. Auch sei es nicht ungewöhnlich, dass die junge Frau von ihrem »Profil« her »sehr gut zu KEH passte (z. B. ihre Begeisterung für das Bergsteigen und Extremsportarten)«.

Im nächsten Abschnitt wird im Protokoll beschrieben, wie sowohl Katrin als auch Helga Haub nach dem Verschwinden des Ehemanns und Sohnes zunächst »alles Erforderliche ›freigegeben‹« haben, »um KEH tatsächlich zu finden«. Beide Frauen hätten daher auch vom möglichen russischen

Pass und der möglichen Geliebten gewusst. Auch die zwei »verdächtigen Personen vor Ort« seien den beiden bekannt gewesen.

Dieser »damalige Stand zu den Russland-Verbindungen«, sei lediglich »Helga Haub, ihrem Personenschützer und der Familie KEH« bekannt gewesen. Da dieses Wissen nun »an die Presse gegangen« sei, gehen der Tengelmann-Sicherheitschef und sein Berater laut dem Protokoll nun davon aus, dass die Informationen »von der Gegenseite ›durchgestochen‹« worden seien.

Unter Punkt III. finden sich im Protokoll alle aktuellen Erkenntnisse zum Stand der Ermittlungen. Aufgrund der bisherigen Recherchen gehen sowohl der Tengelmann-Sicherheitschef als auch sein Berater davon aus, »dass KEH nicht verunglückt, sondern mithilfe des FSB in Russland untergetaucht sei«. Die beiden Männer geben an, dass man »über Kontakte vor Ort« und eine Bezahlung von Hunderttausend Euro »ein Foto von KEH sowie Informationen, wo und wie er lebt und wie er mittlerweile heißt« besorgen könnte.

Die Männer äußern dem Protokoll zufolge den Verdacht, dass »nicht nur seine (mögliche[204]) Geliebte Frau E., sondern auch KEH für den russischen Geheimdienst FSB tätig gewesen ist«. Zwar glauben der Tengelmann-Sicherheitschef und sein Berater offensichtlich nicht, dass Karl-Erivan Haub als »klassischer Spion« ausgebildet worden sei, sie vermuten viel mehr, dass »die Verbindungen zu KEH vom FSB schleichend aufgebaut« worden sein könnten. In diesem Zusammenhang sei das Verschwinden dann als »Flucht« zu erklären, »weil beispielsweise die US-Geheimdienste von seiner Verbindung zum FSB etwas mitbekommen haben könnten«. Voller Erstaunen höre ich vom Vertrauten von Christian Haub, dass die beiden internen Ermittler im Gespräch mit ihm diese Vermutung wohl durch Indizien untermauert hätten: Zwar sei »KEH nicht vom Verfassungsschutz beobachtet worden«, jedoch möglicherweise durch einen der amerikanischen Geheimdienste. Laut dem Protokoll erinnerte sich der Sicherheitschef von Tengelmann an einen Vorfall im Oktober 2017, also rund ein halbes Jahr vor dem mysteriösen Verschwinden. Karl-Erivan Haub sei zu ihm gekommen und habe behauptet, »Informationen zu haben, dass er abgehört werde«. Sein Sicherheitschef habe daraufhin im Unternehmen »umfangreiche Technik aufgebaut« um der Sache auf den Grund zu gehen, doch er habe nichts finden können.[205]

Sehr seltsam liest sich auch ein Vorfall, den der Krisenmanager zu Protokoll gegeben hat. Offenbar kam es zwischen ihm und dem amerikanischen Generalkonsul der Frankfurter US-Botschaft zu einem Treffen, dieses soll in Bern stattgefunden haben. Das Treffen habe nach dem Ende der offiziellen Suche nach dem vermissten Milliardär stattgefunden. Da Karl-Erivan Haub auch amerikanischer Staatsbürger sei, habe man »die USA um Unterstützung bei der Suche (auch mit Drohnen)« bitten wollen. Zu seiner Überraschung sei der Krisenmanager dann jedoch »als Einzelner sieben Personen gegenübergesessen (CIA, FBI, Schweizer Kontaktperson zum CIA und Generalkonsul)«. Die Amerikaner hätten ihm dann im Verlauf des Gesprächs klargemacht, dass sie keine eigenen Suchmaßnahmen anstrengen würden. Gleichzeitig, so lese ich es im Protokoll, hätten sie jedoch versucht, »Kenntnisse vom Krisenmanager« abzugreifen. Einige Zeit später habe der Krisenmanager dann aber von seinen Kontakten in Zermatt erfahren, dass FBI- und CIA-Agenten entgegen ihrer ursprünglichen Ansage trotzdem ins Matterhorn-Gebiet gereist seien und dort »mit der Kriminalpolizei, mit der Kantonspolizei und dem Rettungschef Zermatt gesprochen hätten«. Nach Einschätzung des Sicherheitschefs von Tengelmann ließe dies »auf ein besonderes Interesse schließen«.

Nun bleibt die Frage, welche Rolle das Gletschergebiet rund um Zermatt in dieser ganzen Geschichte spielt. Christian Haubs enger Vertrauter erklärt mir, dass ihm der Sicherheitschef von Tengelmann sowie sein Berater, der Krisenmanager, erklärt hätten, dass »sollte KEH tatsächlich Beziehungen zum russischen Geheimdienst FSB gehabt haben«, es »kein besseres Exit-Szenario als in Zermatt« geben würde, da der Milliardär dort ohne Probleme »unerkannt« auf die italienische Seite nach Cervinia habe abfahren können. Aus Sicht der beiden Männer habe Haub dort »untertauchen können, bis er anscheinend heimlich nach Russland gebracht worden sein dürfte«.

Doch für ein Untertauchen muss es ja einen Grund geben, ein Motiv. Warum hätte der angesehene Milliardär und Firmenlenker sein »bisheriges luxuriöses Leben« hinter sich lassen sollen? Aus Sicht der beiden internen

Ermittler könnte Karl-Erivan Haub »semi-freiwillig« untergetaucht sein, weil er aufgrund der möglichen FSB-Verbindungen »in der westlichen Welt Probleme hätte befürchten müssen«.

Während Christian Haubs Vertrauter mit mir Zeile für Zeile das Protokoll durchgeht, füllen sich die Seiten meines Schreibblocks. Ich versuche, jedes Detail, jeden Zusammenhang zu notieren, nichts auszulassen oder zu vergessen. Zwar hatte mir mein Gesprächspartner im Vorfeld versprochen, mir das ganze Schriftstück im Anschluss zu überlassen, aber sicher bin ich mir zu diesem Zeitpunkt noch nicht. Auch mein Gegenüber hat ein Motiv, sonst würde er diese höchst belastenden Informationen nicht mit mir teilen.

Inzwischen sitzen wir seit mehreren Stunden zusammen und der Mann beantwortet auch viele meiner Nachfragen, sofern er sie beantworten kann. Oft verweist er während des Gesprächs jedoch auf die beiden internen Ermittler: den Sicherheitschef von Tengelmann und seinen Berater, den Krisenmanager. Für mich ist zu diesem Zeitpunkt bereits klar, dass ich mit den beiden Männern ebenfalls ein persönliches Gespräch führen möchte.

Vor dem Fenster hüllt sich die Welt langsam in Dunkelheit, der Sankt Moritzersee verschwindet im Lichte der Dämmerung. Im Protokoll sind nur noch einige Punkte offen.

Der nächste Abschnitt, so erklärt es mir Christian Haubs Vertrauter, sei besonders interessant. Unter Punkt V. wird eine weitere Person detailliert beschrieben: es ist der ehemalige Top-Manager von Tengelmann, in dem Karl-Erivan Haub eine nahezu »väterliche Figur« gesehen haben soll. Trotz einer hohen Position im Unternehmen, sei der Mann »immer in Geldnöten gewesen und habe eine russische Frau gehabt«. Aktuell dürfe er »aufgrund eines Haftbefehls des FSB derzeit nicht nach Russland einreisen«. Zudem sei es wohl trotz der jahrelangen sehr engen und vertrauensvollen Beziehung zwischen dem Top-Manager und Karl-Erivan Haub in den Monaten vor dem Verschwinden zu einem »Bruch« zwischen den beiden gekommen. Weder der Sicherheitschef von Tengelmann noch sein Berater kennen jedoch die Einzelheiten. Immer wieder, so erfahre ich, habe der Mann »eine dubiose

Rolle« gespielt: auf der gemeinsam für Erivan Karl und Karl-Erivan Haub abgehaltenen Trauerfeier habe er eine »grenzwertige, wenn nicht sogar grenzüberschreitende« Rede gehalten. Außerdem sei ihm nicht zu trauen, der ehemalige Top-Manager habe einmal »sehr ordentlich mit einer Journalistin[206] ›gebechert‹ und dabei auch nicht beabsichtigte Aussagen getätigt, die dann in die Öffentlichkeit getragen worden seien«. Zudem habe der Mann der Familie »eingeflüstert, dass sie nicht mehr ausreichend Geld habe, und so versucht, über seine Firma Beratungsleistungen (...) abzurechnen«. Der Tengelmann-Sicherheitschef geht davon aus, »sollte KEH in Russland untergetaucht sein, dass der ehemalige Top-Manager davon Kenntnis habe.« Sollte dies der Fall sein, so wird im Protokoll ergänzt wüssten auch Teile der Familie »Bescheid«.

Zum Schluss werden unter Punkt VI. »Sonstige Themen« behandelt. Wie auch mir durch meine Vorrecherche inzwischen bekannt ist, betont der Sicherheitschef nochmal, dass »KEH sehr ängstlich und deshalb sehr auf Sicherheit bedacht gewesen sei und ihn auch für triviale Sachen beauftragt habe«. Laut seiner Aussage habe er »immer nur das Beste haben wollen«. Die Personenschützer hätten beispielsweise auf das kugelsichere Auto schießen müssen, »um nachzuweisen, dass KEH darin tatsächlich geschützt sei«.

Inzwischen ist es Abend geworden. Die Erzählungen von Christian Haubs Vertrautem haben mich so gefesselt, dass ich in den ganzen vier Stunden in seiner Wohnung nicht einen einzigen Schluck Wasser aus dem Glas auf dem kleinen Couchtisch vor mir getrunken habe. Meine Wangen glühen und mein Kopf ist übervoll mit Informationen. Das alles klingt so unglaublich, dass es eigentlich nicht wahr sein kann. Und genau deshalb glaube ich es auch nicht. Ich kann mir einfach kein Szenario vorstellen, in dem es Sinn ergeben würde, dass ein enger Vertrauter des aktuellen Konzernlenkers schwer belastende Informationen über dessen Familie mit einer Pressevertreterin teilen würde. Auch die Motivation der internen Ermittler ist mir schleierhaft.

Zu diesem Zeitpunkt habe ich keinerlei Informationen über die Männer. Ich kenne weder ihre Namen noch ihre Funktionen. Im Gespräch mit

Christian Haubs Vertrautem geht es nicht um die Aussagen des Tengelmann-Sicherheitschefs und seines Beraters, sondern ausschließlich um »Ermittler 1« und »Ermittler 2«.

Meine wahrscheinlichste Vermutung ist zu diesem Zeitpunkt, dass die
beiden Männer Scharlatane sind, die sehr viel Geld mit ihren »Ermittlungen« verdienen und deshalb der Familie vermeintliche »Geheimdienstinformationen« zuschanzen, die nicht überprüfbar sind. Damit könnten sie Be-
drohungsszenarien aufrechterhalten und die Milliardärsfamilie mit immer
neuen, teuren Ermittlungen »melken«.

Doch aus dem Protokoll geht auch klar hervor, dass die gesamte Familie
von Beginn an über den jeweils aktuellen Kenntnisstand in den vermeintlichen Ermittlungen informiert wurde. »Ermittler 1« (der Sicherheitschef von
Tengelmann) sowie »Ermittler 2« (sein Berater), so betont es Christian Haubs
Vertrauter gleich mehrfach, seien sich »sehr sicher«, dass sie schon bald den
finalen Beweis für das Fortleben von Karl-Erivan Haub hätten. Auf meine Frage,
woher er dieses Vertrauen nehme, antwortete er, die beiden Männer hätten
eine seriöse Art der Abrechnung gegenüber Christian Haub vorgeschlagen:
Die Ermittlungen werden nur bezahlt, wenn ein *unabhängig überprüfbarer Beweis* erbracht wird, entweder für den *Tod* oder das *Fortleben* von Karl-Erivan
Haub. Mehrere unabhängige Gutachter müssten in der Lage sein, die vorgetragenen Belege zu bestätigen. Als Belege würden aus Sicht des Vertrauten
zum Beispiel Fotos oder Videos, eine aktuelle Passkopie, Kontobewegungen,
die klar mit Karl-Erivan Haub in Verbindungen zu bringen sind, oder Ähnliches zählen. Und gerade seien die beiden Männer zusammen mit externen Ermittlungsagenturen dabei, diese *finalen Beweise* zu beschaffen.

Wenn all diese Behauptungen tatsächlich stimmen, müsste es ja theoretisch *Beweise* geben. Es steht für mich daher außer Frage, dass ich mit den
beiden internen Ermittlern persönlich sprechen muss. Sie sind Dreh- und
Angelpunkt sowie Ausgangspunkt für eine weiterführende Recherche. Ich
will jede einzelne Behauptung verifizieren und nichts Unüberprüfbares veröffentlichen. Und das sage ich auch unserem Informanten: Meine Voraussetzung für eine Berichterstattung zu dem Thema ist, dass ich mit den beiden
internen Ermittlern sprechen kann. Er verspricht mir, ein persönliches Gespräch mit den beiden Männern zu organisieren.

Am Abend schreibe ich eine Mail[207] an meine Chefinnen.

»Liebe Kolleginnen,
anbei bekommt ihr eine Zusammenfassung meines Gesprächs (...). Es
gibt vier Möglichkeiten, was mit KE Haub passiert ist:

1. *Unfall*
2. *Selbstmord*
3. *Freiwilliges Abtauchen*
4. *Verbrechen*

Christian Haubs Vertrauter ist in Kontakt mit zwei Männern, die aus
»Sicherheitskreisen« (Ermittler 1 und Ermittler 2) stammen. Nach dem
Gespräch mit ihnen hat er ein sehr detailliertes Protokoll angefertigt, mit
allen Hintergründen zu KE Haub. (...) er wird versuchen, mich mit
ihnen für ein Hintergrundgespräch zur Verifizierung der Angaben aus
dem Protokoll in Kontakt zu bringen. (...)
Nach dem vierstündigen Gespräch kommen eigentlich nur noch zwei
Varianten in Betracht:

1. *Freiwilliges Abtauchen*
2. *Verbrechen*

(...) Am Tag nach dem Verschwinden von KE waren zwei »dubiose«
Gestalten im Hotel in Zermatt, in dem auch Haubs Familie war. Später
stellte sich laut Protokoll heraus, dass es sich um Mitglieder des russischen
Geheimdienstes handelt. (...)
(...) Rund um das Verschwinden am Berg gibt es so viele Ungereimtheiten,
dass Ermittler 1 und Ermittler 2 sowie die Personal Trainerin unter keinen
Umständen an einen Unfall glauben.
(...) Ermittler 1 und Ermittler 2 (wurden) beauftragt, Bilder von KE in
Russland zu bekommen. Die Bezahlung erfolgt laut Christian Haubs
Vertrautem in einer Art und Weise, die ihm sagt, dass sich Ermittler 1
und Ermittler 2 sehr sicher sind, diese Bilder auch zu bekommen: Sie ist

erfolgsabhängig. Außerdem hat er sie beauftragt, eine Kopie des russischen Passes zu bekommen. (…)
(…) Morgen ist Reisetag nach Zermatt (Fahrtzeit ca. 7–8 Std)

Viele Grüße!
Liv«

Am Abend des 26. Januar 2021 bin ich ziemlich aufgewühlt. Diese Geschichte ist wilder als jeder James-Bond-Film. Während mein Kameramann, der den ganzen Nachmittag auf meine Rückkehr gewartet hat und deshalb auf dem zugefrorenen See spazieren war, und ich beim Abendessen im Hotel sitzen, frage ich mich, was um Himmels willen mit Karl-Erivan Haub passiert ist. In was ist der »ehrbare Kaufmann« da hineingeraten? Und wer in der Familie weiß etwas?

Unser Informant hat mir den Eindruck vermittelt, dass er sich wirklich sehr sicher ist, dass die internen Ermittler seriös sind und keinen Blödsinn erzählen. Während des Gesprächs habe ich ihn mehrfach nach seiner Einschätzung gefragt. Auf mich wirken die beiden Männer wie halbseidene Gestalten vom Typ »Türsteher« oder »Zuhälter«. Doch Christian Haubs Vertrauter sieht das ganz anders. Er weist mich auf die Tatsache hin, dass die Bezahlung in Millionenhöhe erst erfolgen solle, wenn die beiden Männer den *finalen Beweis* für den aktuellen Aufenthaltsort des Verschollenen erbracht hätten. Finanziell sei die Suche kein Fass ohne Boden, sondern in einem Vertrag klar geregelt.

Beide Männer hätten ihm zudem laut eigener Aussage zugesichert, die Lieferung *finaler Beweise* stünde unmittelbar bevor. Und warum auch immer: Christian Haubs Vertrauter will mir zeitnah Zugriff auf die kompletten Informationen verschaffen. Ich kann es einfach nicht glauben.

IN ZERMATT SCHLIESSEN SICH ALLE TÜREN

Am nächsten Tag fahren mein Kameramann und ich weiter nach Zermatt. Das Navi berechnet für die Fahrt rund fünf Stunden, aber ich ahne schon, es wird deutlich länger dauern. Auch bei guten Wetterbedingungen gestaltet sich die Anreise nach Zermatt schwierig. Der kleine Ort liegt am hintersten Ende des Mattertals und ist offiziell autofrei. Reisende müssen ihr Auto einige Kilometer entfernt in dem kleinen Dorf Täsch am Bahnhof abstellen und vom Matterhorn Terminal Täsch mit dem Zug in das schmale Tal fahren.

Der Informant hat mir in unserem vierstündigen Gespräch viele fast unvorstellbare Details über das Leben von Karl-Erivan Haub genannt. Während ich darauf warte, dass er mir den Kontakt zu den internen Ermittlern herstellt, finde ich es an der Zeit, diese ganzen Informationen einem ersten Faktencheck zu unterziehen. Wenn wir jetzt schon feststellen könnten, dass vieles davon gar nicht stimmt oder unseriös ist, würden wir uns alle eine Menge Arbeit ersparen.

Im Jahr 2016 gründete die Mediengruppe RTL als einer der ersten Sender Deutschlands das Verifizierungsteam. Es ist ein Team von Journalistinnen und Journalisten, das auf Anfrage der Redaktionen Inhalte im Netz mithilfe von Analysetools auf ihre Echtheit überprüft. Darunter fallen zum Beispiel Bilder und Videos, die in einer Breaking-News-Situation über die sozialen Medien eintreffen und bei denen zunächst geprüft werden muss, ob das Bild oder Video tatsächlich das zeigt, was es vorgibt zu zeigen. Vielleicht könnte das Verifizierungsteam einige Informationen rund um die angebliche russische Geliebte Veronika schon bestätigen – oder eben ausschließen.

Während der Autofahrt nach Zermatt schreibe[208] ich meiner Chefin:

>»Liebe (...),
wir wissen inzwischen den Namen der Geliebten, Veronika E., sowie die Agentur, für die sie zuletzt gearbeitet hat: Russian Event.
Burak und Sergej aus dem Verifizierungsteam sind extrem gute Rechercheure, mit deiner Zustimmung würde ich sie gerne fragen, die digitalen Footprints von Frau E. zu erstellen.
Ist das ok?
Viele Grüße!
Liv«*

Für meine Kollegin ist das natürlich in Ordnung und Burak und Sergej beginnen von Köln aus, sich an die digitalen Spuren von Veronika E. zu heften.

Das Wetter in der Schweiz ist inzwischen noch schlechter als bei unserer Hinfahrt nach Sankt Moritz. Es gibt einen heftigen Schneesturm und die Sichtverhältnisse betragen nur wenige Meter. Aufgrund einer Streckensperrung müssen wir die Route nach Zermatt über die italienische Seite der Alpen wählen. Doch dort ist der Schneesturm noch schlimmer. Wir kämpfen uns im Schritttempo die schmalen Straßen entlang, man sieht fast nichts mehr. Das Matterhorn Terminal Täsch erreichen wir schließlich nach elfstündiger Fahrt. Mit viel Glück erwischen wir einen der letzten Züge nach Zermatt: Ab dem nächsten Tag ist das Alpendorf dann aufgrund von hoher Lawinengefahr erst mal für mehrere Tage von der Außenwelt abgeschnitten. Mein Kameramann und ich hängen an einem Ort fest, wo wir höchst unwillkommen sind – doch das wissen wir zu diesem Zeitpunkt noch nicht.

Mein Plan ist, in Zermatt eine Vor-Ort-Recherche zu filmen. Ich möchte mit den Menschen in Kontakt kommen, die unmittelbar an der Suche nach Karl-Erivan Haub beteiligt waren. Außerdem möchte ich mit der Polizei und der Staatsanwaltschaft reden und sie auf die neuen Erkenntnisse aus meinem Gespräch mit Christian Haubs Berater ansprechen. Würden mir die Behörden beispielsweise bestätigen, dass sowohl FBI als auch CIA nach dem Verschwinden von Karl-Erivan Haub in Zermatt ermittelt haben? Und wenn ja: Was wollten die amerikanischen Behörden überhaupt dort?

Im Protokoll wird außerdem ein dubioses Pärchen[209] erwähnt, das nach Haubs Verschwinden im Hotel *The Omnia* eincheckte und die Familie und internen Ermittler bei der Koordination der Such- und Rettungsmaßnahmen beobachtete. Dem Protokoll zufolge sei das Pärchen im Hotel aufgefallen, also möchte ich dort mit jemandem sprechen.

Inzwischen ist der 28. Januar. Der Schneesturm vom Vortag ist zwar vorbei, allerdings fallen dicke, nasse Schneeflocken vom Himmel.[210] Die Flocken sind so nass, dass wir nach wenigen Stunden Dreharbeiten bis auf die Unterwäsche durchweicht sind. Um unsere Kameratechnik zu schützen, brechen wir den Dreh ab. Vom Hotelzimmer aus beginne ich, alle Behörden sowie das Rettungsteam von Air Zermatt abzutelefonieren. Ich möchte die verantwortlichen Personen zunächst ohne Kamera treffen und mit ihnen ein ausführliches Hintergrundgespräch führen. So wie ich es auch mit dem engen Vertrauten von Christian Haub getan habe. Wie schon bei meinem ersten Versuch einige Wochen zuvor stoße ich auf eine Mauer des Schweigens.

Niemand, wirklich niemand, ist bereit, sich mit mir zu unterhalten. Auch nicht ohne Kamera. Von einer Mitarbeiterin von Air Zermatt erfahre ich, die Familie Haub habe jegliche Kommunikation mit der Presse »verboten«[211] und man halte sich daran. Ich bin ziemlich fassungslos.

Seit wann diktierten Privatpersonen (auch wenn es sich dabei um Milliardäre handelt) Pressestellen von Behörden (in diesem Fall von der Staatsanwaltschaft und der Polizei) und privatwirtschaftlichen Unternehmen (im Fall von Air Zermatt), wie sie sich zu verhalten haben? Irgendetwas stimmt hier ganz und gar nicht. Diese Mauer des Schweigens geht für mein Gefühl deutlich über das übliche Maß des Schutzes der Privatsphäre hinaus. Viele Monate später sollte mein Gefühl bestätigt werden, als mir eine Schweizer Lokaljournalistin erzählte, dass das Verhalten der verantwortlichen Personen tatsächlich von großer Angst geprägt gewesen sei und die Presse in der Schweiz normalerweise die gleichen Zugänge und transparenten Auskünfte erhalte wie in Deutschland.

Seit meinem Besuch bei Christian Haubs Vertrautem in Sankt Moritz sind einige Tage vergangen und ich hänge im eingeschneiten Zermatt fest. Wir kommen einfach nicht weiter, am Telefon werde ich nur abgewimmelt. Der einzige Beteiligte, den ich bisher noch nicht kontaktiert habe, ist ein Mitarbeiter des Boutiquehotels *The Omnia*. Mein Kameramann und ich entscheiden uns, vorher nicht höflichkeitshalber anzurufen, sondern direkt hinzugehen.

The Omnia liegt auf einer kleinen Anhöhe in Zermatt und gilt als eine der exquisitesten Adressen im Ort. Die Gäste des Hauses können allerlei Annehmlichkeiten genießen, viele Zimmer haben einen wunderschönen Blick auf das Matterhorn. Ein Zimmer in der Hochsaison kann schnell mehrere Tausend Schweizer Franken kosten.[212] Man erreicht das Hotel entweder über einen kleinen gewundenen Weg, der sich zwischen den alten Scheunen im historischen Dorfkern von Zermatt hochwindet, oder über einen Lift, der vom Zentrum Zermatts auf die Anhöhe hinauffährt. Da wir keine Hotelgäste sind und ich auch nicht »mit der Tür ins Haus fallen« möchte, indem ich mit dem Lift hochfahre und plötzlich samt Kameramann in der Lobby stehe, entscheiden wir uns, uns dem Hotel zu Fuß über den kleinen Weg zu nähern.

Als wir oben ankommen, sehe ich einen Hotelmitarbeiter in der Nähe des Eingangs eine Zigarette rauchen. Ich bitte meinen Kollegen, einige Meter entfernt mit der Kamera zu warten. Ich möchte erst mal allein vorgehen, um den Mann nicht sofort zu verschrecken. Wie es der Zufall so will, steht vor mir ein ranghoher Mitarbeiter des Hotels. Er ist dem Protokoll zufolge genau die Person, die ich suche. Das Gespräch mit ihm dauert vielleicht zwei Minuten, denn nachdem ich mich vorgestellt habe und ihm erklärt habe, dass ich mit ihm über die beiden »dubiosen« Gäste von damals sprechen möchte, flüchtet er mehr oder weniger ins Haus und erteilt uns im Vorbeigehen vorsorglich auch noch ein Hausverbot.

Mit so viel Ablehnung auf einmal habe ich wirklich nicht gerechnet. In Zermatt, so scheint es, bleiben die Türen verschlossen. Keiner ist zu einem Gespräch bereit. Ich bin nicht nur ziemlich frustriert, sondern auch echt ratlos. Wie soll ich hier eine Fernsehreportage drehen? Und zu allem Übel sind wir auch immer noch von der Außenwelt abgeschnitten. Der nasse Schneefall der vergangenen Tage hat die Lawinengefahr noch mehr erhöht. Das Wetter ist so schlecht, dass wir das weltberühmte Matterhorn auch an unserem zweiten Tag in Zermatt bisher kein einziges Mal gesehen haben. Eine Abreise ist zu diesem Zeitpunkt nur noch mit dem Helikopter möglich und sehr teuer.

Mein Kameramann und ich bleiben daher erst mal im Hotel und ich überlege, wie diese Recherche nun weitergehen soll.

DER BRIEF DER ALPINISTEN: ABSENDERADRESSE GEFÄLSCHT

Während unseres Treffens in Sankt Moritz hat mir Christian Haubs Vertrauter von zwei Briefen erzählt, die von angeblichen *Alpinisten* aus der Schweiz im Oktober 2020 an die Vorsitzenden Richter des Amtsgerichts Köln geschickt worden waren. In den beiden identischen Schreiben äußern die Verfasser unter der Überschrift *»Karl-Erivan Haub: unserer Ansicht nach lebt er! Bisherige Ergebnisse aus alpinistischer Sicht nicht nachvollziehbar«* ihre Überzeugung, dass Karl-Erivan Haub noch am Leben sein müsse. Die Verfasser, so der Vertraute weiter, hätten Detailwissen über den Tag des Verschwindens und schienen Karl-Erivan Haubs Liebe zu Zermatt und den Alpen sehr gut zu kennen.

Doch wer steckt hinter diesen Briefen? Sind es Freunde oder Wegbegleiter? Warum teilen die Verfasser dem Amtsgericht ihre Bedenken überhaupt mit? Wollen sie so einer möglichen Todeserklärung entgegenwirken? Davon profitieren würde der Kölner Stamm der Familie, da in diesem Fall keine Erbschaftssteuer fällig werden würde. Laut Christian Haubs Vertrautem müsse es sich daher um den Versuch handeln, eine falsche Fährte zu legen, um vor Gericht für Zweifel zu sorgen. Doch das Ganze sei gut und professionell geplant worden: Beide Adressen seien falsch angegeben. Die Absender gebe es laut den internen Tengelmann-Ermittlern nicht.

Ich sitze in meinem Hotelzimmer in Zermatt und grüble vor mich hin. Vor dem Fenster fallen die dicken Flocken schwer zu Boden. Alle Aussagen von Christian Haubs Vertrautem stützen sich auf das angebliche Wissen des Ermittler-Duos. Wenn die beiden unseriöse Scharlatane sind, würde diese unglaubliche Geschichte wie ein Kartenhaus in sich zusammenfallen. Ich *muss* die beiden Männer einfach persönlich kennenlernen. Ich möchte unbedingt wissen, wer die beiden überhaupt sind.

Inzwischen ist Donnerstag, der 28. Januar. Wenige Tage zuvor ist mein Gesprächspartner mit mir Zeile für Zeile das streng vertrauliche, interne Protokoll durchgegangen, hat geduldig meine vielen Fragen beantwortet und mich mit seiner Zuversicht beeindruckt, den *finalen Beweis* bald zu erhalten. Meiner Bitte, mir das streng vertrauliche Dokument zukommen zu lassen, ist er inzwischen nachgekommen. Ich konnte ihn davon überzeugen, dass ich ohne einen vorherigen Faktencheck keine Veröffentlichung planen kann. Da mir das Protokoll nun physisch vorliegt, kann ich die Namen der internen Ermittler schwarz auf weiß nachlesen. Beide sind relativ schnell über eine Google-Suche zu finden. Und was mich ganz hoffnungsvoll stimmt: Die Webseiten sind professionell, es gibt ein Impressum und eine Telefonnummer, die man anrufen kann. Zumindest auf den ersten Blick scheint es nicht so, als wollten die Männer ihre Identität verschleiern.

Um 14:30 Uhr schreibe ich eine E-Mail[213] an den Krisenmanager, der im Protokoll zuerst auftaucht:

> *»Sehr geehrter Krisenmanager,*
> *Christian Haubs enger Berater war so freundlich, mir Ihre Kontaktdaten*
> *zu nennen.*

*Mein Name ist Liv von Boetticher, ich bin Investigativjournalistin bei der
Mediengruppe RTL.*
*Ich recherchiere rund um das Verschwinden von KEH und möchte Sie
sehr gerne um ein Hintergrundgespräch bitten. Selbstverständlich streng
vertraulich.*
*Mir geht es in einem ersten Schritt darum, Fakten zu checken und Spuren
zu verfolgen / zu verwerfen.*
(...)
Ich freue mich sehr auf Ihre Rückmeldung!
Viele Grüße,
Liv von Boetticher«

Ich drücke auf *senden* und warte. Christian Haubs Vertrauter hatte mir ja zugesichert, dass die Männer mit mir sprechen würden. Irgendwie habe ich ein
komisches Gefühl. Rein objektiv betrachtet, sehe ich keinen Grund, warum
es im Interesse der Männer sein sollte, mir ihre Quellen mitzuteilen. Sollten
sie unseriöse Typen sein, würde das ja ihr »Geschäftsmodell« gefährden. Und
wenn all die Behauptungen Hand und Fuß haben, dann bergen diese internen Ermittlungen eine unglaubliche Sprengkraft und gefährden die Reputa-
tion der gesamten Familie Haub und des Milliardenkonzerns Tengelmann.
  Um 16.28 Uhr klingelt mein Handy. Es ist eine WhatsApp-Nachricht von
Christian Haubs Berater:[214]

*Berater: »Es gibt leider Schwierigkeiten mit dem Krisenmanager. Ich
arbeite dran.«*
LvB: »Er möchte nicht mit mir sprechen?«
*Berater: »Es ist wie immer kompliziert. Er hat riesige Sicherheitsbedenken,
wenn doppelt recherchiert wird. Ich sehe es genau umgekehrt.
Doppelrecherchen sind doch viel gefährlicher. Können wir gerade
telefonieren? Wie geht es denn in Zermatt voran?«*

Ich bin über die Nachricht des Beraters enttäuscht, aber das Ganze wundert
mich auch nicht. Ich hatte so etwas in der Art befürchtet. Ehrlich gesagt bin
ich mir auch nicht sicher, ob mir Christian Haubs Vertrauter, unser Informant, selbst überhaupt die Wahrheit sagt.

Ich setze mich auf das große Bett in meinem Zermatter Hotelzimmer und rufe ihn an. Er erzählt mir, dass sich der Krisenmanager stark dagegen ausgesprochen habe, Informationen zum Stand der Ermittlungen mit der Presse zu teilen. Aus seiner Sicht würde es angeblich die Personen, die aktuell noch in Russland ermitteln, in große Gefahr bringen. Ich halte das alles für unglaubwürdig. Meiner Meinung nach will uns der Mann davon abhalten, seine Ergebnisse unabhängig zu überprüfen, da sonst ein lukratives »Geschäft« auffliegt. Ich glaube ihm kein Wort und teile das Christian Haubs Vertrautem auch genau so mit. In einer Familie, die über solch ein Vermögen verfügt, gibt es bestimmt überall Nutznießer, die diesen Reichtum ausnutzen wollen.

Inzwischen bin ich ziemlich unruhig. Ich möchte schnellstmöglich alle Behauptungen überprüfen. Am Abend bitte ich daher Haubs Vertrauten nochmal per WhatsApp, mir die *Briefe der Alpinisten* zukommen zu lassen. Ich möchte die Adressen überprüfen und die Absender suchen. Es wäre der erste Hinweis für mich, ob ich den Ermittlungsergebnissen der beiden internen Ermittler auch nur im Entferntesten Glauben schenken kann.

Inzwischen sind in der Gegend rund um Zermatt mehrere Lawinen abgegangen[215] und es verkehren immer noch keine Züge zwischen Täsch und Zermatt. Mein Kameramann und ich sind also nach wie vor in Zermatt gefangen. Vor meinem Hotelfenster schneit und schneit und schneit es weiter. Ich fühle mich eingesperrt. Doch am Abend des 29. Januar kommt Bewegung in die Sache: Ich bekomme eine E-Mail von einem Mitarbeiter von Christian Haubs Vertrautem.[216] Im Anhang: die beiden Briefe der angeblichen *Alpinisten*. Der Inhalt des Schreibens ist bei beiden Briefen identisch. Lediglich die Absenderadressen auf dem Briefumschlag sind verschieden.

Gebannt lese ich das Schreiben durch: Der oder die Verfasser scheint sich mit der Causa Haub gut auszukennen. Vor allem aber scheint der- oder diejenige sehr genaue Ortskenntnisse der Zermatter Alpen zu haben. Auch scheint sich die Person gut mit dem Skisport auszukennen und weist darauf hin, dass Bergsportler doch eher zu warm als zu kalt angezogen seien. Doch *echtes* Insiderwissen haben der oder die Verfasser nicht: Der Inhalt der Briefe geht nicht über das hinaus, was zu diesem Zeitpunkt nicht sowieso schon in der Presse veröffentlich worden war.

378 II 150/20

220

Vorsitzende Richter
Amtsgericht Köln
Luxemburger Strasse 101
50939 Köln
Deutschland

Zermatt, 19. Oktober 2020

Karl-Erivan Haub: unserer Ansicht nach lebt er!
Bisherige Ergebnisse aus alpinistischer Sicht nicht nachvollziehbar

Sehr geehrte Damen und Herren Vorsitzende Richter

Da wir am 17.10.2020 einen Artikel zum Thema in der Neuen Zürcher Zeitung («Wirtschaft») gelesen haben, sehen wir uns verpflichtet, Ihnen die folgenden Informationen mitzuteilen.
Unserer Ansicht nach kann die offiziell veröffentlichte Darstellung des Verschwindens von Herrn Karl-Erivan Haub nicht stimmen. Vielleicht wollte er einfach abtauchen und mit neuer Identität ein anderes, einfacheres Leben führen.

Wie in den Medien berichtet wurde, soll Herr Karl-Erivan Haub am Morgen des Tages, an dem er angeblich in eine Gletscherspalte gefallen sei, das Hotel relativ dünn bekleidet verlassen haben, um für die «Patrouille des Glaciers» zu trainieren. Er war ein ausgezeichneter Skiläufer und Alpinist, und er hat an diesem Wettkampf schon früher mindestens einmal teilgenommen. Er hatte also grosse Erfahrung in Sport und Verhalten in den Hochalpen.
Jeder schwache bis mittelmässige Skiläufer weiss schon, dass man in den Bergen eher zu warm als zu kalt angezogen sein muss. Insbesondere Tourengeher sind so ausgerüstet, dass sie für einen in den Hochalpen häufigen Wetterwechsel mit Temperatursturz vorbereitet sind. Warum zog sich Haub nur so dünn an? Er wollte offenbar später (auf der italienischen Seite des Skigebiets von Zermatt) diese dünne Kleidung unauffällig entsorgen, z. B. in eine Plastiktüte stecken und in den nächsten Papierkorb werfen.

Herr Haub wurde zum letzten Mal auf der Bergbahnstation «Trockener Steg» von einer Kamera erfasst. Dort hat er auch sein Handy ausgeschaltet, um eine

Auszug aus dem Brief der Alpinisten

221

weitere Ortung zu verunmöglichen. Ein Alpinist würde nie ein Handy ausschalten. Denn es kann bei einem Unfall lebensrettend sein.
Am Trockenen Steg ist er in die Gondel zum «Kleinen Matterhorn» eingestiegen. Warum? Um auf der italienischen Südseite dieses riesigen Skigebiets sofort per Ski nach Cervinia oder Valtournenche abzufahren. Dort könnte für sein Verschwinden alles vorbereitet gewesen sein.
Es wäre aus alpinistischer Sicht sinnlos, dass Herr Haub zum Training für die Patrouille des Glaciers auf's Kleine Matterhorn gefahren ist. Oberhalb des Trockenen Stegs ist Gletscher, überall sind Gletscherspalten. Auch eine Tour vom Kleinen Matterhorn zum Breithorn, die als konditionell leicht gilt, macht man wegen der Gletscherspalten nur in Begleitung mindestens einer weiteren Person, am besten eines Bergführers. Und: man trainiert für einen Wettkampf, wie es die Patrouille des Glaciers ist, viel weiter unten, nicht in 4000 m Höhe.
Das Streckenprofil der Patrouille des Glacier liegt im Durchschnitt bei 2600 m, nur 2 oder 3 Mal geht man für eine limitierte Zeit über 3000 m Höhe. Und: die Strecke geht nicht über Gletscherspalten, sondern über Wiesen und von Schnee bedeckte Steine.

Zusammenfassend sprechen die dünne Kleidung, die Fahrt auf's Kleine Matterhorn und das Ausschalten des Handys eindeutig für ein absichtliches Verschwinden nach der Abfahrt ins italienische Tal und eindeutig gegen die geäusserte Absicht, für den Wettkampf trainieren zu wollen.

Da er viele Jahre lang und oft in Zermatt war und diese Gegend über alles liebt, wird er vermutlich versuchen, mit einer neuen Identität wieder dort Ski zu fahren. Dann aber aus Sicherheitsgründen wohl von der italienischen Seite her, mit einem Hotel in Cervinia oder einem anderen Dorf in der Region Valtournenche.

Mit freundlichen Grüssen

Alpinisten aus der Schweiz

Beide Briefe sind nicht unterschrieben. Doch als Absender werden auf der jeweiligen Rückseite ein gewisser *Franz Schmidt* aus dem *Borrweg 55* in Zürich und ein gewisser *Dr. Peter Müller* aus dem *Höfliweg 12*, ebenfalls aus Zürich, angegeben.

Ich bin wie elektrisiert: Sofort suche ich die Adressen auf Google. Sowohl den *Borrweg* als auch den *Höfliweg* gibt es in Zürich. Mit diesen genauen Angaben sollte es also nicht schwer sein, die Adressen zu finden und die Absender aufzusuchen.

Am 30. Januar wird die Bahnstrecke endlich wieder freigegeben.[217] Mein Kameramann und ich machen uns sofort auf den Weg nach Zürich. Das Wetter ist inzwischen deutlich wärmer, es regnet jetzt nur noch in Strömen. Für die Fahrt brauchen wir etwa fünf Stunden. Als Erstes steuern wir den *Borrweg* an.

Die Nachbarschaft besteht aus recht bescheidenen 1950er-Jahre-Bauten und größeren Wohnblocks. Es ist eine eher einfache Gegend. Haben hier die Menschen das nötige Kleingeld, um als *Alpinisten* viel Zeit in den Bergen zu verbringen? Ich schaue mir die Menschen auf der Straße an und mir kommen Zweifel. Allein ein Ein-Tages-Skipass kostet in Zermatt mehr als 80 Franken,[218] hinzu kommen Übernachtung und Verpflegung vor Ort. Viel Geld für die Menschen in dieser Gegend. Ich laufe die Straße im Regen auf und ab. Es scheint wie verhext zu sein: Es gibt im *Borrweg* alle Hausnummern – nur eben nicht die Nummer 55. Sie wird bei Google zwar angezeigt, aber da, wo sie sein sollte, ist sie nicht: Da ist einfach nur eine Lücke. Ich laufe auf und ab, klingle an Türen und frage die Nachbarn. Das Haus existiert einfach nicht und einen *Franz Schmidt* kennt hier auch niemand.

Mein Kameramann und ich fahren weiter in den *Höfliweg*. Als wir in die Straße einbiegen und vor der Hausnummer 12 stehen, beschleicht mich das Gefühl, dass auch hier die Suche erfolglos bleiben wird. Vor uns ragen riesige Wohnblocks mit Sozialwohnungen auf. Einen *Dr. Peter Müller* suche ich zwischen den bosnischen, serbischen, kroatischen und marokkanischen Namen vergeblich auf den Klingelschildern.

Christian Haubs Vertrauter hat also recht gehabt: Die Absenderadressen sind gefälscht.

ERMITTLUNGSERGEBNIS ZU DEN BRIEFEN DER ALPINISTEN

Einen Tag später, am 31. Januar, erhalte ich endlich den internen Ermittlungsbericht[219] zu den *Briefen der Alpinisten*. Er ist auf den 28. Dezember 2020 datiert und damit einen knappen Monat alt. Der Bericht ist als geheim und streng vertraulich eingestuft. Inhaltlich stimmt er zu 100 Prozent mit meiner Vor-Ort-Recherche überein.

Der Bericht fasst kurz und knapp das zusammen, wovon ich mich mit meinen eigenen Augen überzeugen konnte: Die beiden Adressen der angeblichen *Alpinisten* gibt es nicht.

UNSER ERSTER KONTAKT ZU DEN INTERNEN ERMITTLERN

Inzwischen sind drei Tage vergangen und nach wie vor habe ich vom Krisenmanager keine Antwort auf meine Anfrage vom 28. Januar erhalten. Nachdem die internen Rechercheergebnisse bei den *Briefen der Alpinisten* deckungsgleich mit meinen eigenen sind, möchte ich umso dringender mit den Männern sprechen. Durch ihre gute Recherche bei den *Alpinisten* haben sie bei mir inzwischen einen *kleinen* Vertrauensvorschuss.

Christian Haubs Vertrauter hat sich inzwischen dafür eingesetzt, dass die Männer mit mir sprechen sollen. Ich weiß das, weil der Mann mich, aus welchem Grund auch immer, in einer ganzen Reihe von E-Mails, sowohl an das Ermittler-Duo als auch an Christian Haub, in Blindkopie nimmt oder mir die interne Kommunikation weiterleitet.

Einerseits bin ich entsetzt, weil das aus meiner Sicht ein ziemlicher Vertrauensbruch zwischen dem Berater und Christian Haub ist, andererseits bin ich begeistert, da mir der Schriftverkehr Einblicke in die Machtstrukturen der Firma Tengelmann gibt. Ohne dass es die Beteiligten wissen, kann ich Teile der internen Kommunikation mitlesen.[220]

Offenbar, so kann ich lesen, hat Christian Haubs Vertrauter dem Krisenmanager tatsächlich eine Freigabe für ein Gespräch mit mir gegeben und zu meiner Überraschung sieht dieser sogar mögliche »Vorteile« bei der Einbindung der Presse. Jedoch sei eine Einbindung aus seiner Sicht auch mit »erheblichen Risiken« verbunden, welche »erarbeitet und kontrolliert« werden sollten. Der Krisenmanager schlägt Christian Haubs Vertrautem daher vor, dass er einem Gespräch mit mir nur zustimmen könne, wenn zuvor eine »gemeinsame, detaillierte Abstimmung« zwischen ihm, dem Sicherheitschef von Tengelmann, Christian Haub und seinem engen Vertrauten stattgefunden habe.

Christian Haubs Vertrauter hat mir jedoch nicht nur die E-Mail des Krisenmanagers weitergeleitet, sondern den ganzen Mail-Verkehr zwischen ihm, dem Krisenmanager und Christian Haub. Die Zeilen sind für mich hochinteressant, denn ich kann daraus ablesen, dass Christian Haub zuvor seine Zustimmung für eine Einbindung der Presse gegeben hat. Und nicht nur das: Neben der Freigabe, mit RTL zu sprechen, taucht im Betreff der ursprünglichen Nachricht an Christian Haub auch auf, dass sein enger Berater offenbar auch plant, mit den Kollegen anderer Medien zu sprechen. Auf diese Weise weiß ich, dass wir nicht die einzigen Journalisten sind, die mein Gesprächspartner mit Informationen versorgt.

Während ich noch darauf warte, endlich mit den beiden internen Ermittlern persönlich sprechen zu können, unterziehe ich die beiden einem ersten Hintergrundcheck. Zu meiner Erleichterung handelt es sich nicht um halbseidene Gestalten vom Typ »Türsteher«. In ihre Ermittlerrolle sind sie nach dem Verschwinden von Karl-Erivan Haub eher hineingerutscht.

KAPITEL 3

DIE INFORMATIONEN DER TENGELMANN-ERMITTLER

Inzwischen ist Montag, der 1. Februar. Seit meiner offiziellen Anfrage für ein Hintergrundgespräch mit dem Krisenmanager, der Tengelmann offenbar seit Jahren berät, sind einige Tage vergangen. Doch bisher habe ich nichts von dem Mann gehört. Seine Firma befindet sich im süddeutschen Raum, und da auch ich ursprünglich aus dieser Gegend komme, beschließe ich, einige Tage in meiner Heimat zu verbringen. Über beide Männer findet man einige Informationen im Internet, sodass ich einen vagen Eindruck gewinne, wer sie sind.

Über die Firma des Krisenmanagers gibt es einige Presseartikel, alles wirkt sehr transparent. In seinem Lebenslauf erfahre ich, dass er bei den Kampfschwimmern der Bundeswehr ausgebildet wurde und später in das Kommando Spezialkräfte (KSK) gewechselt ist. Laut verschiedenen Presseartikeln war er mit der Eliteeinheit auch mehrfach in Afghanistan im Einsatz, bevor er sich dann in der Privatwirtschaft selbstständig gemacht hat. Während sein Unternehmen zunächst vor allem in Afghanistan und anderen Krisenregionen operierte, kam es später offenbar zu einer inhaltlichen und operativen Neuausrichtung. Inzwischen bietet die Firma eine Software-Lösung auf der Basis von Künstlicher Intelligenz und Dienstleistungen im

Bereich Risikomanagement an – und in diesem Zusammenhang ist sie als Subunternehmen für die Tengelmann-Unternehmenssicherheit tätig. Auch Christian Haubs enger Vertrauter hat mir erzählt, der Mann sei ein Krisenmanager und unterstütze Tengelmann bei der Suche nach Karl-Erivan Haub. Im folgenden Text taucht diese Person daher als »Tengelmann-Berater«, »Berater« oder »Krisenmanager« auf.

ERSTES PERSÖNLICHES GESPRÄCH MIT DEN INTERNEN TENGELMANN-ERMITTLERN

Die vielen öffentlich zugänglichen Informationen empfinde ich – zumindest auf den ersten Blick – als ein gutes Zeichen. Offensichtlich scheut der Mann die Öffentlichkeit nicht und steht mit seinem Gesicht und seinem Namen zu dem, was er tut.

Informationen über den Sicherheitschef von Tengelmann, der die internen Ermittlungen leitet, sind weniger gut zugänglich. Von Christian Haubs engem Vertrauten weiß ich aber, dass auch er einen Hintergrund bei der Bundeswehr hat und nun seit vielen Jahren die Unternehmenssicherheit der Firma Tengelmann leitet. Auch er ist Inhaber einer Firma mit einem ordentlichen Impressum und einer Telefonnummer, bei der auch jemand abnimmt.

Während ich mir gerade Gedanken darüber mache, wie es jetzt wohl weitergehen wird, klingelt mein Handy. Es ist der Krisenmanager. Endlich.

Vermutlich falle ich dann ein wenig zu sehr mit der Tür ins Haus, denn nachdem sich der Mann vorgestellt hat, frage ich sofort, wann wir uns denn nun endlich treffen können. Zumindest kommentiert er diesen schnellen Übergang mit den Worten, ich käme ja schon »ohne Umwege direkt zur Sache«. Der Mann hat einen leichten süddeutschen Akzent und klingt ein wenig irritiert. Er erklärt mir, er habe mit Christian Haubs Vertrautem gesprochen und wir könnten uns zu einem persönlichen Gespräch treffen. Noch am selben Tag gegen 19 Uhr in seiner Firma. Die Unterhaltung ist ziemlich knapp und ich spüre, dass es mit ihm nicht einfach wird. Den ganzen Tag über bin ich wahnsinnig aufgeregt.

Dennoch: Das kurze persönliche Gespräch in Kombination mit den verifizierten Erkenntnissen über die *Briefe der Alpinisten* sowie die Hintergrundinformationen über die Männer an sich lässt mein anfängliches Misstrauen deutlich abflachen.

Ich habe sogar ein ganz gutes Gefühl.

Am Abend fahre mit dem alten VW Beetle meiner Großmutter in das Industriegebiet einer deutsch-schweizerischen Grenzstadt. Rückblickend frage ich mich, wie sich diese Situation wohl für den Krisenmanager angefühlt haben mag. Ich kenne ja die E-Mails an ihn und weiß, dass er mehr oder weniger dazu *gezwungen* wurde, mit mir zu sprechen.

Pünktlich um 19 Uhr rolle ich mit dem Auto auf den Hof der Firma. Wenig später geht die Tür auf und der Tengelmann-Berater tritt nach draußen. Vor mir steht ein großer, sehr sportlicher Mann Mitte 40. Ich schätze ihn auf mindestens 1,90 Meter, eher größer. Obwohl es ein kalter Februarabend ist, trägt er nur Jeans und ein T-Shirt. In seiner Hand hält er eine braune Ledermappe. Bisher hatte ich in meinem Leben noch überhaupt keine Berührungspunkte mit Kampfverbänden, aber die militärische Vergangenheit des Mannes spüre ich deutlich. Sein Auftreten ist freundlich, aber auch sehr reserviert. Ich habe das Gefühl, dass er mich abschätzend beobachtet und versucht herauszufinden, wen er da vor sich hat. Er will mit der Presse eigentlich nichts zu tun haben, und ich kann das im Prinzip auch verstehen. Als Journalistin ist es sehr häufig so, dass man nicht sehr beliebt bei den Menschen ist, vor deren Tür man steht. Das liegt in der Natur des Berufs.

Wir gehen in einen Konferenzraum in einem der oberen Stockwerke seiner Firma und nehmen über Eck Platz. Der Raum ist sehr neutral, Deko gibt es so gut wie keine. In einem Regal stehen ein kleines Schälchen mit Schokokugeln von Lindt, eine Karaffe mit Wasser und ein paar Gläser. An den Wänden hängt eine Karte der weltweiten Krisenregionen. Das Licht ist ziemlich kühl – ich fühle mich wie in einer Filmszene mit einem Verhörraum.

Über die Jahre habe ich gelernt, meine Gesprächspartner zu »lesen«. Das, was Menschen sagen, ist oft nicht das, was sie wirklich meinen. Ich erkenne die Lügen von Politikern oder die Hinhaltetaktik von Pressesprechern. Oftmals verrät ein einziger Wimpernschlag, ob jemand die Wahrheit sagt oder nicht. Doch die Körpersprache dieses Mannes erscheint mir wie eine undurchdringliche Mauer. Ich habe keine Ahnung, was er über die Situation und über mich denkt. Er ist für mich überhaupt nicht lesbar. Ich fühle mich nicht besonders wohl.

Die Atmosphäre des Gesprächs ist zwar freundlich und professionell, aber auch sehr distanziert. Später habe ich mich oft gefragt, woran es lag, dass ich mich so unwohl gefühlt habe. Ich glaube, es lag an der Diskrepanz zwischen seiner freundlichen Art und seinem völlig verschlossenen, beobachtenden Wesen.

Mein Gegenüber hat in den beiden härtesten Einheiten der Bundeswehr gedient; schon an der Ausbildung scheitern ja die meisten. Er weiß ziemlich genau, wie man ein Verhör führt – und wie bei einem Verhör komme ich mir auch vor. Nur eben in einer freundlichen Umgebung.

Zunächst fragt mich der Mann, in was für eine Geschichte ich meiner Meinung nach hineingeraten bin. Er möchte herausfinden, ob mir die Dimension – und damit verbunden auch die Gefahr – unserer Recherche bewusst ist. Und er fragt mich, was mein Ziel ist. Ich antworte ihm, dass ich *alle* Spuren verfolgen möchte, bis ich weiß, was mit Karl-Erivan Haub geschehen ist, dass ich den Fall *restlos* aufklären möchte. Bei dieser Antwort lächelt der Krisenmanager, sagt aber nichts weiter dazu. Überhaupt achtet der ehemalige Soldat penibel darauf, nichts preiszugeben, was nicht sowieso schon über diverse Artikel den Weg in die Öffentlichkeit gefunden hat. Für mich ist das auf der einen Seite frustrierend, andererseits kann ich ihn auch verstehen. Wochen später, nachdem mein Team und ich tiefere Einblicke in die gesamte Familienstruktur und die unglaubliche Skrupellosigkeit der Akteure gewonnen haben, verstehe ich erst wirklich, in welche Gefahr die beiden Männer durch die plötzliche Öffentlichkeit gebracht wurden und dass sie offenbar als Bauernopfer im Familienstreit dienen sollten. Aber dazu später mehr.

Während ich dem Krisenmanager in dem Konferenzraum gegenübersitze, erklärt mir der Mann seine Bedenken für eine Zusammenarbeit mit der Presse. Er äußert konkret zwei Gründe:

Er und der Sicherheitschef von Tengelmann befürchten, zwischen die Räder des Erbschaftsstreits zwischen Christian und Katrin Haub zu geraten. Immerhin wird um Milliarden gekämpft, und die Wahl der Waffen ist schmutzig. Der Tengelmann-Berater weiß genau: Das Blatt kann sich sehr schnell gegen ihn und seinen Partner wenden, je nachdem für welches Familienmitglied es wie opportun ist. Die beiden Männer wollen sich vor möglichen Schadensersatzansprüchen schützen. Sie befürchten, Katrin Haub könne sie verklagen, sobald wir die Geschichte um das angebliche Doppelleben ihres Mannes veröffentlichen.

Überraschenderweise stellt sich sogar während des Gesprächs heraus, dass der Krisenmanager prinzipiell nichts dagegen hätte, meinen Kollegen und mir Einblicke in ihre Arbeit zu gewähren. Vielleicht habe die Presse wirklich eine andere Möglichkeit, Zugänge zu bestimmten Sachverhalten zu erhalten. Zum Beispiel, indem wir Presseanfragen an bestimmte Personen stellen. Doch die Voraussetzung für das Teilen von Informationen sei, dass er und der Tengelmann-Sicherheitschef von *jeglicher Verantwortung* und *etwaigen Schadensersatzansprüchen* seitens des Unternehmens oder der Familie freigesprochen würden. Sie brauchen grünes Licht von ganz oben – und zwar schriftlich.

Der ehemalige Soldat hat zudem ernsthafte Sicherheitsbedenken, da mein Team und ich bisher keinerlei Erfahrungen mit Recherchen im Umfeld der Russenmafia oder russischen Geheimdiensten haben. Er befürchtet, dass wir unbedacht und »laut« auftreten und damit ohne Absicht Menschen in Gefahr bringen. Er erklärt mir, der Sicherheitschef hätte auch aktuell Ermittlungen in Russland beauftragt und die Personen vor Ort seien einer großen Gefahr ausgesetzt. Er ist dabei sehr ernst und ich spüre, dass es da noch etwas gibt, was er mir in diesem Moment nicht sagen möchte oder kann. Offenbar haben die Ermittlungen bereits negative Konsequenzen gehabt. Irgendetwas ist vorgefallen – doch er wird es mir heute nicht sagen.

Ich komme kaum dazu, viele Fragen zu stellen, denn er hat mindestens genauso viele Fragen an mich. Er möchte genau wissen, wie das Verifizierungsteam von RTL arbeitet. Welche Tools wir verwenden und welche Zugänge wir vor Ort in Russland haben. Er scheint ganz zufrieden zu sein, als ich ihm von meinem Kollegen Sergej erzähle, von dem ich sehr viel halte und der auch Russisch spricht. Mir ist bewusst, dass der Krisenmanager alles, worüber wir sprechen, mit dem Sicherheitschef teilen wird. Und dass die beiden Männer ein Urteil über unsere journalistischen Fähigkeiten und Recherchemethoden fällen werden. Würden sie glauben, dass wir auf Grundlage ihrer bisherigen Ermittlungsarbeit weiter aufbauen können? Und würden sie uns, wie es Christian Haubs Berater fordert, ihre Quellen vollumfänglich offenlegen? Ich fühle mich in dem rund zweistündigen Gespräch wie bei einer Prüfung, die ich unbedingt bestehen will.

Gegen 21 Uhr endet das Gespräch. Beim Verlassen der Firma bin ich etwas enttäuscht, denn ich habe nichts Neues erfahren. Der Mann hat klug darauf geachtet, sich nicht zu verplappern. All meine Versuche, durch geschickte

Nachfragen doch noch mehr aus ihm herauszubekommen, sind gescheitert. Mehr ist an diesem Tag nicht zu holen.

Doch zu der Enttäuschung mischt sich auch ein wenig Zuversicht: Der erste persönliche Kontakt zum internen Tengelmann-Ermittler-Team hat geklappt und ist, aus meiner Sicht, auch ganz gut gelaufen. Zwar ist es noch viel zu früh, von einer Vertrauensbasis zu sprechen, aber der Krisenmanager hat mir seine prinzipielle Bereitschaft signalisiert, unter bestimmten Voraussetzungen weiter mit uns zu arbeiten. Er will auch zeitnah mit Christian Haubs Vertrautem die rechtlichen Details klären. Wir verbleiben so, dass er sich wieder bei mir meldet, wenn er eine umfassende Vollmacht hat, die ihn und seinen Partner von jeglicher Verantwortung freispricht.

»EIN NEIN IST EIN LÄNGERER WEG ZU EINEM JA«

Zwei Tage später klingelt ziemlich früh morgens mein Telefon. Ich bin noch schlaftrunken und erkenne nicht direkt, wer am Apparat ist. Es ist der Krisenmanager, der mir kurz und knapp mitteilt, dass es *keine* Zusammenarbeit geben könne, da der wichtige Berater von Christian Haub ihm keine Vollmacht erteile. Für ihn und seine Firma sei daher das Risiko zu groß. Er macht eine Pause. Dann sagte er, dass auch mein Team und ich vorsichtig sein und uns gut überlegen sollten, welche Rolle uns Journalisten in dieser ganzen Geschichte zugedacht sei. Ohne einen triftigen Grund würde kein klar denkender Mensch auf die Idee kommen, derart belastendes Material über Christian Haub an die Presse weiterzuleiten. Schon gar nicht während eines Erbschaftsstreits, in dem es um Milliarden geht. Zum Schluss bittet er mich eindringlich, mit unserer weiteren Recherche »extrem vorsichtig« zu sein. Er beschwört mich regelrecht, uns jeden weiteren Schritt sehr gut im Vorfeld zu überlegen. Die Leute, mit denen wir uns »anlegten«, seien »brandgefährlich«. Aus seiner Sicht begeben wir uns in eine echte Gefahr. Mit diesen deutlichen Worten endet das Gespräch und ich spüre, dass es sinnlos ist, ihn noch einmal zu kontaktieren. Er hat seinen Standpunkt klar und deutlich kommuniziert.

Eine Sache verstehe ich jedoch einfach nicht: Christian Haubs Vertrauter hat mir mehrfach, auch schriftlich, zugesichert, dass er möchte, dass die beiden Ermittler uns ihre Ergebnisse und vor allem auch die dazugehörigen Quellen offenlegen. Warum erteilt er den beiden Männern dann nicht die erforderliche Freigabe? Die Freistellung von etwaigen Schadenersatzansprüchen, die der Krisenmanager für sich und den Leiter der internen Ermittlungen fordert, wäre doch eigentlich eine reine Formsache?

Unmittelbar nach dem Gespräch mit dem Krisenmanager rufe ich daher meinen Kontakt an und erzähle ihm von der Absage. Christian Haubs Berater wird richtig zornig. Ich habe das Gefühl, dass er sich von dem Subunternehmer von Tengelmann in seiner Autorität gekränkt fühlt. Er erklärt mir, dass seine *mündliche* Anweisung gegenüber dem Krisenmanager genüge: Der Mann hätte mir aus seiner Sicht schon bei unserem ersten Treffen einige Tage zuvor quasi alle Informationen offenlegen sollen.

Mein Gesprächspartner ist jetzt voller Tatendrang und verspricht mir, sich um die beiden internen Ermittler »zu kümmern« und mir den versprochenen Zugang zu den Informationen zu beschaffen. Und tatsächlich, er hält sein Wort. Am späten Abend erhalte ich eine E-Mail[221] von ihm. Es ist eine an mich weitergeleitete Nachricht, die ursprünglichen Empfänger sind der Krisenmanager sowie Christian Haub. Das zweite Mal innerhalb weniger Tage legt mir Haubs Vertrauter die interne Kommunikation offen.

Der Tonfall der E-Mail ist harsch, mein Kontakt wirft dem Krisenmanager vor, trotz einer »ausdrücklichen mündlichen Freigabe und der schriftlichen Erklärung von Herrn Haub« mir kaum Informationen übermittelt zu haben. Der Termin mit mir, einer Investigativjournalistin, sei daher aus seiner Sicht »mit Ausnahme des Kennenlernens letztlich nutzlos« gewesen. Christian Haubs Vertrauter schließt die Nachricht mit einer deutlichen Ansage ab: »Wer will findet Wege, wer nicht will findet Gründe.« Er habe daher das Gefühl, dass es dem Tengelmann-Sicherheitschef und dem Krisenmanager vor allem darum gehe, »Gründe zu finden«, um dem erklärten Ziel von Christian Haub und seinem Vertrauten, mit der Presse zusammen zu arbeiten, nicht zu entsprechen. Er wünscht den beiden Männern dabei »viel Erfolg«. Ich empfinde die Nachricht als eine unverhohlene Drohung an den Krisenmanager und den Leiter der internen Ermittlungen.

Im Verlauf dieser weitergeleiteten E-Mail findet sich das Schreiben des Krisenmanagers[222], das bei meinem Kontakt offenbar nicht auf Zustimmung gestoßen war. Es ist eine Zusammenfassung unseres Kennenlerngesprächs einige Tage zuvor. Zwar könne eine Zusammenarbeit mit der Presse aus seiner Sicht »viele Vorteile« im Erbschaftsstreit haben, doch sein Eindruck sei, »dass der aktuelle Wissenstand von Frau von Boetticher sehr rudimentär ist und weit entfernt von einer tatsächlichen Auflösung des Falls«. Aus seiner Sicht müsste daher zunächst »eine solide Informationsgrundlage« gelegt werden. Er schlägt daher vor, dass mein Team und ich an einem »Workshop (1–2 Tage)« gemeinsam mit ihm und dem Sicherheitschef von Tengelmann teilnehmen. Im Anschluss sollte man »die unterschiedlichen Ermittlungsansätze abstimmen und vorhandene Informationen gegenseitig austauschen«. Dann werde ich hellhörig: Den größten Vorteil sieht der Krisenmanager aber darin, dass »dieser Kommunikationskanal gut kontrolliert werden« könne und »die Gesamtstory im Wesentlichen die Interessenlage von Herrn Haub wiedergeben« wird.

So wie ich es geahnt habe, traut der Tengelmann-Berater meinen Kollegen und mir relativ wenig an Recherchefähigkeiten zu. Ich fühle mich ein wenig in meiner journalistischen Ehre gekränkt, gleichzeitig denke ich mir, dass es auch von Vorteil sein kann, wenn man unterschätzt wird. Mein Team und ich werden die beiden Ermittler schon noch überzeugen können. Hochinteressant ist natürlich, dass es Christian Haubs Vertrautem allem Anschein nach vor allem darum geht, »den Kommunikationskanal zu kontrollieren« – zumindest ist es offenbar das, was der Krisenmanager dem gemeinsamen Gespräch zwischen ihm und dem engen Berater entnimmt.

Etwas in diese Richtung hatten meine Chefinnen und ich uns aber sowieso schon gedacht, es ist kein unübliches Katz-und-Maus-Spiel zwischen Interessensvertretern und Journalisten. Vermutlich will man uns Journalisten als eine Art »Werkzeug« benutzen. Aber damit können wir umgehen. Mit dem Wissen, dass man uns als »Kommunikationskanal kontrollieren« möchte, haben wir die Möglichkeit, uns entsprechend darauf vorzubereiten. Besonders fällt mir bei der weitergeleiteten Kommunikation jedoch auf, dass Christian Haubs Vertrauter den Informationsaustausch sehr fordernd und forsch vorantreibt und auch einfordert – sich selbst aber offenbar völlig aus der Verantwortung zu ziehen versucht.

Wir müssen bei diesem Menschen höllisch aufpassen, das ist klar. Und es liegt in unserer journalistischen Verantwortung, unsere möglichen Quellen, die beiden internen Ermittler, zu schützen. Ich überlege daher, welche Voraussetzungen ich schaffen kann, damit die beiden Männer mit uns ein offenes Gespräch führen können. Am nächsten Tag schreibe ich daher Christian Haubs Berater eine E-Mail:[223]

>*Lieber Berater,*
(...) So wie ich den Krisenmanager am Montag verstanden hatte, fürchtet er, dass eine dritte Partei (konkret: Katrin Haub) ihn verklagen könnte, wenn wir mit der Veröffentlichung beginnen.
Aus seiner Sicht ist das natürlich sehr nachvollziehbar, bei dem Geld, das da im Spiel ist.
Nichtsdestotrotz: ein Nein ist nur ein längerer Weg zu einem Ja.
(...) könnten wir vertraglich zusichern, unsere Quelle (Krisenmanager/ Leiter der internen Ermittlungen) absolut geheim zu halten, sodass Dritte nicht erfahren können, von wem wir die Infos haben?
Wir müssen da doch einen Weg finden. (...)
Viele Grüße,
Ihre Liv«

Zu diesem Zeitpunkt kann ich überhaupt nicht abschätzen, ob unser Informant und der Krisenmanager einen Weg finden werden, um sich zu einigen. Der ehemalige Soldat hat mir nicht den Eindruck gemacht, als ob er von seiner Meinung auch nur einen Millimeter abrücken würde. Während unseres Kennenlerngesprächs am Montag ist bei mir aber auch die Erkenntnis gereift, dass der Schlüssel für das Verschwinden von Karl-Erivan Haub in Haubs geschäftlichen Beziehungen nach Russland und seinen dortigen Geschäftspartnern liegen muss. Der Krisenmanager ist zwar nicht ins Detail gegangen, doch ich habe es zwischen den Zeilen so verstanden.

Und auch wenn es für Sergej und mich unglaublich viel Arbeit bedeutet: Ich bin davon überzeugt, diese Spur auch ohne die Hilfe der beiden internen Ermittler verfolgen zu können.

Am nächsten Tag, dem 5. Februar, bekomme ich wieder eine E-Mail von Haubs Vertrautem. Erneut leitet er mir eine E-Mail[224] zwischen ihm und dem aktuellen Tengelmann-Chef weiter.

Gleich zu Beginn fordert mein Kontakt Christan Haub dazu auf, »jetzt mal ein Machtwort« zu sprechen. Das »Ermittler-Duo« tanze ihnen »ja förmlich auf der Nase herum« und boykottiere »ganz offen« Haubs »Anweisung«, dass der Krisenmanager mit mir zusammenarbeiten solle und Haubs Vertrauter das Ganze »beaufsichtige«. Aus seiner Sicht sei die Weigerung zur Zusammenarbeit ein »Machwerk des Sicherheitschefs«, der nach einem »Vorwand« suche, »sich nicht unserem Wunsch zu beugen, mit Frau von Boetticher zusammen arbeiten zu müssen«. Eigentlich, so fährt er sehr emotional fort, müsse man »mit dem Entzug des Auftrags drohen«. »Nur diese Sprache« verstehe aus seiner Sicht der Sicherheitschef von Tengelmann.

Ich bin ziemlich verblüfft über den Tonfall der E-Mail. Sie wirkt für mich insgesamt bedrohlich. Inzwischen ist es mir richtig unangenehm, dass die beiden internen Ermittler meinetwegen so angegangen werden. Mir erscheint ihr Wunsch nach Absicherung mehr als gerechtfertigt. Die Tatsache, dass mein Kontakt mir die ganze Kommunikation weiterleitet, werte ich als Machtdemonstration und gehe auch gleichzeitig davon aus, dass er meine E-Mails an ihn weiterleitet. Der Mann scheint mir wie ein Pfau, der sich vor anderen besonders stark aufplustern möchte.

Gleichzeitig bin ich natürlich hochzufrieden, denn Haubs Vertrauter hält mir gegenüber Wort: Er zwingt die beiden Männer ja geradezu dazu, all ihre Ermittlungsergebnisse »vollumfänglich« mit mir und meinen Kollegen zu teilen.

Und tatsächlich, am Ende finden alle Beteiligten einen Weg, möglichen Schadensersatzklagen zu entkommen: Der Tengelmann-Sicherheitschef muss *offiziell* als Organisator des geplanten ganztägigen Treffens auftreten. Da er direkt für Tengelmann arbeitet, ist er in dieser Funktion ein *offizieller Vertreter* des Unternehmens. Etwaige Ansprüche müssten daher an das Unternehmen und nicht an ihn oder seinen Partner als Privatpersonen gestellt werden. Der Krisenmanager würde an dem Termin lediglich beratend teilnehmen. Ich bin höchst zufrieden über diese Lösung und freue mich riesig auf das geplante Treffen. Es soll knapp zehn Tage später, am 16. Februar, in der Nähe von Köln/Düsseldorf stattfinden.

Doch der hochrangige Berater »füttert« meine Kollegen und mich schon vorab mit einigen Informationen. Am 11. Februar erhalte ich einen Link mit weiteren Dokumenten.

Über seine Mitarbeiter lässt mir der Mann den streng vertraulichen Bericht der Unternehmensberatung *Alvarez & Marsal* zukommen. Das Schreiben ist direkt an Christian Haub gerichtet und auf den 7. August 2020 datiert. Es liegt daher dem aktuellen Firmenlenker Christian Haub offenbar schon seit einem knappen halben Jahr vor. Wie dem Dokument zu entnehmen ist, hatte Haub *Alvarez & Marsal* wohl engagiert, um mithilfe einer forensischen Datenanalyse eine Untersuchung des PLUS-Russland-Geschäfts von Tengelmann aus den Jahren 2010 bis 2015 vorzunehmen.

In dieser Zeit sind offenbar Gelder in erheblichem Umfang in Russland versickert. Ohne dass ich es in diesem Moment ahnen kann, wird dieser vierseitige Bericht eines der wichtigsten Dokumente der weiteren Recherche werden. Bei dem Bericht von *Alvarez & Marsal* handelt es sich nämlich um eine *völlig autarke Datenquelle*. Im Gegensatz zu den beiden internen Ermittlern greift die Unternehmensberatung nicht auf Geheimdienstinformationen zurück, sondern auf Unterlagen, die ihnen *direkt* vom Unternehmen Tengelmann zur Verfügung gestellt wurden. Damit unterscheidet sich diese Quelle auch grundlegend von unserer journalistischen Recherche, da Sergej im Verlauf der nächsten Wochen vor allem mit Datensätzen aus Datenleaks arbeiten wird. Und am Ende sind alle drei Recherchewege zum selben Ergebnis gekommen.

DER BERICHT DER UNTERNEHMENSBERATUNG ALVAREZ & MARSAL

Bereits einige Jahre *vor* dem mysteriösen Verschwinden von Karl-Erivan Haub in den Zermatter Alpen fällt innerhalb des Managements bei Tengelmann auf, dass es Unstimmigkeiten rund um das PLUS-Russland-Geschäft gibt: Warum gelingt es im gesamten Zeitraum zwischen 2010 und 2015 nicht, auch nur eine einzige Filiale der Supermarktkette PLUS zu eröffnen? Bei der Baumarktkette OBI hat es doch auch funktioniert? *Alvarez & Marsal (A&M)* ist eine international tätige Unternehmensberatung und spezialisiert auf forensische Datenanalysen, Krisenmanagement und auf Programme zur Bekämpfung von Wirtschaftskriminalität.[225] Das Unternehmen hat ein sehr gutes Renommee und ist in der Branche geschätzt.

Zunächst beschreibt der *A&M*-Analyst, auf welcher Datengrundlage er seine Erkenntnisse gewonnen habe: Offenbar handelt es sich hauptsächlich um Dokumente aus Papier, aber auch um elektronische Unterlagen aus der Finanz- und Rechtsabteilung von Tengelmann. Des Weiteren fanden persönliche Gespräche mit verantwortlichen Personen und Hinweisgebern statt. Als Gegenstand der Untersuchung wird das gescheiterte PLUS-Russland-Geschäft von Tengelmann genannt. Sehr interessant ist, dass das Dokument zum ersten Mal verschriftlichte Hinweise auf dubiose Geschäftspartner und nicht erklärbare geschäftliche Vorgänge bietet: Entgegen jeder unternehmerischen Vernunft wählte das Tengelmann-Management offenbar Ilja Brodski, Sergej Grishin und einen gewissen Andrej Suzdaltsev als Geschäftspartner. Dies, so der Analyst, sei höchst »kontraintuitiv«.[226] Alle drei halten zu diesem Zeitpunkt nachweislich Anteile an der *Rosevrobank*, einer russischen Skandalbank, welche in direktem Zusammenhang mit Geldwäsche steht. Außerdem stellt der *A&M*-Sachbearbeiter fest, ein ehemaliger Tengelmann-Top-Manager habe diese Geschäftsbeziehung offenbar »hergestellt«[227] und in der Folge sei es zu keiner Überprüfung der »Integrität der späteren Joint-Venture-Partner gekommen«.[228] Es handelt sich dabei um den fast väterlichen Berater von Karl-Erivan Haub, über den mir Christian Haubs Vertrauter während des Besuchs in Sankt Moritz viel erzählt hat und der auch im Protokoll erwähnt wird. Außerdem findet der Analyst es »auffällig«[229], dass ebenjener Top-Manager gegen Ende des geschäftlichen Russland-Engagements von Tengelmann sich offenbar *für* einen Rückzug aus dem Land ausspricht – es jedoch »zahlreiche Anzeichen«[230] dafür gebe, dass er selbst »weiterhin in Russland aktiv«[231] sei.

Ich lese den Bericht aufmerksam durch. Das Dokument ist höchst alarmierend: Offenbar bemerkt man auch *intern* bei Tengelmann rechtzeitig, dass vor Ort in Russland etwas nicht mit rechten Dingen zugeht. Eine *interne* Revision wird eingesetzt, mehrmalige Überprüfungen liefern Anzeichen für

»erhebliche Mängel bei den Kontrollprozessen der russischen Gesellschaften«.[232] Man identifiziert unter anderem »Anzeichen von Bestechungszahlungen«.[233] Doch damit nicht genug: Wie der Analyst von *Alvarez & Marsal* fast ungläubig mitteilt, seien diese enormen Missstände auch *direkt* an Karl-Erivan Haub adressiert worden.

Doch »trotz Kenntnis der Verdachtsmomente«[234] seien damals keine Maßnahmen eingeleitet worden. Im Gegenteil: Die interne Revision bei Tengelmann sei sogar angewiesen worden, »keine weiteren Prüfungen durchzuführen«,[235] und es geht noch weiter: Karl-Erivan Haub habe gewusst, dass die Prüfer vor Ort »vom lokalen Management behindert« werden.[236] Auch die offiziellen Gründe für das geschäftliche Scheitern hält der *A&M*-Analyst für wenig glaubwürdig: »Wirtschaftssanktionen als Folge der Krimkrise«[237] seien schuld, dass die russischen Partner die vereinbarten Einlagen nicht erbringen können. Doch die Krim-Krise begann erst, als das PLUS-Russland-Geschäft 2014 bereits auf sein Ende zuging – und auffälliger noch: Mitten in der Krim-Krise entscheidet sich Karl-Erivan Haub, sein OBI-Geschäft in Russland sogar auszubauen und knapp die Hälfte der Anteile eines russischen Geschäftspartners zurück in deutsche Hand zu bringen.[238] [239]

Laut dem *A&M*-Analysten erscheine es »nicht plausibel, dass die Partner nicht über die Mittel zur Erfüllung der Einlagevereinbarung«[240] verfügen, zeitgleich jedoch »Tengelmann deren Anteil am Joint Venture abkaufen«[241] können. Auch ich empfinde das als eher unlogisch.

Beim Datenforensiker von *Alvarez & Marsal* müssen zu diesem Zeitpunkt bereits alle Alarmglocken läuten. Offensichtlich hat Tengelmann unter der Leitung von Karl-Erivan Haub und dem ehemaligen Top-Manager entgegen jeder unternehmerischen Vernunft agiert und Warnungen bewusst ausgeschlagen.

Endgültig alarmiert zeigt sich der *A&M*-Analyst dann in den letzten Absätzen: Bei der Durchsicht der elektronischen Postfächer sei festgestellt worden, dass »nur wenige den relevanten Personen zuordenbaren E-Mails hergestellt werden« können.[242] Auf gut Deutsch: Die E-Mails wurden offenbar rechtzeitig vernichtet. Von den russischen Geschäftspartnern erhält der Datenforensiker keine Rückmeldung. Umso bedenklicher, da die Personen wohl auch aktuell noch »als Kreditoren bei weiteren Tengelmann-Gesellschaften gelistet«[243] und unter Compliance-Aspekten »stark auffällig«[244] seien.

Ich bespreche den Bericht von *Alvarez & Marsal* mit meinem Kollegen Sergej. Relativ schnell finden wir heraus, dass die dubiosen Geschäftspartner Ilja Brodski, Sergej Grishin und Andrej Suzdaltsev tatsächlich nicht ohne sind: Brodski ist Präsident der Sovkombank, die Anfang der 2000er-Jahre als kleine Regionalbank begann und seitdem ihren Umsatz *vertausendfacht* hat. Außerdem ist er aktuell auf einer internationalen Sanktionsliste.[245] Grishin und Suzdaltsev tauchen hingegen in den sogenannten *Offshore Leaks* auf.[246] [247] [248] [249] Das Leak stammt aus dem Jahr 2013 und legt Datenbestände von Offshore-Finanzplätzen offen. Es besteht gemeinhin Konsens darüber, dass mithilfe der in Steueroasen gegründeten Briefkastenfirmen hauptsächlich *kriminelle* Geschäfte abgewickelt oder Gelder gewaschen werden können. Außerdem können Sergej und ich bestätigen, dass die Russen tatsächlich Anteilseigner der *Rosevrobank*[250] sind, welche in einen Geldwäscheskandal verwickelt ist, der als sogenannter *Russischer Waschsalon*[251] in die Schlagzeilen gelangte.

Wie es mir der Krisenmanager in unserem Kennenlerngespräch angedeutet hat, liegt offenbar viel Zündstoff in den dubiosen Geschäftsbeziehungen von Karl-Erivan Haub nach Russland. Nun bin ich noch gespannter, was für weiterführende Informationen uns die beiden Männer bei dem in Aussicht gestellten Treffen liefern werden.

EINBLICK IN DREIJÄHRIGE INTERNE ERMITTLUNGEN

Die Übergabe des Materials soll im Rahmen eines ganztägigen Termins stattfinden und die beiden Männer sollen uns Einblicke in ihre zu diesem Zeitpunkt rund drei Jahre andauernde Ermittlungsarbeit geben. Vonseiten der Mediengruppe RTL nehmen der Leiter Investigativ, der Leiter des Verifizierungsteams sowie mein Kollege Sergej Maier und ich teil. Sergej und ich sind ebenfalls Mitglieder des Verifizierungsteams, und da Sergej Russisch spricht, ist er von nun an mein fester Recherchepartner. Ich mag ihn sehr und bin froh, ihn an meiner Seite zu haben.

Den Treffpunkt bestimmt der Tengelmann-Sicherheitschef. Es handelt sich um ein Anwesen in Ratingen, das zum Unternehmensbestand der Firma Tengelmann gehört. Ich reise am Vortag an und übernachte in Düsseldorf. Am Morgen des 16. Februar – ich steige gerade bei einem der Kollegen ins Auto – bekomme ich um 9:04 Uhr eine E-Mail[252] von Christian Haubs Vertrautem. Im Anhang der Mail befindet sich ein passwortgeschütztes Dokument. Es ist ein *Dossier* über den Top-Manager, den ehemaligen hochrangigen Tengelmann-Berater und engen Vertrauten von Karl-Erivan Haub. Über seinen Namen sind wir nun schon mehrfach gestolpert[253] und ich würde das Dokument wahnsinnig gerne lesen, doch Christian Haubs Vertrauter schickt das Passwort nicht mit. Ich kann das Dokument also nicht öffnen. Und ich kann mir auch denken, warum.

Mein Kontakt will, dass ich *schriftlich* festhalte, was der Krisenmanager und der Tengelmann-Sicherheitschef uns in den folgenden Stunden mitteilen werden. Vermutlich soll ich dann zur »Belohnung« das Passwort erhalten. Ich habe ein ganz mulmiges Gefühl bei der Sache. Ich vermute, dass mein Gesprächspartner es später so hindrehen könnte, dass die beiden internen Ermittler die streng vertraulichen Informationen aus *eigenem Antrieb* an die Presse weitergegeben hätten – und sich so angreifbar machen könnten. Theoretisch kann es mir egal sein; den beiden Männern gegenüber wäre es jedoch wirklich unfair.

Ich informiere meine Chefredaktion. Wir beschließen, den Aufforderungen des Mannes nicht nachzukommen. Es wird kein Protokoll von unserem Treffen geben. Wenn das am Ende bedeutet, dass ich das Passwort nicht erhalte, dann ist das eben so. Wir werden auch so genug Informationen bekommen.

Pünktlich um 10 Uhr treffen wir uns mit den beiden Männern im Mintarder Berg in Ratingen. Der Mintarder Berg ist eine Erhebung in Mintard, einem Stadtteil von Mülheim an der Ruhr. Er bildet die östliche Grenze des Ruhrtals. Das Tengelmann-Anwesen erreicht man nach einer längeren Fahrt durch den Wald, der in Teilen auch ein Naturschutzgebiet ist. Die Adresse liegt völlig abgeschirmt im Grünen. Hinter dem Haus sind einige Koppeln mit Ponys. Die beiden Ermittler warten schon auf uns. Nachdem ich den Krisenmanager schon zwei Wochen zuvor persönlich kennengelernt habe, bin ich nun sehr gespannt, wie sein Partner so ist. Was für ein *Gefühl* würde ich bei ihm haben?

Die menschlichen Antennen sind oft viel feiner, als man es vermuten würde, und ich habe gelernt, mich auf sie zu verlassen. Würde mich mein Bauchgefühl vor dem Mann warnen oder ihm Vertrauen schenken?

Bevor wir klingeln können, tritt der Tengelmann-Sicherheitschef ins Freie. Er ist ein ganzes Stück kleiner als der Krisenmanager. Während dieser eher so aussieht, als ob er in seiner Freizeit viel Sport in der Natur macht, wirkt der Leiter der internen Ermittlungen eher so, als gehe er einem gemütlichen Bürojob nach. Und genau das weckt mein Vertrauen: Zumindest auf den ersten Blick macht er nicht den Eindruck, sich irgendwie in den Vordergrund drängen zu wollen. Mehrfach betont er fast entschuldigend, dass er nur auf ausdrücklichen Wunsch von Christian Haub und dessen engem Vertrauten da sei und es persönlich für keine gute Idee halte, den aktuellen Kenntnisstand rund um das Verschwinden von Karl-Erivan Haub mit der Presse zu teilen. Ich frage die beiden Ermittler nach dem Grund. »Weil wir nicht davon ausgehen, dass Karl-Erivan Haub ein seriöser Geschäftsmann ist.«[254]

»ZU 95 PROZENT KEIN UNFALL«

Nach und nach trudeln auch meine anderen beiden Kollegen am Treffpunkt ein. Etwas verloren stehen wir zusammen mit den beiden Ermittlern im Besprechungszimmer. Das Ehepaar, das das Anwesen bewirtschaftet, hat einen riesigen Berg belegte Brötchen, Kekse und Kaffee vorbereitet und zunächst stehen wir einfach alle um die Tabletts herum und essen vor uns hin. Die seltsame Atmosphäre erkläre ich mir damit, dass dieses Treffen so gar nicht im Sinne des Sicherheitschefs von Tengelmann sein dürfte, der ja aufgrund der Haftungsansprüche durch etwaige Schadensersatzklagen in die Rolle des Organisators dieser Veranstaltung gezwungen wurde.

Die Tische im Raum sind wie ein Hufeisen aufgebaut: Der Leiter der internen Ermittlungen nimmt schließlich am Kopfende Platz, zwei meiner Kollegen und ich auf der linken Seite und der Leiter Investigativ uns gegenüber neben dem Krisenmanager. Auf eine große Leinwand am offenen Ende des Hufeisens wird der Bildschirm des Laptops des Leiters der internen Ermittlungen projiziert. Wir stellen uns alle erst einmal der Reihe nach vor und dann geht es endlich los.

Um zu verstehen, wie sich die Ermittlungen in den vergangenen Jahren aufgebaut haben, nehmen uns die beiden Ermittler zunächst mit zurück zum Anfang: zum Tag des Verschwindens, dem 7. April 2018. Zusammen mit den Schweizer Behörden haben sie die letzten Stunden vor Karl-Erivan

Haubs Verschwinden minutiös rekonstruiert. Dafür wurden alle Kameras in Zermatt gesichtet und mit jedem gesprochen, der mit Haub in Kontakt stand. Inzwischen, so machen es die beiden Männer deutlich, halten sie ein *absichtliches* Untertauchen mit rund 95 Prozent für am wahrscheinlichsten.

Sei man unmittelbar nach dem Verschwinden von Karl-Erivan Haub von einem tragischen Bergunfall ausgegangen, habe sich diese Meinung dann im Verlauf der darauffolgenden Woche grundlegend geändert: Bereits am 12. April glaubten die beiden nur noch zu 50 Prozent an einen Bergunfall, am Ende der Rettungsaktion lag aus ihrer Sicht die Möglichkeit eines Gletscherspaltensturzes bei lediglich 5 Prozent. So dramatisch hatte sich die Datenlage vor Ort verändert.

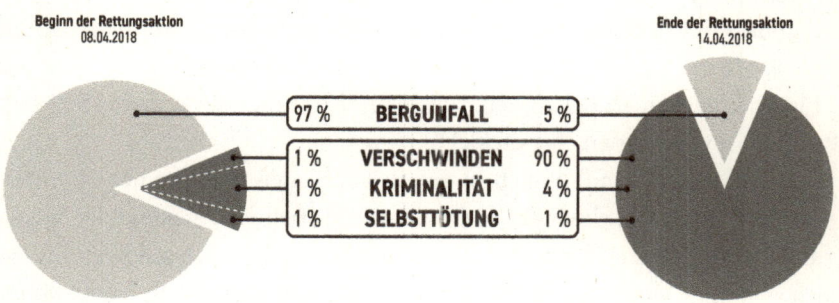

Beginn der Rettungsaktion
08.04.2018

Ende der Rettungsaktion
14.04.2018

97 %	**BERGUNFALL**	5 %
1 %	**VERSCHWINDEN**	90 %
1 %	**KRIMINALITÄT**	4 %
1 %	**SELBSTTÖTUNG**	1 %

Aber beginnen wir von vorne.

UNGEREIMTHEITEN AM TAG DES VERSCHWINDENS

Der 7. April 2018 verspricht schon in den frühen Morgenstunden ein wunderschöner Tag zu werden. Blauer wolkenloser Himmel über dem Matterhorn. Ursprünglich, so erfahren wir, hat er jedoch ein ganz anderes Reiseziel geplant, nämlich Les Deux Alpes in Frankreich. Nachts um 1 Uhr informiert der Milliardär seinen Piloten über das neue Ziel. Offenbar rechtfertigt er die Planänderung mit den »schlechteren Wetterbedingungen« in Frankreich. Der Sicherheitschef erklärt uns, dass dieses Verhalten für seinen ehemaligen Chef untypisch sei. Er kenne ihn schon seit vielen Jahren, sich zu rechtfertigen sei nicht seine Art. Vor allem aber hätte es auch nicht der Wahrheit entsprochen: In Zermatt war das Wetter nicht besser als in Frankreich.[255]

Am Vortag des Verschwindens kommt der Milliardär schließlich gegen 17 Uhr in Zermatt an. Mit seinem Privatjet landet er circa eine Stunde zuvor auf dem kleinen Flughafen in Sion und nutzt dann einen Helikopter-Transfer nach Zermatt. In den Tagen zuvor hatte es wenige Zentimeter Neuschnee gegeben. Karl-Erivan Haub, ein leidenschaftlicher Skitourengeher, möchte bei diesen perfekten Bedingungen für die *Patrouille des Glaciers* trainieren, eines der härtesten Skitourenrennen der Welt. Zumindest erzählt er dies seiner Familie. Die *Patrouille des Glaciers* soll in diesem Jahr zwischen dem 17. und 21. April stattfinden, ein letztes Training wenige Tage vorher wäre daher optimal. Dass seine Personal Trainerin ihm jedoch eine strikte Erholungsphase angeordnet hatte, erwähnt er nicht.

Karl-Erivan Haub kennt Zermatt seit seiner Jugend und hat dort einige Freunde. Unter anderem einen Freund aus Kindertagen, dessen Vater schon den Patriarchen in die Berge begleitet hat. Normalerweise meldet sich der Milliardär bei seinen Bekannten, sobald er ankommt – doch dieses Mal sagt er offenbar niemandem Bescheid.[256]

Gegen 19 Uhr kauft er sich in einem Sportladen ein paar neue Sportartikel.[257] Danach verschwindet er eine Zeitlang aus dem Blickfeld der Videokameras. Das ganze Dorfzentrum ist videoüberwacht, doch offenbar bewegt sich »Charlie« aus diesem Bereich hinaus. Für eine Zeit von 30 bis 45 Minuten ist er außerhalb des Ortskerns.[258] Geht er einfach nur spazieren oder trifft er jemanden? »Wir wissen es nicht«, erklärt uns der Tengelmann-Sicherheitschef. Man habe sich aber viele Fragen dazu gestellt.

Obwohl der Milliardär am nächsten Tag sehr früh zu seinem Training aufbrechen möchte, telefoniert er an jenem Abend noch mehrmals. Darunter einmal um 20:52 Uhr für 60 Minuten mit einer russischen Nummer und nochmals um 21:54 Uhr mit einer weiteren russischen Nummer,[259] dieses Mal 48 Minuten. Beide Telefonate werden für die Ermittler im späteren Verlauf noch extrem wichtig werden.

Am Samstag, dem Tag des Verschwindens, verlässt der Milliardär das Luxushotel *The Omnia* bereits um 7:30 Uhr und nimmt die erste Gondel hinauf auf den Berg.[260] Normalerweise dürfen bei dieser frühen Fahrt nur die Mitarbeiter der Berggasthöfe mitfahren. Für den regulären Betrieb ist sie noch nicht offen. Um 7:07 Uhr, vor dem Verlassen des Hotels, verabredet sich

Haub für den selbigen Tag mit einer Freundin der Familie in einer Après-Ski-Hütte. Doch die Antwort der Freundin um 7:39 Uhr wird bereits nicht mehr zugestellt, es erscheint nur *ein* graues Häkchen bei WhatsApp. Auch eine weitere Nachricht um 8:12 Uhr kann nicht mehr zugestellt werden.[261]

Um 8:33 Uhr findet die letzte registrierte Einwahl von Haubs Handy in das Schweizer Mobilfunknetz statt.[262] Wurde das iPhone danach ausgeschaltet oder ging es kaputt? Die internen Ermittler glauben, es sei *absichtlich* deaktiviert worden. Denn »Charlie«, wie Haub von seiner Familie und Freunden genannt wurde, habe typischerweise noch vom Gipfel aus Fotos verschickt. Auch ist das iPhone 6S 128 GB zu diesem Zeitpunkt nahezu vollständig geladen.[263]

Um 9:09 Uhr zeichnet eine Kamera am Skilift der Bergstation *Klein Matterhorn* den Milliardär ein letztes Mal auf. Es ist der letzte *Point of Contact*.[264] Der Leiter der internen Ermittlungen projiziert nun ein detailliertes Protokoll über den »Sicherheitsvorfall / Vermisst-Meldung Karl-Erivan W. Haub« auf die Leinwand. Es ist auf den 8. Mai 2018 datiert und gewährt hochinteressante Einblicke in den damaligen Kenntnisstand. Gleichzeitig lässt das Protokoll bemerkenswerte Rückschlüsse für die weitere Ermittlungsarbeit zu.

PROTOKOLL SICHERHEITSVORFALL / VERMISST-MELDUNG KARL-ERIVAN W. HAUB

Am Abend des 7. April 2018, so erzählen es die internen Ermittler, beginnen Haubs Ehefrau Katrin sowie die gemeinsamen Kinder, sich große Sorgen zu machen. Zahlreiche Versuche, Kontakt mit Karl-Erivan Haub aufzunehmen, scheitern. Am nächsten Morgen wird eine großangelegte Such- und Rettungsaktion eingeleitet. Da der Leiter der internen Ermittlungen für die Unternehmenssicherheit der Firma Tengelmann zuständig ist, laufen bei ihm an diesem Morgen alle Drähte zusammen. Er informiert auch den Krisenmanager, seinen Subunternehmer und langjährigen Freund, der sich zu diesem Zeitpunkt privat in der Schweiz aufhält und selbst gerade eine Skitour macht. Der Sicherheitschef bittet ihn, sich unverzüglich auf den Weg nach Zermatt zu machen und dort vor Ort die Such- und Rettungsmaßnahmen in Absprache mit den örtlichen Behörden zu koordinieren.

Der Krisenmanager erzählt uns, dass er das in diesem Moment für übertrieben gehalten habe, da er glaubte, dass sich das Verschwinden schon bald aufklären werde.[265] Dennoch bricht er seine Skitour ab und macht sich unverzüglich auf den Weg nach Zermatt. Gegen 13 Uhr erreicht er das Bergdorf und geht auf direktem Weg zur Polizei, die neben dem Bahnhof angesiedelt ist.[266]

Nun beginnt die größte Such- und Rettungsaktion, die je in der Schweiz stattgefunden hat. Bis zu sechs Hubschrauber und 60 Bergretter aus der Schweiz und Italien sind involviert, die Kantonspolizei Wallis ist mit eigener Luftaufklärung (Wärmebild und hochauflösenden Kameras) rund um die Uhr im Einsatz, die Kriminalpolizei Wallis ist mit zwei Ermittlern vor Ort und steuert die technische Aufklärung. Unter die technische Aufklärung fallen dabei unter anderem die Mobilfunkauswertung, die Auswertung möglicher IMSI-Catcher (Geräte, mit denen die auf der SIM-Karte eines Mobiltelefons gespeicherte International Mobile Subscriber Identity (IMSI) ausgelesen werden und somit der Standort eines Mobiltelefons innerhalb einer Funkzelle eingegrenzt werden kann) und die Videoüberwachung in Zermatt sowie den Bergstationen.

Außerdem werden das Bundeskanzleramt, die US-Botschaft, das Auswärtige Amt und die Deutsche Botschaft in der Schweiz eingeschaltet und externe Spezialisten eingebunden. Es sei *normalerweise* nicht üblich, so berichtet der Leiter der internen Ermittlungen, dass bei einem Vermisstenfall die höchste politische Ebene eingebunden werde, doch Karl-Erivan Haub sei eben kein normaler Bürger, sondern ein bis in die höchsten Kreise vernetzter Geschäftsmann.

Doch die Suche nach dem schwerreichen Firmenlenker gestaltet sich äußerst schwierig. Das riesige Suchgebiet erstreckt sich über eine Fläche von mehr als 300 Quadratkilometern, von der Größe her vergleichbar mit dem Landkreis Köln. Man konzentriert sich zunächst auf die wahrscheinlichsten Routen, etwa bekannte Trainingsstrecken für die *Patrouille des Glaciers* oder sonstige Abfahrten.[267]

Anhand des letzten bekannten Aufenthaltspunkts an der Bergstation *Klein Matterhorn* versuchen die örtlichen Behörden und Rettungsteams zu rekonstruieren, welche Routen von dort aus am wahrscheinlichsten sind.

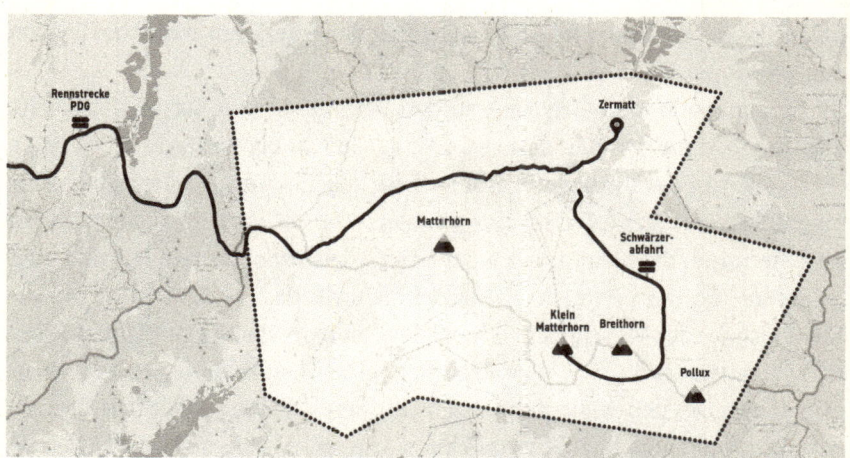

*Suchgebiet und mögliche Routen, die Karl-Erivan Haub genommen haben könnte.
Auszug aus der Power-Point-Präsentation Vermisstensuche K.E.*

Das Umfeld der Such- und Rettungsaktion gestaltet sich dabei als sehr schwierig. Zum einen, weil extreme Höhenlagen von 1650 bis 4200 Meter über dem Meer zu überwinden sind, zum anderen, weil das hochalpine Gelände mit Bergwäldern und Schluchten übersäht ist. Außerdem befindet sich rund um das Matterhorn ein Gletschergebiet mit mehr als 100.000 Spalten und einer Eisdicke von bis zu 500 Metern. Während des gesamten Zeitraums der Suche schwanken die Temperaturen zwischen −30 und 0 Grad, außerdem weht zeitweise ein starker Wind von bis zu 120 Kilometern pro Stunde.[268]

Die Bergretter suchen mehrere Hundert Gletscherspalten ab. Dabei, so berichten uns die internen Ermittler, verfolgen die Retter auch weit von den möglichen Routen entfernte Spuren im Schnee oder suchen an Orten, die eigentlich von der Location her extrem unwahrscheinlich sind.[269]

Im Verlauf der Suche verschlechtert sich außerdem das Wetter. Zu Beginn ist es noch sehr gut, doch dann wechseln sich starke Schneefälle und Sonne innerhalb kürzester Zeit ab. Vonseiten der Familie erhalten die internen Ermittler eine unbegrenzte Kostenfreigabe, es werden daher keine Kosten und Mühen gescheut, um den verschollenen Milliardär zu finden. Alle Mittel, die auch nur ansatzweise erfolgversprechend sein könnten, werden eingesetzt. Teilweise werden beispielsweise Messinstrumente von Militärhubschraubern abgebaut und an privaten Hubschrauber angebracht, die höher fliegen können, und Militärsatelliten angezapft, um Bilder der Region zu bekommen.[270][271]

Im ganzen Matterhorngebiet werden Berghütten und Biwaks abgesucht, auch wenn ein Aufenthalt dort von der Lage her wenig wahrscheinlich ist.

Im Verlauf der Suchaktion gibt es sogar Überlegungen, einen Stausee in einem weit entfernten Gebiet abzupumpen, weil auf einer Eisscholle Spuren zu sehen sind, die nicht direkt einem Tier zugeordnet werden können. Aufgrund der extrem geringen Wahrscheinlichkeit, dass es sich dabei um die Fußabdrücke des Verschollenen handelt, lässt man von diesem Unterfangen dann aber wieder ab.[272][273] Die Ermittler bekommen in dieser Zeit mehr als 200 Hinweise, denen sie zusammen mit den örtlichen Behörden nachgehen. Darunter sind auch obskure Dinge, wie »Ich will helfen und beweisen, dass übersinnliche Hinweise in schwierigen Fällen zielführend sein können« oder Hinweise auf Orte, wo angeblich ein Pendel ausgeschlagen hätte.[274] Einigen gingen beide internen Ermittler auf Wunsch der Familie zusammen mit den örtlichen Behörden nach. Sie führten ins Leere.

Die beiden Männer erklären uns übereinstimmend, dass sowohl sie als auch die Schweizer Behörden vor Ort *alles Menschenmögliche* unternommen hätten, um Karl-Erivan Haub zu finden. Da die Such- und Rettungsaktion dermaßen umfangreich gewesen sei und auch an den unwahrscheinlichsten Orten gesucht worden sei, hätte man zumindest eine *Spur* von dem Verschollenen finden *müssen*. Die internen Ermittler weisen nochmal deutlich darauf hin, dass zu Beginn der Suchmaßnahmen perfekte Wetterverhältnisse geherrscht hätten: Eine einsame Skispur, die in einer Gletscherspalte mündet, wäre *sofort* aufgefallen. Doch der Milliardär bleibt wie vom Erdboden verschluckt.[275]

DOCH KEIN UNFALL? EIN »DUBIOSES PÄRCHEN« IM HOTEL

Doch nun wird es interessant: Die ersten Hinweise, dass der Milliardär womöglich gar keinen Unfall hatte, ergeben sich noch *während* der Suche vor Ort. Die beiden Ermittler beschreiben uns ein »auffallend unauffälliges Pärchen«[276], das sich ebenfalls ein Zimmer im Luxushotel *The Omnia* bucht. Zu diesem Zeitpunkt sind auch die Kinder von Karl-Erivan und Katrin Haub, die Zwillinge Viktoria und Erivan, im Hotel angekommen. [277] Katrin Haub befindet sich noch auf dem Weg nach Zermatt.

Der Leiter der internen Ermittlungen und sein Berater berichten uns, dass sie vom Hotel am Montag, den 9. April, um die Mittagszeit informiert werden, dass in der Nacht zuvor eine ungewöhnliche Buchung stattgefunden habe. [278] Aus dem Protokoll der Tengelmann-Unternehmenssicherheit geht hervor, dass ein »dubioses Pärchen« einen Tag nach dem Verschwinden, also am Sonntag, am späten Abend gegen 22:15 Uhr aus einem Auto heraus telefonisch ein Zimmer gebucht habe und dann Montag früh gegen 9 Uhr angereist sei. Das Zimmer sei in bar bezahlt worden, was dem Hotel auffällig erschienen war, da das vornehme Boutiquehotel hauptsächlich von Stammgästen gebucht werde, die ihre Zimmer online buchen und per Kreditkarte oder auf Rechnung bezahlen.

Doch nicht nur der Buchungsvorgang sei laut den internen Ermittlern ziemlich seltsam gewesen. Auch das Paar selbst sei vor Ort mehreren Personen (darunter einem Hotelmitarbeiter und den beiden internen Ermittlern) aufgefallen. Der Mann und die Frau seien ohne passende Kleidung oder Skiausrüstung angereist und hätten zumindest oberflächlich betrachtet nicht so gewirkt, als ob sie aus »guten Kreisen« kämen, »vornehm« oder »gut betucht« seien. Des Weiteren hätten sie einen »osteuropäischen Einschlag und Akzent« gehabt. [279] Außerdem hätten die beiden offenbar die meiste Zeit in der Lobby »herumgelungert«. Dieses Detail sei deshalb so alarmierend, da der Leiter der internen Ermittlungen und der Krisenmanager die Such- und Rettungsmaßnahmen in einem Raum neben der Rezeption koordinierten und sich auch Mitglieder der Familie Haub dort aufhielten. [280]

Die beiden »dubiosen Gestalten« hätten offenbar alle Vorgänge gut im Blick gehabt. Und obwohl sie wohl extra aus Bremerhaven angereist seien, dauerte ihr Aufenthalt in Zermatt nur knappe 48 Stunden. Bereits am Mittwoch, den 11. April, reisen sie vormittags wieder ab. [281] Noch vor Ort habe sich daher für die internen Ermittler die Frage gestellt, zu welchem Zweck das Paar überhaupt nach Zermatt gekommen sei.

Später, so berichten es uns die beiden, habe eine Überprüfung der Pässe ergeben, dass bei den beiden Personen laut Geheimdienstkreisen Beziehungen zum russischen Nachrichtendienst FSB bestehen. [282]

Dieses »dubiose Pärchen« ist auch für uns hochinteressant. Es scheint den Erzählungen nach ausgeschlossen zu sein, dass die beiden *rein zufällig* ein paar schöne Tage in Zermatt verbringen wollten. Doch wer hat sie beauftragt? Stammen sie tatsächlich aus dem Umfeld des russischen Geheimdienstes? Sergej und ich sind wie elektrisiert. Wir kennen nun die Namen der beiden, und offenbar wohnen sie auch in Deutschland. Mit diesen Informationen würden wir es bestimmt schaffen, uns ein eigenes Bild zu machen.

Doch nicht nur das Pärchen wirft während der ersten Tage der Such- und Rettungsaktion in Zermatt die ersten Fragezeichen auf: Auch eine nähere Betrachtung von Karl-Erivan Haubs Telefonverhalten alarmiert die internen Ermittler.

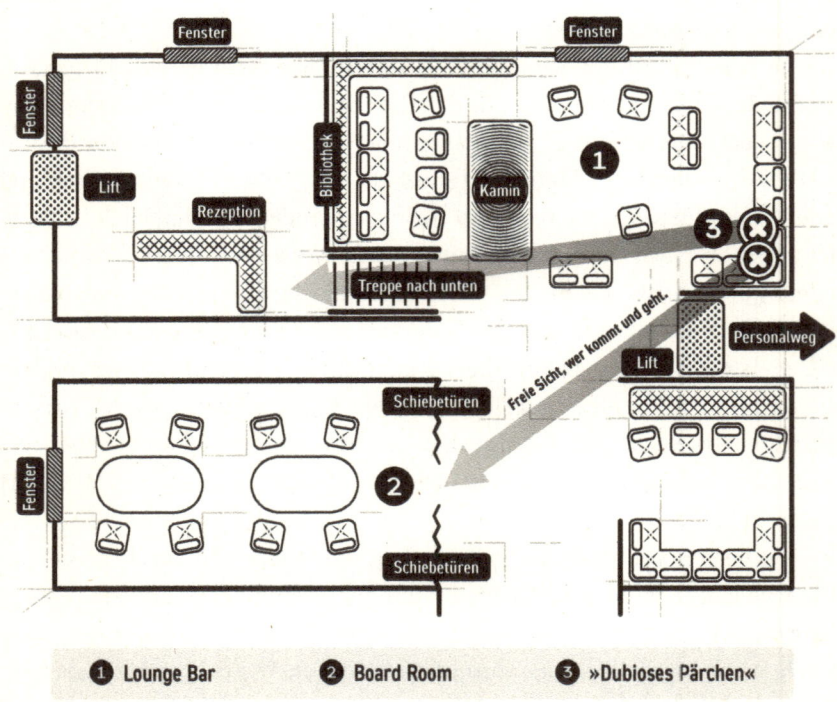

Position des »dubiosen Pärchens«. Freie Sicht auf Rezeption und Besprechungsraum (nicht-maßstabsgetreue Nachbildung)

HANDY BEWUSST AUSGESCHALTET?

Mithilfe der Schweizer Behörden finden der Leiter der internen Ermittlungen und der Krisenmanager noch in Zermatt heraus, dass die letzte Einwahl des Mobiltelefons am 7. April um 8:33 Uhr stattfand.[283] Danach, so scheint es, wurde das Telefon *bewusst* ausgestellt. Eine andere Möglichkeit schließen die beiden im Gespräch mit uns nahezu aus. Das iPhone wählt sich an jenem Tag um 6:21 Uhr[284] noch ein letztes Mal auf einen Firmenserver ein und sei zu diesem Zeitpunkt mit 84 Prozent ziemlich vollständig geladen gewesen.[285] Auch ein »Ausgehen durch Kälte« sei höchst unwahrscheinlich, da Karl-Erivan Haub sich nachweislich zwischen dem Verlassen des Hotels um 7:30 Uhr und dem letzten *Point of Contact* um 9:09 Uhr vorwiegend in den Innenräumen der Bergstation *Klein Matterhorn*, in Seilbahnen und deren Zwischenstationen bewegte. Und dort sei es der Erfahrung nach nicht eisig kalt. Vor allem der Krisenmanager, laut eigener Aussage selbst ein erfahrener Skifahrer und Bergsteiger, hält diese Möglichkeit für nahezu ausgeschlossen.[286]

Während der Tengelmann-Sicherheitschef mit meinen drei Kollegen über diese Details spricht, überlege auch ich, wie kalt es bei meinem letzten Skiurlaub in den Seilbahnen und Bergstationen war. Ich kann mich persönlich an keine Situation erinnern, wo mein Telefon wegen der Kälte ausgegangen ist. Innerlich stimme ich den beiden Männern daher zu, dass ein »Ausgehen durch Kälte« ziemlich unwahrscheinlich ist.

VOM TRAININGSPLAN ABGEWICHEN

Auch aus dem Umfeld der Familie werden noch vor Ort erste Zweifel laut: Dem Protokoll zufolge habe eines der Familienmitglieder angemerkt, Karl-Erivan habe nicht vorgehabt, eine schwere Tour zu gehen. Vielmehr habe er ein leichtes Höhentraining machen wollen.[287] Die gleiche Information erhalten die beiden internen Ermittler auch von Haubs Personal Trainerin, die mit Karl-Erivan Haub in den Tagen zuvor einen detaillierten Trainingsplan ausgearbeitet hatte. Im Gespräch mit den Ermittlern äußert die Trainerin demnach, Haub sei ihr »bester Schüler«, er halte sich »penibel an Absprachen«. Ihre klare Anweisung an ihn sei »Ruhe und Erholung« gewesen. Sie habe ihm sogar davon abgeraten, überhaupt Ski zu fahren. Für sie sei es daher ausgeschlossen, dass er völlig von seinen ursprünglichen Plänen abweiche und eine schwere Tour abseits der Pisten gehe.[288] [289]

Alles, was ich im Vorfeld über das Sicherheitsempfinden und den Perfektionismus des verschollenen Milliardärs gelesen hatte, deckt sich mit den Einschätzungen der Trainerin und den Einschätzungen der internen Ermittler. Außerdem kann sich offenbar auch niemand aus dem Umfeld der Familie vorstellen, dass der sonst so sicherheitsbewusste Firmenlenker auf einer Solo-Skitour ohne Handy oder LVS-Sonde (einem Messgerät zum Aufspüren einer Person, die unter eine Lawine geraten ist) aufbrechen würde. Das entspräche in keiner Weise seinen üblichen Gewohnheiten.

ZEUGENAUSSAGEN BEI DER PRESSEKONFERENZ VERSCHWIEGEN?

Die beiden internen Ermittler berichten uns auch, dass im Zuge der Such- und Rettungsaktion glaubhafte Zeugen aufgetaucht seien, die Karl-Erivan Haub an jenem Samstag noch gesehen haben wollen. Die internen Ermittler können diese Spur jedoch bis zum heutigen Tag nicht verifizieren.[290]

Dennoch: Die Liste an Ungereimtheiten wird immer länger und der Tengelmann-Sicherheitschef und sein Berater beratschlagen bereits zwei Tage nach dem Verschwinden des Tengelmann-Milliardärs, ob außer einem tragischen Bergunfall noch ein weiteres Szenario denkbar sein könnte, zum Beispiel ein Verbrechen.

Die Suche wird auch in den folgenden Tagen unter Einbeziehung aller verfügbaren Kräfte fortgesetzt, doch die Witterungsbedingungen verschlechtern sich zunehmend. Am 11. April, so erzählen uns die beiden Männer, sei klar gewesen, dass man (sollte man von einem Unfall ausgehen) von diesem Zeitpunkt an nicht mehr von einer *Such- und Rettungsaktion* sprechen könne, sondern allenfalls von einer *Bergung*. Ein Überleben nach mehreren Tagen in Eis und Schnee sei aus medizinischer Sicht zu diesem Zeitpunkt nicht mehr möglich.[291]

Am Nachmittag des 11. April wird daher die Öffentlichkeit in einer Pressekonferenz darüber informiert, dass Karl-Erivan Haub, einer der reichsten und mächtigsten Männer Deutschlands, spurlos in den Zermatter Alpen verschwunden sei und man von einem tragischen Unglück ausgehe. Von angebliche Sichtungen Haubs auf der italienischen Seite des Matterhorns und seinem ungewöhnlichen Verhalten am Morgen seines Verschwindens erfährt die Öffentlichkeit hingegen nichts.[292]

Wie uns der Leiter der internen Ermittlungen und sein Berater berichten, werden die Schweizer Behörden von den beiden Männern genau instruiert, was auf der Pressekonferenz gesagt werden darf und was nicht. Unter keinen Umständen solle die Möglichkeit vermittelt werden, dass etwas anderes als ein Bergunfall in Betracht kommen könnte.

Doch die Schweizer Behörden wollen sich darauf *eigentlich* nicht einlassen: Offiziell müsse man ja in alle Richtungen ermitteln. Die internen Ermittler geben jedoch während unseres Treffens offen zu, dass sie den örtlichen Behörden damit gedroht hätten, dass die Familie Haub ein »Heer von Anwälten« engagieren würde, sofern die Pressekonferenz nicht so ablaufe wie besprochen. Offenbar wirkt die Drohung, denn jede Formulierung wird nun im Vorfeld mit den Beteiligten der Staatsanwaltschaft, der Kantonspolizei und der Bergrettung abgestimmt.[293] Ich finde es in diesem Moment unfassbar, dass sich die Schweizer Behörden offenbar von den Ultrareichen dieser Welt vor den Karren spannen lassen. Dass es in Deutschland diesbezüglich nicht viel anders aussieht, werde ich nur wenige Wochen später selbst feststellen.

Doch jetzt weiß ich zumindest endlich, warum ich in Zermatt bei all meinen Kontaktversuchen mit den Schweizer Behörden auf eine Mauer des Schweigens stoße: Bis heute haben die beteiligten Personen offenbar Angst vor den Anwälten der Familie Haub.

DIE INOFFIZIELLEN ERMITTLUNGEN BEGINNEN

Mit der Pressekonferenz vom 11. April ist der Fall des vermissten Milliardärs für die Öffentlichkeit erst einmal erledigt. Es scheint ein tragischer Unfall zu sein und die Behörden vermitteln den Eindruck, dass die Natur die sterblichen Überreste des Familienvaters schon irgendwann zutage fördern wird. Spätestens im Frühling oder Sommer, wenn die Schneeschmelze einsetze, würde der Gletscher sein Opfer wohl freigeben. Und auch wenn es zu diesem Zeitpunkt viele Ungereimtheiten rund um das Verschwinden gibt: Es breitet sich nach außen hin erst mal der Mantel des Vergessens aus.

Intern sieht die Lage jedoch ganz anders aus. Kurze Zeit nach der Pressekonferenz erhalten der Sicherheitchef und sein Berater die Liste der Einzelverbindungsnachweise von Karl-Erivan Haubs Handy. Von diesem Moment an ist klar, dass die Ermittlungen in eine völlig andere Richtung gelenkt werden müssen: Offenbar hatte der Tengelmann-Chef in den Wochen vor seinem Verschwinden ein *außerordentlich* großes Bedürfnis, mit verschiedenen Personen in Russland in Kontakt zu treten. Die Telefonliste ist derartig auffällig, dass die Ermittler sie bei ihren weiteren Überlegungen nicht ignorieren können.

UNGEWÖHNLICH VIELE TELEFONATE MIT RUSSLAND

Zusammen mit Haub ist auch sein iPhone verschwunden. Ein weiteres Nokia-Telefon, das er als eine Art Mini-Computer verwendet, wird im Hotelzimmer sichergestellt. Bei diesem Telefon können die internen Ermittler nichts Ungewöhnliches feststellen.[294] Doch die Liste von Einzelverbindungsnachweisen des mit Haub verschollenen iPhones, die, rückwirkend für drei Monate vor seinem Verschwinden, alle *abgehenden Anrufe* verzeichnet, wirft viele Fragen auf. Eine Liste mit *eingehenden Anrufen* gibt es nicht und liegt den internen Ermittlern auch bis heute nicht vor. Auch aktuell, so berichtet der Sicherheitchef, bestehe noch eine gewisse Unsicherheit darüber, ob Haub weitere Mobiltelefone besaß. Der Familie seien keine Geräte bekannt, doch ausschließen könne man es natürlich nicht.[295]

Eine Auffälligkeit zeigt die Liste sofort. Nicht nur am Vortag seines Verschwindens telefonierte der Milliardär außergewöhnlich lange mit zwei russischen Nummern. Seit dem Todestag seines Vaters gut einen Monat zuvor, dem 6. März, steigt die Anzahl seiner Telefonate signifikant an. Zwischen dem 6. März und dem 7. April telefoniert er *fast ausschließlich* nach Russland. Vor dem 6. März kommt es nur sehr vereinzelt zu einem Kontakt.[296]

Die Verweildauer (*Duration*) der Telefonate ist spannend. Sie beträgt in den meisten Fällen 1, also eine Minute. Unter diese Messgröße fallen sowohl Gespräche, die weniger als 60 Sekunden lang sind, als auch Telefonate, bei denen bei der Zielperson nur angeklingelt wird oder eine Mailbox anspringt. Am Abend vor seinem Verschwinden, also am 6. April, telefoniert Haub *erstmals* außergewöhnlich lange mit zwei Nummern aus St. Petersburg. Diese beiden Gespräche sprengen regelrecht den Rahmen: Um 20:52 Uhr telefoniert er für 60 Minuten[297] und direkt im Anschluss um 21:54 Uhr für weitere 48 Minuten.[298] Zwischen den beiden Anrufen liegt lediglich eine sehr kurze Pause von zwei Minuten.

Bei genauerer Betrachtung fällt auch auf, dass Haub auch am Vortag, dem 5. April, mit einer der beiden Nummern bis spät in die Nacht hinein in Verbindung steht. Aus den Einzelverbindungsnachweisen sind vier Anrufe zwischen 20:22 Uhr und 22:29 Uhr nach Russland zu entnehmen.[299] Diese vier Telefonate sind deshalb so interessant, da Haub in jener Nacht den internen Ermittlern zufolge seinen Piloten darüber informiert, dass er sein Reiseziel ändern und statt nach Les Deux Alpes in Frankreich lieber nach Zermatt fliegen möchte. Zwischen dem letzten Telefonat nach Russland und der Nachricht an den Piloten liegen vermutlich zwei Stunden – da wir jedoch nicht wissen, ob er vielleicht nur angeklingelt hat und dann zurückgerufen wurde, könnte der Zeitabstand dazwischen auch deutlich kürzer sein.[300] [301]

An jenem 6. April gibt es dann einen weiteren Anruf nach Russland: Laut Einzelverbindungsnachweis findet gegen 15:53 Uhr ein Telefonat statt.[302] Legt man an dieser Stelle das *Protokoll Sicherheitsvorfall / Vermisst-Meldung Karl-Erivan W. Haub* neben die *Anrufliste*, dann kann man den Rückschluss ziehen, dass Haub unmittelbar nach der Landung mit seinem Privatflugzeug in Sion eine Kontaktperson in Russland angerufen hat, denn als Ankunftszeit in Zermatt wird »ca. 17 Uhr« angegeben.[303] Rechnet man also von der Ankunft in Zermatt um 17 Uhr rückwärts und zieht in Betracht, dass ein Helikopterflug zwischen dem Privatflughafen in Sion und Zermatt circa 40 Minuten dauert,[304] so kommt man in etwa auf die Zeit des Telefonats um 15:53 Uhr. Außerdem erzählen uns die internen Ermittler, dass Haub den Helikopterpiloten darum gebeten habe, nicht auf dem direkten Weg von Sion nach Zermatt zu fliegen, sondern noch einen kleinen Schlenker über die Route der *Patrouille des Glaciers* zu fliegen. Zwischen dem Anruf nach Russland und der Ankunft in Zermatt liegt also eine knappe Stunde, welche für den Heli-Transfer vom Flughafen Sion nach Zermatt genutzt wurde. Wollte Haub die Person in Russland darüber informieren, dass er in Zermatt angekommen ist?

Sergej und ich werden später herausfinden, dass dieser Anruf auch in Russland eine Handlung in Gang setzte. Aber dazu kommen wir später.

Insgesamt können die internen Ermittler drei verschiedene russische Nummern identifizieren.[305] Doch welchen Personen können sie zugeordnet werden? Sofort nachdem sie die Liste mit den Einzelverbindungsnachweisen erhalten haben, geben die internen Ermittler eine Überprüfung der Nummern in Auftrag. Die mit großem Abstand am häufigsten gewählte russische Nummer lässt sich einer Eventagentur namens *Russian Event* in St. Petersburg zuordnen. Mit dieser Nummer finden unter anderem auch das letzte (48-minütige) Gespräch am 6. April um 21:54 Uhr sowie alle Gespräche am 5. April statt.[306] Das 60-minütige Gespräch am 6. April um 20:52 Uhr lässt sich hingegen einer gewissen Veronika E. zuordnen.[307] Die junge Russin ist wiederum Mitarbeiterin der Eventagentur *Russian Event*. Später werden die Ermittler herausfinden, dass beide Telefonnummern direkt auf Veronika E. zurückführen.[308]

Doch was genau ist *Russian Event* und warum ruft der deutsche Milliardär so oft bei einer russischen Eventagentur an? Plant er Feierlichkeiten in Russland? Oder eine Reise? Die Agentur ist im Internet schnell zu finden, hat aber einen etwas, ich nenne es mal »faden«, Internetauftritt.[309] Angeblich bietet die kleine Firma Dienstleistungen rund um sogenannte Incentive-Reisen an, also Reisen, bei denen Mitarbeiter oder Kunden für ein bestimmtes Verhalten »belohnt« oder für neue Geschäfte gewonnen werden sollen. Die Agentur wirbt beispielsweise mit Ballettbesuchen oder Kalaschnikow-Schießen. Eine Liste an richtigen Referenzen gibt es jedoch nicht. Und um ehrlich zu sein: Bei der Betrachtung der Website wird mir nicht richtig klar, was das Unternehmen *wirklich* macht. »Ah, eine Eventagentur« – aber dann fehlen eben genaue Referenzen oder eine konkrete Auflistung der angebotenen Dienstleistungen. Es ist mehr Schein als Sein, und der Name *Russian Event* wirkt auch irgendwie plump. Russisches Event – was soll man sich darunter denn konkret vorstellen?

Die internen Ermittler erzählen uns jedoch, diese unbekannte Eventagentur habe den Geburtstag von Karl-Erivan Haubs Mutter Helga Haub mehrere Jahre zuvor in St. Petersburg organisiert.[310] Wie es dazu gekommen sei, dass eine kleine Firma ohne jegliches Renommee den Geburtstag einer Milliardärin organisiert? Dazu können uns die beiden Männer jedoch im Nachhinein nicht mehr viel sagen. Auch für sie wirft dieser Vorgang viele Fragen auf.

Was man jedoch mit Sicherheit sagen kann: Karl-Erivan Haub hatte vor seinem Verschwinden offenbar über Wochen hinweg einen *sehr engen* Austausch mit der jungen Frau. Zunächst ist das ja nicht verwerflich und muss auch nichts bedeuten, es kann viele Gründe geben. Hellhörig werden die Ermittler aber trotzdem – denn diese enge Verbindung ist im Umfeld der Familie nicht bekannt.

Auf der Firmenwebsite von *Russian Event* finden wir ein Foto von Veronika E. sowie eine persönliche Beschreibung. Meine Vorstellung der »russischen Geliebten«, wie ich sie seit dem Besuch bei Christian Haubs engem Vertrauten vor meinem inneren Auge habe, zerfällt in diesem Moment. Natürlich ist das sehr oberflächlich gedacht, aber bis zu diesem Moment hatte ich mir die Frau als eine Art »heißen Feger« vorgestellt. Doch die junge Frau auf den Fotos ist das komplette Gegenteil. Sie ist sehr unscheinbar, zierlich, fast burschikos. In der Textbeschreibung gibt sie an, eine große Leidenschaft für Extremsportarten aller Art zu haben. Sie mache alles: Skifahren, Klettern, Marathon.[311] Die Russin ist quasi das weibliche Gegenstück des sportbegeisterten Milliardärs Karl-Erivan Haub. Ist das nur Zufall? Verbindet die junge Frau und den Milliardär ihre gemeinsame Liebe für die Berge und den Sport? Es wirkt auf mich – und auch auf die internen Ermittler – fast ein wenig zu perfekt.

Und auch die dritte russische Nummer lässt die internen Ermittler aufhorchen: Am 11. März ruft Karl-Erivan Haub zwischen 19:36 Uhr und 19:37 Uhr *viermal* Andrej Suzdaltsev an.[312] Zweimal wählt er dafür dessen russische Handynummer, die übrigen zweimal wählt er eine Schweizer Nummer, die mit Suzdaltsevs Adresse am Genfer See in Verbindung steht.

Moment. Andrej Suzdaltev? Den Namen kennen wir doch! Handelt es sich bei Suzdaltsev nicht um ebenjenen russischen Geschäftsmann, dessen Name uns durch den Bericht von *Alvarez & Marsal* bereits bekannt ist? Den Mann, der offenbar in mehrere Geldwäscheskandale verwickelt ist, mit dem der Tengelmann-Chef aber offenbar dennoch Geschäfte in Russland machen wollte? Und was passierte an jenem 11. März, wenige Tage nach dem Tod von Haubs Vater? Offenbar ist es dem inzwischen verschollenen Karl-Erivan Haub *wirklich wichtig*, seinen ehemaligen Geschäftspartner zu erreichen. *Vier Anrufe* innerhalb von zwei Minuten. Der Milliardär klingelt quasi bei Suzdaltsev Sturm. Was könnte so dringend sein?

Während die junge Russin Veronika E. als Mitarbeiterin einer kleinen Eventagentur zunächst eher unscheinbar und ein wenig durchschnittlich erscheint, ist Andrej Suzdaltsev ein anderes Kaliber: Als Miteigentümer der

Rosevrobank zählt er zu der obersten Liga der russischen Wirtschaft, ein Oligarch der alten Zeit. Das gemeinsame PLUS-Russland-Geschäft zwischen ihm und Haub ist jedoch zu diesem Zeitpunkt schon seit 2015 gescheitert. Warum will Karl-Erivan Haub jetzt, mehr als drei Jahre nach dem Ende der missglückten Geschäftsbeziehung, so dringend mit ihm sprechen?

Für den Tengelmann-Sicherheitschef und seinen Berater sind das zu viele Ungereimtheiten. Sie sind über die Russland-Verbindungen im zeitlichen Zusammenhang mit dem mysteriösen Verschwinden des Milliardärs höchst beunruhigt.[313] Beide Männer hatten wenige Tage zuvor noch die aufwendigste Suchaktion aller Zeiten koordiniert und dabei *keinerlei* Hinweise auf den Verbleib des Tengelmann-Chefs finden können. Und plötzlich tauchen in den Einzelverbindungen von Haubs iPhone Personen auf, die sein Verschwinden in ein anderes Licht rücken könnten. Unmittelbar nach dem Bekanntwerden der Telefonkontakte beschließen die beiden daher nach Rücksprache mit der Familie, sowohl Veronika E. als auch Andrej Suzdaltsev näher zu durchleuchten. In welcher Beziehung steht der verschollene Milliardär zu den beiden?

Zu diesem Zweck engagieren sie zwei *externe* Privatermittler, die über Jahrzehnte hinweg beste Kontakte nach Russland aufgebaut haben: Es handelt sich dabei um den ehemaligen Stasi-Verbindungsoffizier von Wladimir Putin aus dessen Zeit als KGB-Spion in Dresden[314] und um Klaus L., einen ehemaligen Mitarbeiter des militärischen Abschirmdienstes der Bundeswehr.[315]

Die beiden internen Ermittler machen eine Pause. Mit ernster Miene erklären sie meinen fassungslosen Kollegen und mir: Beide Männer seien inzwischen tot. Und aus ihrer Sicht könne ihr Tod mit den Ermittlungen in Russland zusammenhängen.[316] Die beiden *externen* Privatermittler hätten nämlich »viel belastendes Material« geliefert.[317]

ZWEI TOTE SPIONE

Meine Kollegen und ich sind schockiert. *DAS* ist also der Grund, warum der Krisenmanager mich mehrfach explizit gewarnt und dazu aufgefordert hatte, im Zuge unserer Recherche sehr, sehr vorsichtig zu sein. Die Personen, die bisher die ganzen Informationen mit Russland-Bezug zusammengetragen haben, sind beide nicht mehr am Leben. Putins ehemaliger

Stasi-Verbindungsoffizier sei relativ plötzlich einem Krebsleiden erlegen, der ehemalige Mitarbeiter des militärischen Abschirmdiensts, Klaus L., sei an einer »plötzlichen Lungenembolie« gestorben. Während der Leiter der internen Ermittlungen uns das erzählt, habe ich das Gefühl, dass er die ärztliche Diagnose nicht glaubt. Man habe Klaus L. eine Woche vor dessen Tod noch getroffen, und zu diesem Zeitpunkt sei er absolut fit gewesen.[318]

Nun steht also die Möglichkeit im Raum, dass die ganze Recherche rund um das mysteriöse Verschwinden von Karl-Erivan Haub zwei Leben gekostet haben könnte. Im Besprechungsraum herrscht zwischen meinen Kollegen und mir Stille. Dass auch wir in Gefahr sein könnten, war uns allen bis zu diesem Moment eher abstrakt erschienen. Nun fühlt es sich plötzlich sehr real und sehr nah an. Was auch immer wir in den folgenden Wochen herausfinden werden: Es besteht eine hohe Wahrscheinlichkeit, damit bestimmte Personen ordentlich zu verärgern.

Inzwischen sitzen wir seit mehreren Stunden mit den beiden internen Ermittlern zusammen. Die anfänglich etwas steife Atmosphäre hat sich ein bisschen gelockert und ich habe das Gefühl, der Leiter der internen Ermittlungen taut ein wenig auf. Zwar scheint es ihm nach wie vor nicht ganz geheuer zu sein, dass er all sein Wissen mit vier Journalisten teilen soll, aber er kommt dem Auftrag von Christian Haubs Vertrautem stoisch nach. Alle bis zu diesem Zeitpunkt vorgelegten Informationen lassen sich mit überschaubarem Aufwand überprüfen. Die Telefonliste könnte man beispielsweise einfach der Reihe nach abtelefonieren und schauen, wer sich hinter den Nummern verbirgt. Auch die Rahmendaten der Suchaktion kann man überprüfen.

Im Gespräch mit den internen Ermittlern erreichen wir nun aber einen Punkt, an dem die Quellenlage nicht mehr eindeutig ist. Zum einen sind die beiden Beschaffer der Informationen tot, zum anderen haben sie ihre Informationen laut eigener Aussage hauptsächlich aus Geheimdienstkreisen gewonnen. Wie sollen wir das überprüfen?

Die beiden internen Ermittler legen uns als Nächstes den *Abschlussbericht Projekt Zermatt RU 2* vor. Er ist auf den 8. Juni 2018 datiert und als streng vertraulich eingestuft. Auf jeder der 33 Seiten wird sowohl in der Kopfzeile als auch in der Fußzeile auf die Vertraulichkeit und den Quellenschutz hingewiesen. Außerdem solle das Dokument nur »von Hand zu Hand« weitergegeben und nur intern verwendet werden. Ich vermute, damit soll verhindert werden, dass beim Auslesen der Metadaten des Dokuments Rückschlüsse auf die Verfasser gezogen werden könnten. Einmal mehr frage ich mich, warum mein Kontakt uns all diese Informationen zukommen lassen möchte. Ein Rätsel und Glücksfall zugleich.

ABSCHLUSSBERICHT PROJEKT ZERMATT RU 2

Der Abschlussbericht stammt vom 8. Juni 2018 und ist damit fast auf den Tag genau zwei Monate nach dem mysteriösen Verschwinden von Karl-Erivan Haub angefertigt worden. Es ist ein Beweis dafür, dass intern bei Tengelmann offenbar schon sehr, sehr früh klar ist, dass es sich womöglich *nicht* um einen tragischen Unfall handeln könnte. Das Dokument trägt außerdem einen Namen, der *unmissverständlich* Karl-Erivan Haubs mysteriöses Verschwinden in Zermatt mit Russland in Verbindung bringt: *Abschlussbericht Projekt Zermatt RU 2*. Außerdem wird als Ermittlungsziel definiert, die möglichen aktuellen Kontakte von Karl-Erivan Haub in der Russischen Föderation zu suchen.[319] *Aktuelle* Kontakte! Das heißt: Nur wenige Wochen nach dem Verschwinden im April 2018 gehen der Tengelmann-Sicherheitschef und sein Berater davon aus, dass Karl-Erivan Haub noch *am Leben sein könnte*! Hier haben wir es erstmals schwarz auf weiß.

Doch die Ermittlungsbehörden in Deutschland oder der Schweiz wurden über diese Möglichkeit nie informiert.

Bevor der Abschlussbericht konkret wird, weisen die Verfasser auf Seite 3 auf etwas hin, was im Verlauf der Recherche noch mehrfach zur Sprache kommen wird: Die Ermittlungen in Russland werden offenbar Anfang Juni 2018 unmittelbar *abgebrochen*. Aus welchem Grund? Die beiden internen Ermittler erklären uns, dass zu diesem Zeitpunkt »ziemliches Chaos« innerhalb der Familie Haub geherrscht habe.[320] Nach dem plötzlichen Verschwinden des Firmenlenkers sei zunächst nicht klar gewesen, wer die Leitung bei Tengelmann übernehmen würde. Bisher lag die gesamte Macht auf der Seite der Familie des Verschollenen: Zusammen mit seinem väterlichen Berater, dem Top-Manager, leitete Karl-Erivan Haub das Unternehmen. Durch sein Verschwinden ist ein Machtvakuum entstanden und sowohl der Top-Manager als auch der jüngste Haub-Sohn Christian bringen sich für die Nachfolge in Stellung. Für die internen Ermittler, und zwar in erster Linie für den Sicherheitschef, bedeutete das, dass die Ansprechpartner in dieser Zeit nicht ganz klar sind und wechseln.[321]

In der unmittelbaren Zeit nach dem Verschwinden berichtete der Leiter der Tengelmann-Unternehmenssicherheit direkt an die Familie des Verschollenen, also Katrin Haub, die Zwillinge, Helga Haub – und eben an den Top-Manager, der auch ein enger Berater der übrigen Familienmitglieder ist. Der *Ermittlungsstopp* sei in dieser Konstellation auf Betreiben des Top-Managers initiiert worden.[322] Er habe »Helga Haub dahingehend beeinflusst«, dass sie die Ermittlungen nicht weiter befürwortete. Offenbar sei der Tenor gegenüber der Patriarchin gewesen, dass »doch jeder eine Geliebte hat« und man »nicht alles so genau wissen« müsse.[323] Auch der Krisenmanager, der damals als Subunternehmer in den Fall miteingebunden ist, bestätigt das Erzählte. Der unmittelbare Abbruch der Russland-Ermittlungen ist für die beiden internen Ermittler so auffällig, dass der Sicherheitschef diesen Hinweis uns Journalisten gegenüber auch verschriftlicht.[324] Für mein Team und mich steht in diesem Moment außer Frage, dass wir uns den Top-Manager und Familienberater noch genauer anschauen werden. In dieser ganzen Geschichte fällt er uns nun zum zweiten Mal negativ auf: Auch der Analyst bei *Alvarez & Marsal* hatte in seinem Bericht auf das nicht nachvollziehbare Verhalten des Top-Managers in Bezug auf das PLUS-Russland-Geschäft hingewiesen.[325]

Der abrupte Ermittlungsstopp in Russland ist vor allem deshalb sehr auffällig, weil die *externen* Ermittler vor Ort offenbar kurz zuvor bedroht werden.[326]

Die Verfasser des Abschlussberichts schätzen die Gefährdungslage demnach so ein, dass eine potenzielle Gefahr von kriminellen Strukturen, also beispielsweise von der Organisierten Kriminalität («Russenmafia»), ausgehen könnte und eher nicht von einer offiziellen Stelle. Außerdem, und auch das ist an dieser Stelle sehr spannend, ziehen die Verfasser des Abschlussberichts offenbar einen Zusammenhang zwischen der Bedrohung ihrer Russland-Ermittlungen und dem gescheiterten PLUS-Russland-Geschäft in Betracht.

In einem ersten Schritt der Recherche lag der Fokus der Privatermittler auf der Reisetätigkeit von Karl-Erivan Haub in Russland. Zu diesem Zweck hatten sie die Nummern von zwei deutschen und einem amerikanischen

Reisepass erhalten, welche innerhalb des Unternehmens und der Familie bekannt waren.[327] Doch lediglich für einen der beiden deutschen Reisepässe finden sie Hinweise in »verschiedenen russischen Speichern«.[328] Die Tengelmann-Ermittler erklären uns, dass es sich dabei vorwiegend um die Datenbanken der Grenzkontrollen handle. Die *externen* Privatermittler hätten über ihre Geheimdienstkontakte die Möglichkeit gehabt, Auszüge aus diesen Datenbanken zu erhalten. Man müsse sich das so vorstellen: Immer dann, wenn Karl-Erivan Haubs Reisepass bei einer Grenzkontrolle (z.B. bei der Einreise nach Russland am Flughafen) gescannt worden sei, sei dies in einer Datenbank hinterlegt worden. Auf ebenjene Datenbanken habe man mithilfe von Geheimdienstkontakten zugreifen können.

Meine Kollegen und ich sind ziemlich sprachlos. Sollte es wirklich stimmen, dass der Milliardär neben der deutschen und amerikanischen Staatsbürgerschaft auch noch die russische Staatsbürgerschaft besitzt, dann hätte er in der Tat ein ernstes Problem: Sowohl in Deutschland als auch in den USA ist es strafbar, eine weitere Staatsbürgerschaft zu haben und diese nicht anzugeben. Die Verfasser des Abschlussberichts geben an[329], beide Pässe seien vom »Ministerium für Auswärtige Angelegenheiten« ausgestellt worden, die Privatermittler hätten jedoch keinen Zugriff auf Passkopien dieser Dokumente gewinnen können. Laut den Verfassern könne man aber nachweisen, dass beide Pässe für Ein- und Ausreisen in die Russische Föderation sowie innerhalb des Landes genutzt worden seien. Die Privatermittler halten es auch für bedeutsam, dass beide Pässe mit der Nummer 52 beginnen, was aus ihrer Sicht darauf hindeute, dass sie durch russische Konsulatsabteilungen in Moldawien, Prednistrow oder Abchasien ausgestellt worden seien[330]. Die Privatermittler gewannen über ihre Kontakte valide Informationen über verschiedene Reisen von Karl-Erivan Haub in Russland, Weißrussland, Albanien und Aserbaidschan.

Was wollte der Milliardär an diesen Orten? Und reiste er allein? Ich stelle diese Frage dem Tengelmann-Sicherheitschef und seinem Berater. Die Antwort: Karl-Erivan Haub habe in Albanien »bestimmt nicht nach dem nächsten OBI-Standort gesucht«.[331] Einmal mehr betont der Leiter der internen Ermittlungen das extreme Sicherheitsbedürfnis des Verschollenen. Die Russland-Reisen seien im Unternehmen nicht bekannt gewesen und von Haub ohne Personenschutz angetreten worden.

Für den Leiter der internen Ermittlungen, der Karl-Erivan Haub seit vielen Jahren kennt, sind alle diese Reisen für eine Person mit dem Profil des verschollenen Milliardärs *ohne* Personenschutz generell nicht nachvollziehbar.[332] Aufgrund der gestoppten Ermittlungen seien aber die übrigen Unterlagen nicht mehr übersetzt und ausgewertet worden. Laut dem Abschlussbericht beginnen die Reisen nach Russland um das Jahr 2009 herum. Im Verlauf der späteren Recherche werden Sergej und ich noch weitere (frühere) Reisen finden, die den Privatermittlern offenbar nicht aufgefallen sind oder auf die ihre Quellen vor Ort nicht zugreifen konnten. Auffällig ist, dass die Reisen nach Russland allesamt meistens nur *sehr kurz* gewesen zu sein scheinen. Meistens dauerten sie nicht länger als ein bis zwei Tage. Auch die Ziele scheinen auf den ersten Blick überraschend: Moskau und St. Petersburg lassen sich unter geschäftlichen Gesichtspunkten gut nachvollziehen, schließlich sind es die größten Handelszentren Russlands. Aber was für einen Zweck könnte ein Kurztrip nach Omsk, Krasnodar, Saratow, Baku oder Tirana haben? Für ein bis zwei Tage? Eine Reise mit der Geliebten stelle ich mir persönlich anders vor: Man würde doch versuchen, etwas mehr Zeit miteinander zu verbringen, und müsste dafür auch nicht unbedingt an nichtssagende, weit entfernte Orte fliegen. Oder? Für mich *fühlt* sich das eher nach (geschäftlichen) Terminen an. Aber warum wusste dann niemand davon? Die internen Ermittler haben auf diese Frage keine Antwort und auch die Privatermittler liefern keine Erklärung zu den Reisezielen.

Laut den Unterlagen ist Veronika E. 1979 geboren und damit 19 Jahre jünger als der verschollene Milliardär. Als Meldeadresse dient offenbar die Wohnung ihrer Mutter und ihres Stiefvaters in einem sehr bescheidenen Außenbezirk von St. Petersburg. Laut dem Abschlussbericht habe eine Vor-Ort-Begehung ergeben, dass diese Meldeadresse wohl strategisch gewählt wurde: Die junge Frau wohne offenbar nicht wirklich in der 53-Quadratmeterwohnung.[333] Auf den nächsten vier Seiten folgen Fotos von Veronika E.s Meldeadresse; es handelt sich zugegebenermaßen um eine wirklich einfache, fast ärmliche Gegend mit heruntergekommenen Plattenbauten.

Ich versuche mir vorzustellen, unter welchen Umständen sich die Lebenswege dieser Frau aus einfachen Verhältnissen mit dem glamourösen Leben des deutschen Milliardärs gekreuzt haben mögen. Laut den Aufzeichnungen der Privatermittler verbrachte Veronika E. ihre gesamte Kindheit und Jugend in St. Petersburg.[334] Nach dem Abschluss des Gymnasiums besuchte sie anschließend eine der besten Universitäten des Landes, die staatliche Universität St. Petersburg. Einen Hinweis zu ihrem Studienfach findet sich nicht. Nach ihrem Abschluss im Jahr 2002 weist ihr Lebenslauf eine Lücke von fünf Jahren auf. Was ist zwischen 2002 und 2007 geschehen? Legte sie in diesen Jahren den Grundstein für ihre spätere Selbstständigkeit als Inhaberin einer Werbeagentur, die sie offiziell ab 2007 besitzt?

Im Verlauf der weiteren Recherche werden Sergej und ich herausfinden, dass die junge Frau in dieser gesamten Zeit äußerst aktiv innerhalb von Russland gereist ist – und dass ihre Reiseziele nur schwer mit ihrer offiziellen Tätigkeit und dem daraus resultierenden Einkommen zu erklären sein werden. Die Werbeagentur wird den Unterlagen zufolge dann 2014 auch wieder abgemeldet.[335] Aktuell arbeitet Veronika E. bei der uns bekannten Eventagentur *Russian Event*.[336]

Die Beschreibung über *Russian Event* aus dem Abschlussbericht entspricht ziemlich genau auch meinem Bild von der Agentur, das ich mir durch eine eigene Recherche in den Tagen vor dem Termin gemacht hatte. Neu ist allerdings, dass die kleine Firma offenbar »ausschließlich ausländische Firmenkunden« betreut. Wäre es nicht im Sinne der Umsatzsteigerung, *jeden* Auftrag anzunehmen, egal ob aus dem In- oder Ausland? Und warum bietet eine Eventagentur an, Kontakte zu »ehemaligen hochrangigen KGB-Mitarbeitern«, also Ex-Geheimdienstlern, herzustellen?[337]

Tatsächlich gewinnen meine Kollegen und ich den Eindruck, dass *Russian Event* auf ziemlich plumpe Art und Weise versucht, die *Fassade* einer Eventagentur aufrechtzuerhalten. Doch was verbirgt sich wirklich hinter dieser Firma? Es gibt kein Impressum, keine genaue Anschrift. Aber die Verfasser des Berichts fanden über ihre Kontakte schließlich die Adresse heraus:[338] Zwar ist die Büroanschrift auf den ersten Blick sehr repräsentativ, doch das Büro ist nicht im Vorderhaus, sondern befindet sich ganz versteckt ohne Türschild im Hinterhaus. *Russian Event* erweckt nicht den Eindruck, »gefunden« werden zu wollen.[339] Fast scheint es so, als funktioniere das Geschäftsmodell der Eventagentur ausschließlich über Mund-zu-Mund-Propaganda, als könnten *Russian Event* nur jene finden, die wissen, dass es die kleine Firma überhaupt gibt. Den Privatermittlern gelingt es, die Räumlichkeiten unter einem Vorwand zu betreten. Veronika E. ist zu diesem Zeitpunkt nicht im Büro anwesend.

Die externen Ermittler erklären der verdutzten Mitarbeiterin Frau A., eine »Privatperson aus Berlin« habe die Agentur unter Nennung der Adresse »empfohlen«.[340] Offenbar, so vermittelt es der Abschlussbericht, sei es der Mitarbeiterin sehr suspekt vorgekommen, dass potenzielle Kunden plötzlich in den Räumlichkeiten von *Russian Event* stehen. Auch bestand offensichtlich kein Interesse, bei »Individualtourismus« und »Visabeschaffung« tätig zu werden – obwohl diese Dienstleistungen auf der Website explizit angeboten werden.[341] Während wir den Abschlussbericht durchgehen, frage ich mich, wie sich die externen Ermittler vor Ort in diesem Moment gefühlt haben mögen? Hatten sie Angst, enttarnt zu werden? Der Abschlussbericht liefert dazu einen Hinweis: Die Ermittlungen vor Ort seien aufgefallen.[342] Aber wem?

Interessant ist auch, was die Verfasser des Abschlussberichts über die Finanzen von *Russian Event* herausfinden: Der kleinen Firma geht es offenbar blendend, und das, obwohl nicht ganz klar ist, wie sie ihr Geld verdient. Und auch rund um die Person Veronika E. gibt es einige »Besonderheiten«:[343] Auf den folgenden Seiten erläutern die Verfasser des Berichts, welche Informationen sie über die wirklichen Besitzverhältnisse der jungen Russin herausfinden konnten, unter anderem Autos und eine schicke Eigentumswohnung.[344]

Im Vergleich zu der offiziellen Meldeadresse, der Wohnung der Eltern, ist diese Adresse deutlich repräsentativer. Doch wer bezahlt die große Wohnung im Herzen St. Petersburgs? Laut den Unterlagen verdient die junge Frau monatlich nur knapp 900 Euro. Woher hat sie das Geld für eine Eigentumswohnung? Und wo wohnt sie *wirklich*? Ein Ortsbesuch der externen Ermittler ergibt, dass auch diese Adresse nicht die echte Wohnadresse zu sein scheint. Auch das auf sie zugelassene Fahrzeug überrascht, denn die junge Frau fährt zu diesem Zeitpunkt einen Luxus-SUV der Marke Land Rover und war auch in der Vergangenheit in der Lage, mehrere Neuwagen zu erwerben.[345] Sergej und ich werden später herausfinden, dass diese Angaben alle stimmen.

Ich blättere gebannt durch den Bericht: Die Auswertung der Social-Media-Profile zeigt eindeutig, dass die Russin gerne und viel reist sowie aufwendigen Hobbys nachgeht: Sie unternimmt Fernreisen, oft verbunden mit sportlichen Outdoor-Aktivitäten. Veronika E. wandert gerne oder klettert im Gebirge, außerdem macht sie gerne Skitouren. Auf einem Bild sieht man sie neben einem Gipfelkreuz, auf dem ein Sticker des Deutschen Alpenvereins

(DAV) aufgeklebt ist. Auf allen Fotos trägt die junge Frau hochwertige Sportkleidung namhafter Marken.[346]

Wie kommt die Russin aus einfachen Verhältnissen zu diesen teuren, aufwendigen Hobbys? Ich betrachte die Bilder, die wir inzwischen von Veronika E. haben: Sie zeigen eine wahnsinnig sportliche Frau, die nicht nur ein bisschen joggen geht, sondern einen Marathon läuft. Die nicht nur ein wenig spazieren geht, sondern im Gebirge klettert. Das ist die eine Veronika. Gleichzeitig gibt es Bilder von ihr, wie sie schick hergerichtet in einem Opernhaus auf einem roten Teppich steht, adrett gekleidet einen Hund kuschelt. Sie wirkt gut situiert, als ob sie die finanzielle Möglichkeit hätte, ein kulturell vielfältiges Leben zu führen. Das ist die zweite Veronika. Dann gibt es aber auch die Bilder der schmächtigen Büroangestellten, auf denen sie ein wenig wirkt wie eine graue Maus. Das ist die dritte Veronika. Es fällt mir schwer, es in Worte zu fassen, aber für mich fühlt sich das alles nicht stimmig an. Obwohl wir inzwischen so viele Fotos von der jungen Frau haben, gewinne ich doch keinen *echten* Eindruck, wer diese Person ist.

Es gibt heftige Widersprüche zwischen ihrem Einkommen, ihren Besitzverhältnissen und ihren Freizeitaktivitäten. Es ist ziemlich offensichtlich, dass die junge Frau eine Geldquelle außerhalb ihres normalen Einkommens hat. Könnte es sein, dass der deutsche Milliardär Karl-Erivan Haub sie »sponsert«? Oder verfügt sie über einen anderen Job, der deutlich lukrativer ist als ihre Tätigkeit in der Eventagentur? Dient die Arbeit dort vielleicht nur als *Tarnung*? Auffällig ist, dass Veronika so gut wie keine Einblicke in ihr Privatleben oder ihren Freundeskreis zulässt. Nur in den seltensten Fällen sieht man sie auf den Fotos neben anderen Menschen. Auch Kommentare auf Social Media findet man unter den Bildern nicht.[347] Die Frau, die der verschollene Milliardär in den Wochen vor seinem Verschwinden häufiger angerufen hat als seine eigene Ehefrau, ist ein Mysterium. Ich will unbedingt mehr über sie erfahren. Doch gerade als die Privatermittler in Russland begannen, mehr über die junge Frau herauszufinden, wurden die Ermittlungen offenbar auf Bitten der Familie zum ersten Mal eingestellt:[348] [349]

Zu diesem Zeitpunkt, so erzählt uns der Leiter der internen Ermittlungen, zieht er *erstmals* in Erwägung, dass die Beziehung zwischen dem verschollenen Milliardär Karl-Erivan Haub und der jungen Russin mit dessen

Verschwinden zu tun haben könnte.[350] Ob es sich dabei aber um eine Liebschaft oder eine Beziehung eher geschäftlicher Natur handelt, lässt er offen. Weder für das eine, noch für das andere gibt es zu diesem Zeitpunkt stichhaltige Beweise. Die beiden Tengelmann-Ermittler befürworten es daher stark, die Ermittlungen vor Ort in Russland *wieder aufzunehmen*. Sie können auch die Familie davon überzeugen.

Die Ergebnisse dieser zweiten Russland-Ermittlung sind im Bericht *Zermatt 3 / RU* zusammengefasst. Er ist auf den 19. Juni 2018 datiert und umfasst 17 Seiten.

ABSCHLUSSBERICHT ZERMATT 3 / RU

Die Wiederaufnahme der plötzlich unterbrochenen ersten Russland-Ermittlung sorgt für Probleme bei den Privatermittlern. Die Erde bei den russischen Kontakten ist erst mal verbrannt. Der Tengelmann-Sicherheitschef erklärt mir, dass die deutschen Privatermittler vor Ort mit ihren russischen »Partnern« zusammengearbeitet hätten – und diese durch den plötzlichen Ermittlungsstopp verunsichert gewesen seien. Das »Anzapfen« behördlicher Speicher (Datenbank der Passkontrolle, Verkehrsüberwachung etc.) sei immer auch mit einem persönlichen Risiko für den, der es mache, verbunden. Sie müssen daher die Russen erst wieder davon überzeugen, erneut loszulegen. Außerdem gibt es wohl auch dieses Mal Drohungen gegen die privaten Ermittler: Bis dahin in Auftrag gegebene Informationsbeschaffungen mussten zurückgezogen werden.[351]

Doch die Ermittler vor Ort konnten dennoch einige Informationen über die Russin zusammentragen. Auf ihr liegt nun ganz klar der Fokus der Recherche: Vor mir liegen Auswertungen von Verkehrskameras und Schnappschüsse, die während einer Beschattung der jungen Frau in Moskau aufgenommen wurden. Eine »Dokumentation der Bewegungsabläufe« mit einer »Fotodokumentation« und mögliche Kontakte von ihr – mit dem Fokus auf einer potenziellen »männlichen Begleitung«.[352] Ganz klar: Die russischen Ermittler suchen, nach Auftrag durch die Tengelmann-Ermittler, eine »männliche Begleitung« von Veronika E. Und natürlich, so erzählt es uns der Leiter der internen Ermittlungen, suchen sie nicht irgendwen, sondern Karl-Erivan Haub.

Den Privatermittlern, also dem ehemaligen Stasi-Verbindungsoffizier von Wladimir Putin sowie dem Ex-MAD-Mitarbeiter Klaus L., gelingt es, die beiden russischen Telefonnummern zweifelsfrei Veronika E. zuzuordnen, und sie vermuten, dass innerhalb des sehr langen Gesprächs am Vorabend des Verschwindens zunächst der Handyakku der jungen Frau aufgab und Karl-Erivan Haub deshalb sofort ihre zweite, ihm bekannte Nummer wählte.[353] Außerdem gelingt es den Privatermittlern zusammen mit ihren russischen Kontakten, die *echte* Wohnanschrift der jungen Frau in Moskau zu ermitteln: Es ist ein modernes Wohnhochhaus namens *Mosfilmowski*. Laut den Verfassern zeichne sich dieser Komplex »durch einen hohen Wohnstandard, hohe Mieten und einen sehr hohen Sicherheitsstandard aus«, unter anderem sei das gesamte Gebäude umzäunt und die Zufahrten mit Schlagbäumen versperrt. Man habe die junge Frau mehrfach beim Betreten des Blocks registriert, habe aber nicht versucht, hineinzukommen, um die »Ermittlungssicherheit nicht zu gefährden«.[354]

Gedanklich versuche ich mich drei Jahre zurückzuversetzen: Gerade erst ist der Lenker eines Milliarden-Unternehmens auf mysteriöse Art und Weise in Zermatt verschwunden und kurze Zeit später wird eine junge Russin im Auftrag der konzerneigenen Sicherheitsleute in Moskau beschattet. Für mich wäre spätestens das der Zeitpunkt, um die deutschen Ermittlungsbehörden zu informieren und um *Unterstützung* zu bitten.

Offensichtlich geht rund um das mysteriöse Verschwinden des Milliardärs etwas nicht mit rechten Dingen zu. Dennoch informieren weder Tengelmann noch die Familie Haub die Behörden. Man habe das Problem »intern« klären wollen, berichtet der Tengelmann-Sicherheitschef über die damals an ihn gerichteten Anweisungen. Der schöne Schein, so meine Interpretation, soll nach außen gewahrt werden. Und schlimmer noch: Auch diese zweite Observierung wird nach nur sieben Tagen wieder unvermittelt auf Drängen der Familie eingestellt.

Ich finde das deshalb besonders bemerkenswert, da die Privatermittler in Russland eine seltsame Beobachtung machen: Auf der Suche nach der Arbeitsstätte der jungen Frau entdecken sie, dass sie sich regelmäßig in einem Gebäude im Stadtzentrum aufhält.[355] Das *Russische Forschungszentrum für Rehabilitation und Erholung* ist mit dem angrenzenden Marriott Hotel durch einen Zugang verbunden. Man könne daher unbemerkt von einem Gebäude ins andere wechseln, so die Vermutung. Veronika E. wird dabei beobachtet, wie sie mal in den einen Gebäudeteil und mal in den anderen geht.[356] Der Leiter der internen Ermittlungen nennt das ganze Gebäude schlicht »Schönheitsklinik«. Ich traue meinen Ohren kaum, als er spekuliert, ob Karl-Erivan Haub möglicherweise in dieser »Schönheitsklinik«[357] behandelt wurde. Ob er vielleicht kosmetische Eingriffe vornehmen ließ, um sein Äußeres zu verändern? Oder ob er eventuell rund um die Geschehnisse in Zermatt verletzt worden war und sich nun an diesem Ort erholte?

Meine Kollegen und ich sind wie erstarrt: Die beiden Männer reden über diese (aus meiner Sicht) völlig abwegigen Möglichkeiten mit einer absoluten Ernsthaftigkeit. Sie ziehen diese Varianten auch knapp drei Jahre nach dem Verschwinden *wirklich* in Betracht! In meiner Wahrnehmung sind sich die beiden darüber einig, dass Karl-Erivan Haubs Verschwinden im Zusammenhang mit Russland stehen *muss* und dass Veronika E. dabei eine Schlüsselfigur ist.[358] Wir Journalisten fühlen uns von diesen Mutmaßungen mehr oder weniger wie erschlagen. Für uns ist das alles neu und unglaublich schwer vorstellbar. Die beiden Tengelmann-Ermittler beschäftigen sich jedoch mit der ganzen Geschichte zu diesem Zeitpunkt seit fast drei Jahren! Sie haben jede Information aus allen Blickwinkeln betrachtet. Haben Erkenntnisse dazu gewonnen, von denen wir im Moment noch nichts wissen. Für sie scheint es eine *reale* Möglichkeit zu sein: Das Verschwinden von Karl-Erivan Haub in Zermatt ist kein Zufall.

Neben der jungen Frau sind aber auch die russischen Geschäftspartner hoch problematisch.[359] Andrej Suzdaltsev wird deshalb von den Privatermittlern ebenfalls durchleuchtet. Der Oligarch kommt dem Bericht zufolge aus relativ guten Verhältnissen, sein Vater ist ein Kinderarzt aus Moskau, seine Mutter arbeitet an der Finanzuniversität. Anfang der 1990er-Jahre schließt der junge Mann sein Studium am Moskauer Institut für Physik und Technologie ab und beginnt dann, Geschäfte zu machen.[360]

Seine Geschäftspartner sind in diesem Zusammenhang seit knapp 25 bis 30 Jahren Sergej Grishin und Ilja Brodski.[361] Dieser lange Zeitraum lässt darauf schließen, dass die drei ein eingespieltes Team sind, das sich vertraut. Zusammen mit Grishin, der ebenfalls gelernter Physiker ist, gründet Suzdaltsev zunächst Firmen, die auf den Handel mit Computern und Elektronik spezialisiert sind. Später kommen weitere Bereiche hinzu, darunter Projekte im

Bauwesen, Projektentwicklung, Gaststättenwesen und Gastronomie, Logistik und viele mehr. Auch mehrere Security-Firmen werden gegründet. Eine unter russischen Geschäftsleuten beliebte Möglichkeit, um im eigenen Umfeld legal an Waffen heranzukommen oder sie zu tragen. Die beiden Russen scheinen ein Gespür dafür zu entwickeln, wie man Steuern »sparen« kann: Sie gründen mehrere Offshore-Firmen, vermutlich um Geld beiseite zu schaffen. Sergej und ich werden bei unserer späteren Recherche eine Vielzahl von eigenen Belegen finden, die diese These stützen.

Für die journalistische Arbeit ist es wichtig, immer mehrere, voneinander unabhängige Quellen miteinander vergleichen zu können. Die Tatsache, dass alle drei russischen Geschäftspartner auch im Bericht von *Alvarez & Marsal*[362] auftauchen und ihre zweifelhafte Rolle als Geschäftspartner für das PLUS-Russland-Geschäft infrage gestellt wird, ist daher sehr wichtig. Der *A&M*-Bericht ist zwei Jahre älter als die geheimen Abschlussberichte der Privatermittler und greift auf völlig andere Quellen zurück – nämlich auf interne Dokumente und Gespräche mit Tengelmann-Mitarbeitern, und nicht auf russische Geheimdienstquellen.

Voller Spannung lese ich, dass ausgerechnet diese dubiosen Geschäftspartner 1996 Anteile einer Bank übernehmen, die namenstechnisch in direkter Verbindung zum sowjetischen Geheimdienst KGB gesehen werden kann: die *Ljubljanka Bank*:[363] In Moskau kennt den Namen *Ljubljanka* quasi jedes Kind, denn es ist der *inoffizielle* Name eines am gleichnamigen Platz in Moskau gelegenen Gebäudes, in dem bis 1991 das Hauptquartier des KGB war und das heute den russischen Inlandsgeheimdienst FSB beherbergt.[364] Kurz vor der Jahrtausendwende wird die *Ljubljanka Bank* dann umbenannt, und zwar in *Roseuro Bank*.[365]

Ich werde hellhörig: Auch die *Roseuro Bank* kennen wir schon aus dem Bericht von *Alvarez & Marsal*:[366] Dort heißt sie zwar *Rosevrobank*, aber das ist lediglich eine andere Schreibweise des kyrillischen Worts Росевробанк. Und die *Rosevrobank* ist, wie wir inzwischen auch durch unsere eigenen Recherchen wissen, in den gigantischen Geldwäscheskandal rund um den *Russischen Waschsalon* (vgl. Kapitel 5) beziehungsweise das sogenannte *Moldawische Schema* verwickelt.[367]

Aus der Telefonliste, die uns die beiden internen Ermittler ja kurz zuvor gegeben hatten, geht wiederum hervor, dass Suzdaltsev neben seiner Moskauer

Adresse offenbar noch einen Wohnsitz am Genfer See[368] hat. Diese Gegend ist bei einer Vielzahl von Oligarchen, hochrangigen Politikern, sonstigen Entscheidungsträgern aus den ehemaligen Sowjetstaaten und deren Kindern als (offizieller) Wohnsitz sehr beliebt.[369] Die Privatermittler entdecken diesen Zusammenhang ebenfalls:[370] Die Geschäftspartner von Karl-Erivan Haub sind Anteilseigner an der »kriminellsten Bank Russlands«.[371]

Meine Kollegen und ich müssen das erst mal sacken lassen. Ist es vorstellbar, dass Karl-Erivan Haub (und das ihn umgebende Management bei Tengelmann) diese Zusammenhänge nicht gesehen hat? Drei verschiedene Quellen, nämlich der Sachbearbeiter von *Alvarez & Marsal*, die Verfasser des Berichts *Zermatt 3 / RU* und nicht zuletzt mein Kollege Sergej und ich, kommen alle innerhalb einer *relativ kurzen Recherche* auf den gleichen Schluss: Suzdaltsev, Grishin und Brodsky sind als Geschäftspartner hochproblematisch! Warum hat Karl-Erivan Haub sie dann gewählt? Und was wollte er am 11. März 2018 so dringend von Andrej Suzdaltsev? Warum rief er ihn innerhalb von zwei Minuten vier Mal an?[372] Der Oligarch ist wie ein Phantom. Es gibt kein einziges Foto von ihm.

Was als Vermisstenfall in den Zermatter Alpen begann, entwickelt sich vor unseren Augen gerade zu einem Spionagethriller mit kriminellen Akteuren, unfassbar viel Geld und einem großen Geldwäscheskandal. Aber wie passt der Tengelmann-Chef Karl-Erivan Haub in dieses Szenario?

Die beiden Berichte *Zermatt 2* und *Zermatt 3* bieten eine Fülle an Anhaltspunkten, um sie einer objektiven Tatsachenüberprüfung zu unterziehen. Daher steht außer Frage, dass Sergej und ich jedes Detail auf seinen Wahrheitsgehalt untersuchen werden. Und es gibt noch einen weiteren Anhaltspunkt: Inzwischen hat mir Christian Haubs Vertrauter das Passwort für das *Dossier* über den ehemaligen Top-Manager doch zukommen lassen: XX$2020!x%9. Nun bekommen wir endlich Einblick in das Dokument. Und was soll ich sagen: Die ganze Geschichte wird *noch* wilder.

DAS DOSSIER

Im Verlauf der Recherche sind wir nun mehrfach über den Namen dieses ehemaligen, hochrangigen Mitarbeiters gestolpert[373] und diese Auffälligkeiten sind offenbar auch der Grund, warum der Sicherheitschef von Tengelmann in seiner zusätzlichen Funktion als Leiter der internen Ermittlungen zusammen mit dem Krisenmanager beschließt, den Mann einer näheren Betrachtung zu unterziehen. Der Familienstamm des heutigen Firmenlenkers Christian Haub ist über den Vorgang informiert.

Das *Dossier* über ihn ist eine Zusammenfassung der »Ermittlungsergebnisse aus den Jahren 2018 bis 12/2019«. Der Mann ist inzwischen in einem fortgeschrittenen Alter. Seine besten beruflichen Jahre verbrachte er in sehr verantwortungsvollen Positionen verschiedener deutscher Unternehmen.[374]

Außerdem sei er aufgrund seiner Tätigkeiten in zahlreichen Aufsichtsräten seit den 1990er-Jahren bestens vernetzt und trete als Sanierer zahlreicher renommierter Handelsfirmen in Erscheinung.[375] [376] Auch politisch sei der ehemalige hochrangige Manager bis in die höchsten Ebenen der deutschen und russischen Wirtschaft vernetzt.[377] Privat ist er lange Zeit mit einer weitaus jüngeren Russin liiert, mit der er auch drei Kinder hat. Seit Juli 2018 ist er von ihr geschieden. Offenbar hat er seine Ex-Frau über viele Jahre hinweg in viele seiner geschäftlichen Unternehmungen miteinbezogen.[378]

Die junge Frau wird beispielsweise als Geschäftsführerin einer Firma geführt, die sich laut den Akten um die Beratung, Projektentwicklung und das Projektmanagement, die Errichtung und den Betrieb von Müllentsorgungsanlagen kümmert.[379] [380] Das ist umso erstaunlicher, als die Ex-Frau mir gegenüber schriftlich erklären wird, sie habe als »Mutter von drei Kindern«, die »seit Jahren Hausfrau« sei, »nie mit solchen Sachen zu tun gehabt.«[381] Das Einzige, was sie »gewissenhaft und ehrenamtlich gemacht habe«, sei, eine gemeinnützige Schul GmbH zu führen. Doch aus der Firma wurde sie »rausgeschmissen«, weil sie laut eigener Aussage »zu viel wusste, als die Scheidung 2016/2017 losging«.[382] Offenbar ist der darauffolgende Scheidungskrieg ziemlich schmutzig, das geht sowohl aus Nachrichten der Ex-Frau hervor als auch aus dem *Dossier* über den Mann.[383]

Die Privatermittler entdecken außerdem diverse Konten des ehemaligen Top-Managers in Russland sowie in der Schweiz.[384] Der Bericht gibt auch Einblicke in die finanzielle Situation des Mannes, der offenbar trotz seiner zahlreichen hoch dotierten Jobs in der Vergangenheit zumindest offiziell über kein großes Vermögen verfügt.[385] Auch seine Russland-Kontakte lassen hellhörig werden: Dem *Dossier* zufolge kennt er den Oligarchensohn Rustam Aksenenko seit Anfang der 2000er Jahre.[386] Rustam Aksenenko ist der Sohn eines früheren russischen Vize-Premiers und Bahnministers unter Boris Jelzin. Über eine Schweizer Investmentfirma gehört ihm mehr als ein Viertel der Escada-Anteile. Doch offenbar kam es zwischen dem Tengelmann-Top-Manager und dem jungen Russen zu einem Zerwürfnis, Aksenenko fühlte sich von ihm hintergangen und erklärte den deutschen Manager gar zum »Feindbild«.[387]

Mehrfach stand Aksenenko aufgrund der »intransparenten Finanzen und unklaren Herkunft des Vermögens«[388] unter dem Verdacht der Geldwäsche, jedoch konnte ihm nie etwas konkret nachgewiesen werden. Als weitere Kontakte nach Russland werden unter anderem Igor Sossin und Sergej Grishin genannt. Außerdem – und das ist wirklich überraschend: einer der höchsten Geistlichen der russisch-orthodoxen Kirche. Kann das stimmen?[389] Bei Sergej Grishin handelt es sich wenig überraschend um den uns bereits aus mehreren Berichten[390] bekannten dubiosen Geschäftspartner von Karl-Erivan Haub. Und auch Igor Sossin ist eine interessante Personalie: Der Milliardär besitzt bis 2016 in Russland 49 Prozent der Anteile an der Baumarktkette,[391] die übrigen 51 Prozent werden vom Mutterkonzern Tengelmann gehalten. 2020 stirbt Sossin urplötzlich mit nur 53 Jahren – möglicherweise an einem Herzinfarkt, doch so genau wird das nie untersucht.[392 393 394]

Der ehemalige Top-Manager selbst ist laut dem Bericht in mehrere Geschäfte in Russland involviert.[395] Außerdem, so erfahren wir, sei er wohl aufgrund seiner Geschäfte *abseits* seiner Führungsfunktion bei Tengelmann einmal Anfang der 2000er-Jahre während des kostspieligen Verkaufs der PLUS-Supermärkte mit der Familie Haub in einen Konflikt geraten. Über eine uns bekannte Firma flossen mehrere hundert Millionen Euro in die Tengelmann-Kassen.[396] Doch dann kommt heraus, dass der Top-Manager indirekt an der Firma beteiligt ist.[397]

So langsam ist mir ganz schwindelig und ich muss in dem Besprechungszimmer in Ratingen erst mal die Fenster öffnen. Für die internen Ermittler, die sich seit Jahren mit nichts anderem beschäftigen, gehört all das Erzählte zu ihrem Alltag, sie sind damit vertraut. Aber für meine Kollegen und mich ist das alles mental kaum zu verarbeiten. Hinter jeder der analysierten Personen verbirgt sich eine Fülle an Hinweisen und Auskünften, die zu Ungereimtheiten oder gar zweifelhaften und kriminellen Verhalten führen. Wir sitzen nun seit mehreren Stunden zusammen und ich fühle mich vollkommen erschöpft.

Die ganze Geschichte ist höchst mysteriös: Vom *Gefühl* her kann da etwas nicht stimmen. Die möglichen Verbindungen zu kriminellen russischen Strukturen sind in dieser Häufigkeit doch außergewöhnlich. Jedenfalls ist das in diesem Moment mein starkes Empfinden. Der größte Teil der vorliegenden Informationen ist »durch nachrichtendienstliche Mittel gewonnen« und sei daher »nur bedingt gerichtsverwertbar«.[398] Für uns wird es daher eine riesige Aufgabe werden, diese Aussagen durch eine eigene Recherche zu überprüfen.

FBI UND CIA IN DER SCHWEIZ

Alles, was die internen Ermittler uns erzählen, sauge ich auf wie ein Schwamm. Ich beobachte, wie die beiden Männer im Verlauf der Stunden uns gegenüber immer entspannter werden. Der persönliche Kontakt tut uns allen gut: ihnen, da sie nun ein wenig einschätzen können, wem sie da gerade auf Wunsch der Tengelmann-Führung und Christian Haubs Vertrautem diese hochbelastenden Informationen anvertrauen, und uns, damit wir verstehen, aus was für Quellen die beiden ihre Informationen haben. Bevor sich unser Treffen nun langsam dem Ende zuneigt, möchte ich unbedingt noch mal auf das Treffen mit den beiden amerikanischen Nachrichtendiensten FBI und CIA eingehen. Noch ist mir nicht ganz klar, wie es dazu überhaupt gekommen ist. Für mich enthält dieser Punkt eine ganz besondere Brisanz: Sollten Karl-Erivan Haubs zweifelhafte Kontakte nach Russland für die amerikanischen Dienste ein Problem darstellen, so ließe das darauf schließen, dass sie über den Milliardär mehr wissen als bisher angenommen. Ich bitte daher die beiden internen Tengelmann-Ermittler, uns nochmal *alle Details* rund um das Auftauchen von FBI und CIA genau zu beschreiben.

Zunächst, so berichtet der Leiter der internen Ermittlungen, sei man im Rahmen des Vermisstenfalls mit dem amerikanischen Konsulat in Frankfurt in Kontakt getreten. Man habe gehofft, dass die Amerikaner die Suche mit eigenen, teils militärischen Mitteln unterstützen könnten. Über das Konsulat in Frankfurt sei dann der Kontakt zur amerikanischen Botschaft in Bern hergestellt worden. Dort sei es dann nach dem Ende der Suchmaßnahmen zu einem Treffen mit dem Krisenmanager und den Amerikanern gekommen: Sein Partner, so der Tengelmann-Sicherheitschef, habe dann jedoch »wie bei einem Verhöhr« *sieben* Personen gegenübergesessen: Vertretern des amerikanischen Auslandsgeheimdienstes CIA, des amerikanischen Inlandsgeheimdienstes FBI, der Schweizer Kontaktperson zur CIA und dem Generalkonsul. Die Männer hätten dem Tengelmann-Berater erklärt, dass man keine weiteren Suchmaßnahmen einleiten wolle. Während des Gesprächs sei er quasi »ausgefragt« worden. Das ganze Treffen habe darauf abgezielt *»seine internen Kenntnisse«* abzugreifen.

Dieses besondere Interesse an Karl-Erivan Haub, so der Leiter der internen Ermittlungen, gehe deutlich über das normale Interesse bei einem Vermisstenfall eines amerikanischen Staatsbürgers hinaus. Die »Mühe« würde man sich sonst in dem Maße gar nicht machen. Auffällig sei vor allem, dass die CIA- und FBI-Agenten zwar zunächst jegliche Unterstützung bei der Suche ablehnen – dann aber doch nach Zermatt reisen, um dort mit der Kriminalpolizei, der Kantonspolizei und dem Rettungschef zu sprechen. Warum diese Heimlichtuerei?

Der Leiter der internen Ermittlungen vermutet, dass die amerikanischen Dienste Karl-Erivan Haub möglicherweise wegen »Spionage für Russland« auf dem Schirm gehabt haben könnten. Er habe ein halbes Jahr zuvor auf Karl-Erivan Haubs Wunsch sämtliche Technik sowie das ganze Haus und das Büro absuchen lassen, um mögliche Abhörmittel zu entdecken. Damals habe er das mit der »Paranoia von Haub in puncto Sicherheit« in Verbindung gebracht, nun sehe er diesen Vorgang aber in einem anderen Licht.

Inzwischen ist es bei unserem Treffen am 16. Februar 2021 in Ratingen Abend geworden. Der Berg an Brötchen ist nach so vielen Stunden des Zusammensitzens deutlich kleiner geworden und ein Kuchen, den uns die Haushälterin in der Kaffeepause gebracht hat, ist fast aufgegessen. Wir kommen zum Ende des Termins – und damit zum eigentlich wichtigsten Teil des Tages: zum *aktuellen Stand der Ermittlungsergebnisse.*

VERBINDUNGEN NACH RUSSLAND UND STAND DER INTERNEN ERMITTLUNGSERGEBNISSE

Der Sicherheitchef von Tengelmann geht fest davon aus, dass die vorliegenden Erkenntnisse, insbesondere die Auffälligkeiten rund um das Verschwinden am Berg und die später ermittelten Kontakte nach Russland, nur den Rückschluss zulassen könnten, dass Karl-Erivan Haub *keinen* Unfall hatte, sondern mithilfe des russischen Geheimdienstes FSB in Russland untergetaucht sei.[399] [400]

Innerhalb der Familie, so betont es der Leiter der internen Ermittlungen, gebe es bereits eine »auffällige Häufung zu kriminellen Strukturen in Russland«:[401] Da wären der verschollene Firmenlenker Karl-Erivan Haub selbst, mit seinen Kontakten zu den dubiosen Geschäftsmännern Sergej Grishin, Andrej Suzdaltsev, Ilya Brodski und zu der jungen Russin Veronika, und außerdem Haubs ehemalig engster Berater, zu dem er ein fast väterliches Verhältnis gehabt haben soll, der über hochrangige Kontakte in die russische Politik, Wirtschaft und deren »Schattenwelt«[402] verfüge. Und dann sei da ja noch Georg Haub, dessen enger Berater, der dubiose Banker Cortes, in »erschreckendem Maße«[403] im Umfeld der russischen Organisierten Kriminalität mit Verbindungen zu Drogengeschäften und Geldwäsche auftauche.[404] [405]

Wie zum Beweis öffnet der Tengelmann-Sicherheitschef auf seinem Laptop eine Datei und projiziert ein verworrenes Verbindungsgeflecht an die Wand: das *Chart Francisco Guadamillas Cortes*[406]. Das Dokument sieht aus wie ein Spinnennetz, in dessen Zentrum der zweifelhafte Banker angesiedelt ist. Um ihn herum sind mit vielen Querverbindungen seine Kontakte und Geschäftsbeziehungen angeordnet. Kurz gesagt: Das Chart zeigt, in welchem Umfeld, mit welchen Kontakten und mit welchen Geschäftsbeziehungen sich Cortes umgibt und umgeben hat. Zu meinem Entsetzen tauchen in seinem Umfeld zwei Morde und ein Mordversuch auf sowie eine Vielzahl von Geldwäschevorwürfen, Betrügereien und Interpol-Fahndungsgesuche.[407]

Ich werde hier nicht auf alle Punkte eingehen können, alleine für die Aufarbeitung der Verbindungen von Cortes wäre ein eigenes Buch notwendig, doch so viel sei gesagt: In unserer späteren Recherche haben Sergej und ich die meisten dieser Punkte nachrecherchiert und sie sind unserer Auffassung nach im Chart korrekt und nachvollziehbar dargestellt.

Doch zurück zum verschollenen Karl-Erivan Haub. Ich frage die internen Tengelmann-Ermittler nach ihrer Einschätzung der Situation. *Wie hängt das alles zusammen?* Die kriminelle Energie im Umfeld der Familie ist enorm.

Für den Leiter der internen Ermittlungen steht der Verdacht im Raum, dass nicht nur die Russin Veronika E., sondern auch Karl-Erivan Haub selbst für den russischen Geheimdienst FSB tätig gewesen sein könnten.[408] [409] Der

Sicherheitschef vermutet, die Verbindungen zum Tengelmann-Chef könnten »schleichend aufgebaut« worden sein. Das plötzliche Verschwinden könne dann als »Flucht« zu erklären sein, weil beispielsweise die amerikanischen Dienste von der vermuteten Verbindung zum FSB etwas mitbekommen haben könnten. Der Leiter der internen Ermittlungen betont, dass wir nicht davon ausgehen sollen, Haub sei ein Agent mit »Schlapphut und Trenchcoat« gewesen, sondern eher eine Art »Einflussagent«. Jemand, der mit seinen hervorragenden Kontakten zum Beispiel Politiker oder Wirtschaftsgrößen beeinflussen könne. Was, so der Leiter der internen Tengelmann-Ermittlungen, wenn die Familie Haub tatsächlich in die CDU-Spendenaffäre verwickelt sei,[410] und was, wenn das Geld für die CDU am Ende über Kanäle aus Russland geflossen sei?

Der Tengelmann-Sicherheitschef schaut uns direkt an. Sein Blick ist offen und klar, seine Körperhaltung entspannt. Er meint das völlig ernst, das merke ich. Diese für mich unvorstellbaren Vorwürfe sind aus seiner Sicht mögliche »Optionen«, die er bei der Suche nach der Wahrheit in Betracht ziehen muss. Im Verlauf der nun fast dreijährigen Ermittlungen wurde er, so erzählt er uns, mit *mehreren* Aussagen von (aus seiner Sicht) vertrauenswürdigen Quellen konfrontiert, die in diese Richtung gedeutet hätten. Doch er hat es nie abschließend überprüfen können, weil unter anderem die beiden ursprünglichen Hauptermittler inzwischen tot seien und das Interesse, den Sachverhalt restlos zu klären, innerhalb der Familie auch nicht besonders groß sei. Man habe natürlich auch versucht, Veronika E. einfach mal anzurufen, doch in dem rund 30-minütigen Gespräch habe sie den Kontakt zu Karl-Erivan Haub heruntergespielt und behauptet, ihn kaum zu kennen. Eine klare Falschaussage.

Zu guter Letzt, so berichtet der Sicherheitschef, soll es bei diversen Geheimdiensten Akten über den ehemaligen Tengelmann-Chef geben, darunter wie erwähnt FBI und CIA, aber auch BND, FSB, der israelische Geheimdienst Mossad sowie der Schweizer Geheimdienst.

Nach dem Tod des ehemaligen Stasi-Verbindungsoffiziers von Wladimir Putin und dem Ex-MADler Klaus L. hätten er und sein Partner zudem vor dem Problem gestanden, *neue* externe Ermittlungsagenturen für weitere Privatermittlungen gewinnen zu müssen. Dies sei jedoch erfolgreich geglückt, ein amerikanisch-israelisches Unternehmen mit höchstem Renommee in der Branche führe nun den »letzten« Teil der Ermittlungen durch: nämlich, Karl-Erivan Haub zu finden. Diese Information hatte mir auch Christian Haubs Vertrauter während unseres Gesprächs in Sankt Moritz gegeben.

Laut dem Sicherheitschef habe es in den vergangenen Jahren »mehrfach Momente gegeben«, an denen man »kurz davor war, den genauen Aufenthaltsort« des Milliardärs zu kennen, oder Momente, an denen die Ermittlungen generell »vor einem Durchbruch« gestanden hätten: Doch just dann seien die Ermittlungen plötzlich auf Betreiben des Familienberaters, Karl-Erivan Haubs väterlichem Vertrauten, oder anderer Familienmitglieder wieder gestoppt worden.[411]

Mehrere Punkte seien zudem aufgrund des Tods der ersten Privatermittler aktuell noch ungeklärt: Karl-Erivan Haub soll möglicherweise ein etwa zehnjähriges Kind mit Veronika E. in Russland haben. Diese Geschichte hatte auch ich im Vorfeld bereits von zwei unterschiedlichen Quellen[412] gehört, konnte dafür aber bisher keine Bestätigung finden. Der Leiter der internen Ermittlungen berichtet auch von Aussagen aus Geheimdienstkreisen, wonach es nach April 2018 eine Ein- und Ausreise von Karl-Erivan Haub nach Armenien gegeben habe – dem Land seiner Vorfahren, wo angeblich auch sein möglicher russischer Pass ausgestellt worden ist.

Aus Geheimdienstkreisen stammt ebenfalls die Aussage, der Milliardär sei nach April 2018 in »Waffengeschäfte im Berg-Karabach-Konflikt zwischen Armenien und Aserbaidjan« verwickelt gewesen. Wilde Vorwürfe, die bisher unbewiesen seien, denen man aber auch aktuell nachgehe. Zu diesem Zeitpunkt, im Februar 2021, sei die amerikanisch-israelische Ermittlungsagentur außerdem »kurz davor«, die *finalen Beweise* für den aktuellen Aufenthaltsort von Karl-Erivan Haub zu liefern. Auch gegenüber Christian Haubs Vertrautem hatten die beiden Tengelmann-Ermittler wenige Wochen zuvor erklärt, dass man »über Kontakte vor Ort (...) für 100.000 Euro ein Foto von KEH sowie Informationen darüber, wo und wie er lebt und wie er mittlerweile heißt«,[413] besorgen könne. Diesen *finalen Beweis* erwartet der Tengelmann-Sicherheitschef um den Zeitraum rund um Ostern 2021. Er ist während unseres Gesprächs zweifelsfrei davon überzeugt, dass die beauftragte Ermittlungsagentur auch liefern wird, da ihre Arbeit in der Vergangenheit sehr gut gewesen sei.[414] [415]

Vor dem Fenster ist es inzwischen tiefste Nacht geworden. Ich habe starke Bauchschmerzen, weil ich vor lauter Aufregung in den letzten zwei Stunden nicht mehr richtig geatmet habe. An Essen oder Trinken ist jetzt gerade auch nicht zu denken. Die Verstrickungen von Karl-Erivan Haub nach Russland sind allem Anschein nach spektakulär. Wenn alles stimmt, was der Leiter der internen Ermittlungen uns an diesem Tag erzählt hat, dann werden wir große Teile davon in eigener Recherche beweisen können. Doch dafür brauche ich die ganzen Unterlagen – und wie von Christian Haubs engem Vertrauten versprochen, übergibt mir der Tengelmann-Sicherheitschef am Ende des Termins einen USB-Stick, auf dem er alle Dokumente gespeichert hat. Bei der Übergabe merke ich, dass er sich selbst – genau wie ich – auch gerade fragt, warum mein Kontakt diesen Schritt so unbedingt gehen will. Aber die Anweisung war eindeutig: »Teilen Sie alle Dokumente!« Und dieser Anweisung kommt der Leiter der internen Ermittlungen nun nach, wohl wissend, dass Christian Haubs Berater unberechenbar ist.

KAPITEL 4

DER EINFLUSS RUSSLANDS AUF DIE DEUTSCHE POLITIK UND WIRTSCHAFT

Bereits in einem sehr frühen Stadium der Recherche wurde klar: Rund um das Verschwinden von Karl-Erivan Haub gab und gibt es eine beachtliche Häufung geschäftlicher und zwischenmenschlicher Beziehungen nach Russland. Doch um zu verstehen, in welchem größeren Zusammenhang diese Beziehungen gesehen werden müssen, welche Tragweite sie haben und wie sie mit seinem Verschwinden zusammenhängen könnten, führen wir uns Russlands geopolitische Ziele und den russischen Einfluss auf die deutsche Politik und Wirtschaft vor Augen. Außerdem tauchen wir ein wenig in die Welt der Oligarchen ein: Wie sind sie zu ihrem Reichtum gekommen und welche Rolle spielen sie heute für die Ausübung russischer Interessen? Und schließlich: Wie helfen russische Spioninnen und Spione beim Erreichen der russischen Ziele?

Dieser Exkurs fasst die Informationen rund um die russischen Interessen und Strategien knapp zusammen und erhebt keinen Anspruch auf Vollständigkeit. Ich möchte an dieser Stelle das Buch einer britischen Kollegin empfehlen: *Putins Netz – Wie sich der KGB Russland zurückholte und dann den Westen ins Auge fasste.*[416] Darin beschreibt Catherine Belton auf mehr als 600 Seiten, wie Putin an die Macht gelangte und sie seitdem hält.

RUSSLANDS GEOPOLITISCHE ZIELE

In der Mitte Europas gelegen, versteht sich Deutschland als Führungsnation Europas und Schlüsselpartner der USA. Damit tritt die Bundesrepublik in einen *direkten* Konflikt mit Russland, das die Vereinigten Staaten als ideologischen und geostrategischen Rivalen betrachtet. Russlands prioritäres Interesse besteht darin, die kulturelle, wirtschaftliche und militärische Dominanz der USA zu beenden und gleichzeitig die eigene Vorherrschaft zu stärken. Wladimir Putins Chef-Ideologe Alexander Dugin nennt in seinem Buch *The Foundations of Geopolitics: The Geopolitical Future of Russia*[417] folgende klar umrissenen Ziele Russlands: Stärkung der Achse Berlin-Moskau unter Einbindung von Frankreich, Isolation Großbritanniens vom Rest Europas, politische Destabilisierung der USA durch ethnische, soziale und religiöse Spannungen und enge Angliederung des Iran an Russland, da Russland die »traditionellen Werte« der islamischen Welt teile.[418] Russlands Bodenschätze sollen dem ultranationalistischen Ideologen Dugin zufolge genutzt werden, um andere Länder unter Druck zu setzen, damit diese sich schließlich Russlands Willen beugen.

Ein Blick auf das aktuelle Weltgeschehen zeigt: Diese bereits 1997 definierten Ziele befinden sich aktuell in einer Phase der Verwirklichung. Umgesetzt werden sie jedoch jenseits der Diplomatie: und zwar mithilfe der *Macht der Oligarchen* und der *russischen Geheimdienste*.

Spuren des Wirkens dieser Schattenwelt sehen wir weltweit. In den vergangenen Jahren gab es eine ganze Reihe krimineller und teilweise mysteriöser Vorfälle, wo eine Verbindung zu russischen Diensten nachgewiesen werden konnte, seien es die Beeinflussung von Wahlen (u.a. in den USA[419], das Brexit-Votum in Großbritannien[420]), diverse Hackerangriffe (u.a. auf den Deutschen Bundestag[421]), diverse (versuchte) Auftragsmorde (u.a. der Berliner-Tiergarten-Mord[422], der Giftanschlag im britischen Salisbury[423], der Giftanschlag auf den russischen Oppositionspolitiker Alexej Nawalny[424]) und natürlich der Fall Wirecard[425]. Der Fall Wirecard wiederum ist besonders interessant, da er eine Menge Parallelen zum Vermisstenfall Karl-Erivan Haub und seinen privaten und geschäftlichen Beziehungen nach Russland aufweist. Aber dazu kommen wir später.

GEHEIMDIENSTE UND OLIGARCHEN: STRIPPENZIEHER

Gehen wir einige Jahrzehnte zurück, ins Jahr 1991, das Jahr, in dem die Sowjetunion zerfiel. In dieser Zeit des Umbruchs wurden die Weichen für Russlands wirtschaftliche und geopolitische Interessen gestellt, mit denen wir heute konfrontiert sind. Eine neue Elite hat die Weltbühne betreten, viele der Akteure von damals sind noch heute an der Macht.

Die 1990er-Jahre waren durch viele Umbrüche geprägt, die durch die Auflösung der Sowjetunion entstanden sind. In dieser Zeit gab es in Russland kaum Regeln und Gesetze. Und wenn doch, dann mussten diejenigen, die sie brechen, kaum Konsequenzen befürchten. Die russische Wirtschaft wurde damals stark umstrukturiert und privatisiert, die Stunde der Oligarchen war gekommen. Viele dieser heute unermesslich reichen Männer (und tatsächlich sind es fast ausschließlich Männer) gehen aus dem Umfeld des ehemaligen sowjetischen Geheimdiensts KGB hervor. Der bekannteste von ihnen ist sicherlich der russische Präsident Wladimir Putin. Die Ex-Agenten rund um Putin nutzten ihre nachrichtendienstlichen Netzwerke sowie das daraus gewonnene Wissen und erlangten innerhalb kürzester Zeit unvorstellbaren Reichtum. Einige der Profiteure von damals sind nach wie vor im Geschäft, weil sie es geschafft haben, sich mit dem *System Putin* gut zu stellen. Andere sind nicht mehr im Geschäft und werden nach und nach durch Putins ehemalige KGB-Kollegen mehr oder weniger *ersetzt*.

Als Beispiel für die Ex-KGB-Agenten aus dem engsten Umfeld von Wladimir Putin ist beispielsweise der Oligarch Igor Setschin[426] zu nennen. Setschin studierte an einer Oberschule des KGB und gilt seit den 1990er-Jahren als einer der engsten Vertrauten von Putin. Inzwischen ist Setschin Vorstandsvorsitzender von *Rosneft*, dem größten russischen Ölkonzern, und gilt als mächtigster und einflussreichster Mann aus dem inneren Kreis des Präsidenten. Ein weiteres Beispiel ist der Oligarch Sergej Tschemesow[427], ebenfalls ein alter Bekannter von Putin: Die beiden kennen sich seit den 1980er-Jahren aus ihrer gemeinsamen Zeit als KGB-Agenten in Ostdeutschland. Inzwischen leitet Tschemesow *Rostec*, den größten Rüstungskonzern des Landes.

Viele Würdenträger der russisch-orthodoxen Kirche, darunter der Patriarch Kyrill[428], sind zu großen Teilen ehemalige Männer des KGB. Auf diese Weise ist über die Gottesdienste die Einflussnahme auf weite Teile der strenggläubigen russischen Bevölkerung gesichert.

VERSTECKTE FINANZIELLE ABHÄNGIGKEITEN UND RUSSISCHE SPIONE

Die Infiltrierung der deutschen Politik und Wirtschaft, um russische *geostrategische* Interessen durchzusetzen, kann daher über mehrere Kanäle erfolgen. So etwa über *verstecke finanzielle Abhängigkeiten*, zum Beispiel verdeckte Wahlkampfspenden in der Politik, oder verschachtelte Firmenstrukturen mit verdeckt gehaltenen russischen Eigentümern in der Wirtschaft und/oder *russische Spione in Deutschland*.

In den USA[429], Deutschland[430], Frankreich[431], Italien[432] und auch allen anderen europäischen Ländern gibt es Hinweise und teilweise auch Beweise zu verdeckten Wahlkampfspenden aus Russland.[433] Denn Einfluss gewinnt man eben am ehesten über Geld. Auch die Vergabe hoch dotierter Jobs in der Wirtschaft an ehemalige Spitzenpolitiker, beispielsweise der Aufsichtsratsposten beim Mineralöl-Riesen Rosneft und weitere Führungspositionen bei den Pipeline-Projekten Nord Stream und Nord Stream 2 an den ehemaligen Bundeskanzler Gerhard Schröder, soll der Umsetzung russischer Interessen in der deutschen Politik dienen.

Was die Wirtschaft betrifft, haben russische Oligarchen und Geschäftsleute einen unglaublich hohen Einfluss auf deutsche und europäische Unternehmen. *Wie* groß dieser Einfluss wirklich ist, ist mehr als erschreckend: Aus einem aktuellen Bericht der EU-Kommission zu *Risiken der Geldwäsche und der Terrorismusfinanzierung* geht hervor, dass rund 31.000 europäische Firmen wirtschaftliche Eigentümer haben, die aus Russland kommen.[434] *31.000 Unternehmen!* Diese Zahl ist nicht nur gewaltig, sie lässt auch erahnen, welch *politisches* Gewicht Russland damit in Europa hat.

Zivilrechtliche Eigentümer solcher Unternehmen sind jedoch in aller Regel nicht die wirtschaftlichen Eigentümer aus Russland, sondern in den meisten Fällen Briefkastenfirmen, wodurch die Spuren nach Russland verschleiert werden.[435] Laut dem Bericht sind die meisten dieser russisch kontrollierten Unternehmen in der Immobilien- und Baubranche angesiedelt, aber auch im Hotelwesen sowie im Energie- und Finanzsektor. Meistens – und das ist der springende Punkt – dienen diese Firmenkonstruktionen vor allem einem Zweck: der *Geldwäsche*. Und dieses Thema tauchte im Verlauf der Recherche zu dem verschollenen Tengelmann-Milliardär Karl-Erivan Haub immer wieder auf.

Die komplizierten Netzwerke von Briefkastenfirmen im In- und Ausland ermöglichen es Kriminellen, die Herkunft und den Bestimmungsort von Geld zu verschleiern. Stammt es aus Drogen- oder Waffengeschäften? Werden staatliche Gelder oder Einnahmen von Konzernen abgezweigt? Die Gelder dienen, so warnt die EU-Kommission, der »persönlichen Bereicherung – oder der Destabilisierung ganzer Länder«.[436] Schätzungen zufolge werden auf diese Weise derzeit Hunderte Millionen Euro durch undurchsichtige Transaktionen verschoben.

RUSSISCHE NACHRICHTENDIENSTE

Während die USA und so gut wie alle europäischen Länder seit Jahren vor der Gefahr durch russische Nachrichtendienste warnen, haben die seit den 1990er-Jahren amtierenden deutschen Regierungen die Augen in bemerkenswerter Art und Weise verschlossen. Die Spionageabwehr wurde geradezu sträflich vernachlässigt. Offenbar vertraute man zu sehr auf die neu gewonnene Freundschaft durch wirtschaftliche Verbindungen – und gegenseitige Abhängigkeiten. Übersehen wurde dabei jedoch, dass der Kalte Krieg zwar vorbei und die Sowjetunion untergegangen ist, nicht aber ihr Geheimdienstapparat. Der KGB heißt nun einfach anders: FSB. Doch Russland verfügt neben dem *Inlandsgeheimdienst* FSB über weitere, teilweise miteinander konkurrierende Geheimdienste. Die interne Konkurrenz ist bewusst gewählt, damit sich die Nachrichtendienste auch gegenseitig kontrollieren.

Der FSB, mit seinen schätzungsweise bis zu 280.000 Mitarbeiterinnen und Mitarbeitern,[437] spielt für die internationale Spionage und Manipulation eine herausragende Rolle. So wird beispielsweise ein FSB-Oberst für den Berliner Tiergarten-Mord verantwortlich gemacht.[438] Außerdem hat das Recherchenetzwerk *Bellingcat* einer ganzen Reihe von FSB-Agenten den

Giftanschlag auf den russischen Oppositionspolitiker Alexej Nawalny nachgewiesen.[439] Und obwohl der FSB offiziell nur für die innere Sicherheit zuständig ist, verfügt er auch über Abteilungen, die auf Ziele im Ausland gerichtet sind, beispielsweise eine Abteilung für Wirtschaftsspionage. Eine Tatsache, die im Verlauf der Recherche mit dem verschollenen Tengelmann-Milliardär in Zusammenhang gebracht werden konnte.

Neben dem FSB gibt es noch den *Auslandsgeheimdienst* SWR mit rund 13.000 Mitarbeiterinnen und Mitarbeitern. Die Agentinnen und Agenten des SWR tarnen sich im Ausland meistens als Diplomatinnen und Journalisten.[440] Außerdem gibt es den *Militärnachrichtendienst* GRU mit schätzungsweise 12.000 Mitarbeiterinnen und Mitarbeitern. Der GRU wird unter anderem für den Giftanschlag auf den ehemaligen GRU-Oberst Sergej Skripal in Salisbury verantwortlich gemacht.[441]

Die russischen Nachrichtendienste bauen mithilfe der Spione auf einer *persönlichen* Ebene Kontakte zu politischen Parteien und Persönlichkeiten aus der Wirtschaft auf. Sie sammeln Informationen und suchen Schwachstellen, beispielsweise durch kompromittierendes Material. Einige dieser Agentinnen und Agenten leben mit aufwendig konstruierten Lebensläufen und falschen Legenden unauffällig und fest integriert in dem Land, das sie ausspionieren.

DAS SYSTEM PUTIN

Warum lege ich so viel Wert auf diesen kurzen Exkurs in die Post-Sowjet-Ära? Was hat das alles mit dem »ehrbaren Kaufmann« Karl-Erivan Haub zu tun, wie ihn Angela Merkel einmal nannte? Ganz einfach: Er macht eines unumgänglich deutlich: Das *System Putin* beruht auf persönlichen, nachrichtendienstlichen Verbindungen, und die bis heute existierenden Strukturen dieses Systems reichen bis in die Organisierte Kriminalität.

Um russische Interessen zu verstehen, sollte man sich über folgende Aspekte im Klaren sein:

1. Der innere Kreis von Putin besteht vorwiegend aus ehemaligen KGB-Agenten, die sich durch das Besetzen von Schlüsselpositionen in Politik und Wirtschaft gegenseitig Macht und Reichtum sichern.

2. Oligarchen und russische Geschäftsleute auf höchster Ebene können sich seit den 1990er- Jahren in Russland nicht ohne das Wissen und die »Genehmigung« aus Putins Umfeld behaupten oder am Markt bestehen. Dies trifft auch auf die Geschäftspartner von Karl-Erivan Haub zu.

3. Es ist nahezu ausgeschlossen, in so kurzer Zeit mit ehrlicher Arbeit Reichtümer wie die der Oligarchen anzusammeln. Dazu bedarf es eines hohen Maßes an Skrupellosigkeit und sehr guter Verbindungen in die Organisierte Kriminalität. Und es braucht: Geldwäsche.

4. Die verschiedenen russischen Geheimdienste sowie diverse Oligarchen setzen sich seit Jahren kompromisslos für das Erreichen russischer Interessen ein. Deutlich wirkungsvoller, als es Diplomatie je könnte.

5. Alle oben genannten Punkte greifen ineinander und hängen miteinander zusammen. Der lange Arm der russischen Nachrichtendienste reicht deutlich weiter in die deutsche Gesellschaft hinein als gemeinhin angenommen.

BLICK ÜBER DIE SCHULTER: DIE ARBEIT DES RTL-INVESTIGATIVTEAMS

Noch in der Nacht nach unserem Termin mit dem Tengelmann-Sicherheitschef und seinem Berater beginnen Sergej und ich mit der Verifizierung der internen Tengelmann-Dokumente. Diese Aufgabe beschäftigt uns die nächsten Wochen und Monate quasi rund um die Uhr. Richtige Arbeitszeiten gibt es von diesem Moment an nicht mehr, die Arbeit an den Dokumenten lässt uns beide nicht mehr los. Zwar stammen die meisten Erkenntnisse der internen Ermittler von Quellen aus Geheimdienstkreisen und sind daher für uns zunächst schwer zu überprüfen, doch in Russland gibt es deutlich weniger Datenschutzrichtlinien als hierzulande. Aus diesem Grund sind im russischen Netz Datensätze in rauen Mengen verfügbar. Und mein Kollege Sergej Maier weiß, wo man suchen muss.

Die meisten Daten stammen dabei aus Leaks. Wenn man beispielsweise im Besitz von Passnummern, Steuernummern, Telefonnummern, Adressen, Kennzeichen oder Ähnlichem ist, besteht eine sehr große Chance, über diese Angaben viele weitere Informationen über eine Person zu bekommen. Zunächst überprüfen wir Naheliegendes: Stimmen die Telefonnummern, Adressen, Nummernschilder etc. von Veronika E. und den anderen Personen aus den internen Dokumenten überein? Wenn ja, wäre das eine hervorragende Grundlage für das weitere Vorgehen. In einem zweiten Schritt wollen wir mithilfe der uns vorliegenden Passdaten von Karl-Erivan Haub schauen, ob wir eine Bestätigung für seine Reisen nach Russland finden können. Darauf aufbauend wollen wir auch die Reisen von Veronika E. überprüfen und ein Reiseprofil von ihr erstellen. Gibt es zwischen den Reisen von Karl-Erivan und Veronika eine Überschneidung? Und wenn ja, kann das etwas über ihr Verhältnis aussagen? In einem dritten Schritt wollen wir uns die Geschäftspartner näher anschauen und herausfinden, was es mit dem Geldwäscheskandal auf sich hat, der sowohl in den internen Dokumenten als auch im Bericht von *Alvarez & Marsal* erwähnt wird.

Zunächst einmal glauben Sergej und ich *gar nichts* von all den Informationen in den internen Ermittlungsberichten. Wir sind uns einig, dass wir auch die *Verbindung* zwischen der jungen Russin Veronika und dem Milliardär infrage stellen. Bisher hat uns niemand ein gemeinsames Foto der beiden gezeigt, und außer der Darstellung der internen Ermittler haben wir keinen einzigen Beweis für eine persönliche Beziehung der beiden. Theoretisch könnten alle Informationen, die wir erhalten haben, gefälscht sein. Der neue Firmenchef Christian Haub und sein Team aus Anwälten und Privatermittlern sind in einen erbitterten Kampf um Macht und Milliarden bei Tengelmann verstrickt – niemand weiß, wie weit sie gehen könnten, um an ihr Ziel zu kommen. Und aus den E-Mails von Christian Haubs engem Vertrauten und dem Krisenmanager geht ja deutlich hervor, dass die Presse für Tengelmann-Zwecke benutzt werden soll.

UNSERE TELEFONLISTEN-RECHERCHE

Zunächst schauen wir uns die Telefonliste an. Die Liste der von Karl-Erivan Haubs iPhone abgehenden Anrufe war rund zweieinhalb Jahre zuvor für die internen Ermittler der Wendepunkt in ihrer Suche gewesen. Zuerst sortiere ich die Liste, die uns die beiden Tengelmann-Ermittler in Form einer nach Anrufern sortierten Excel-Tabelle übergeben haben, nach dem Datum der Anrufe, um die Verbindungen nach Russland rot zu markieren. In den Wochen vor dem Verschwinden von Karl-Erivan Haub färbt sich die Telefonliste völlig rot ein. Ab dem 6. März 2018, dem Todestag seines Vaters, telefonierte Karl-Erivan tatsächlich teilweise mehrfach täglich mit der jungen Russin. Unmittelbar *vor* und unmittelbar *nach* diesen Telefonaten, so stelle ich fest, folgt oft eine Kette anderer Telefonate, beispielsweise mit einem Treuhänder, einer Holding, mit der auch sein väterlicher Berater in Verbindung steht, oder mit Anwälten.

Dies erweckt den Eindruck: Die Russin ist *ein* Glied innerhalb einer Kette oder hat im Alltag von Karl-Erivan Haub eine *Funktion*. Ein Liebestelefonat würde man vermutlich nicht »zwischen Tür und Angel« führen, während man davor und danach mit Treuhändern und Anwälten spricht. Die junge Frau scheint ein *Teil von etwas* zu sein.

Viele der Telefonnummern der Liste ruft Haub wiederkehrend an, beispielsweise seine Ehefrau Katrin und seine Tochter Viktoria, aber auch Anwälte, Treuhänder und Freunde. Auffällig ist ein Kontakt, den der Verschollene sowohl unmittelbar vor dem Tod seines Vaters als auch kurz danach angerufen hat, sonst jedoch nie: Am 5. und 8. März telefonierte Karl-Erivan Haub jeweils nur einer Minute lang mit einem gewissen Riccardo M.,[442] einem wohlhabenden und einflussreichen – jedoch etwas zwielichtigen – Geschäftsmann aus Italien.

Von den internen Ermittlern wissen wir, dass eine Dauer (Duration) mit der Einheit 1 lediglich aussagt, dass der Empfänger das Telefonat entweder kurz annimmt und man weniger als 60 Sekunden miteinander spricht oder die Mailbox anspringt. Eine dritte Möglichkeit wäre, dass Karl-Erivan Haub lediglich anklingelt und später zurückgerufen wird. Auffällig ist: Das Gespräch wird am 8. März um 22 Uhr geführt. Für einen rein geschäftlichen Anruf reichlich spät. Wer ist also Riccardo M.? Ein Geschäftspartner? Ein Freund? Den beiden internen Ermittlern sagte der Name nichts.

RICCARDO M., SPROSS EINES ITALIENISCHEN FAMILIENIMPERIUMS

Unsere Recherche ergibt, dass M.s Familie in Italien ein Familienimperium besitzt, zu dem Supermärkte, Immobilien, ein Fußballclub und Teile eines großen Importeurs für Obst und Gemüse in Europa gehören. M.s Vater, ebenfalls ein Geschäftsmann, ist in Italien in einen großen Immobilienbetrug verwickelt.[443] Und auch über Riccardo M. gibt es negative Presseberichte: Er steht in Verbindung mit einem Korruptionsskandal rund um einen ehemaligen italienischen Ministerpräsidenten.

M. gilt als Steigbügelhalter zur Macht dieses Politikers. Die beiden verbindet nicht nur eine lange Freundschaft, M. überweist auch im Juni 2018 dessen Mutter eine Summe von 700.000 Euro, die für den Hauskauf des Politikers gedacht ist.[444] [445] Doch die Geldwäscheabteilung der Bank von Italien ist aufmerksam,[446] die Überweisung fliegt auf, es gibt einen großen Skandal und der ehemalige Ministerpräsident muss das Geld zurückzahlen. Im Jahr 2019, so ist der italienischen Presse zu entnehmen, bekommt der reiche italienische Geschäftsmann M. dann Besuch von der Staatsanwaltschaft, nicht jedoch wegen des privaten Immobilienkredits, sondern wegen einer von ihm finanzierten Stiftung, die wiederum in Verbindung mit »Einflussnahme auf Menschenhandel und illegale Finanzierung« stehe.[447]

Offenbar ist die Familie M. in den Jahren 2017 und 2018 in fragwürdige Spenden an die Stiftung *Fondazione Open* verwickelt,[448] die unter Verdacht steht, politische Einflussnahme und illegale Parteienfinanzierung zu betreiben.[449] Um was geht es also in den beiden Gesprächen zwischen dem nun verschollenen deutschen Milliardär und dem dubiosen italienischen Geschäftsmann? Kondolierten die beiden Männer sich gegenseitig zum Tode ihrer Väter? Denn auch Riccardo M.s Vater war kurz zuvor gestorben, am 10. Februar 2018. Könnte es eine Verbindung zwischen den beiden toten Patriarchen geben? Beide Familien stehen der Politik sehr nahe, von beiden Familien fließen große Summen Geld in die Parteienfinanzierung und Wahlkampfunterstützung. Ich finde auf diese Frage keine Antwort und versehe die beiden Telefonate mit dem dubiosen italienischen Geschäftsmann mit Fragezeichen.

Mehr Klarheit verschaffen uns jedoch die zu Andrej Suzdaltsev ausgehenden Anrufe vom 11. März 2018. Im Abstand von nur zwei Minuten versuchte Karl-Erivan Haub seinen ehemaligen Geschäftspartner *viermal* zu erreichen. Das gemeinsame PLUS-Russland-Geschäft ist seit 2015 beendet. Was brennt Haub an jenem Märztag unter der Haut, dass er so vehement den Kontakt sucht? Zunächst überprüfen wir, ob die Telefonnummern überhaupt richtig zugeordnet wurden. Dafür sucht mein Kollege Sergej in Datenleaks nach Suzdaltsevs Handynummer. Und tatsächlich: Wir finden die Nummer in Verbindung mit einem schwarzen Mercedes, der auf Andrej Suzdaltsev zugelassen

DATUM	UHRZEIT	DURATION	ANRUFEMPFÄNGER	
6-Mar-2018			Todestag Erivan Karl Haub	
7-Mar-2018	16:53	8	US - Pinedale, Wyoming: Erivan Haub	
8-Mar-2018	8:55	1	Russia - St. Petersburg: ООО Раш Инвент ИНН 7813111180	company: OOO Rush Invent INN 7813111180
8-Mar-2018	14:07	1	Russia - St. Petersburg: ООО Раш Инвент ИНН 7813111180	company: OOO Rush Invent INN 7813111180
8-Mar-2018	17:32	5	Germany	
8-Mar-2018	22:00	1	Italy - Riccardo M.	
8-Mar-2018	22:31	30	US - Pinedale, Wyoming: Erivan Haub	
9-Mar-2018	18:32	2	Germany - Toni G.	
11-Mar-2018	15:25	1	Germany - Unna: K.	
11-Mar-2018	16:59	1	Germany - Unna: K.	
11-Mar-2018	19:36		Суздальцев Андрей Андреевич 11.07.1968	Suzdaltsev Andrey Andreevich 11/07/1968, Moscow
11-Mar-2018	19:36		Суздальцев Андрей Андреевич 11.07.1968	Suzdaltsev Andrey Andreevich 11/07/1968, Moscow
11-Mar-2018	19:37	1	Switzerland - Mr. Andrei Suzdaltsev	
11-Mar-2018	19:37	1	Switzerland - Mr. Andrei Suzdaltsev	
11-Mar-2018	21:59	27	US - Pinedale, Wyoming: Erivan Haub	
12-Mar-2018	15:12	6	Germany	
12-Mar-2018	17:11	3	Germany	
12-Mar-2018	19:00	56	US - Connecticut: Nicole P. in Fairfield County, CT	
13-Mar-2018	16:55	2	Germany - Haaratelier Robert S.	
13-Mar-2018	19:10	5	France: Le P*tit Polyte - Le Bourg-d'Oisans : a Michelin Guide restauran=	
13-Mar-2018	19:23	3	France: Le P*tit Polyte - Le Bourg-d'Oisans : a Michelin Guide restauran=	
14-Mar-2018	7:57	1	Russia - St. Petersburg	company: OOO Rush Invent INN
14-Mar-2018	8:01	1	Russia - St. Petersburg	company: OOO Rush Invent INN
14-Mar-2018	8:29	1	Russia - St. Petersburg	company: OOO Rush Invent INN
14-Mar-2018	13:01	1	Russia - St. Petersburg	company: OOO Rush Invent INN
14-Mar-2018	19:01	1	Russia - St. Petersburg	company: OOO Rush Invent INN
14-Mar-2018	19:15	1	Russia - St. Petersburg	company: OOO Rush Invent INN
23-Mar-2018	14:24	2	Germany - Haub	
27-Mar-2018	21:26	1	US Virgin Islands mobile: Amanda T. (age 44)	
27-Mar-2018	21:26	1		
28-Mar-2018	12:53	2	US - Brooklyn, NY, Type: Mob=le	
29-Mar-2018	9:20	1	US Virgin Islands - St. John Westin Hotel Tennis Academy & Alfredo's Landscaping (Maia B., age 30)	
29-Mar-2018	9:21	1	US Virgin Islands - St. John Westin Hotel Tennis Academy & Alfredo's Landscaping (Maia B., age 30)	
29-Mar-2018	9:22	2	US Virgin Islands - St. John Westin Hotel Tennis Academy & Alfredo's Landscaping (Maia B., age 30)	
30-Mar-2018	11:30	2	US - Tacoma, WA: John Dean B.	
30-Mar-2018	13:43	1	Germany - Haub	
1-Apr-2018	9:34	26	Germany - Hinterzarten	
4-Apr-2018	13:59	1	Russia - St. Petersburg	company: OOO Rush Invent INN
4-Apr-2018	15:25	1	Russia - St. Petersburg	company: OOO Rush Invent INN
4-Apr-2018	16:37	1	Russia - St. Petersburg	company: OOO Rush Invent INN
4-Apr-2018	16:38	1	Russia - St. Petersburg	company: OOO Rush Invent INN
4-Apr-2018	17:00	1	Russia - St. Petersburg	company: OOO Rush Invent INN
4-Apr-2018	22:55	1	Russia - St. Petersburg	company: OOO Rush Invent INN
5-Apr-2018	13:36	1	Germany (Wiesbaden) - no additional identi-fiers (private number)	
5-Apr-2018	14:13	60	Germany (Wiesbaden) - no additional identi-fiers (private number)	
5-Apr-2018	20:22	1	Russia - St. Petersburg	company: OOO Rush Invent INN
5-Apr-2018	20:52	1	Russia - St. Petersburg	company: OOO Rush Invent INN
5-Apr-2018	21:43	1	Russia - St. Petersburg	company: OOO Rush Invent INN
5-Apr-2018	22:29	1	Russia - St. Petersburg	company: OOO Rush Invent INN
5-Apr-2018	15:53	1	Russia - St. Petersburg	company: OOO Rush Invent INN
6-Apr-2018	18:12	2	Switzerland - Alpine Jet Services SA	
6-Apr-2018	18:15	1	Switzerland - Alpine Jet Services SA	
6-Apr-2018	18:22	1	Switzerland - Alpine Jet Services SA	
6-Apr-2018	20:52	60	Russia - Е. Еероника	E. Veronika A. 12/06/1979 St. Petersburg, Peredovikov
6-Apr-2018	21:54	48	Russia - St. Petersburg	company: OOO Rush Invent INN
6-Apr-2018	22:43	1	US - Pinedale or Mountain View, Wyoming.	

Die Telefonliste ab dem Tod des Patriarchen. Die dunkel hinterlegten Stellen sind Telefonanrufe nach Russland

131

ist. Damit können wir die Angaben der internen Tengelmann-Ermittler in diesem Punkt bestätigen. Auch Veronika E.s Handynummer können wir auf diese Weise verifizieren: Sie taucht in den Datenleaks einer Park-App auf, gekoppelt an den weißen Range Rover Evoque, den wir ebenfalls aus den internen Ermittlungsberichten kennen. Dies ist für uns ein ganz wichtiger Schritt der Recherche, denn es bedeutet, dass die internen Ermittler und wir Journalisten über *unterschiedliche* Quellen (Geheimdienstinformationen, Beschattung vor Ort, Datenleaks) zu den *gleichen* Ergebnissen kommen: Die uns überlassenen Daten stimmen zumindest in diesen überprüfbaren Punkten überein. Als Nächstes wollen wir uns die junge Russin näher anschauen: Was können wir über Veronika E. und über ihren Arbeitgeber *Russian Event* herausfinden?

FAKTENCHECK VERONIKA E.: GELIEBTE ODER SPIONIN?

Über die Existenz der jungen Russin ist die Familie Haub spätestens seit dem Verschwinden von Karl-Erivan Haub im Bilde, da sie von den beiden internen Ermittlern darüber informiert wird, dass der Name der Frau sehr häufig in den letzten Telefonkontakten auftaucht. Mehrfach wird mir aber im Verlauf der Recherche gesagt, dass der Familie die Existenz von Veronika E. schon deutlich früher bekannt gewesen sei.[450] Für diese Annahme spricht auch, dass die junge Russin laut den internen Ermittlern auf Einladung der Familie Jahre zuvor in die USA gereist sei und den verschollenen Milliardär seit circa 2002 kennen soll.[451] Sergej und ich wollen dem *digitalen Ich* von Veronika E. »Leben einhauchen«. Welche Spuren hinterlässt sie im Netz? Gleich zu Beginn der Recherche konnten Sergej und Burak aus dem Verifizierungsteam, die offiziellen Social-Media-Accounts der jungen Russin identifizieren. Beim »russischen Facebook«, dem VK-Netzwerk, finden wir sie unter ihrem richtigen Namen. Für die weitere Recherche verwenden wir nun russische Bots auf Telegram.

Bots sind Algorithmus-Programme, mit deren Hilfe man verschiedene Informationen abfragen kann. Die kleinen Software-Tools analysieren verschiedene Social-Media-Konten und andere russische Plattformen und fassen dort Daten zusammen. Manche *Bots* sind kostenfrei, andere muss man abonnieren. Oft greifen diese Tools in die Privatsphäre der Nutzer ein, doch in Russland ist eine Vielzahl dieser Programme trotzdem im Netz verfügbar. In den meisten Fällen sind *Bots* jedoch recht kurzlebig, sie verschwinden schnell wieder und werden durch neue Programme ersetzt. Auch die Journalisten der Investigativ-Plattform *Bellingcat* nutzten *Bots* bei der Suche nach den Attentätern des russischen Oppositionspolitikers Alexej Nawalny. Einige Algorithmus-Programme funktionieren dabei wie folgt: Sobald es beispielsweise zu Datenleaks oder Hacks kommt, werden diese Daten irgendwo gespeichert. Die Algorithmen dieser speziellen *Bots* finden diese Datensätze und durchsuchen sie nach den abgefragten Informationen. Oftmals lassen sich zum Beispiel mit einer Telefonnummer viele weitere Querverbindungen herstellen, etwa zwischen E-Mail-Adressen und Telefonnummern, Telefonnummern und Autokennzeichen oder verschiedenen E-Mail-Adressen und Social-Media-Accounts.

Bisher haben wir von Veronika E. nur ihren offiziellen E-Mail-Account, wir kennen aber nicht ihre E-Mail-Adressen. Wir nehmen daher die Informationen, die wir haben (also die Link-URL des VK-Profils), und »füttern« damit in einem ersten Schritt einen für unsere Zwecke passenden Telegram-*Bot*. Dafür kopieren wir die Link-URL des *VK*-Profils und fügen ihn bei Telegram im Kanal des *Bots* ein. Wir klicken auf »Senden« und »schicken« sozusagen den Link an den *Bot*. Der Algorithmus schickt bei einer erfolgreichen Suche das Ergebnis als Antwort zurück. Bei unserer ersten Suchabfrage wird das Programm fündig und nennt uns die E-Mail-Adresse von Veronika E., die sie bei *VK* gespeichert hat: nichka6@xxx.ru

Aus der Antwort des *Bots* gehen folgende Informationen hervor: Name: Veronika E., Wohnhaft: Sankt Petersburg, E-Mail: nichka6@xxx.ru. Und zuletzt die Profil-URL von VK.

Nichka ist die Koseform von Veronika und die junge Russin verwendet diesen Namen bei Instagram als Profilnamen. Nun kennen wir also zwei ihrer Social-Media-Profile (*VK* und *Instagram*), ihre E-Mail-Adresse sowie ihre Telefonnummer. Ein vielversprechender Anfang!

Nachdem wir die E-Mail-Adresse haben, möchten wir ein weiteres Mal die Telefonnummer verifizieren. Sollte die Russin ihre Nummer zum Beispiel beim Einrichten ihres *VK*-Accounts angegeben haben, würde der Algorithmus sie finden. Und tatsächlich: Innerhalb weniger Sekunden haben wir ihre Telefonnummer: 7911 9206 XXX. Diese Nummer kennen wir aus den internen Akten; die beiden Tengelmann-Ermittler haben sie über den Einzelverbindungsnachweis des Telefonanbieters erhalten. Durch diese Querverbindung können wir nun ganz sicher sein, dass es sich tatsächlich um die Handynummer von Frau E. handelt und dass die Ermittlungsergebnisse der beiden internen Ermittler auch in diesem Punkt vertrauenswürdig sind.

Laut den Ermittlungsberichten *Zermatt RU 2* und *Zermatt RU 3* ist Veronika E. mehrere Wochen in Russland von Privatermittlern beschattet worden. Es gibt Fotos von ihrem Auto im Moskauer Stadtverkehr. Wir wollen auch diese Ergebnisse überprüfen.

In großen russischen Städten gibt es eine App, um Parktickets digital zu bezahlen. In der App sind sowohl das Autokennzeichen als auch die Handynummer hinterlegt. Hat man also die Handynummer einer Person, kann man sehr leicht herausfinden, mit welchen Autos er oder sie wann, wo und wie lange geparkt hat. Zu unserem Glück verwendete auch Veronika E. diese App. Wir können sehr schnell herausfinden, dass sie mit ihrem Range Rover, dessen Kennzeichen wir auch schon aus den Berichten der internen Ermittler kennen, regelmäßig in Moskau unterwegs ist.

Aufgrund der Parkdaten können wir auch die Daten und Uhrzeiten bestätigen, an denen sie 2018 von den Ermittlerteams beschattet wurde. Auch in diesem Fall können wir die Ergebnisse der internen Ermittler als zweite unabhängige Quelle bestätigen. Veronika E. hat in der Zeit vom 16. Juni 2018 für mehr als 40 Stunden in der Nähe des im Ermittlungsberichts genannten »*Russischen Forschungszentrums für Rehabilitation und Erholung*« (vgl. Kapitel 3) geparkt. Von dem Parkplatz ihres Autos bis zu dem Gebäude ist es ein Fußweg von rund 8 Minuten. Ihre Wohnung ist jedoch etwa 11 Kilometer von dem Standort entfernt.

Auch können wir bestätigen, dass sich das ominöse »Forschungszentrum« tatsächlich im gleichen Gebäudekomplex befindet wie das Marriott Hotel.

Die ersten Rechercheergebnisse erleichtern mich: Wie auch schon der interne Bericht über die *Briefe der Alpinisten* stimmen die Angaben der Abschlussberichte *Zermatt 2* und *Zermatt 3* bisher mit unseren Recherchen überein.

FRAGWÜRDIGE SOCIAL-MEDIA-AKTIVITÄTEN

Seit unserem Treffen mit den internen Tengelmann-Ermittlern sind einige Tage vergangen und Sergej und ich sind quasi mit einer Standleitung Berlin-Köln miteinander verbunden. Die Geschichte ist unheimlich spannend und zieht uns in ihren Bann. Sergej probiert sich durch die *Bots* und ich feuere ihn von der Seitenlinie aus an. Irgendwann kommen Sergej und ich (warum auch immer!) auf die Idee, nach Veronika E.s Passwörtern zu suchen. Mit ziemlich spektakulären, wenn auch verwirrenden Ergebnissen.

Einer der vielen Telegram-*Bots* ist darauf spezialisiert, Passwörter zu finden. Die Voraussetzung dafür: Die dazugehörige E-Mail-Adresse muss einmal »Opfer« eines Leaks gewesen sein. Sergej und ich gehen ohne jede Erwartung an die Sache heran. Wir machen die Passwort-Suche, um ehrlich zu sein, eigentlich eher aus Spaß, um zu schauen, wie weit wir gehen können und ob wir vielleicht doch noch auf etwas Interessantes stoßen könnten.

Was wir dann allerdings finden, ist wirklich spektakulär: Mit Veronikas E-Mail-Adresse nichka6@xxx.ru sind die Passwörter *karl46haub*, *karlhaub*, *karlhau*, *veronika* und *zwei Nummern* verknüpft.

Der *Bot* verrät uns auch, dass zwei der Leaks von September 2014 stammen. Geleakt wurden die Daten bei ihrem Mailanbieter sowie bei *Dropbox*. Woher die übrigen Daten kommen, sagt uns der Algorithmus leider nicht.

Doch das Gute an *Bots* ist: Sie können sich nicht irren und nicht lügen. Auch wenn man hundertmal das Gleiche eingibt: Der Algorithmus spuckt immer wieder dieselbe Antwort aus. Auf das Softwareprogramm kann man keinen Einfluss nehmen, es arbeitet sich lediglich durch Datensätze. Ich bin völlig aus dem Häuschen, und auch Sergej, der nicht ganz so emotional ist wie ich, findet die Entdeckung ziemlich spannend. Warum hat Veronika E. Haubs Namen in verschiedenen Kombinationen als Passwort verwendet? Aus *Liebe*? Wir diskutieren diese Möglichkeit mit den übrigen Mitgliedern der Redaktion. Außerdem teilen wir unsere neu gewonnenen Erkenntnisse mit den internen Ermittlern und dem Geheimdienstexperten Malte Roschinski. Gewiss besteht die Möglichkeit, dass die junge Frau schwer in den nun verschollenen Milliardär verliebt ist und deshalb seinen Namen als Passwort nimmt.

Aber *ich* glaube das nicht. Viel eher bin ich der Meinung, dass die junge Russin damit »*ihren Kanal*« steuert. Gesetzt den Fall, Veronika E. ist eine aktive Agentin des FSB, wie es die internen Ermittler vermuten,[452] und auf Karl-Erivan Haub (zu welchem Zweck auch immer) angesetzt wurde, dann könnte sie möglicherweise über E-Mails den Kontakt mit ihm steuern. In der Sprache der Nachrichtendienste würde man sagen: Veronika E. *führt* ihre Zielperson. Sowohl der Geheimdienstexperte Malte Roschinski als auch die internen

Ermittler halten es für möglich, dass die junge Frau mehrere Zielpersonen *führt* und mit der Passwort-Vergabe lediglich »Ordnung« in der Kommunikation hält – die Wahl des Passwortes sei jedoch erschreckend einfach zu knacken.

Das Schöne an den Telegram-*Bots* ist, dass die Suchfunktionen ziemlich vielfältig sind. Man kann die Passwort-Suche auch »andersrum« machen: nämlich indem man die Passwörter selbst in den *Bot* eingibt und dann schaut, welche E-Mail-Adressen damit verknüpft sind.

Nicht im Traum hätte ich allerdings damit gerechnet, was wir mit dieser erneuten Suchabfrage auslösen würden. Veronika E. hat ein ganzes Netz aus verschiedenen E-Mail-Adressen gesponnen, die zum einen alle nahezu identisch sind und zum anderen Karl-Erivan Haubs Namen als Passwort haben. Natürlich kribbelt es uns in den Fingern und wir probieren sofort aus, ob wir uns noch mit den Passwörtern einloggen können, aber sie sind inzwischen nicht mehr gültig.

Folgende E-Mail-Adressen verwendeten **karl46haub** als Passwort: exxx_veronika@russianevent.com, nichka3@xxx.ru, nichka6@xxx.ru, nichka9@xxx.ru, nichka7@xxx.ru, nichka5@xxx.ru, nichka6@xxx.ru

Bei der offiziellen E-Mail-Adresse von *Russian Event* finden wir zudem heraus, dass die Daten aus einem LinkedIn-Leak von Mai 2012 stammen.

Über mehrere Jahre hinweg verwendete Veronika E. also den Namen von Karl-Erivan Haub als Passwort. Seltsam, hatte sie doch den internen Ermittlern am Telefon selbst gesagt, den Milliardär kaum zu kennen. Nach diesem Treffer probieren wir nun alle uns bekannten Passwörter von Veronika E. aus. Bei der Zahlenkombination *89118565285a*, die wir im Zusammenhang mit der E-Mail-Adresse nichka6@xxx.ru finden, wird es dann richtig wild:

Wir finden ganze 50 (!!!) Treffer. Da ausnahmslos alle dieser E-Mail-Adressen nach dem gleichen Schema aufgebaut sind (»nichka«+»zahl«@»provider«.»Land«) und damit eindeutig dem Aufbau der von uns verifizierten Adresse nichka6@xxx.ru ähneln, liegt für uns der Verdacht sehr nahe, dass Veronika E. als Erstellerin der Adressen höchstwahrscheinlich infrage kommt.

Nun stellt sich natürlich die Frage: Warum legt man sich so viele E-Mail-Adressen zu? Dafür *muss* es einen Grund geben, denn einfach so zum Spaß ergibt es wirklich überhaupt keinen Sinn. Veronika E. muss einen *Zweck* darin gesehen haben – aber welchen?

Um diese Frage zu beantworten, ziehen wir einen weiteren *Bot* zur Hilfe heran. Wir möchten herausfinden, ob diese 50 E-Mail-Adressen mit

Social-Media-Accounts verbunden sind. Das Prozedere ist das Gleiche wie bei der Passwort-Suche: Man nimmt einen Telegram-*Bot* und gibt die E-Mail-Adresse ein. Der *Bot* durchsucht dann das Internet nach einem Social-Media-Account, der mit der E-Mail-Adresse verknüpft ist.

Wie eigentlich nicht anders zu erwarten, werden wir fündig. Hier ein kleiner Auszug: nichka3@xxx.ru steht in Verbindung mit einem *VK*-Profil einer Frau namens *Katya*. nichka6@xxx.ru steht in Verbindung mit einem *VK*-Profil einer *Alina N.* Hinter nichka7@mail.ru steht eine *Nichka L.* Hinter nichka5@xxx.ru steht ein Mädchen namens *Lika Lika* aus Astrachan.[453]

Doch die vermeintliche *Lika Lika* steckt noch hinter etlichen weiteren E-Mail- und Social-Media-Accounts.[454] Es ist daher ziemlich offensichtlich, dass es sich um Fake-Profile handelt, die ausnahmslos sehr, sehr junge, bildhübsche Frauen zeigen. Die Konten entstanden alle zwischen Februar und April 2012, meistens gibt es nur ein bis zwei Posts und keines der Konten weist Aktivitäten auf. Sie wurden offenbar gezielt aufgebaut, allerdings nie wirklich »zum Leben erweckt«. Auffällig ist, dass die vermeintlichen Mädchen alle auf »*aktiver Partnersuche*« oder gerade »*verliebt*« sind.

Außerdem finden wir heraus, dass in dem Haus in St. Petersburg, in dem Veronika E. eine Wohnung besitzt, ebenfalls eine Escort-Agentur angesiedelt ist. Ob diese Agentur aber in Verbindung mit der jungen Russin steht oder ob das schlicht ein Zufall ist, können wir nicht abschließend klären.

Bis zum heutigen Tag können wir uns keinen Reim auf diese Social-Media-Konten machen und wissen nicht, was Veronika E. mit den Fake-Accounts bezwecken wollte. Es wäre notwendig, eine tiefergehende Recherche zu starten, um herauszufinden, wer die Frauen auf den Fotos sind. Sind es real existierende Menschen? Oder handelt es sich um Bilder zum Locken? Wissen die Frauen überhaupt, dass ihre Fotos in diesen Profilen verwendet werden? Und wie viele dieser Accounts gibt es wirklich? Sergej und ich haben das Gefühl, in ein Wespennest gestochen zu haben, immer weitere Accounts ploppen auf. Meine Vermutung ist, dass die jungen Frauen zum »Locken« gedient haben könnten, denn der Tengelmann-Sicherheitschef erwähnte im Gespräch, dass Karl-Erivan Haub »kein treuer Ehemann« sei und wechselnde Partnerinnen habe. Dies sei auch hinlänglich bekannt. Mehrere Personen aus seinem Umfeld bestätigten diese Aussage.[455]

Eine weitere Recherche im Umfeld der jungen Russinnen wäre möglich und sehr sinnvoll, wäre aber *unglaublich* zeitaufwendig. In unserem Team könnte sie außer Sergej auch niemand übernehmen, da nur er Russisch spricht. Doch Sergej brauchen wir jetzt erst mal für andere Dinge. Was auch immer es mit den Frauen auf sich hat: Sie sind in der Geschichte des verschollenen Milliardärs nur ein Nebenkriegsschauplatz.

Was jedoch in jedem Fall hochinteressant ist: Die geleakten Passwörter fallen *alle* in die Zeit des PLUS-Russland-Geschäfts, das – wie wir wissen – krachend gescheitert ist.

DIE AGENTUR RUSSIAN EVENT

Der Tengelmann-Sicherheitschef geht davon aus, dass *Russian Event* vom russischen Inlandsgeheimdienst FSB geführt wird und das Ziel der Agentur darin bestehe, mit einflussreichen Ausländern in Kontakt zu treten. Ich bespreche diese These zunächst mit dem renommierten Geheimdienstexperten Malte Roschinski. Er stimmt dem Sicherheitschef von Tengelmann zu, dass sich das Konstrukt einer Eventagentur sehr gut für eine Tarnfirmenkonstruktion eigne. Eine Eventfirma mache »alles und nichts«, könne »sehr aktiv« und »sehr umtriebig« sein.[456]

Unter dem Deckmantel einer solchen Firma könne man auch nachrichtendienstliche Aktivitäten gut steuern. Außerdem, so Roschinski, eigne sich eine solche Agentur hervorragend, um Kontakte zu sammeln und zu pflegen. In diesem Punkt gebe es große Schnittstellen zwischen den Kernaufgaben von Eventagenturen und nachrichtendienstlichen Tätigkeiten.[457] Nach dieser ersten Einschätzung machen Sergej und ich uns an die Arbeit. Es gelingt uns, über russische Kontakte zwei Personen mit versteckter Kamera nach St. Petersburg in das vermeintliche Büro der Eventagentur zu schicken. Werden sie denselben Ort vorfinden, den wir bereits aus den internen Tengelmann-Berichten kennen? Während die Männer sich in Russland auf den Weg machen, schauen Sergej und ich uns die Eventagentur von ihrer wirtschaftlichen Seite her an.

Russian Event hat die Steuer-ID INN 7813111180. Zu dieser Steuer-ID finden wir über Umwege zwei nahezu identische Datensätze. Sie unterscheiden sich lediglich durch das Registrierungsdatum: Einmal wird der 10.11.1998 angegeben und einmal der 18.11.2002. Als Direktorin wird Olga Shishkova geführt. Gegründet wurde die Firma von Nikita Leonidowich Sherban, dem laut beider Datensätze 95 Prozent der Anteile gehören, und Olga Shishkova, welche die übrigen 5 Prozent hält. Seit mindestens 2018 ist Olga Shishkova außerdem die Geschäftsführerin von *Russian Event*. Die Namen sind sehr interessant, denn beide kennen wir bereits aus dem Abschlussbericht *Zermatt RU 2*. Olga Shishkova wird dabei auf Seite 14 als Mitarbeiterin erwähnt,[458] Nikita Sherban wird auf Seite 18 als *Russian Event*-Gründer genannt, aber auch als Lebenspartner von Veronika E., mit der er laut dem Bericht 15 Jahre lang in einer Partnerschaft gewesen sei.[459] Dem Abschlussbericht ist an dieser Stelle auch ein Pärchenfoto von Veronika E. und dem jungen Mann beigefügt, daher kann diese Information stimmen. Die Domain der Website von *Russian Event* wurde offenbar im Jahr 2000 registriert,[460] seit 2015 sieht die Seite unverändert aus. Offensichtlich legt das kleine Unternehmen nicht sehr viel Wert auf den Online-Auftritt. Sehr seltsam für eine Agentur, die von öffentlichen Veranstaltungen leben soll.

In der Datenbank von *Seldon Basis*, einer russischen Plattform zur Überprüfung von Vertragspartnern und Geschäftsabschlüssen, finden wir eine ganze Reihe von Informationen zum Finanzstatus von *Russian Event*.[461] Der erste Teil der Bewertung des Online-Portals liest sich eher durchwachsen: »Die Finanzlage des Unternehmens ist stabil, aber es gibt Anzeichen für Ungleichgewicht im Geldfluss. (...).«[462] Außerdem ist sehr auffällig, dass die Bilanz im Jahr 2018, dem Jahr, in dem Karl-Erivan Haub verschwand, außerordentlich in die Höhe schoss. Gleichzeitig stürzten Erlöse und Jahresüberschüsse nach 2018 ab.[463] Auch die Liquiditätsanalyse hat 2018 einen argen Knick.[464] Gleichzeitig gibt es 2018 eine merkliche Veränderung zwischen der Fremd- und Eigenkapitalquote: War *Russian Event* vor und *nach* 2018 mit einer Eigenkapitalquote von rund 70 Prozent ein relativ gesundes Unternehmen, so drehte sich die Situation im Jahr 2018 nahezu um.[465] Wie es zu diesen veränderten Kapitalverhältnissen kommt, können wir bis heute nicht erklären. Die Daten, auf die wir zugreifen können, geben keine Auskunft über Art und Umfang der vermeintlichen Projekte und angeblich durchgeführten Events. Auffällig ist jedoch, dass die kleine Eventagentur quasi ab dem ersten Jahr der Gründung durchweg einen stabilen Umsatz erzielte und sich im Verlauf der Zeit weder vergrößerte noch verkleinerte. Ihr Gründer, Nikita Scherban, spielt dabei (obwohl er das Unternehmen mit gerade mal 18 Jahren gegründet haben soll und 95 Prozent der Anteile der Firma hält) *überhaupt* keine Rolle. Sergej und ich beschließen, der Chefin von *Russian Event*, Olga Shishkova, eine offizielle Presseanfrage zu schicken. Und wir bekommen tatsächlich eine Antwort:[466] Sie gibt an, dass man von Veronika E. so gut wie nichts wisse. Die junge Frau habe zunächst von 2002 bis 2005 für das Unternehmen gearbeitet, dann habe es eine Pause von vier Jahren gegeben. Im Jahr 2009 wurde das Arbeitsverhältnis dann bis Anfang 2018 erneut fortgesetzt und die junge Frau habe als Sales Manager für die Firma gearbeitet. Die Chefin von *Russian Event* gibt an, über E.s Privatleben überhaupt nichts zu wissen. Auch ihr ehemaliger Freund Nikita Sherban, mit dem sie zur Uni gegangen sei, wisse inzwischen überhaupt nichts mehr über sie. Sollen wir das wirklich glauben? Die Agenturchefin wisse nur, dass die junge Frau viel privat gereist sei und jedes lange Wochenende und alle Ferien auf Reisen verbracht habe. Außerdem habe es mehrmals zu Problemen geführt, dass Veronika E. ihre Chefin und Kolleginnen nie darüber informiert habe, wenn sie sich nicht in St. Petersburg aufhielt.[467] Kann es wirklich stimmen, dass eine Agenturchefin, die nicht mal eine Handvoll Mitarbeiterinnen hat, die in zwei Räumen sitzen, *keine Ahnung* über das Privatleben einer Kollegin hat, die in einer sehr engen privaten Beziehung mit dem Gründer und Besitzer Nikita Sherban steht und ständig nicht erreichbar ist, weil sie ungefragt außerhalb der Stadt weilt und »Urlaub macht«? Und überhaupt: Was ist das für ein Verhalten? Sergej und ich finden dieses Arbeitsverhältnis irgendwie komisch. Außerdem haben wir inzwischen herausgefunden, dass die junge Frau, wie auch in den Abschlussberichten der internen Ermittler beschrieben, nur ein sehr geringes Gehalt für ihren Job bei *Russian Event* bezogen hat.[468] Undenkbar, damit große Reisen zu unternehmen oder mehrere Wohnimmobilien zu besitzen.

WIE VERDIENT VERONIKA E. IHR GELD?

Sergej und ich beschließen herauszufinden, womit Veronika E. noch Geld verdient haben könnte. Über einen Kontakt in einem russischen Forum erhält mein Kollege ein Dokument, das offenbar ein Datenbankauszug ist. Es gibt Einblick in die wirtschaftlichen Aktivitäten der jungen Russin. Interessanterweise gibt es eine Lücke von 2017 bis 2019. Ansonsten haben wir alle Daten von 1999 bis 2020.[469]

Das Dokument trägt in kyrillischer Schrift den Titel *Individueller Analysebericht*. Wir erfahren darin die inländische Passnummer von Veronika E. (40 05 511XXX), ihre Handynummer (+7 911 920 6XXX, welche wir bereits aus den internen Tengelmann-Dokumenten kannten), die Festnetznummer ihrer Eltern (die wir ebenfalls bereits aus den internen Tengelmann-Dokumenten kannten), eine Versicherungsnummer (001 – 086 – 28XXX) sowie eine Steuer-ID (INN 78 06 1706 7XXX), die für die weitere Recherche sehr wertvoll sein könnte.

Unter *Punkt III. Analysebericht* finden wir die Suchergebnisse aus einer Art Gründerdatenbank. Veronika E. hat demnach im Jahr 2007 eine Firma namens *Physalis* und 2009 *Physalis Media* gegründet. Beide Firmen sind an der gleichen Adresse in St. Petersburg, in der Taschkenter Straße, angesiedelt. Auf der nächsten Seite des *Individuellen Analyseberichts* finden wir einen Auszug von einer Art Einwohnermeldeamt aus dem Jahr 2019. Dort wird bei Veronika E. als Arbeitgeber *Russian Event* angegeben und als Position »Vize-Direktorin«. Seltsam: Hatte uns die Chefin der Agentur nicht erklärt, Veronika E. arbeite seit Anfang 2018 nicht mehr für das Unternehmen und sei auch nur eine kleine Sales Managerin gewesen?

Ganz unten auf der Seite finden wir Informationen über das Einkommen von *Einzelpersonen Sankt Petersburg 2017*. In der Spalte darunter finden wir die Information, dass Veronika E. als Angestellte bei *Russian Event* im Vorjahr 720.245 Rubel verdient hat, umgerechnet etwa 10.000 bis 12.000 Euro. Im Abschlussbericht der internen Ermittler *Zermatt RU 2* wird für dasselbe Jahr ein monatliches Einkommen von circa 900 Euro angegeben.[470] Sergejs und meine Recherchen stimmen also auch in diesem Punkt – unter Einbeziehung von Wechselkursschwankungen – mit den Ergebnissen der internen Ermittler nahezu überein.

Über verschiedene Wege können wir außerdem die im Abschlussbericht genannte Wohnadresse in dem schicken Moskauer Wohnhochhaus bestätigen: Die Russin ist dort als Mieterin eingetragen[471] und Sergej findet über eine Art russisches Gebrauchtwagenportal eine Annonce, in der ein Auto aus dem gleichen Wohnkomplex zum Verkauf angeboten wurde und im Hintergrund der weiße Range Rover Evoque von Veronika E. zu sehen ist.[472] Zusätzlich schicken wir noch unsere lokalen Kontakte in die Tiefgarage, die ebenfalls Veronika E. Auto dort vorfinden.

DIE REISEN DER VERONIKA E.

Bis hierhin stimmen die Recherchen aus den Abschlussberichten der internen Ermittler in nahezu allen Punkten mit unseren eigenen Recherchen überein. Ein großes Fragezeichen haben Sergej und ich aber bei den beiden vermeintlichen russischen Pässen, die Karl-Erivan Haub besessen haben soll. Bisher konnten wir dazu keine Informationen finden, aber natürlich geben wir so schnell nicht auf. Sergej aktiviert all seine Kontakte in den russischen Foren, die uns möglicherweise Informationen liefern können. Doch bis wir dort mit Ergebnissen rechnen können, werden sicherlich noch einige Tage, wenn nicht Wochen, vergehen. Bis dahin beschäftigen wir uns weiterhin mit der Russin Veronika, deren gesamter Lebenslauf mir ziemlich suspekt vorkommt.

Wir kennen inzwischen den vollen Namen, die Versicherungsnummer, zwei Telefonnummern und eine Passnummer der jungen Frau. Diese Informationen reichen uns aus, um in den Datenleaks nach Reiseinformationen zu suchen. Eines Tages bekomme ich von Sergej eine E-Mail: Ich solle »bitte nicht erschrecken«, die Reisedaten seien sehr umfangreich.[473] Ich klicke auf das PDF, doch mein Laptop stürzt ab, als ich es zu öffnen versuche. Offenbar ist es zu groß, es umfasst 201 Seiten, dicht beschrieben in kyrillischer Schrift. Beim zweiten Anlauf klappt es dann. Vor mir auf dem Bildschirm breitet sich Zeile für Zeile die Reisehistorie von Veronika E. aus, nachgewiesen sind alle Reisen von und nach Russland zwischen 1999 und 2021.[474] Wir haben es offenbar mit einer echten Jetsetterin zu tun.

Die Daten, so lernen wir später, stammen aus verschiedenen Leaks von Reisebuchungsportalen. Pro Reise sind jeweils das Buchungsdatum, das Reisedatum, aber auch Stornierungen und Umbuchungen notiert. Außerdem gibt es Angaben zu den Reisedokumenten. Auf diese Weise stellen wir fest, dass die junge Frau in den vergangenen 22 Jahren mit sechs verschiedenen Ausweisen und Reisepässen unterwegs gewesen ist.

Über Sergejs Kontakte in den russischen Foren besorgen wir uns einen Datenbankauszug von Veronika E.s Pässen: Da ich weder Russisch spreche noch die kyrillische Schrift lesen kann, übersetze ich das Dokument mit Google Translate. Nur so kann ich mir einen Überblick verschaffen, wo Veronika E. unterwegs war. Die Daten trage ich in eine Excel-Tabelle ein. Mit dieser Aufgabe bin ich drei Tage und Nächte beschäftigt. Es ist wie eine Sucht, ich kann gar nicht mehr aufhören.

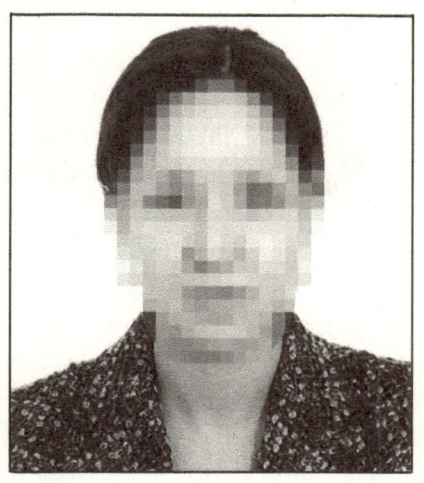
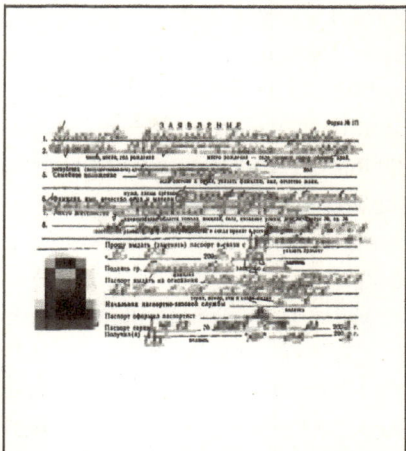
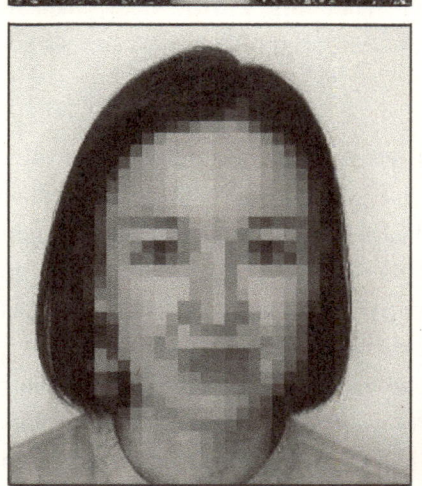
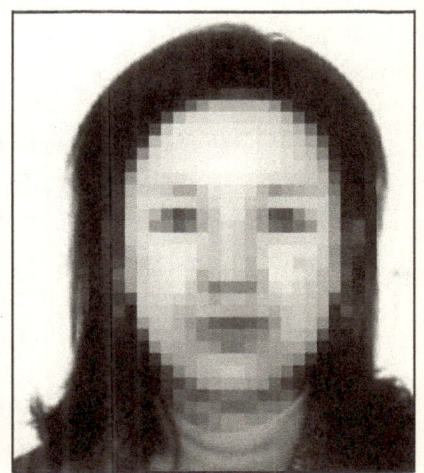
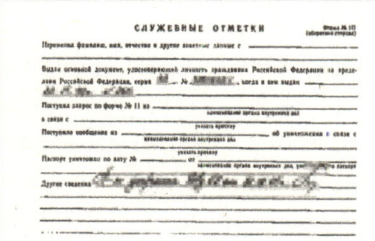
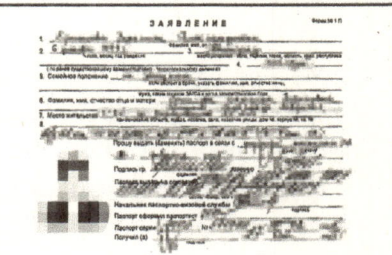

Veronika E. gibt sich offiziell bis 2019 als durchschnittliche Mitarbeiterin einer kleinen St. Petersburger Eventagentur aus. Ihr Gehalt beträgt laut mehreren Quellen zwischen 10.000 und 12.000 Euro pro Jahr. Mein erstes Gefühl, als ich die 201 Seiten Reisedaten vor mir habe: Ihr *offizieller* Job und ihr Reiseverhalten *passen nicht zusammen*. Sie ist, vorsichtig ausgedrückt, in den letzten Jahren »zu aktiv« gewesen: Berlin, München, Frankfurt, Zürich, Genf, Mailand, New York, Montenegro, Abu Dhabi. Wie konnte sie sich das leisten?

Veronikas Reiseverhalten weist drei besondere Auffälligkeiten auf:

Über die Jahre verändern sich die Ziele deutlich: War Veronika bis 2011 vor allem in jedem hintersten Zipfelchen Russlands und der Krim unterwegs, so kommen ab 2012 vermehrt Ziele in Europa und den USA hinzu, sehr häufig München, Berlin, Frankfurt, Hamburg, Zürich, Genf, Mailand und Rom sowie New York und Los Angeles. Ab 2016 kommt Miami als zusätzliches Ziel hinzu.

- Die Analyse der Reisedauer ist interessant: Fast immer dauert der Aufenthalt nur ein bis zwei Tage, bevor es im Anschluss unmittelbar zu einem neuen Ziel geht. Auch gibt es mehrfach Routen, die Fragen aufwerfen, beispielsweise weil die Anreise nach München erfolgt, die Abreise keine 24 Stunden später aber aus Berlin stattfindet. Das wirkt rätselhaft und sieht nicht nach Urlaub aus.
- Geld scheint jedenfalls keine Rolle zu spielen, zum Beispiel wenn für den ersten Tag die Anreise in Berlin geplant ist und es für den Folgetag zwei Rückflüge nach Russland gibt, einen aus Berlin und einen aus Hamburg. Merkwürdig wirkt auch eine Reise zum Jahreswechsel 2015/2016: Zunächst fliegt die Russin kurz vor Weihnachten von Moskau nach Genf, dreieinhalb Tage später von Zürich aus zurück nach St. Petersburg. An Silvester fliegt sie dann nachmittags wieder nach Zürich, um direkt am 1. Januar ebenfalls von St. Petersburg aus nach Pskow zu fliegen, einer Großstadt im Nordwesten Russlands, wo unter anderem ein Teil der russischen Luftlandetruppen stationiert ist. Am 10. Januar 2016 geht es dann wieder von Zürich nach St. Petersburg, eine Woche später zurück nach Zürich und wieder eine Woche später von Frankfurt zurück nach St. Petersburg. Wie sie

zwischen den einzelnen Zielen von A nach B kommt, lässt sich nicht rekonstruieren, denn Reisen, die im Ausland gebucht wurden oder in fremden Privatjets stattfanden, tauchen in der russischen Datenbank nicht auf.

- Besonders interessiert uns natürlich das Reiseverhalten von Veronika E. *rund um den Tag des Verschwindens* von Karl-Erivan Haub, den 7. April 2018. Für diesen Tag buchte sie einen Zug von St. Petersburg nach Moskau. Vier Tage später erfolgte die Rückfahrt.

Ich bin wie elektrisiert. Kann es ein Zufall sein, dass die junge Frau ausgerechnet am Tag des Verschwindens des Milliardärs nach Moskau reist? Wie kommt es zu dieser Reise? Ich schaue mir den kyrillischen Eintrag in den 201 Seiten nochmal genauer an: Die Buchung fand am 6.4.2018 um 17:24 Uhr Moskauer/St. Petersburger Zeit statt.

Laut der Einzelverbindungsnachweisliste von Karl-Erivan Haubs iPhone telefonierte er am 6.4.2018 um 15:53 Uhr unserer Zeit mit Veronika E. Die Zeitverschiebung beträgt in der mitteleuropäischen Sommerzeit eine Stunde. Wenn es bei Karl-Erivan Haub in der Schweiz 15:53 Uhr war, dann war es in Russland bei Veronika E. 16:53 Uhr.[475] Unmittelbar nach ihrem gemeinsamen Telefonat buchte die junge Frau also um 17:24 Uhr eine Zugreise von St. Petersburg nach Moskau: für den Folgetag um 9:00 Uhr, den Tag des mysteriösen Verschwindens.

Ich bespreche mich mit Sergej. Natürlich sind wir weit davon entfernt, *Beweise* zu haben. Aber wir haben starke *Auffälligkeiten* im Verhalten der Russin und von Karl-Erivan Haub festgestellt:

- Die beiden stehen bereits Tage vor dem Verschwinden in einem engen telefonischen Austausch.[476]
- Nach mehreren Telefonaten am Abend des 5. April ändert Karl-Erivan Haub plötzlich sein Reiseziel von Les Deux Alpes in Frankreich nach Zermatt in der Schweiz. Als Grund nennt er die dortigen besseren Wetterverhältnisse, was jedoch gar nicht stimmt.[477] [478]
- Unmittelbar nach der Landung in Zermatt nimmt Karl-Erivan Haub telefonisch Kontakt zu der jungen Russin auf.[479] Sie bucht wenig später einen Zug für den Folgetag, den Tag des Verschwindens.[480]

An jenem Abend finden außerdem zwei außergewöhnlich lange Telefonate zwischen dem Milliardär und der Frau statt.[481]
- Am 7. April 2018 ist das iPhone des Milliardärs dann plötzlich entgegen seiner sonstigen Gewohnheiten[482] in den Bergen ausgeschaltet und der Tengelmann-Chef spurlos verschwunden.

Sergej und ich beschließen, nach weiteren Faktoren zu suchen, die uns Aufschlüsse über das Verhältnis zwischen dem Milliardär und der Russin geben können. Neben den 201 Seiten Reisedaten von Veronika E. haben wir von den internen Ermittlern die Reisedaten von Karl-Erivan Haub erhalten. Die Quellen, aus denen diese Daten gewonnen wurden, unterscheiden sich aber deutlich von unseren eigenen: Während die 201 Seiten von Veronika E. aus dem Leak eines Onlinebuchungssystems stammen, sind die Daten der internen Ermittler Auszüge aus einer Datenbank mit Passscans der Grenzbehörden an Flughäfen, um die Ein- und Ausreise zu dokumentieren. Sicherheitshalber organisiert uns Sergej zusätzlich die Reisedaten von Karl-Erivan Haub aus einem Leak eines Onlinebuchungsportals. Unsere eigenen Rechercheergebnisse stimmen mit den Daten der internen Ermittler überein und legen uns einige *weitere* Reisen offen, die im internen Abschlussbericht nicht vorkommen.

AM SELBEN ORT: KARL-ERIVAN HAUB UND VERONIKA E.
Sergej und ich verfügen über drei verschiedene Datensätze: über die Reisedaten von Veronika E. und über die von Karl-Erivan Haub aus Datenleaks der Onlinebuchungsportale sowie über die Reisedaten aus der Datenbank der Grenzkontrollen, die uns die internen Ermittler überlassen haben. Nun legen wir die Datensätze übereinander. Resultat: Die internen Ergebnisse stimmen mit unserer eigenen Recherche überein und wir können auch verifizieren, dass Karl-Erivan Haub offenbar wirklich, wie im Protokoll von Christian Haubs engem Vertrauten erwähnt,[483] immer eine falsche Adresse bei der Einreise nach Russland angegeben hat, nämlich ein ominöses »Haus 4« in Moskau.[484]

In einem zweiten Schritt schauen wir, ob Karl-Erivan Haub und die junge Russin gemeinsam unterwegs waren, und wenn ja, wohin. Tatsächlich finden wir hier gleich mehrere Treffen über einen Zeitraum von fast zehn Jahren.

Minsk und Sotschi (2008)

Im Zeitraum vom 12.7.2008 bis 14.7.2008 hält sich der Milliardär laut den internen Dokumenten in Sotschi auf. Veronika reist für dieses Treffen am 11.7.2008 aus Minsk an.[485] Doch offenbar weilte auch Karl-Erivan Haub zuvor in der weißrussischen Hauptstadt, denn wir finden für den gleichen Zeitraum eine Registrierung für ihn und zwei uns unbekannte Begleiter. Nach nur 24 Stunden Aufenthalt in Minsk fliegt Karl-Erivan Haub mit den beiden Männern im Privatjet in die Schwarzmeerstadt Sotschi. Veronika E. reist mit einem Linienflug. Ihre Rückreise aus Sotschi ist nicht vermerkt. Aber sie reist unmittelbar im Anschluss von St. Petersburg aus in die südöstlich von Moskau gelegene Stadt Penza.[486]

Moskau (2009)

Am 5.3.2009 weilt Karl-Erivan Haub in Moskau. Veronika reist vermutlich für dieses Treffen am 4.3.2009 aus St. Petersburg an und verlässt Moskau am 8.3.2009[487] wieder.

Nachtzugreise Moskau – St. Petersburg (2009)

Am 25.5.2009 findet eine gemeinsame Reise mit einem Nachtzug von Moskau nach St. Petersburg statt. Ungewöhnlich ist: Die junge Frau reist erst am Vortag aus der Stadt, in die sie dann *gemeinsam* reisen, an. Veronika fährt also am 24.5.2009 von St. Petersburg nach Moskau, um dann am Folgetag, dem 25.5.2009 mit dem Nachtzug um 23:40 Uhr wieder *zurückzufahren*.[488] In den Datensätzen aus den Leaks des Buchungsportals können wir zudem feststellen, dass beide Reisen *gleichzeitig* gebucht wurden, vermutlich von Veronika E. selbst. Hinweise darauf hatten auch schon die internen Ermittlungsberichte gegeben,[489] doch nun können wir es mit unserem eigenen Wissen bestätigen. Außerdem, und das finde ich sehr dubios, ergeben die beiden Datensätze, dass die beiden in *getrennten* Abteilen des Nachtzugs unterwegs gewesen waren: sie in Abteil Nummer 7, er in Abteil Nummer 9.[490] Natürlich überprüfen wir sofort, ob es auch Doppelabteile gibt, und werden fündig. Für mich stellt sich daher an dieser Stelle die drängende Frage, ob man für eine kurze Liebesreise in getrennten Abteilen in einem Nachtzug reisen würde? Irgendwie hat das Ganze, rein vom Gefühl her, für mich eher einen *geschäftlichen* Charakter.

So, als ob die junge Frau den Milliardär *abholen* würde, um ihn an einen Ort zu *begleiten*.

Omsk (2010)

Für den 16.7.2010 gibt es einen registrierten Aufenthalt von Karl-Erivan Haub in Omsk. Veronika E. reist für dieses Treffen am 15.7.2010 von Moskau in die sibirische Großstadt.[491] Eine Rückreise ist nicht hinterlegt, jedoch fliegt sie schon fünf Tage später aus Montenegro zurück.[492] Wie ist sie dort hingekommen? Und mit wem?

Sotschi mit Weiterreise nach Tirana, Albanien (2011)

Am 29.7.2011 treffen sich Karl-Erivan und Veronika vermutlich in Sotschi,[493] von wo aus der Milliardär zwei Tage später alleine im Privatjet in die albanische Hauptstadt Tirana weiterreist.[494] Diese Reise bereitet den internen Ermittlern laut eigener Aussage am meisten Kopfzerbrechen: Offenbar, so erklärten sie uns, muss sich Haub »beschützt« gefühlt haben. Unter normalen Umständen hätte er, den Erfahrungen des Sicherheitschef zufolge, niemals eine solche Reise alleine unternommen.

Baku, Aserbaidschan und Moskau (2014)

Aus den internen Unterlagen geht außerdem hervor, dass Karl-Erivan Haubs Pass am 20.7.2014 aus Baku kommend in Moskau bei der Einreise gescannt wurde.[495] Aus Veronika E.s Reisedaten geht wiederum hervor, dass sie am 18.7.2014 von Moskau aus in die aserbaidschanische Hauptstadt Baku reiste und am 21.7.2014 bereits wieder in Moskau war und nach St. Petersburg flog.[496] Die Vermutung liegt daher auf der Hand, dass sie gemeinsam mit Haub von Baku zurück nach Moskau gereist ist.

Moskau und Tiflis, Georgien (2015)

Den Unterlagen der internen Ermittler zufolge hält sich Karl-Erivan Haub am 28.7.2015 in Moskau auf und reist von dort aus weiter nach Düsseldorf.[497] Seine Einreise in die Russische Föderation ist hingegen nicht hinterlegt. Aus den Reisedaten der jungen Russin geht hingegen hervor, dass sie am 24.7.2015 in die georgische Hauptstadt Tiflis reist und von dort aus am 27.7.2015 zurück nach Moskau.[498] Da Haubs Einreise nach Russland nicht hinterlegt ist, ist es sehr gut möglich, dass er sich vor seinem Aufenthalt in Moskau gemeinsam mit der jungen Frau in Georgien aufgehalten haben könnte.

Moskau (2017)

Im Zeitraum vom 20./21. Juli 2017 gibt es eine Überschneidung der Reisedaten in Moskau. Veronika E. fliegt dann vermutlich weiter nach Kasan, wo sie bis zum 27.7.2017 bleibt. Doch auch hier sind wieder seltsame Doppelbuchungen hinterlegt: Es wäre auch denkbar, dass die Russin am 22.7.2017 nach Madrid und am 31.7.2017 von Amsterdam zurück nach St. Petersburg geflogen ist.[499]

Wir können nun also mit Sicherheit sagen, dass sich Veronika E. und Karl-Erivan Haub seit mindestens 2008 mehrfach zur gleichen Zeit an denselben Orten aufgehalten haben. Bei der Nachtzugreise können wir zusätzlich mit Sicherheit sagen, dass die Buchung *gleichzeitig* und von *derselben* Person durchgeführt wurde. Dass die junge Frau extra für die gemeinsame Reise aus St. Petersburg anreist und dann ebenjene Strecke keine 24 Stunden wieder zurückfährt, empfinden wir als sehr auffällig. Auch dass die Reise in getrennten Kabinen stattfindet, ist aus meiner Sicht ein Indiz dafür, dass der Kontakt nicht ausschließlich privater Natur war, sondern eher geschäftlich oder nachrichtendienstlich sein könnte. Viele Fragen werfen auch die Kurztrips ins sibirische Omsk, in die aserbaidschanische Hauptstadt Baku und in die albanische Hauptstadt Tirana auf. Was wollte der Milliardär dort jeweils für wenige Stunden? Warum wusste innerhalb der Firma Tengelmann niemand über diese Reisen Bescheid? Und welche Rolle spielt die junge Russin?

Als Nächstes schauen Sergej und ich uns das Reiseverhalten von Veronika E. *nach* dem 7. April 2018, dem Tag des Verschwindens, an. Wir wissen, dass sie mit einem Zug von St. Petersburg nach Moskau gefahren ist. Die Buchung erfolgte am Vortag, wenige Minuten nach einem Telefonat mit Karl-Erivan Haub.[500] Der Aufenthalt in Moskau dauert nur wenige Tage, am 11. April geht es dann schon wieder zurück nach St. Petersburg. Kurze Zeit später geht es weiter nach Miami, wo sie knapp zwei Wochen bleibt. Im Anschluss reist sie fast nahtlos weiter nach Frankfurt, wo sie ebenfalls nur wenige Tage bleibt.

4 ST. PETERSBURG

Nachtzugreise

3 MINSK **8**
MOSKAU
9

1 MINSK

2 SOTSCH

6 TIRANA

Weiterreise nach Tirana, Albanien

1. **Minsk** . . . . (11.07.-12.07.2008)
2. **Sotschi** . . . . (12.07.-14.07.2008)
3. **Moskau** . . . . (05.03.-??.03.2009)
4. **Nachtzugreise** . . . . (25.05.2009)
   (Moskau → St. Petersburg)
5. **Omsk** . . . . (16.07.2010)
6. **Weiterreise** . . . . (29.07.-01.08.2011)
   (Sotschi → Tirana, Albarien)
7. **Baku** . . . . (18.07.-20.07.2014)
   (Aserbaidschan)
8. **Moskau** . . . . (20.07.-21.07.2014)
9. **Moskau** . . . . (28.07.2015)
   (möglicher gemeinsamer Aufenthalt
   24.07.-27.07.2015 in Tiflis)

OMSK

5

Einzelreisen von Karl-Erivan Haub

- **23.05.-26.05.2009**
  Sotschi / Krasnodar / Astrakhan
- **16.07.-??.??.2010**
  Sotschi / Krasnodar
- **21.08.-22.08.2010**
  Sotschi / Krasnodar / Astrakhan
- **30.07.-02.08.2012**
  Krasnodar / Sotschi / Astrakhan
- **01.08.-02.08.2012**
  Wolgograd
- **02.06.-04.06.2013**
  Moskau
- **16.10.-18.10.2013**
  Moskau mit Weiterreise nach Breslau (Polen)
- **17.01.2014**
  Moskau mit Weiterreise nach Mailand (Italien)
- **25.05.-28.05.2014**
  Saratow / Moskau / St. Petersburg

7

BAKU
(Aserbaidschan)

Im Juni 2018, unmittelbar nach der Zeit in Frankfurt, findet die Beschattung der internen Ermittler statt und die junge Frau wird mehrfach dabei beobachtet, wie sie das ominöse »Forschungszentrum« im Gebäude des Marriott Hotels in Moskau aufsucht.[501] Den Standort ihres Autos in dieser Gegend können Sergej und ich anhand der geleakten Daten aus der Park-App ebenfalls bestätigen. Außerdem wissen wir, dass die Recherche der Ermittler vor Ort in dieser Zeit wohl aufgeflogen ist, zumindest gab es laut Abschlussbericht *Zermatt RU 2* nach dem Besuch in der Eventagentur eine telefonische Drohung.[502]

Das restliche Jahr 2018 verbringt die junge Frau auch weiterhin viel auf Reisen, auch fliegt sie Ende Oktober ein weiteres Mal nach Miami. Ihre Reisen in die USA nehmen ab dem Zeitpunkt des Verschwindens des Milliardärs bis ins Jahr 2021 *deutlich* zu.[503] Ich verbringe Tage damit, die Reisedaten von Veronika E. zu studieren. Und auch nachdem die RTL-Dokumentation »Tengelmann: Das mysteriöse Verschwinden eines Milliardärs« im Juni 2021 ausgestrahlt ist, öffne ich die Excel-Tabelle immer wieder: Die 201 Seiten lassen mich nicht mehr los.

Im Verlauf der Recherche baute Sergej einen direkten Kontakt mit der Agenturchefin von *Russian Event auf*: Olga Shishkova. Wir gewinnen den Eindruck: Sie will alles, was mit Veronika E. zu tun hat, möglichst weit von sich fernhalten. Ihren Schilderungen nach hat die junge Frau eigentlich nie wirklich in der Agentur gearbeitet und sowieso hat niemand etwas über sie gewusst. Nach den Worten der *Russian Event*-Chefin steht nur ein Bruchteil der Reisen in Zusammenhang mit Veronika E.s Tätigkeit in der Eventagentur. Sie sei »niemals«[504] auf Geschäftsreise nach Moskau gegangen, alle Reisen zwischen 2000 und 2010 seien »rein privater Natur«[505] gewesen, ebenso alle Reisen nach 2017.[506] Zwischen 2012 und 2016 sei Veronika E. »zweimal im Jahr«[507] zu verschiedenen Reisemessen gereist, »drei- bis viermal« sei sie in der gesamten Zeit beruflich in Deutschland gewesen. Außerdem weist uns die Agenturchefin darauf hin, dass die uns vorliegenden Reisedaten nicht vollständig seien: Verbindungsflüge innerhalb der EU oder den USA seien gar nicht aufgelistet.[508]

Wir hatten uns das aufgrund der seltsamen Buchungsmuster ebenfalls schon gedacht, und Tatsache ist auch, dass wir lediglich auf die Daten aus einem Leak zurückgreifen können. Die Wahrscheinlichkeit ist groß, dass sie

nicht vollständig sind. Um sich ihre Wohnung und die vielen Reisen zu fi-
nanzieren, *muss* sie über weitere Geldquellen verfügen. Und die Wahl der
Reiseziele (z.B. weniger als 24 Stunden in der autonomen Republik Baschkortostan im Jahr 2018[509]) lässt vermuten, dass es nicht um Wellnesstrips
geht.

Während ich über den seitenlangen Reisedaten brüte und versuche, hinter all den einzelnen Buchungen einen Sinn zu erkennen, denke ich darüber
nach, was uns der Leiter der internen Ermittlungen bei unserem ganztägigen Termin am 16. Februar 2021 gesagt hat: Erst *nach* dem Verschwinden des
Milliardärs im April 2018 sei aufgefallen, dass der nun Verschollene mehrfach *ohne ersichtlichen* Grund in Russland unterwegs gewesen war. Nie habe
er Personenschützer mitgenommen, er muss sich vor Ort also *sicher* und *beschützt* gefühlt haben. Von wem? Von Veronika, die ihn mehrfach begleitete?
Oder von jenen, die *hinter* der jungen Russin stehen? Der Tengelmann-Sicherheitschef geht ganz klar davon aus, dass der Milliardär in Begleitung von
Personen gewesen sein muss, »in deren Gegenwart er sich entweder sehr sicher fühlt« oder die »für seinen Schutz bürgen«.[510]

Laut der Agenturchefin Olga Shishkova seien alle Reisen zwischen 2000
und 2010 »rein privater Natur« gewesen. Gleichzeitig bestätigt sie, dass Veronika E. den Milliardär bereits seit der Geburtstagsfeier von Helga Haub im
Jahr 2004 kenne. Ich schaue mir daher die Reiseziele aus dieser Zeit noch
einmal genauer an.

Der Lebenslauf von Veronika E. weist in den internen Tengelmann-Dokumenten zwischen 2002 und 2007 eine Lücke auf,[511] von ihrer Agenturchefin
wissen wir jedoch, dass sie zumindest zwischen 2002 und 2005 ab und zu
für *Russian Event* gearbeitet hat, in dieser Zeit jedoch *nie* beruflich im Auftrag
der Eventagentur verreist sei.[512] Wohin reiste die junge Frau also kurz nach
ihrem Uni-Abschluss? Sie war ja quasi nonstop unterwegs. Schauen wir uns
beispielsweise einen typischen Reisemonat in dieser Zeit an, den Dezember
2007:[513] Für den 3. Dezember gibt es eine Doppelbuchung. War die junge
Frau nun von Astrachan auf dem Weg nach Wolgograd oder doch auf der
Krim? Die schlüssigste Variante ist, dass sie am 3. Dezember auf die Krim
flog und von dort aus am 5. Dezember weiter nach Moskau reiste, am selben
Tag von Moskau in die Millionenstadt Wolgograd flog und drei Tage später,
am 8. Dezember, von dort wieder zurück nach Moskau. Dann pendelte sie

ein wenig zwischen St. Petersburg und Moskau, bevor es kurz vor Weihnachten, am 20. Dezember für knappe zwei Tage in die Industriestadt Samara ging, von wo sie am 22. Dezember wieder zurück nach Moskau reiste. Der Dezember 2007 ist exemplarisch für ihr Reiseverhalten: Sie ist viel unterwegs, hat offenbar konkrete Ziele, bleibt selten länger als ein bis zwei Tage. Von den meisten Städten, die sie besucht, habe ich bisher wenig gehört. Aus diesem Grund beginne ich, diese Orte zu recherchieren: Die wenigsten sind für ihre tolle Architektur oder touristische Sehenswürdigkeiten bekannt, fast alle sind Industriestädte, die meisten mit einem Schwerpunkt auf Rüstungsindustrie oder sie sind Standorte russischer Militärstützpunkte.

REISEZIELE MIT BEZUG ZU GEOPOLITISCHEN KONFLIKTEN

Seit dem international nicht anerkannten Anschluss der Halbinsel Krim an Russland im März 2014 ist Simferopol die Hauptstadt der Autonomen Republik Krim. Zum Zeitpunkt der ersten Reisen von Veronika E. im Jahr 2005 ist die Krim jedoch noch Teil der Ukraine. Man nennt Simferopol auch »das Tor zur Krim«, da hier alle Wege zusammenkommen. Die Krim ist – wie spätestens seit der Annexion durch Russland 2014 allen bekannt sein dürfte – von herausragendem Interesse für die russische Geopolitik. In Sewastopol auf der Krim befindet sich der Standort der russischen Schwarzmeerflotte. Die junge Frau besucht die Krim mehrfach *vor* der Annexion, und zwar in den Jahren 2005, 2007, 2009, 2010 und 2014. Bis auf den letzten Besuch 2014 (dem Jahr der russischen Annexion) sind ihre Besuche jeweils sehr kurz.

Im Jahr 2006 reist Veronika E. für wenige Tage in die nordkaukasische Industriestadt Stawropol. Ein wichtiger Teil der russischen Streitkräfte ist hier angesiedelt, außerdem hat die Rüstungsfirma Signal hier ihre Werke, die vor allem funkelektronische Spezialtechnik für die Luftfahrt herstellt. Stawropol grenzt im Osten an die Unruheprovinz Tschetschenien, immer wieder kommt es hier zu blutigen Bombenanschlägen. Auch Bergkarabach, die ewige Krisenregion zwischen Armenien und Aserbaidschan, ist nicht weit von Stawropol entfernt.

Im Jahr 2007 reist Veronika E. innerhalb weniger Wochen in die Städte Sotschi, Krasnodar, Nowosibirsk, Barnaul, Omsk, Astrachan, Simferopol

(Krim), Wolgograd, Kurumotsch und Samara.[514] Die wichtigsten Branchen in der sibirischen Millionenstadt Novosibirsk sind Rüstungsindustrie, Flugzeugbau (Tschkalow-Flugzeugwerke), Maschinenbau, Landmaschinenbau, Metallindustrie, Elektrotechnik und Elektronik, die IT-Branche, die chemische und pharmazeutische Industrie, die Leicht- und Lebensmittelindustrie sowie der Baumaterialiensektor. Im westsibirischen Barnaul wird unter anderem Munition hergestellt, der Name Barnaul ist so etwas wie ein Synonym für russische Munition.[515]

Die sibirische Millionenmetropole Omsk gilt als einer der wichtigsten Standorte der russischen Rüstungsindustrie. Nach 1941 gab es hier mehr als 240 Betriebe, die auf die Herstellung von Munition und Waffen spezialisiert waren, das brachte der Region den Spitznamen »Waffenschmiede Russlands« ein. Noch heute hat das Unternehmen Transmash seinen Sitz in der Stadt, es stellt unter anderem Militärfahrzeuge, selbstfahrende Artillerie und Mehrfachraketenwerfer her.

Astrachan ist eine Stadt an der Wolga und ein wichtiger Warenumschlagplatz zwischen Europa und den Anrainern des Kaspischen Meers. Dort befindet sich das Hauptquartier der Kaspischen Flotte der Russischen Marine. Auch Samara gilt als ein wichtiger Standort der russischen Rüstungsindustrie und zählt zu den bedeutendsten Wirtschaftsstandorten der Russischen Föderation. Die wichtigsten Industriezweige sind der Maschinenbau und die Metallverarbeitung, mit der Herstellung von Geräten für die Weltraumtechnik, dem Flugzeugbau (Typ Tupolew) und Flughäfen. In Samara hat die Firma ZSKB Progress ihren Sitz, in der die Sojusraketen gebaut werden, die seit 1966 in den Weltraum fliegen. Wolgograd ist eine russische Millionenstadt an der unteren Wolga. Sie fungiert als bedeutender Verkehrsknotenpunkt und wichtiges Industriezentrum.

Im Mai 2008 reist die junge Russin für knapp zwei Tage nach Saratow an der mittleren Wolga. Bis 1992 war Saratow eine »geschlossene Stadt«, weil dort chemische Waffen sowie Militärflugzeuge hergestellt wurden. Die Rüstungsindustrie prägt die Stadt bis heute: Bis zu 60 Prozent der Unternehmen aus dem Maschinen- und Gerätebau sind auf Rüstungsgüter spezialisiert. In der Saratower Region gibt es 18 große Produktionsvereinigungen der Rüstungsindustrie und acht Forschungs- und Entwicklungsinstitute für Waffenentwicklung.

Im Juni und Juli 2008 hält sich Veronika E. jeweils für knapp zwei Tage in Weißrussland auf. Anschließend fliegt sie dann direkt weiter nach Sotschi, wo sie am 11. Juli 2008 mutmaßlich Karl-Erivan Haub trifft, der sich zeitgleich mit ihr in der weißrussischen Hauptstadt Minsk aufgehalten hat und dann ebenfalls nach Sotschi weiterreist. Obwohl sich Karl-Erivan Haub und die junge Russin zu diesem Zeitpunkt laut Aussage der Agenturchefin Olga Shishkova bereits seit mindestens vier Jahren kennen müssen, ist diese zeitgleiche Reise nach Minsk und Sotschi im Jahr 2008 der *erste* dokumentierte *gemeinsame* Aufenthalt. Unmittelbar nach dem mutmaßlichen Treffen mit Haub fliegt die junge Russin dann für knapp 24 Stunden nach Penza, wo sich das Technische Artillerieinstitut Penza befindet. Siebzehn Kilometer südöstlich der Stadt liegt das Chemiewaffenlager Leonidowka, rund 550 Kilometer von Moskau, in der Nähe einer der sieben großen Lagerstätten für Chemiewaffen des Landes. Dort lagern fast 7.000 Tonnen Nervengas. Ebenfalls im Juli 2008 reist Veronika nach Rostow am Don, dem »Tor zum Kaukasus«. Wie lange die junge Frau dort bleibt, ist unseren Datensätzen nicht zu entnehmen.

Sergej und ich versuchen, uns einen Reim auf die Reiserouten und Ziele zu machen. Auf einer Russland-Karte markiere ich für das Jahr 2007/2008 alle Ziele der jungen Frau. Von Karl-Erivan Haub wissen wir sowohl aus den internen Dokumenten als auch durch unsere eigene Recherche, dass er sich zwischen 2008 und 2012 mindestens achtmal in Sotschi, Krasnodar und Astrachan sowie einmal in Wolgograd aufgehalten hat.

Und auch wenn es vielleicht wirklich nur ein Zufall sein könnte: All diese Orte liegen in einer für Russland geopolitisch hochinteressanten Zone, nämlich zwischen der Ukraine auf der westlichen Seite und der Grenzregion Aserbaidschan und Armenien auf der südlichen Seite.

WAS HABEN VERONIKA E.S REISEN ZU BEDEUTEN?

Sergej und ich besprechen unsere Rechercheergebnisse mit dem Geheimdienstexperten Malte Roschinski. Wir alle teilen die Auffassung, dass die Reisen *nicht* mit einer Tätigkeit in einer kleinen Eventagentur zu erklären sind. Zumal die junge Frau ja laut Aussage ihrer ehemaligen Chefin Olga Shishkova diese Reisen ohnehin nicht im Auftrag der Agentur getätigt haben soll und zudem zeitweise gar nicht dort angestellt war. Gleichzeitig lässt das geringe offizielle Gehalt von Veronika E. den Rückschluss zu, dass diese Reisen nicht von ihrer offiziellen Einkommensquelle bestritten werden. Da wir jedoch in den offiziellen Datenbanken keine Informationen über sonstige Geldquellen finden, bleibt die Frage nach der Finanzierung weiterhin offen.

Der Geheimdienstexperte Malte Roschinski hält es für sehr gut möglich, dass die junge Frau, wie auch aus den internen Tengelmann-Dokumenten hervorgeht, tatsächlich für einen der russischen Nachrichtendienste tätig ist. Auch sind sich sowohl der Tengelmann-Sicherheitschef als auch Malte Roschinski einig: Der Werdegang von Veronika E. lässt darauf schließen, dass es innerhalb des Nachrichtendienstes zu einer Art »Beförderung« gekommen sein könnte, womit sich das veränderte Reiseverhalten ab 2012 erklären ließe. Vor allem ihre Reisen vor 2012 lassen den Verdacht aufkommen, dass die junge Russin in irgendeiner Form etwas mit dem Militär, der Rüstungsindustrie oder sonstigen innenpolitischen russischen Interessen zu tun haben könnte.

Auch die Tatsache, dass sie viel beschäftigt zu sein scheint, obwohl sie teilweise gar keiner offiziellen Arbeit nachgeht, könnte diesen Rückschluss zulassen. Die teilweise sehr kurzen Aufenthalte lassen darauf schließen, dass die Reisen *zweckgebunden*, also dienstlicher Natur waren, und keine Vergnügungs- und Freizeitreisen. Die vielen Doppelbuchungen, Stornierungen und Umbuchungen könnten Versuche darstellen, die Spuren des eigentlichen Aufenthalts zu verwischen. Zumindest wird auch an dieser Stelle deutlich, dass Geld keine Rolle spielt.

Die Art und Weise, wie die gemeinsamen Reisen von Veronika E. und Karl-Erivan Haub stattgefunden haben, zum Beispiel in getrennten Kabinen im Nachtzug oder zu Zielen wie Omsk, erhärten bei uns die Vermutung, dass die beiden in keiner Liebesbeziehung miteinander stehen – oder zumindest, dass eine Liebesbeziehung nicht der *vorrangige* Grund der Reisen ist. Mir scheint die Russin eher eine *Begleiterin* vor Ort zu sein, wie beispielsweise bei der Reise von Minsk nach Sotschi, wo die junge Frau Linie fliegt, während Haub und seine Begleiter im Privatjet reisen.

DER RUSSISCHE PASS

Nach eingehender Analyse der 201 Seiten Reisedaten sind wir uns alle sicher, dass hier etwas ganz und gar nicht stimmen kann. Da wir bei den Reisen im Einzelnen fürs Erste nicht weiterkommen, nehmen Sergej und ich uns nun den angeblichen russischen Pass vor, den Karl-Erivan Haub laut der internen Dokumente für mehrere Reisen genutzt haben soll. Alleine seine Existenz wäre von herausragender Bedeutung, da der Tengelmann-Chef neben der deutschen auch die amerikanische Staatsbürgerschaft besitzt, also eine dritte Staatsbürgerschaft illegal wäre. In jedem Falle würden sich die Strafverfolgungsbehörden in Deutschland und den USA für diesen Pass interessieren, da sich selbstverständlich die Frage stellt, wie der Milliardär an ihn gekommen ist: über offizielle Quellen sicher nicht.

Aus den internen Tengelmann-Dokumenten[516] geht hervor, dass Karl-Erivan Haub mehrere russische Pässe gehabt haben soll. Bekannt sind zwei Passnummern 52 2436433 und 52 23857585. Diese Informationen stammen von der vor Ort in Russland ermittelnden Agentur, deren beide Vertreter (der ehemalige Mitarbeiter des Militärischen Abschirmdienstes der Bundeswehr und der ehemalige Verbindungsoffizier von Wladimir Putin bei der Stasi) inzwischen tot sind. Als die beiden noch lebten, erklärten sie dem Sicherheitschef und seinem Berater, ihre Informationen über den angeblichen russischen Pass hätten sie aus zwei verschiedenen Quellen bekommen: über persönliche Kontakte beim russischen Inlandsgeheimdienst FSB und durch Auszüge aus einer Reisedatenbank (jener Datenbank, die auch Sergej und ich angezapft haben).

Sergej und ich wundern uns zunächst, dass die beiden Nummern unterschiedlich lang sind. Bei einer Überprüfung der Daten aus dem Abschlussbericht mit den Daten aus dem Datenleak fällt uns auf, dass in dem internen Dokument bei der ersten Nummer eventuell eine »6« vergessen wurde: Dem Verfasser des internen Berichts wäre hier also ein Versehen passiert. Diese Erkenntnis stellt uns aber vor eine neue Fragestellung: Wir wissen, dass russische internationale Reisepässe NEUN Ziffern haben, russische Inlandspässe jedoch ZEHN. Was also liegt uns hier vor? Ein inländischer Pass oder ein internationaler Reisepass? Russische Pässe sind von den Zahlen her einem genauen Schema zuzuordnen. Es ist recht starr und einfach nachzuvollziehen. Der inländische Pass ist grüppchenweise aufgeteilt: Das erste Ziffernpaar gibt den Ausstellungsort an, im Falle der 52 ist das die Region Omsk. Das nächste Ziffernpaar zeigt das Jahr an, in dem der inländische Pass ausgestellt worden ist. Im Fall von KEH wäre das 1923/1924 oder 2023/2024. Beide Kombinationen ergeben keinen Sinn.

Die Nummer des internationalen russischen Reisepasses besteht aus NEUN Ziffern, oben rechts in der Ecke platziert. Das erste Ziffernpaar gibt dabei an, welche Behörde den Pass ausgestellt hat. Mitglieder der Regierung haben als erste beiden Ziffern beispielsweise eine 10, Diplomaten eine 20. Die 50er-Reihe wird vom Außenministerium ausgegeben; das würde sich mit den internen Ermittlungsakten decken: Dort ist vermerkt, dass das »Ministerium für Auswärtige Angelegenheiten« den Pass ausgestellt habe.[517] Bleibt nur die Frage, warum in dem Dokument zehnstellige Nummern auftauchen. Wir haben dafür eine mögliche Erklärung gefunden. Oben rechts: die gleiche *neunstellige* Nummer. Unten links: noch eine zehnte Ziffer vor der Nationalität (RUS) hinzugefügt.

Wir wissen nun also, dass es vom Aufbau der Nummer her *theoretisch* möglich sein *könnte*, dass Karl-Erivan Haub einen russischen Reisepass hat. Aus diesem Grund wollen wir ihn in den Datenbanken suchen. Sofern man die vollständige Nummer hat, sollte es möglich sein, über Sergejs Kontakte in den russischen Foren an einen Datenbankauszug heranzukommen. Doch die Wochen verstreichen und Sergej und ich erhalten keine Rückmeldung von seinen Kontakten zu den Pässen. Immer wieder liefern sie uns jedoch Dokumente, die wir schon kennen: Datenbankauszüge von seinen Reisen beispielsweise. Doch auch in diesen Dokumenten wird der Milliardär immer als »deutscher Staatsbürger« geführt. Nicht als russischer Staatsbürger. Vielleicht stimmen diese Information einfach nicht? Oder ist es vielmehr so, wie in den internen Tengelmann-Dokumenten steht, dass »Kopien dieser damals ausgegebenen Dokumente für die Recherchen z.Z. nicht zugänglich« sind?[518] Im Protokoll von Christian Haubs Vertrautem ist zu lesen, dass man »eine Kopie des Passes (...) damals für rund 10.000 Euro [hätte] erwerben können«, dies aber dann nicht getan habe. »Allein die ›Passöffnung‹ im System durch einen dortigen Mitarbeiter habe in Russland ebenso Wellen geschlagen (...) und für Ärger für die betreffenden Beamten geführt«.[519]

Welche Version auch immer der Wahrheit entspricht: Sergej und ich können die angeblichen russischen Pässe *nicht* verifizieren – wir können jedoch auch nicht mit Sicherheit sagen, dass es sie *nicht* gibt.

DAS GESCHEITERTE TENGELMANN-RUSSLAND-GESCHÄFT

Nachdem Sergej und ich große Teile der internen Dokumente verifizieren konnten, wollen wir uns nun die Hintergründe des gescheiterten PLUS-Russland-Geschäfts genauer anschauen. Wir finden dieses Scheitern besonders auffällig, da Tengelmann mit OBI seit Jahrzehnten erfolgreich auf dem russischen Markt vertreten ist. Das Management, genauer gesagt Karl-Erivan Haub und sein engster Berater, der ehemalige Top-Manager, kennt sich also mit dem dortigen Marktumfeld aus. Was also lief bei PLUS so anders? Zunächst schauen wir uns daher noch einmal das erfolgreiche OBI-Geschäft an: Anfang der 2000er-Jahre baut der Handelskonzern in einem gemeinsamen Joint Venture mit dem russischen Milliardär Igor Sossin das Filialnetz der Baumarktkette auf. Tengelmann gehören dabei 51 Prozent der Anteile und dem Russen 49 Prozent. Das Geschäft ist lukrativ, und 2016 beschließt der Tengelmann-Chef, seinen ehemaligen Geschäftspartner auszubezahlen: OBI gehört nun zu 100 Prozent der Tengelmann Gruppe.[520] Diese Tatsache ist sehr wichtig, denn die Übernahme findet *nach* der Krim-Krise statt, welche ja laut dem Bericht von *Alvarez & Marsal* als Grund für das Scheitern des PLUS-Russland-Geschäfts genannt wird: Die Sanktionen, die das PLUS-Geschäft angeblich so stark beeinträchtigt haben sollen, dass es scheiterte, *müssen* Haub und dem ehemaligen Top-Manager zu diesem Zeitpunkt bekannt gewesen sein.

Die Idee, mit der Supermarktkette PLUS den russischen Markt zu erobern, entstand in den Jahren vor 2010. Doch irgendetwas lief bei dieser Expansion gründlich schief: Mehr als 40 Millionen Euro verschwinden, keine einzige Filiale wird eröffnet. Und schließlich wird das ganze Geschäft 2015 für beendet erklärt. Es bleibt ein Misserfolg auf ganzer Linie. Wie konnte es dazu kommen? Karl-Erivan Haub ist seit 2000 der unangefochtene Herrscher über den Tengelmann-Konzern. Aus vielen Presseartikeln und Gesprächen mit Journalistenkollegen wissen wir, dass er sich von so gut wie *niemandem* ins Geschäft hat reden lassen. Die einzige Ausnahme: Von seinem langjährigen Berater.

Gemeinsam mit ihm geht Haub das Projekt »Expansion in den Osten« an. Und sowohl aus den internen Tengelmann-Dokumenten als auch aus dem Bericht der Datenforensiker von *Alvarez & Marsal* geht hervor, dass die Geschäftspartner für das PLUS-Russland-Geschäft über diesen fast väterlichen Freund gesucht und gefunden wurden: Andrej Suzdaltsev, Sergej Grishin und Ilya Brodski. Auf meine Presseanfrage teilt dessen Anwalt jedoch mit, dass er von den dreien lediglich Andrej Suzdaltsev kenne und mit diesem eine rein private Beziehung pflege.[521] Diese »rein private« Beziehung ist jedoch wertvoll genug, um im Jahr 2010 zusammen mit Tengelmann ein gemeinsames Joint Venture zu gründen, in dessen Verlauf die Tengelmann Gruppe über die *Plus Russland Holding* insgesamt 42,5 Millionen Euro in das Projekt einfließen lässt. Die russischen Partner Suzdaltsev, Grishin und Brodski halten ihre Anteile über die *Tecfocus Investments Ltd.* mit Sitz im Offshore-Paradies Zypern.[522] Schon während dieser Zeit fällt anderen Mitarbeitern bei Tengelmann auf, dass etwas mit dem Russland-Geschäft nicht stimmt. Laut mehreren internen Quellen sind es jedoch Karl-Erivan Haub und der ehemalige Top-Manager selbst, die eine interne Revision immer wieder verzögern und schließlich im Sande verlaufen lassen. Laut dem Tengelmann-Sicherheitschef und den Prüfern der international renommierten Unternehmensberatung kann außerdem niemand so richtig nachvollziehen, warum für das Russland-Geschäft Uwe K. und Markus S. als Geschäftsführer eingesetzt werden. Beide waren zuvor für PLUS-Gesellschaften in Bulgarien und Rumänien verantwortlich, und in beiden Ländern hatte die interne Revision erhebliche Unregelmäßigkeiten festgestellt. Auch davon wusste Karl-Erivan Haub. Und er billigte es.

Die Wahl der Geschäftspartner Sergej Grishin, Andrej Suzdaltsev und Ilya Brodski wirft indes die größten Fragen auf. Ihre Verwicklung in Betrug, Steuerhinterziehung, Geldwäsche und Offshore-Geschäfte war teilweise bereits damals öffentlich bekannt. Auch der Zeitraum des gemeinsamen Joint Ventures (2010–2015) ist hochinteressant. In nahezu demselben Zeitraum, zwischen 2010 und 2014, kommt es zu einem der größten Geldwäscheskandale der russischen Geschichte. Im sogenannten *Russischen Waschsalon* wurden bis zu 80 Milliarden Euro aus Russland herausgewaschen. Zu den Drahtziehern des Skandals gehörte unter anderem die Bank der drei: die *Rosevrobank*.

HAUBS VÄTERLICHEN BERATER FÄLLT MIT DUBIOSEN GE-SCHÄFTEN IN RUSSLAND AUF

Immer wieder taucht in den Erzählungen des Tengelmann-Sicherheits-chefs, aber auch im Protokoll von Christian Haubs Vertrautem sowie im Bericht von *Alvarez & Marsal* der Name des Familienberaters und ehema-ligen Top-Managers auf. Und in allen Fällen wird ihm im Hinblick auf die Ermittlungen nach dem Verschwinden von Karl-Erivan Haub und seinen geschäftlichen Verbindungen nach Russland ein mehr oder weniger son-derbares Verhalten nachgesagt.

Während im Bericht der international renommierten Unternehmens-beratung vor allem die Wahl der russischen Geschäftspartner sehr nega-tiv auffällt und ihm vorgeworfen wird, die Aufarbeitung des gescheiterten PLUS-Geschäfts in Russland blockiert zu haben, beschreibt der Tengel-mann-Sicherheitschef, Karl-Erivan Haubs enger Vertrauter und Berater habe die Ermittlungen nach dem Verschwinden in Russland mehrfach »torpediert«, indem er auf die Familie Einfluss genommen habe und die Ermittlungen daraufhin finanziell nicht weiter unterstützt worden seien. Auf meine Frage, *wann* er seinen Einfluss geltend gemacht habe, antwor-tete der Leiter der internen Ermittlungen bei unserem Termin: »Na, kurz bevor wir ihn (Karl-Erivan Haub[523]) in Russland hatten.«[524] Am weitesten gehen jedoch die Verfasser des *Dossiers*, die dem ehemaligen Top-Manager vorwerfen, »30 Jahre lang für russische Nachrichtendienste gearbeitet zu haben«, inzwischen aber »nicht mehr für die russische Seite tätig« zu sein. Außerdem sei dieser »in Russland in ›Ungnade‹ gefallen«.[525] Für Sergej und mich stellt dieser Teil der Recherche eine sehr große Herausforderung dar, da fast alle Informationen mehr oder weniger auf »Hörensagen« beru-hen. Weder haben wir Zugriff auf die primären Geheimdienstquellen noch haben wir Zugriff auf die Verfasser des *Dossiers*, die inzwischen tot sind. Wir müssen uns entscheiden, ob wir den Aussagen und Einschätzungen des Tengelmann-Sicherheitschefs vertrauen oder nicht. Lediglich das Do-kument von *Alvarez & Marsal* ist ein unangefochtener Beweis, da die Wirt-schaftsprüfer einen umfassenden Zugang zu internen Tengelmann-Doku-menten, Servern und Mitarbeitern hatten, die Auskunft über die Vorgänge rund um das PLUS-Geschäft in Russland geben konnten. Zudem war es Sinn und Zweck der Arbeit, eine forensische, also *vor Gericht verwertbare*

Zusammenfassung zu dem gescheiterten Geschäftsvorhaben in Russland zu erstellen.

Zunächst beginnen Sergej und ich daher mit einer formellen Recherche zu Haubs engem Vertrauten und Berater. Er gilt in der Branche als ein Macher, ein harter Hund. Vor allem in den 1990er-und 2000er-Jahren ist er erfolgreich im deutschen Mittelstand tätig. Dass er laut den Aussagen des Tengelmann-Sicherheitschefs mehrfach die hauseigenen Recherchen nach dem Verschwinden von Karl-Erivan Haub boykottiert, wirft natürlich noch ein ganz anderes Licht auf die Situation. Höchst seltsam ist auch die Aussage, der ehemalige Top-Manager sei lange Zeit in »Alkohol- und Zigarettenschmuggel involviert gewesen«.[526]

Wie sollen Sergej und ich diese vermeintliche Geheimdiensttätigkeit oder mögliche Verstrickungen in die Organisierte Kriminalität beweisen? Ein Interview lehnt der ehemalige Top-Manager ab. Selbst zu einem inoffiziellen Hintergrundgespräch ist er nicht bereit. Die gesamte Kommunikation mit uns findet nur über seinen Anwalt statt. Anfang März schicke ich daher einen äußerst umfangreichen Fragenkatalog an die Kanzlei, die ihn presserechtlich vertritt.[527] Zunächst weist die Kanzlei alle Nachfragen bezüglich des gescheiterten Russland-Geschäfts ihres Mandanten ab, da dieser nach seinem Ausscheiden nicht autorisiert« sei, »Angaben zu machen«.[528] Wir mögen unsere »Fragen direkt an Tengelmann richten«.[529] Die Antwort ist natürlich Blödsinn, da ja aus den internen Tengelmann-Akten selbst hervorgeht, dass die Rolle des ehemaligen Top-Managers im Rückblick viele kritische Fragen aufwirft.

Weiter geben die Anwälte an, ihr Mandant kenne lediglich Andrej Suzdaltsev persönlich, nicht jedoch einen Mann namens Michael Dokukin, der als enger Kontakt im Dossier genannt wird. Später werden die Anwälte diese Aussage jedoch wieder zurückziehen und erklären, ihr Mandant habe »seine über zehn Jahre alten Terminkalender« überprüft und nun doch festgestellt, dass er Michael Dokukin »einmalig« getroffen habe. Eine geschäftliche Beziehung habe jedoch nicht bestanden.[530]

Auf Sergej Grishin gehen die Anwälte nicht ein, obwohl wir auch nach ihm explizit fragen. Auf die Frage, warum bei der Wahl der Geschäftspartner auf eine Überprüfung der Integrität verzichtet wurde, antworten die Anwälte, dass Suzdaltsev »eine rein persönliche Bekanntschaft« sei und es gebe

»keinerlei geschäftliche Beziehung«. Es sei daher »nicht üblich und war angesichts des rein persönlichen Verhältnisses auch zu keinem Zeitpunkt angezeigt, die Integrität des Herrn Andre Suzdaltsev zu überprüfen«.[531] Na ja. Immerhin kommt es zwischen dem »rein persönlichen Kontakt« und der Firma Tengelmann zu einem *gemeinsamen* Joint Venture.

Ich habe den Eindruck, hier will sich jemand aus der Affäre ziehen. Sich an dieser Stelle mit einem »rein persönlichen Kontakt« herauszureden, halte ich für zumindest fragwürdig. Außerdem geben die Anwälte an, ihr Mandant halte »nachweislich keinerlei Unternehmensbeteiligungen in Russland«.[532] Auch diese Aussage werden wir später widerlegen können. Zudem sei »unzutreffend«, dass er »während seiner Tätigkeit als Berater für Tengelmann einen Rückzug des Unternehmens aus dem Russland-Geschäft befürwortet« habe.[533] Diese Aussage steht jedoch in direktem Widerspruch zu den Recherchen der Wirtschaftsprüfer von *Alvarez & Marsal,* die eine Vielzahl interner Dokumente einsehen und mit damals beteiligten Mitarbeitern sprechen konnten. Auch der Leiter der internen Ermittler und der Krisenmanager haben den Sachverhalt völlig anders in Erinnerung. Zu möglichen Verbindungen des langjährigen Beraters zum russischen Geheimdienst erfahren wir von seinen Anwälten, dass dies »jedweder Grundlage« entbehre, wir über »keinerlei verifizierte Quellenangaben verfügen« könnten, ihr »Mandant zu keinem Zeitpunkt Kontakt zum russischen Geheimdienst FSB« gehabt habe und »auch zu keinem Zeitpunkt für den russischen Geheimdienst FSB tätig« gewesen sei.[534] Ihm sei »kein Haftbefehl des FSB bekannt« und es bestünden »auch keine unserem Mandanten bekannte Gründe, die einen solchen Haftbefehl begründen könnten«.[535]

Die russischen Bankkonten gebe es »aufgrund der Trennung von seiner damaligen Frau und der Teilübertragung einer gemeinsam mit seiner Frau gehaltenen Immobilie«.[536] Auch die Existenz eines »privaten Bankkontos in der Schweiz« werde durch den »Mandanten keinesfalls bestritten, da die Existenz des Kontos weder rechtlich zu beanstanden« sei, »noch Anlass zu solchen gegen unseren Mandanten sich richtende Spekulationen« gebe.[537] Rein rechtlich mag das ja stimmen, interessant ist es natürlich trotzdem. Auch der Vorwurf, ihr Mandant habe die internen Ermittlungen nach dem mysteriösen Verschwinden von Karl-Erivan Haub »boykottiert«, wie der Tengelmann-Sicherheitschef sowie der Krisenmanager sagen, sei »falsch« und

»unzutreffend«.[538] Die Anwälte erklären, ihr Mandant gehe »fest davon aus, dass Karl-Erivan Haub nicht mehr am Leben« sei.[539]

»Unwahr« sei auch die Behauptung, ihr »Mandant sei ›aktiv im Zigaretten- und Alkoholschmuggel‹ tätig gewesen«.[540] Die Anwälte weisen uns in aller Deutlichkeit darauf hin, unsere Anfrage enthalte »ganz offenkundig an Sie und auch an andere uns bekannte Medien lancierte Falschbehauptungen, die unseren Mandanten und auch Teile der Familie Haub gezielt und unter Instrumentalisierung der Medien diskreditieren sollen, um damit von Ihrer Informationsquelle verfolgte, eigene wirtschaftliche Interessen zu befördern«.[541]

In diesem Punkt treffen die Rechtsberater des ehemaligen Top-Managers ganz sicher ins Schwarze: Für meine Kollegen und mich steht außer Frage, dass wir die belastenden Informationen nicht aus reiner »Nettigkeit« im Auftrag von Christian Haubs engem Vertrauen erhalten haben. Uns war von Beginn an klar, dass wir als »Instrument« in einem Erbschaftskrieg dienen sollen: Ich konnte es ja sogar schwarz auf weiß in den internen E-Mails zwischen dem Krisenmanager und Haubs Vertrautem lesen. Doch mit diesem Wissen müssen wir unsere Recherche eben besonders gründlich vorantreiben. Und Tatsache ist auch, dass wir bisher einen Großteil der uns gelieferten Informationen durch verschiedene Quellen *verifizieren* konnten.

Und genau das wollen wir nun beim ehemaligen Top-Manager machen. Sergej und ich beginnen daher, uns seine Geschäftsverbindungen nach Russland genauer anzuschauen. Neben seiner Tätigkeit für diverse deutsche Mittelständler ist der ehemalige Tengelmann-Manager nämlich auch privat geschäftlich in der Russischen Föderation involviert: Im Verlauf der Jahre hat er ein kompliziertes Firmengeflecht in Russland aufgebaut. Eingebunden sind neben ihm auch seine Ex-Frau sowie mutmaßlich ein männliches Familienmitglied der Ex-Frau. Außerdem tauchen sowohl die Ex-Frau als auch seine Tochter in einer zypriotischen Briefkastenfirma auf: der *Halbinsel Ltd.*[542] Auf die Frage, was eigentlich der Geschäftszweck dieser Offshore-Firma sei, haben wir bis heute keine Antwort von den Anwälten erhalten. Die russischen Firmen des Mannes sind jedoch etwas aufschlussreicher, da aus den russischen Firmenregistern auch der Handelszweck zu entnehmen ist. Entgegen den Behauptungen seiner Anwälte hält (bzw. hielt) er Anteile an einer Reihe von Firmen.

Gleich mehrere dieser Firmen haben laut der Beschreibung einer russischen Firmendatenbank als Ziel angegeben, »Großhandel mit Nahrungs- und Genussmitteln, Getränken und Tabakwaren, Einzelhandel mit Waren verschiedener Art, Getränken und Tabak« zu betreiben. Und auch mit »Kirchendevotionalien und Ikonen« (Der Firmenname bedeutet zu Deutsch »Bild«, »Gebilde«, »Gestalt« oder »Ikone«). Sergej und ich werden stutzig: Warum würde ein deutscher Manager gleich in mehrere Firmen investieren, die vergoldete Heiligenbildchen und geschnitzte Statuen in Russland vertreiben?

Was hat der ehemalige hochrangige Berater mit der Russisch-Orthodoxen Kirche zu tun? Auch aus dem Schaubild des *Dossiers* über ihn geht eine klare Verbindung zwischen ihm und der Russischen Kirche, ihrem Patriarchen Kyrill und dem russischen Geheimdienst FSB hervor. Wie kommen die Verfasser des Berichts darauf? Ich bespreche meine offenen Fragen mit einer russischen Kollegin. Sie hat uns bereits in der Vergangenheit bei Recherchen unterstützt. Sie ist eine fantastische Journalistin mit hervorragenden Recherchefähigkeiten, die unter anderem für die *Washington Post* und *CNN* arbeitet. Von ihr erfahre ich, dass die Russisch-Orthodoxe Kirche vor allem in den 1990er-Jahren steuerfrei mit Alkohol und Tabak gehandelt habe und die Kirchen-Oberen nicht selten ehemalige Generäle des KGB oder FSB seien. Sofort überprüfen wir diese Aussagen.

Und tatsächlich: Mit »dubiosen Geschäftspraktiken«[543] fuhr die Russisch-Orthodoxe Kirche offenbar nach dem Zusammenbruch der Sowjetunion Millionengewinne ein.[544,545] Außerdem muss man bedenken, dass die Russisch-Orthodoxe Kirche ihre Gläubigen nicht mit Steuern belegt. Vielmehr finanziert sie sich aus Einnahmen, die »eigene Unternehmen mit Ikonen, Kerzen und sakralem Zierrat erwirtschaften«.[546] Moment. *Eigene* Unternehmen? Ist es vorstellbar, dass Karl-Erivan Haubs ehemals engster Berater, ein deutscher Geschäftsmann, eine Firma für den Handel mit Kirchendevotionalien in Russland aufbaut, *ohne* dass die richtigen Stellen in der Russisch-Orthodoxen Kirche und im Staat damit einverstanden sind, es zumindest genehmigen oder vielleicht sogar schützend die Hand über das Business halten? Ich persönlich halte das für nahezu ausgeschlossen. *Wissen tun wir es jedoch nicht.*

Durch unsere Recherche erfahren wir weiter, dass die Russisch-Orthodoxe Kirche sich Mitte der 1990er-Jahre zum »führenden Zigarettenimporteur«[547]

Russlands entwickelt habe, indem der Russisch-Orthodoxe Patriarch Kyrill »unter dem steuerbefreiten, gemeinnützigen Banner der orthodoxen Kirche« den Import von »hoch besteuerten Produkten, vor allem Tabak« organisiert habe.[548] Das Privileg von zollfreien Importen von Alkohol und Zigaretten hatte die Kirche dank der Unterstützung des damaligen russischen Präsidenten Boris Jelzin erhalten.[549] Die kirchlichen Dumpingpreise für Tabak und Alkohol verdrängen einen Großteil der ursprünglichen Importeure vom Markt,[550] da diese sich an die vom Staat verhängten Steuern auch weiterhin halten müssen. Im Jahr 1996 ist die Russisch-Orthodoxe Kirche dann der »konkurrenzlose Branchenführer«, kein Importeur könne auf »ein ähnlich großes Kontingent verweisen«.[551] Die ganze Causa interessiert uns jetzt erst recht. Sergej und ich können mit diesem Hintergrundwissen vage nachvollziehen, *wieso* die Verfasser des *Dossiers* eine Verbindung zwischen der Kirche, dem FSB und ebenjenen Manager in den internen Dokumenten festgestellt haben *könnten*.

Ein Beweis, dass die Vorwürfe gegen ihn stimmen, ist das jedoch nicht. Dafür ist die Sachlage zu dünn.

Wir schauen uns daher die russischen Unternehmensbeteiligungen ganz genau an. Eine Firma gibt als Haupttätigkeit »Facheinzelhandel mit Andenken, kunstgewerblichen Erzeugnissen, Geschenkartikeln«[552] an. Darunter fallen unter anderem der »Großhandel mit Nahrungs- und Genussmitteln, Getränken und Tabakwaren, ohne ausgeprägten Schwerpunkt«, »Einzelhandel mit Waren verschiedener Art, Hauptrichtung Nahrungs- und Genussmittel, Getränke und Tabakwaren in Verkaufsräumen mit breit gefächertem Warensortiment« sowie »Facheinzelhandel mit Devotionalien und Bestattungsbedarf in Verkaufsräumen«.[553] Das Unternehmen wurde 2005 gegründet und ist seit 2016 nicht mehr aktiv. Der ehemalige Top-Manager hielt dabei als Mehrheitsanteilseigner 55 Prozent der Anteile, die übrigen Geschäftspartner jeweils 15 Prozent.

Eine weitere Firma, die ebenfalls 2016 aufgelöst wurde, gehörte dem deutschen Manager ebenfalls zu 55 Prozent und den russischen Geschäftspartnern wieder zu je 15 Prozent. Sehr interessant ist, dass das Unternehmen im Jahr 2004 bei den Erlösen einen phänomenalen Sprung von 720 Prozent macht. Der Reingewinn steigert sich daraufhin um 47,37 Prozent.[554] Auch eine weitere Firma ist inzwischen nicht mehr aktiv: Das Unternehmen wurde am 22.2.1999 registriert, am 3.3.2007 kommt es laut den Unterlagen jedoch zu einer Veränderung, vermutlich einer Übernahme durch die Bank. Seitdem gehört das Unternehmen zu 100 Prozent der *Inwestizionnyj Republikanische bank*, die Beteiligungsquote des ehemaligen Tengelmann-Managers liegt bei 0 Prozent. Aus einem weiteren Dokument geht hervor, das Unternehmen sei eine Tochtergesellschaft der Bank.[555] Über Sinn und Zweck des Unternehmens gibt die Datenbank keinerlei Auskünfte.

Auch eine weitere Firma ist inzwischen nicht mehr aktiv. Diese Firma ist aber deshalb sehr interessant, da der Mann auf den ersten Blick nicht in den Firmendaten auftaucht. Seit 2006 ist jedoch seine Holding zu 100 Prozent als Eigentümerin eingetragen, doch im sogenannten Verbindungsbaum taucht dann auch sein Name persönlich auf. Eine weitere Firma gibt an, Gold und Edelsteine zu bearbeiten. Doch dann taucht auch in dieser Firmenbeschreibung auf, sie betreibe »Großhandel mit Nahrungs- und Genussmitteln, Getränken und Tabakwaren, Großhandel mit Schmuck, Großhandel mit Gold und anderen Edelmetallen, Einzelhandel mit Waren verschiedener Art, Hauptrichtung Nahrungs- und Genussmittel, Getränke und Tabak«.

UNTERNEHMENSBETEILIGUNGEN IN RUSSLAND UND IKONENHANDEL

Der Anwalt des Top-Managers besteht darauf, dass sein Mandant »nachweislich keinerlei Unternehmensbeteiligungen in Russland«[556] halte. *Doch das stimmt nicht.* Zum Zeitpunkt unserer Recherche gibt es mehrere *aktive* Unternehmen in einer russischen Firmendatenbank. An einer Firma hält der Top-Manager seit der Gründung 25 Prozent der Anteile. Überraschenderweise macht das Unternehmen allerdings laut der Datenbank überhaupt keinen Gewinn und hat eine rätselhafte Bilanz. Der Datenbank zufolge sei es »unmöglich, eine Schlussfolgerung über die Höhe der Geldsummen und kurzfristigen Finanzlagen zu ziehen«.[557]

Das Unternehmen vertreibt Kirchendevotionalien. Als Verwaltungsorgan wird ein gewisser Andrej Z.[558] genannt. Der ist wiederum laut dem *Dossier*, das mir Christian Haubs enger Vertrauter übergeben hatte, sein Kontaktmann bei den Russlanddeutschen. Auch eine weitere Firma wurde bereits im Jahr 1996 gegründet und ist laut verschiedenen Datenbanken nach wie vor aktiv.[559] Der deutsche Manager hält 75 Prozent der Anteile, seine Ex-Ehefrau die übrigen 25 Prozent. Die Ex-Frau ist seit 2011 als Generaldirektorin eingetragen. 2019 konnte das Unternehmen seinen Reingewinn um mehr als 1.000 Prozent steigern. In Euro umgerechnet sind das mehr als 600.000 Euro.[560]

Auch eine weitere Firma, die erst im Januar 2018 gegründet wurde,[561] ist nach wie vor aktiv. Die Ex-Frau des Managers hält daran 75 Prozent, die übrigen 25 Prozent kommen über ein weiteres Unternehmen (hier hält der Manager drei Viertel der Anteile). Das Unternehmen wird eher schlecht bewertet, zwar konnte der Gelderlös im Jahre 2020 um 1.100 Prozent zulegen, doch es gibt nicht genug Mittel zur Tilgung aller kurzfristigen Verpflichtungen im Fall des Verkaufs der Debitorenverschuldung und Reserven. Die Haupttätigkeit des Unternehmens ist unrentabel. Fremdmittel übersteigen deutlich die Eigenmittel.[562] [563] Zusätzlich zu den aktiven Firmen finden wir auch noch weitere, uns und den internen Tengelmann-Ermittlern bisher nicht bekannte Firmenbeteiligungen: Die Firma A. (Registrierung am 5.5.1998, geschlossen am 9.6.2014) ist ebenfalls eine Firma, in der die Beteiligung des Managers erst über Umwege sichtbar wird: Eine seiner anderen Firmen hält hier 42 Prozent der Anteile, weitere 16 Prozent hält der mutmaßliche Verwandte der Ex-Frau.[564] Und auch eine weitere Firma taucht als ehemalige Beteiligung des Managers und seiner Ex-Frau auf. Das Paar hielt das Unternehmen zwischen 2002 und 2003 jedoch nur für rund ein halbes Jahr.[565] Über den Sinn und Zweck dieser Firma konnten wir nichts herausfinden.

Die Verbindungen des deutschen Geschäftsmanns zum Ikonenhandel in Russland sind für mich und meine Kollegen schwer nachvollziehbar. Von außen betrachtet wirkt das Geschäft für einen Ausländer eher undurchsichtig und nur mit sehr, sehr guten Kontakten sowohl in die Russisch-Orthodoxe Kirche als auch zum Staat umsetzbar. Doch älteren Medienberichten ist zu entnehmen, dass der ehemalige Tengelmann-Top-Manager im Ikonenhandel ein boomendes Geschäft sieht und er sich zudem angeblich zusammen mit seinen Geschäftspartnern um die Restaurierung der Kirchen des Landes bemühen wolle. Doch die »Unterwelt hat den Wert der hölzernen Ware längst erkannt«,[566] Kriminelle schmuggeln zu diesem Zeitpunkt die Kirchendevotionalien bereits im großen Stil.

Der Handel ist tatsächlich sehr lukrativ, in den 1990er-Jahren werden Preise bis zu 350.000 Mark erzielt.[567] Gerade deshalb tummeln sich auf dem

Ikonenmarkt viele Kriminelle, von Schmugglern bis zu Fälschern.[568] [569] Der Ikonenschmuggel entwickelt sich gar zu einem »Hauptzweig der russischen Mafia«,[570] einer der Hauptumschlagplätze ist ausgerechnet Deutschland.[571] Nach dem Zusammenbruch der Sowjetunion werden schätzungsweise »27 Millionen Ikonen ins Ausland geschafft«, was »neun Zehntel des Bestands« betrifft.[572] Der Handel mit Ikonen wirkt für mich dubios und wenig durchsichtig. Aus meiner Sicht ist das kein solides Geschäftsmodell, das regelkonform abläuft. Es scheint nur eine hauchdünne Kluft zwischen der Organisierten Kriminalität und seriösen Antiquitätenhändeln zu geben. Und wie wir nun außerdem wissen, sind diese *offiziellen* Geschäfte in der Regel im Eigentum der Kirche. Aus dem Umfeld des Managers[573] erfahre ich später, dass er »in den 1970er- und 1980er-Jahren von solchen Typen (gemeint sind Personen aus dem Umfeld der Organisierten Kriminalität[574]) umgeben war, als er irgendwelche Minister (in Russland[575]) etc. besucht hat.« Und obwohl der Geschäftsmann mit seinen verschiedenen Mandaten bei großen deutschen Mittelständlern ein hohes Einkommen hat, gibt er sich nach außen hin quasi mittellos. Laut einer Quelle aus seinem engsten Umfeld sei er immer knapp bei Kasse gewesen, weil er sein ganzes Geld in seine Holding gesteckt habe.

HAUBS GESCHÄFTSPARTNER: ANDREJ SUZDALTSEV, SERGEJ GRISHIN UND ILYA BRODSKI

Sergej und ich nehmen auch die russischen Geschäftspartner von Karl-Erivan Haub unter die Lupe. Für ihre kriminellen Machenschaften gibt es gut dokumentierte Beweise. Während Sergej Grishin ein lauter Typ mit Hang zur schonungslosen Selbstdarstellung ist, sind Ilya Brodski und Andrej Suzdaltsev quasi Phantome. Es existieren keine öffentlich zugänglichen Bilder von ihnen. Und das muss man in der Rolle von einflussreichen Geschäftsmännern und Anteilseignern einer Bank erst einmal schaffen.

ANDREJ SUZDALTSEV

Besonders interessieren Sergej und ich uns für Andrej Suzdaltsev, den Karl-Erivan Haub am 11. März 2018, also kurz nach dem Tod seines Vaters und wenige Wochen vor seinem mysteriösen Verschwinden, innerhalb von nur zwei Minuten viermal anrief. Das Gespräch schien ihm also wirklich wichtig zu sein. Er wählte sowohl Suzdaltsevs russische Handynummer als auch die Schweizer Privatnummer. Der Oligarch ist für uns zusätzlich von besonderem Interesse, weil Karl-Erivan Haubs väterlicher Berater ihn persönlich kennt und dies in einer ersten Presseanfrage geleugnet hat.

Sergej und ich sind sehr erstaunt darüber, dass sich eine Person wie Andrej Suzdaltsev, mit seinem wirtschaftlichen Schwergewicht und seinem gesellschaftlichen Standing, so komplett aus der Öffentlichkeit heraushalten kann. Es gibt über den Oligarchen wirklich gar nichts, keine Bilder und keine Interviews. Als Erstes wollen wir ihm daher »ein Gesicht geben«. Über Kontakte in Russland besorgen wir uns eine Kopie seines Reisepasses.

Mithilfe der Passdaten können wir in einem nächsten Schritt in Leaks nach seinen Reisedaten suchen. Wir werden schnell fündig, jedoch ist die Liste deutlich kürzer als die von Veronika E. Da unsere Daten aus dem Leak lediglich Buchungen aus Russland heraus zeigen, ist es sehr wahrscheinlich, dass viele Reisen aus dem Ausland gebucht wurden oder Suzdaltsev in einem Privatjet reist. Außerdem gibt es teilweise Lücken von mehreren Jahren, es ist daher mit großer Wahrscheinlichkeit davon auszugehen, dass wir nicht alle Buchungen einsehen können. Aus den uns vorliegenden Dokumenten ergeben sich fast ausschließlich Linienflüge zwischen Moskau und Genf sowie mehrfach Kurztrips (meist nur 1 bis 2 Tage) nach Zypern und auf die Krim. Die Krim-Reisen finden interessanterweise alle erst *nach* der Annexion im Jahr 2014 statt.

Die Reisen nach Zypern bestätigen Suzdaltsevs Vorliebe für Offshore-Geschäfte. Nicht nur taucht sein Name gleich mehrfach in den sogenannten *Offshore Leaks* auf: Auch die *Tecfocus Investments Ltd.*, die für das PLUS-Russland-Geschäft als Joint Venture-Partner im Jahr 2010 diente, hat ihren Sitz auf Zypern.[576] Genau wie eine ganze weitere Reihe von Suzdaltsevs Offshore-Firmen.[577] [578]

Aus dem Rahmen fallen zwei (Geschäfts-)Reisen im Jahr 2011 und 2013: Zunächst reist der Oligarch für weniger als 24 Stunden nach Kursk, eine bedeutende Industriestadt im europäischen Teil Russlands unweit der ukrainischen Grenze. Kursk ist besonders bekannt für Eisenverarbeitung, die Stadt liegt in der Nähe des weltgrößten bekannten Eisenerzbeckens. Außerdem ist das Kernkraftwerk Kursk nicht weit entfernt. Zwei Jahre später

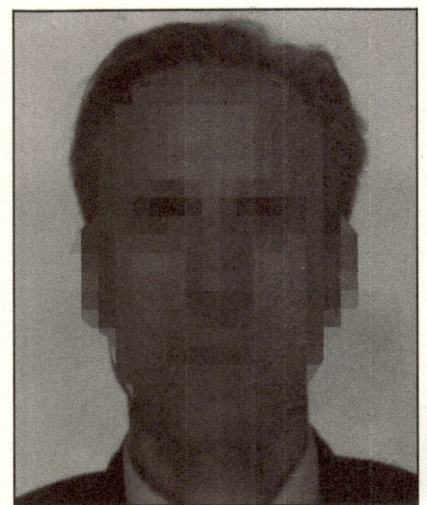
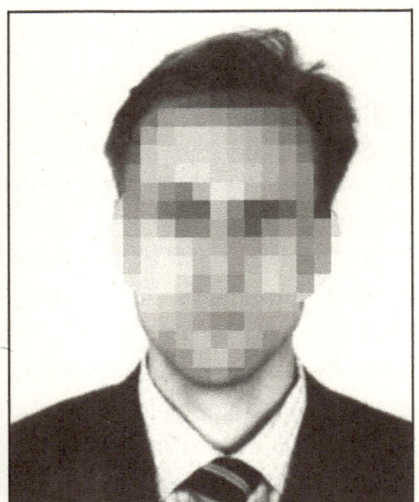
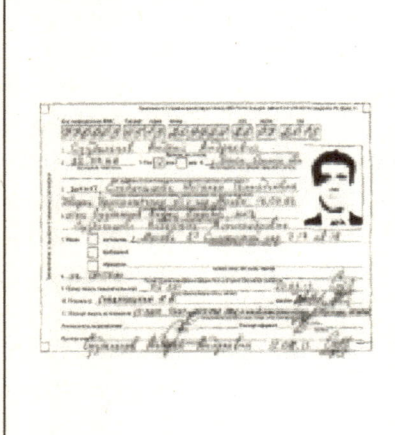
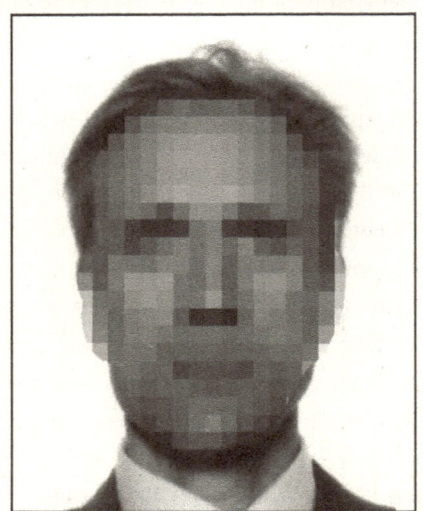
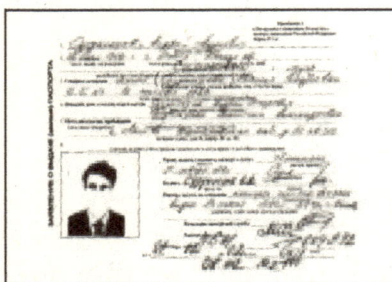
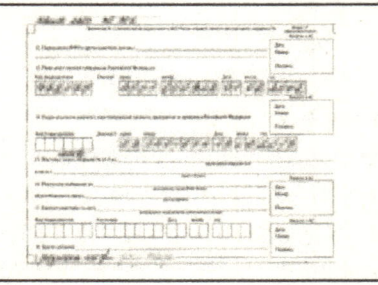

reist Suzdaltsevs nach Ufa, die Hauptstadt der autonomen Republik Baschkortostan. Auf der Landkarte muss ich sie erst mal suchen. Sie liegt gefühlt am Ende der Welt, man muss wirklich gute Gründe haben, für knapp 24 Stunden dorthin zu fliegen. Ufa ist vor allem durch Erdölindustrie geprägt. Die Rosneft-Tochtergesellschaften Baschneft und Ufaneftechim haben dort Unternehmenssitze.

Zudem sind mehrere Reisen in die USA, nach New York und Los Angeles, im Datensatz zu finden.

Andrej Suzdaltsevs Reiseverhalten lässt für uns zwei Rückschlüsse zu: Obwohl auf seinen Namen in Russland mindestens 44 Firmen registriert sind,[579] lebt der Oligarch offenbar die meiste Zeit in Genf. Dort ist auch eine der Telefonnummern registriert, die Karl-Erivan Haub am 11. März 2018 angerufen hat. Und zweitens: Suzdaltsevs Spuren lassen sich, anders als bei Veronika E., kaum nachverfolgen. Viele seiner Reisen unternimmt er vermutlich mit Privatjets außerhalb des öffentlichen Radars.

Wie schon die Datenforensiker der Unternehmensberatung *Alvarez & Marsal* und die internen Ermittler mit ihrem Bericht *Zermatt RU 3*, stoßen auch Sergej und ich auf Verbindungen von Andrej Suzdaltsev zu kriminellen Strukturen. Sein Name taucht gleich mehrfach in den Datensätzen der *Offshore Leaks* auf, außerdem ist die *Rosevrobank*, deren Anteilseigner er zusammen mit Grishin und Brodski ist, eine Schlüsselbank in dem als *Russischer Waschsalon* bekannten Geldwäscheskandal.

Exkurs 1: Offshore Leaks

Die sogenannten *Offshore Leaks* sind ein Leak aus dem Jahr 2013. Damals gelangten interne Datenbestände von Offshore-Finanzplätzen über eine anonyme Quelle an das *Internationale Konsortium für investigative Journalisten* (ICIJ). Die Dokumente enthalten Daten über die Kundenbeziehungen von rund 130.000 Personen aus verschiedenen Ländern, darunter Deutschland, Österreich und die Schweiz. Ein Teil der Datensätze kann über eine Suchfunktion eingesehen werden.

Das Dreiergespann Suzdaltsev/Grishin/Brodski, das sowohl hinter der *Rosevrobank* als auch hinter dem Tengelmann-Joint-Venture-Partner für das PLUS-Russland Geschäft, der *Tecfocus Investments Ltd.*, steht, findet sich in mehreren Datensätzen der *Offshore Leaks*, zum Beispiel mit einer Firma namens *NLC International Corporation*.[580] Aber es gibt noch viele weitere Offshore Firmen, in denen die drei Russen immer als gemeinsame Geschäftspartner auftauchen.[581] [582] [583]

Exkurs 2: Russischer Waschsalon

Zwischen 2010 und 2014 gab es einen riesigen Geldwäscheskandal, der unter dem Namen *Russischer Waschsalon* in der Öffentlichkeit bekannt wurde. In dieser Zeit wurden umgerechnet zwischen 20 und 80 Milliarden Euro aus Russland hinausgeschleust. Die Zahl ist deshalb so ungenau, weil lediglich rund 20 Milliarden Euro *nachgewiesen* werden können: Die Dunkelziffer ist jedoch vermutlich um ein Vielfaches höher. Im Zuge des Schemas wird das Geld zunächst nach Moldau, Lettland und Estland transferiert und dann in 96 Staaten gewaschen, darunter auch Deutschland. Das Investigativnetzwerk *Organized Crime and Corruption Reporting Project* (OCCRP) deckte das Ganze 2014 auf. Laut einem Bericht des britischen *The Guardian* schätzen Ermittler, dass etwa 500 Personen an dem Betrug beteiligt sind, darunter Oligarchen oder Personen, die für den russischen Geheimdienst FSB arbeiten oder mit ihm in Verbindung stehen.[584] Britische Journalisten konnten die polizeilichen Ermittlungen einsehen. Eine Quelle erzählte den *Guardian*-Journalisten, das gewaschene Geld sei »offensichtlich (...) entweder gestohlen« oder habe einen »kriminellen Hintergrund«.[585] Der *Guardian*-Artikel[586] stammt aus März 2017, was für unsere Recherche später noch wichtig werden wird.

Im Jahr 2014 untersuchten die *OCCRP*-Journalisten zusammen mit Medienpartnern aus 32 Ländern die Bankunterlagen und entdecken, dass mehr als 1,3 Millionen Transaktionen stattgefunden haben. Beispielsweise wurden Briefkastenfirmen gegründet und Scheinkredite zwischen den Unternehmen gewährt. Diese wurden jedoch nicht bedient, sodass Gerichte die Zwangsvollstreckung der Zahlungsrückstände anordneten. Die Bürgen, meist Vorsitzende russischer Unternehmen, zahlten daraufhin mit besagtem Schwarzgeld. Allein in der Republik Moldau wurden so ungefähr 22 Milliarden Euro über Korrespondenzbanken an die Empfänger überwiesen. Eine Gruppe von Mitgliedern der mittlerweile geschlossenen lettischen Bank *Trasta Komercbanka* richtete dann wiederum mit Hunderten von Schattenkonten ein System ein, über das Geld anschließend weltweit in über 1000 Firmen, Immobilien,

Jachten, Jets, Industriegüter und andere Vermögensgegenstände umgewandelt bzw. angelegt wurde.[587] Die Journalisten sowie die Ermittlungsbehörden vermuten eine Gruppe sehr reicher Oligarchen als Hintermänner.[588]

Die Öffentlichkeit bekam das Ausmaß des Geldwäscheskandals erst ab 2017 im vollen Umfang mit. Weltweit publizierten Medien zu der Geschichte und die Verbindungen in die einzelnen Länder wurden immer deutlicher. Laut dem BKA wurde das gewaschene Geld in Deutschland hauptsächlich in Immobilien investiert. Zusammen mit der Münchner Staatsanwaltschaft gelang es dem Bundeskriminalamt, Immobilien und Konten mutmaßlicher Geldwäscher in Höhe von 50 Millionen Euro zu beschlagnahmen.[589] Bei vielen der Datensätze, die von den *Guardian*-Journalisten angeschaut wurden, verschwand das Geld aber in Offshore-Firmen, deren wirkliche Besitzer anonym bleiben. Das *OCCRP*-Netz konnte herausfinden, dass viele der angegebenen Besitzer entweder erfunden sind oder »Platzhalter«-Direktoren aus der Ukraine haben. Insgesamt waren 19 russische Banken an dem Geldwäscheskandal beteiligt. Darunter auch: die *Rosevrobank*, deren Anteilseigner Andrej Suzdaltsev, Sergej Grishin und Ilya Brodski sind. Allein durch die *Rosevrobank* wurden zwischen 2010 und 2014 rund 576 Millionen Dollar gewaschen.[590]

Und der *Rosevrobank* wurde bei der Geldwäsche laut den *OCCRP*-Journalisten eine besondere Rolle zuteil: Sie ist eine »Empfängerbank«, also eine Bank, durch die das im Ausland gewaschene Geld wieder zurück nach Russland fließt. Nach dem Auffliegen des *Russischen Waschsalons* wurden 15 der 19 an dem Schema beteiligten Banken geschlossen: nicht aber die *Rosevrobank*. Die russische Presse nennt daher die Bank auch die »kriminellste Bank Russlands«.[591] Nach Auffassung investigativer Journalisten erfolgte die Entscheidung, die Bank nicht zu schließen, aufgrund der Tatsache, dass die Bank unter Schutz einflussreicher »Entscheidungsträger« stehe, die kein Interesse an der Schließung der Bank hätten.

Die Analyse der Geldströme zeigt, dass das meiste gewaschene Geld in die Schweiz und nach Zypern fließt:[592] in die Länder also, die Suzdaltsev regelmäßig besucht und über die er und seine Partner Sergej Grishin und Ilya Brodski ihre Offshore-Geschäfte abwickeln.

Geldströme des gewaschenen Geldes

Die OCPR-Journalisten gehen davon aus, dass der *Russische Waschsalon* wahrscheinlich durch den russischen Inlandsgeheimdienst FSB instrumentalisiert wurde. Einige Mitglieder des Nachrichtendienstes sind sogar im Vorstand der Banken, beispielsweise Igor Putin, der Cousin des russischen Präsidenten Wladimir Putin. Er war im Vorstand der *Russian Land Bank*, durch welche knapp 10 Milliarden Dollar gewaschen wurden.[593]

Sergej und ich können inzwischen mit Sicherheit sagen, dass die Wirtschaftsprüfer von *Alvarez & Marsal* zu Recht alarmiert waren und die warnenden Hinweise in den Berichten *Zermatt RU 2* und *Zermatt RU 3* in Anbetracht

dieses immensen Geldwäscheskandals absolut berechtigt sind. Ein Blick auf den zeitlichen Ablauf verdeutlicht: Das PLUS-Russland-Geschäft und der *Russische Waschsalon* fallen in die gleiche Zeitspanne.

OFFSHORE-GESCHÄFTE UND GELDWÄSCHE IM ÜBERBLICK

- *Russischer Waschsalon: 2010–2014*
- PLUS-Russland-Geschäft: 2010–2015

Wäre es möglich, dass die russischen Geschäftspartner gar keine PLUS-Supermärkte eröffnen, sondern vielmehr *gewaschenes Geld zurück nach Russland bringen wollten?* Und was wusste man im Tengelmann-Management? Was wussten Karl-Erivan Haub und sein engster Berater?

Schauen wir uns das Ganze noch mal genauer an: Beide Joint-Venture-Partner (die Tengelmann- Gruppe auf der einen Seite und die russischen Geschäftspartner Suzdaltsev, Grishin und Brodski mit ihrer Firma *Tecfocus Investments Ltd.* auf Zypern[594] auf der anderen Seite) stellen ihre finanziellen Mittel den beiden luxemburgischen Gesellschaften *Plus Russland Diskont Beteiligung S.á.r.l.* und *Plus Immobilien Russland Beteiligung S.á.r.l.* zur Verfügung.[595] Von diesen beiden luxemburgischen Firmen können nun wiederum die in Russland gegründeten Gesellschaften *Plus Development* und *Plus Discount* das Geld abrufen.

Doch aus welchen Quellen stammt das Geld der zypriotischen *Tecfocus Investments Ltd.?* Warum ist es überhaupt nötig, den Umweg über Luxemburg und Zypern zu gehen? Wäre es beispielsweise möglich, über die hauseigene *Rosevrobank* aus Russland herausgewaschene Gelder über den Umweg der zypriotischen Firma *Tecfocus Investments Ltd.* nach Luxemburg zu transferieren, um es dann ganz offiziell innerhalb des Tengelmann-Joint-Ventures zum Zweck des »Aufbaus eines Filialnetzes von PLUS-Supermärkten« nach Russland zu transferieren? Wo es dann aber zum Bau *keiner einzigen* Filiale kommt? Das Geld »versickert« quasi vor aller Augen und niemand stört sich daran? Mit Ausnahme der internen Tengelmann-Revision, die aber laut Aussagen des Sicherheitschefs und laut dem Bericht von *Alvarez & Marsal* an der Aufklärung des Sachverhalts gehindert werden: und zwar auf Betreiben von Tengelmann-Chef Karl-Erivan Haub und seinem engen Berater

ILYA BRODSKI

Ilya Brodski ist Jahrgang 1972 und damit deutlich jünger als Andrej Suzdaltsev und Sergej Grishin. Außerdem ist er, im Gegensatz zu seinen beiden Partnern, kein gelernter Physiker, sondern Banker. Zunächst arbeitete er von Januar 1993 bis Februar 1998 bei der *JSB Toribank* in der Wertpapierabteilung. Im November 1998 wurde er Vorstandsvorsitzender der *Rosevrobank* und blieb bis zum Verkauf der Bank im November 2018 in dieser

Position, also insgesamt 20 Jahre. Im November 2018 wurde die *Rosevrobank* von der *Sovcombank* übernommen und Brodski übernahm auch dort den Platz des Vorstandsvorsitzenden. Die *Sovcombank* ist vom Vermögen her die drittgrößte Institution Russlands und für die russische Wirtschaft lebensnotwendig.

Der Bank werden äußerst enge Beziehungen zum russischen Präsidenten Wladimir Putin und generell zum Kreml nachgesagt. Als Präsident der Bank verfügt Brodski daher über hervorragende Verbindungen bis in die höchsten Kreise der Macht. Aus diesem Grund verhängen die USA im Rahmen des russischen Angriffskriegs auf die Ukraine im März 2022 auch gegen ihn *persönlich* Sanktionen.[596] [597] Das amerikanische Außenministerium gibt an, mit den Strafmaßnahmen »sicherzustellen, dass Russland einen hohen wirtschaftlichen und diplomatischen Preis für seine Invasion in der Ukraine zahlt«.[598]

Die Tatsache, dass Ilya Brodski zu den namentlich genannten sanktionierten Oligarchen gehört, zeigt, welche außerordentlich guten Zugänge zur Macht ihm nachgesagt werden: Das amerikanische Außenministerium sieht in ihm »einen Teil der Elite im Umfeld von Putin«.[599] Auch das britische Außenministerium schließt sich im September 2022 den Sanktionen gegen Brodski an und nennt ihn eine »beteiligte Person«, die durch ihre Funktion als Aufsichtsratsvorsitzender der *Sovcombank* »Vorteile durch Unterstützung der Regierung Russlands« erlangt habe.[600] Und eine interessante Randnotiz: Brodski besitzt neben der russischen Staatsbürgerschaft auch noch einen zypriotischen Pass.[601] Es ist daher wenig verwunderlich, dass auch dieser Geschäftspartner von Karl-Erivan Haub in einer Vielzahl von Offshore-Firmen als Anteilseigner oder Begünstigter auftaucht.[602] [603] [604]

SERGEJ GRISHIN

Als Nächstes widmen wir uns Sergej Grishin. Er ist wahrlich eine ganz spezielle Persönlichkeit. Mein Kollege Sergej und ich klappern die Eckpunkte aus den internen Tengelmann-Akten ab: Alle Zahlen, Daten und Fakten stimmen so weit. Zusätzlich besorgen wir uns die Reisedaten von Grishin sowie Kopien seiner Pässe. Aus den uns zugänglichen Datensätzen geht hervor, dass Grishin hauptsächlich zwischen seinem Wohnsitz Los Angeles und Moskau hin und her pendelt. Als Nächstes schauen wir uns seine Internetpräsenz an. Diese ist, man kann es nicht anders sagen, eindrucksvoll.

Im Gegensatz zu den Phantomen Andrej Suzdaltsev und Ilya Brodski gibt Sergej Grishin *sehr viel* von sich preis. Auf Anhieb findet man viele Fotos und Videos, darunter einige ziemlich furchteinflößende Aufnahmen mit riesigen, halbautomatischen Waffen in der Hand.[605] [606] Der Milliardär taucht nicht nur immer wieder in der internationalen Klatschpresse auf, er ist auch in den sozialen Medien aktiv und postet sich dort um Kopf und Kragen.

Er scheint ein größenwahnsinniger Choleriker zu sein, mit Hang zur Brutalität: Immer wieder kommt es zu Gewaltexzessen gegenüber Frauen, weswegen einige Gerichtsverfahren gegen den Russen laufen. Aufgrund des von ihm ausgehenden Psychoterrors leben die Frauen in einem andauernden Zustand der Todesangst, so beschreiben es Betroffene:[607] Jede Minute könnten er oder seine Männer die Opfer überraschen.[608] Einer ehemaligen Geliebten droht er, ihr Kind »zum Waisen« zu machen.[609] Am schlimmsten trifft es jedoch offenbar seine Ex-Frau Anna Fedoseeva: Grishin hält ihr während eines Streits in Moskau eine Waffe mit Schalldämpfer an die Schläfe und schlägt ihr damit dann mehrere Zähne aus. Zusätzlich soll er ihr in einer Textnachricht gedroht haben, sie »in Stücke zu schneiden«, bis er »ihren Kopf erreicht«,[610] und ihr offenbar auch genaue Angaben, wann und wo er sie töten wolle, geschickt haben.[611] Schwer verletzt kann sich die junge Frau während des Streits in eine Nachbarwohnung retten und die Polizei rufen. Obwohl die Verletzungen von Fedoseeva gut dokumentiert sind, unternimmt die russische Polizei nichts.[612] Offenbar ist der Oligarch sehr mächtig.

Sich selbst bezeichnet Grishin als »Killermaschine«[613] und veröffentlicht Morddrohungen sogar über seine Social-Media-Kanäle. Außerdem droht er damit, ehemalige KGB-Agenten auf die Frauen anzusetzen.[614] Gegenüber der Mutter seiner Ex-Frau erklärte er, er habe »jederzeit Zugriff auf Attentäter, die ihre Tochter vor ihren Augen töten« könnten.[615] Immer wieder prahlt er in seinen Unterhaltungen mit seinen »guten Verbindungen zu russischen Gangsterbossen«.[616] Das, was die Öffentlichkeit von Grishin mitbekommt, hat es auf jeden Fall in sich.

Und *dass* all diese Geschichten überhaupt ans Licht kommen, liegt auch daran, dass der Milliardär sein Luxusanwesen in Kalifornien an niemand Geringeren als Prinz Harry und Ehefrau Meghan verkauft hat. Durch die Verbindungen ins britische Königshaus ist der gewalttätige Oligarch für die britische Klatschpresse ein gefundenes Fressen. Die Journalisten nehmen ihn genau unter die Lupe, und jede neue Geschichte aus seiner kriminellen Vergangenheit wird genüsslich bis ins letzte Detail ausgeschlachtet. Man nennt Grishin »einen der mysteriösesten Banker Russlands«,[617] weil niemand so recht erklären kann, wie er zu seinen Milliarden kam. Während der Recherche erfahren wir, dass Grishin für sein Haus in Santa Barbara 27 Millionen Dollar »in bar« bezahlt habe,[618] dass er den Spitznamen »Scarface Oligarch« trägt und es wohl generell mit Recht und Gesetz eher locker nimmt: Gegen ihn lief ein inzwischen eingestelltes Verfahren wegen versuchten Versicherungsbetrugs in Höhe von 20 Millionen Dollar.[619] Doch die Vorwürfe klingen fast lächerlich klein im Vergleich zu den rund 60 Milliarden Dollar, die Grishin laut *eigener* Aussage dem russischen Bankensektor in den 1990er-Jahren gestohlen haben will.[620] Zusätzlich kommen die rund 500 Millionen Dollar hinzu, die infolge des *Russischen Waschsalons* durch seine eigene Bank, die *Rosevrobank*, gewaschen wurden.[621]

1 Гришин Сергей Арсенович
Источник информации: СПО СК: АС "Российский паспорт"

1.1 Основная информация

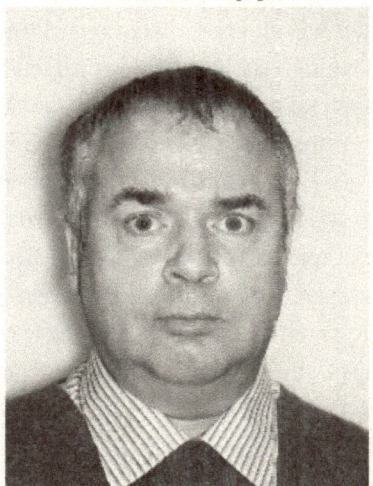

ФИО :	Гришин Сергей Арсенович
Пол:	Мужской
Дата рождения:	21.06.1966
Место рождения:	СССР. Доп.сведения: СССР, СССР, СССР, ГОР.МОСКВА

Grishin lebt zum Zeitpunkt unserer Recherche seit rund zehn Jahren fast ausschließlich in den USA und will sich dort den Ruf eines seriösen Geschäftsmanns erarbeiten. Er hat in Amerika mehrere Firmen gegründet[622] und investiert große Summen in verschiedene Internetbeteiligungen, hauptsächlich aus dem Social-Media-Bereich. Eines seiner Unternehmen, *421 Media*, hortet beispielsweise Instagram-Kanäle mit mehr als 300 Millionen Followern und bläst über sie virale Inhalte von Food Porn bis hin zu Nageldesign in die Welt hinaus, in der Hoffnung, so namhafte Werbekunden zu erreichen.[623] Doch die Inhalte gehen deutlich weiter: Sie reichen von »politisch aufrührerisch über grenzwertig pornografisch bis hin zu geradezu bedrohlich«.[624] Nach dem Sturm auf das Kapitol im Januar 2021 posten beispielsweise verschiedene von Grishin kontrollierte Instagram-Kanäle das Statement »WIR DAS VOLK SIND ANGEPISST! Was denkt ihr?« («WE THE PEOPLE ARE PISSED! What are your thoughts?«)[625] – und tragen damit zur politischen Destabilisierung in den USA bei. Ganz im Sinne der russischen Geopolitik. Doch mit seinen Firmen und seinen Internetbeteiligungen macht Grishin ein Vermögen, verkehrt mit Silicon-Valley-Größen und den reichsten Familien des Landes[626] sowie mit renommierten Investoren wie Warren Buffett[627] und wird auch immer wieder zu Wirtschaftsthemen befragt.[628]

Und damit kommen wir zu einem wichtigen Punkt: Auch wenn Sergej Grishin *nach außen hin* einen mehr als fragwürdigen Eindruck von sich abgibt: *Geschäftlich* müssen seine Partner, allen voran Andrej Suzdaltsev und Ilya Brodski, *einiges* von ihm halten, denn Grishins wirtschaftlicher Erfolg spricht für sich. Und die Partnerschaft der drei Russen dauert ohne Unterbrechung nun schon seit den 1990er-Jahren an. Suzdaltsev und Brodski halten offenbar trotz der offen zur Schau getragenen Brutalität und den handfesten Skandalen bislang an ihrem Jugendfreund fest.

Doch im Jahr 2017 passiert etwas Seltsames im Leben des Oligarchen: Er bricht alte Verbindungen ab und verkauft später sogar seine Anteile an der *Rosevrobank*. Es scheint so, als hätte sich in seinem Leben etwas grundlegend verändert. Als befinde er sich auf der Flucht. Aber vor wem oder vor was? Dass etwas im Leben des Oligarchen brodelt, bekommt die Öffentlichkeit jedoch erst ein knappes Jahr später, am 3. Dezember 2018, durch ein Video mit, das er vermutlich im Frühherbst 2018 selbst aufgenommen hat. Das Video wird über eine Bekannte seiner Ex-Frau an die russische Presse geleakt, vermutlich um ihre Position in der anstehenden Scheidungsschlacht zu stärken. Nachdem sich Sergej Grishin nun mehrere Jahre fast vollständig aus der Öffentlichkeit zurückgezogen und seinen Lebensmittelpunkt in die USA verlegt hat, lässt er in seinem Gulfstream Privatjet eine Bombe platzen: Der Miteigentümer der *Rosevrobank* behauptet in wirren Sätzen und gebrochenem Englisch, er sei nach wie vor »in Geschäfte in Russland involviert« und habe »das russische Bankensystem in den 1990er-Jahren praktisch zum Zusammenbruch gebracht«, indem er »das größte Bankbetrugsprogramm aller Zeiten« initiiert habe. Damit habe er den russischen Bankensektor »zweimal« geplündert: einmal in den 1990er-Jahren und dann noch einmal mit dem *Russischen Waschsalon*. Grishin behauptet weiter, er werde nun von »russischen Kriminellen« und »einigen Vertretern der Regierungsstrukturen« gejagt. Er verdiene es nicht, so behandelt zu werden, und wolle nun »auspacken«, wenn er dafür im Gegenzug die amerikanische Staatsbürgerschaft erhielte:[629]

Wörtlich sagt er:

>»Hallo ihr alle. Ich bin Sergej Grishin, (...) Ich werde Ihnen eine wunderbare Geschichte darüber erzählen, wie ich das russische Bankensystem zum zweiten Mal ausgeraubt habe, (...). – Ich bin bereit, allen Interessierten zu sagen, wer und wann solche Fälle gedreht werden, alle mir bekannten Namen zu nennen. Ich erzähle das nur zu meiner eigenen Sicherheit. Ich bin jetzt von russischen Kriminellen und einigen Vertretern der führenden Strukturen des Landes gejagt worden. Und ich habe diese Einstellung nicht verdient. Ich hasse es, so behandelt zu werden. Vielen Dank für Ihre Aufmerksamkeit, einen schönen Tag noch.«[630]

Offenbar, so sagte Sergej Grishin später gegenüber einem russischen Journalisten, stellte er in seinem engsten Umfeld im Herbst/Winter 2017 einen *großen Betrug* fest: Sein Geschäftspartner Michael Dokukin hätte ihn in eine Art »Honigfalle« gelockt und ihn dazu gebracht, seine Frau zu heiraten. Grishin ist sich sicher: Sie alle wollten nur sein Geld.[631] Moment. Michael Dokukin? Den Namen kennen wir ebenfalls schon aus den internen Tengelmann-Dokumenten: Dokukin wird im *Dossier* über den ehemaligen Top-Manager als möglicher Geschäftspartner von diesem geführt. Außerdem taucht Dokukin mehrfach als Direktor verschiedener Firmen von Andrej Suzdaltsev auf, darunter auch als Direktor der russischen PLUS-Firma.

Aber zurück zu Sergej Grishin. Ende 2017 stellt er nach eigener Aussage also den »großen Betrug« in seinem engsten Umfeld fest. Anfang 2018 reicht er daraufhin die Scheidung von seiner Frau Anna Fedoseeva ein. Doch irgendetwas bringt ihn dann wieder von seinem Plan ab und er zieht den Scheidungsantrag nur einen Monat später zurück: im März 2018. Aus unseren Datensätzen von Grishins Reisen wissen mein Kollege und ich, dass sich der Oligarch von Anfang 2018 bis Juni 2018 durchgehend in den USA aufhielt, obwohl er zuvor in sehr regelmäßigen Abständen zwischen Moskau und Los Angeles gependelt ist. Offenbar scheut er die Rückkehr nach Russland. Warum? Im Herbst 2018 nimmt Sergej Grishin an Bord seines Privatjets das besagte Video auf, in dem er ankündigt »auszupacken«, wenn er als Gegenleistung die amerikanische Staatsbürgerschaft erhält. Offenbar fühlt sich Grishin von den Schatten der Vergangenheit, in seinem Fall ist das wohl die russische Mafia, bedroht und er empfindet die Flucht nach vorne als sicherste Variante. Wörtlich spricht er davon, von »russischen Kriminellen und einigen Vertretern der führenden Strukturen des Landes« gejagt zu werden. Er bietet an, alle am Bankenbetrug beteiligten Personen öffentlich preiszugeben. Diese Informationen seien auch »für das FBI von Interesse«.[632] Eine ungeheuerliche Drohung, die eine Menge Menschen beunruhigen dürfte. Grishin scheint es jedoch wirklich ernst zu meinen. In einer weiteren Botschaft richtete er sich direkt an den amerikanischen Präsidenten Donald Trump:

»Mr. President, ich muss Ihnen etwas sehr Wichtiges mitteilen. Ich habe eine sehr gründliche Recherche gemacht und dafür eine halbe Million Dollar aus eigener Tasche gezahlt. Und jetzt kann ich Ihnen versichern: Dieses Land und das Leben seiner Bürger, das friedliche Leben und der gute Ruf sind in Gefahr. Ich bin bereit, heute Nacht alle Details via FedEx zu schicken. Und wenn ich als Gegenleistung um etwas bitten darf, so ist es die US-Staatsbürgerschaft (...).«[633]

Grishin zündete also im Herbst/Winter 2018 eine Bombe – und sie verfehlt nicht ihren Zweck. Mitte Dezember 2018 beleuchtet in Russland ein großer TV-Beitrag alle Facetten der Geschichte.[634] Das Video wirbelt ordentlich Staub auf und eine Menge Menschen dürften ziemlich wütend auf den Oligarchen sein. Schließlich bringt er nicht nur sich selbst in Verbindung mit dem Bankenbetrug und der russischen Mafia, sondern impliziert damit ja auch indirekt, dass seine damaligen Geschäftspartner und Anteilseigner der *Rosevrobank* ebenfalls alle in das Betrugsschema involviert sein könnten. Doch wie reagierten die amerikanischen Sicherheitsbehörden FBI und CIA auf Grishins Aussagen? Sollte es bis zu diesem Moment zu keinem Gespräch mit dem Milliardär gekommen sein, so kann man sicherlich davon ausgehen, dass die amerikanischen Behörden Grishin spätestens ab der Veröffentlichung des Videos genau beobachteten.

Es ist ziemlich offensichtlich, dass Sergej Grishin an einer schweren psychischen Störung leidet. Bei der Durchsicht der Videos wird mir teilweise ganz anders: Wie kann jemand in diesem Zustand vor eine Kamera treten? Der Oligarch hat immer wieder große Probleme, Sätze überhaupt zu beenden, sein Blick irrt wirr durch den Raum. Man könnte meinen, der Milliardär stehe unter dem Einfluss einer Menge sinnstörender Substanzen. Grishin selbst gibt gegenüber seiner Ex-Frau Anna Fedoseeva an, an einer bipolaren Störung zu leiden und daher auf Medikamente angewiesen zu sein.[635] Doch an dieser Stelle ist Vorsicht geboten: Sergej Grishin schlicht als psychisch krank und nicht zurechnungsfähig zu bezeichnen und ihn deshalb nicht ernst zu nehmen, hilft der Wahrheit sicherlich nicht auf die Sprünge.

Der Oligarch ist, nach allem was man über seinen beruflichen Werdegang lesen kann, nicht nur skrupellos, sondern auch hochintelligent und äußerst geschickt. Er scheint einen absolut sicheren Riecher für dreisten Betrug, große Geschäfte und viel Geld zu haben. Trotz seiner zum Teil haarsträubenden, brutalen zwischenmenschlichen Ausfälle seiner gut dokumentierten Eifersucht und Paranoia,[636] hat er als Geschäftsmann und Investor großen Erfolg. Die Tatsache, dass er ausspricht, was sowieso schon jeder vermutet, nämlich dass er und andere Oligarchen nicht durch ehrliche Arbeit an ihre unvorstellbaren Reichtümer gelangt sind, spricht sogar eher für ihn. Es zeigt, dass er die Tragweite dessen, was er getan hat, sehr gut einschätzen kann und es jetzt als Waffe gegen diejenigen verwenden will, die nach ihm trachten.

Während Grishin in Russland jedoch relativ ungestört seine Ex-Frauen und Ex-Freundinnen bedrohen kann, läuft in den USA inzwischen ein 125-Millionen-Dollar-Gerichtsverfahren gegen ihn wegen »Online-Belästigung von

Frauen, Verursachen von emotionalem Stress, häuslicher Gewalt und Erpressung«.[637] Infolge dessen verlässt der Oligarch Ende 2018 mehr oder weniger fluchtartig die USA und verkauft sein Anwesen im kalifornischen Montecito an Prinz Harry und Ehefrau Meghan für die Hälfte des gefragten Preises.[638] Vermutlich, um seinen Besitz in den USA vor Beginn des Verfahrens loszuwerden. Dann taucht Grishin erst einmal ab und taucht erst knapp zwei Jahre später, im Juli 2020, wieder auf. Überraschenderweise gibt sich der Milliardär schwer reumütig. In einem Fernsehinterview will er erklären, wie es zu seinen seltsamen Äußerungen im Jahr 2018 gekommen war. Er entschuldigt das Gesagte mit dem großen Stress, unter dem er in seinem Privatleben und wegen des Verkaufs der *Rosevrobank* gestanden habe:

Wörtlich sagt er:

»Ich verhandelte den Kauf der Bank, habe andere geschäftliche Probleme gelöst, all das ging voran, während ich in einem sehr gestressten Zustand war. Kurz davor hatte ich von einer großen Täuschung in meinem Zirkel erfahren. Ich war entsetzt über das Ausmaß dieser Täuschung und begann unüberlegte Schritte zu gehen. Das wurde und wird auch jetzt noch von einer ganzen Menge Leute zu ihrem Vorteil genutzt.«[639]

Den Vorwurf, um ihn herum habe ein großer Betrug stattgefunden, zieht er also *nicht* zurück. Vielmehr schiebt er seine Äußerungen auf den Einfluss von Alkohol und Medikamenten:

»Ich muss zugeben, ich habe wirklich zu viel Alkohol getrunken, zusammen mit der Medizin, die ich einnehmen muss. Deswegen: Alle Dinge, die ich in der damaligen Zeit gemacht und gesagt habe, die nicht so ganz nachvollziehbar waren, all das hat mit dem Alkohol zu tun und dem Stress.«[640]

Nach Monaten der in der Öffentlichkeit ausgetragenen Tiraden und Bedrohungen ist diese Erklärung zumindest fragwürdig. Für mich persönlich klingt es eher so, als ob jemand Grishin »richtig den Kopf gewaschen« und ihn »wieder auf Spur« gebracht hätte.

ERGEBNISSTAND UNSERER JOURNALISTISCHEN RECHERCHE

Nach wochenlangem Zusammensetzen der verschiedenen Puzzleteile können mein Kollege Sergej und ich fast alle Aussagen der internen Tengelmann-Ermittlungsberichte durch unsere eigenen Quellen belegen. Dort, wo ein hundertprozentiger Nachweis nicht gelingt (z.B. bei den russischen Pässen oder den Aussagen im *Dossier* über den ehemaligen Top-Manager), können wir zumindest nachvollziehen, auf Grundlage welcher Informationen die inzwischen toten Privatermittler ihre Vermutungen aufgebaut haben könnten. An dieser Stelle wäre es zwingend notwendig, offizielle Ermittlungen durch deutsche Strafverfolgungsbehörden zu initiieren.

Aufgrund unserer Erkenntnislage ergibt sich ein interessantes Bild, mit einer möglichen Erklärung, in welchem Licht das mysteriöse Verschwinden von Karl-Erivan Haub zu sehen sein könnte:

- 2014 veröffentlichen die Investigativjournalisten des *OCCRP* ihre Recherchen zum Geldwäscheskandal *Russischer Waschsalon* und decken die Beteiligung der *Rosevrobank* auf.
- 2017 bekommen Journalisten des britischen *The Guardian* Zugang zu weiteren Informationen rund um den *Russischen Waschsalon*. Weltweit erscheinen ausführliche Artikel; immer mehr Details zum Ausmaß des Betrugs werden bekannt.
- Herbst 2017: Tengelmann-Chef Karl-Erivan Haub befürchtet etwa ein halbes Jahr vor seinem Verschwinden, überwacht und abgehört zu werden. Der Sicherheitschef von Tengelmann findet dafür keine Beweise, sagt jedoch, der Milliardär könnte ins Fadenkreuz der US-Geheimdienste geraten sein.[641]
- Ende 2017/Anfang 2018 stellt Sergej Grishin nach eigener Aussage in seinem Umfeld eine »große Täuschung/einen großen Betrug« fest.
- Im Februar 2018 will sich Sergej Grishin von seiner Frau Anna Fedoseeva scheiden lassen. Er unterstellt ihr, sich zusammen mit ihrem Geschäftspartner Michael Dokukin an ihm bereichert haben zu wollen. Einen Monat später zieht Grishin den Scheidungsantrag überraschend zurück, und zwar im März 2018. Im selben Monat versucht Karl-Erivan Haub viermal innerhalb von nur zwei Minuten, seinen

ehemaligen Geschäftspartner Andrej Suzdaltsev zu erreichen. Um was geht es in diesem dringenden Telefonat?

- Im April 2018 verschwindet Karl-Erivan Haub.
- Im Herbst 2018 nimmt Sergej Grishin ein Video auf, in dem er droht, all jene beim Namen zu nennen, die in den »Betrug« verwickelt seien. Er sagt, er tue dies zu seiner eigenen Sicherheit, da »kriminelle russische Strukturen und hohe politische Entscheider hinter ihm her« seien. Als Gegenleistung verlangt er die amerikanische Staatsbürgerschaft.
- Im November 2018 verkauft Grishin seine Anteile an der *Rosevrobank* trotz der anhaltenden Recherchen des *OCCRP*-Netzwerks.
- Im November 2018 wird die *Rosevrobank* von der *Sovcombank* übernommen.
- Im Dezember 2018 reicht Grishin endgültig die Scheidung ein.

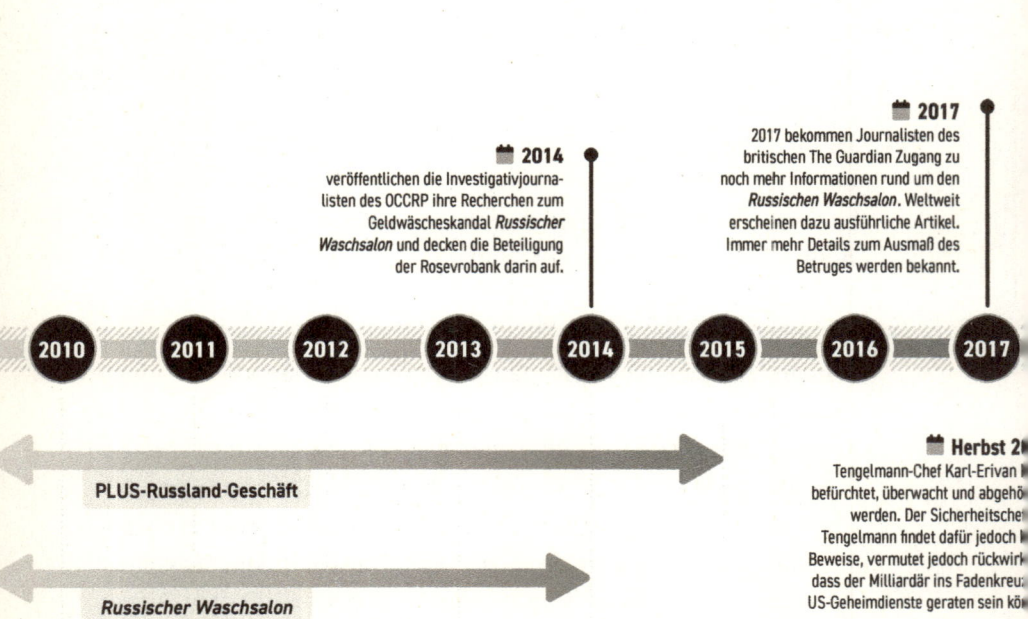

📅 **2014**
veröffentlichen die Investigativjournalisten des OCCRP ihre Recherchen zum Geldwäscheskandal *Russischer Waschsalon* und decken die Beteiligung der Rosevrobank darin auf.

📅 **2017**
2017 bekommen Journalisten des britischen The Guardian Zugang zu noch mehr Informationen rund um den *Russischen Waschsalon*. Weltweit erscheinen dazu ausführliche Artikel. Immer mehr Details zum Ausmaß des Betruges werden bekannt.

2010 2011 2012 2013 2014 2015 2016 2017

PLUS-Russland-Geschäft

Russischer Waschsalon

📅 **Herbst 2(**
Tengelmann-Chef Karl-Erivan ▮
befürchtet, überwacht und abgehö▮
werden. Der Sicherheitsche▮
Tengelmann findet dafür jedoch ▮
Beweise, vermutet jedoch rückwirk▮
dass der Milliardär ins Fadenkreu▮
US-Geheimdienste geraten sein kö▮

- 2019 verlagert Grishin seinen Lebensmittelpunkt komplett zurück nach Russland, obwohl er im Jahr zuvor US-Präsident Donald Trump nahezu *angefleht* hat, die amerikanische Staatsbürgerschaft zu erhalten.
- 2020 gibt sich Sergej Grishin geläutert und reumütig. Von »Auspacken« ist keine Rede mehr.

Die über mehrere Quellen nachgewiesenen Verbindungen von Karl-Erivan Haub zu hochkriminellen Russen, die engste Kontakte zur politischen Führung in Moskau, zu Geldwäsche und dem nachrichtendienstlichen Umfeld haben, sollte – unter normalen Umständen – den deutschen Bundesnachrichtendienst, den Verfassungsschutz und das Bundeskriminalamt interessieren. Doch die internen Ermittlungsergebnisse rund um das Verschwinden von Karl-Erivan Haub scheinen zum Zeitpunkt unseres gemeinsamen Gesprächs nicht mit den Behörden geteilt worden zu sein.

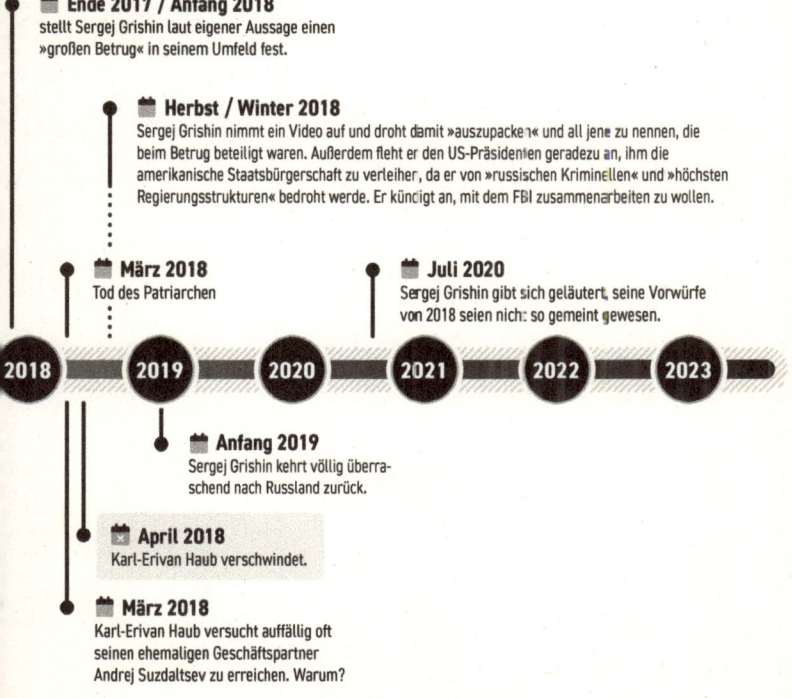

Ende 2017 / Anfang 2018
stellt Sergej Grishin laut eigener Aussage einen
»großen Betrug« in seinem Umfeld fest.

Herbst / Winter 2018
Sergej Grishin nimmt ein Video auf und droht damit »auszupacken« und all jene zu nennen, die
beim Betrug beteiligt waren. Außerdem fleht er den US-Präsidenten geradezu an, ihm die
amerikanische Staatsbürgerschaft zu verleihen, da er von »russischen Kriminellen« und »höchsten
Regierungsstrukturen« bedroht werde. Er kündigt an, mit dem FBI zusammenarbeiten zu wollen.

März 2018
Tod des Patriarchen

Juli 2020
Sergej Grishin gibt sich geläutert, seine Vorwürfe
von 2018 seien nicht so gemeint gewesen.

2018 — 2019 — 2020 — 2021 — 2022 — 2023

Anfang 2019
Sergej Grishin kehrt völlig überraschend nach Russland zurück.

April 2018
Karl-Erivan Haub verschwindet.

März 2018
Karl-Erivan Haub versucht auffällig oft
seinen ehemaligen Geschäftspartner
Andrej Suzdaltsev zu erreichen. Warum?

Nach allem, was wir bisher wissen, ist die Verbindung den Behörden selbst bisher nicht aufgefallen – oder man hat sich dagegen entschieden, der Sache auf den Grund zu gehen. Aus unserer Sicht kann es daher nur zwei Möglichkeiten geben: entweder die belastenden Informationen werden von Familie Haub oder vom Unternehmen Tengelmann bewusst zurückgehalten oder der Druck auf die deutschen Behörden ist aufgrund der politischen Verbindungen der Familie schlicht zu hoch.

DIE MEDIEN LASSEN SICH NICHT KONTROLLIEREN

Mitte/Ende Februar 2021 verbringen Sergej und ich unsere Tage und Nächte mit der Recherche und Verifizierung der Unterlagen, die Christian Haubs Seite des Familienstamms uns überlassen hat. Unterdessen arbeiten auch andere Akteure dieser Geschichte fleißig vor sich hin: Im Schatten der Sankt Moritzer Alpen wird an der Strategie für die erfolgreiche Milliarden-Übernahme von Karl-Erivan Haubs Anteilen an Tengelmann gefeilt. Auf mich wirken die beteiligten Personen in dieser Zeit alle sehr zuversichtlich und siegessicher für die anstehende Schlacht um das Milliardenerbe.

Der Plan, Christian Haub in der Presse als »den Guten« zu platzieren, der das Ruder bei Tengelmann in einer schwierigen Zeit übernommen hat und dieser großen Verantwortung nun gewissenhaft nachkommt, scheint aufzugehen. Auch mir gegenüber präsentiert man Christian Haub als »Aufklärer«, der die Scherben der Vergangenheit aufkehren müsse und die möglicherweise kriminellen Verbindungen seines Bruders aufarbeiten wolle. Und tatsächlich: Der Bericht von *Alvarez & Marsal*, datiert auf den 7. August 2020, zeigt: Christian Haub hat die renommierten Wirtschaftsprüfer nur wenige Monate vor unserem Treffen um eine Aufarbeitung des gescheiterten PLUS-Russland-Geschäfts gebeten.

»Christian Haub, der Aufklärer« – so sehen auch meine Kollegen und ich ihn, während wir über die Konzeption der RTL-Dokumentation sprechen. Unser Film soll 90 Minuten lang werden und im Juni 2021 zur besten Sendezeit um 20:15 Uhr bei RTL ausgestrahlt werden. Einen besseren Sendeplatz gibt es kaum, und sowohl unsere Recherche als auch die gesamte Konzeptionierung müssen besonders hohen Maßstäben genügen. Wir wollen den Zuschauern einen tollen Fernsehabend bieten, mit einer Mischung aus packendem Thriller und fundiertem Journalismus.

Doch während es meinen Kollegen und mir um die *journalistische* Aufarbeitung des Vermisstenfalls geht, scheinen Christian Haub und sein enger Vertrauter in erster Linie daran interessiert, die eigene Position im Erbschaftsstreit zu stärken. Gegenüber den internen Ermittlern hat mein Kontakt eine gemeinsame Ermittlung mit uns RTL-Journalisten sogar explizit forciert. Das Ziel ist, so glauben wir, die internen Ermittlungsergebnisse durch unsere journalistische Recherche nicht nur unabhängig prüfen zu lassen, sondern vielmehr die Theorie zu *unterfüttern*, der ehemalige Tengelmann-Chef Karl-Erivan Haub könne sein Verschwinden *absichtlich* herbeigeführt haben. Die daraus resultierenden Presseartikel würden in Folge, so offenbar der Plan, den Druck auf Katrin Haub und ihre Kinder mit einem *perfekten medialen Sturm* erhöhen und somit die gegnerische Seite im schwelenden Erbschaftsstreit einschüchtern.

Katrin Haub und die Kinder tun mir in gewisser Hinsicht leid, denn sie geraten mehr oder weniger unschuldig zwischen die Fronten von Karl-Erivan Haubs Vergangenheit und dem Kampf um die Verteilung der Macht im Unternehmen. Gleichzeitig sprechen aber die Fakten eine eindeutige Sprache: Sergej und ich konnten weite Teile der internen Ermittlungsergebnisse verifizieren und darüber hinaus sogar noch tiefer gehende Verstrickungen und Ungereimtheiten nachweisen. Das Licht, das die Recherchen auf Karl-Erivan Haub und seine Russland-Verbindungen werfen, ist für die Familie des verschollenen Milliardärs fatal.

Sowohl während meines Besuchs in Sankt Moritz als auch während des Treffens mit dem Tengelmann-Sicherheitschef und seinem Berater hatten wir vereinbart, dass die beiden Männer uns auch weiterhin über neu hinzugewonnene Ermittlungsergebnisse informieren. Diese weiterführende Transparenz würde ja auch ganz dem Bild von Christian Haub als schonungslosem

Aufklärer entsprechen. Da ich Christian Haubs engen Vertrauten jedoch misstraue, sagt mir meine innere Stimme, dass die gute Stimmung zwischen uns von einem Augenblick zum nächsten kippen könnte. Doch trotz dieses warnenden Bauchgefühls besteht für mich zu diesem Zeitpunkt kein Zweifel daran, dass Christian Haub das Verschwinden seines Bruders *restlos aufklären will*. Um ehrlich zu sein, bleibt ihm aus meiner Sicht auch gar nichts anderes übrig, als den nun eingeschlagenen Weg bis zum Ende durchzuhalten: Sollte er von einem gewissen Zeitpunkt an Informationen zurückhalten, würde das früher oder später ans Licht kommen. Dafür gibt es auch aufseiten der Presse inzwischen zu viele Mitwisser, die das Spiel mitspielen und auch durchschauen.

Seit dem Moment unserer ersten persönlichen Begegnung in Sankt Moritz ist mir klar, dass der Mann nicht nur mir haufenweise belastende Dokumente weiterleitet, sondern selbstverständlich auch Medienvertreter anderer Verlage bedenkt.[642] Als Privatsender befinden wir uns auch immer in einem Wettbewerb darum, wer zuerst die beste Geschichte hat und deshalb gehe ich davon aus, dass Kollegen ebenso eifrig dabei sind, die Hintergründe dieser unglaublichen Story zu recherchieren, wie Sergej und ich. Ich befürchte, dass andere Journalistinnen und Journalisten uns bei der Veröffentlichung zuvorkommen könnten.

Meine RTL-Kollegen und ich überlegen fieberhaft, wann wir mit unseren Rechercheergebnissen rausgehen können. Unser großes Problem: Die Vorbereitung für eine 90-minütige Doku erfordert mehrere Monate akribischer Kleinstarbeit: Alles, was Sergej und ich bisher recherchiert haben, findet lediglich »auf Papier« statt. Zwar haben wir die ein oder andere Recherche gefilmt, zum Beispiel wie wir am Laptop sitzen und arbeiten, aber das reicht natürlich bei Weitem nicht aus, um einen spannenden Film zu machen. Wir brauchen Themenbilder von Orten wie dem Gletschergebiet in Zermatt, der Tengelmann-Zentrale in Mühlheim an der Ruhr und auch Bilder aus Russland, damit ein Fluss bewegter Bilder entstehen und ein Sprecher die Geschichte erzählen kann. Nicht einmal an den beiden wichtigsten Drehorten konnten wir bisher drehen: Bisher war keine einzige (!) Person in Zermatt bereit, vor unsere Kamera zu treten, weder die Polizei noch die Staatsanwaltschaft noch die Bergretter noch das Hotel noch der Amtsarzt noch ein Vertreter der Gemeinde. NIEMAND.

UNSER KONTAKT IN RUSSLAND

Auch ein Dreh in Russland, das für diese Geschichte ja ein zentrales Element ist, scheint derzeit nicht zu klappen: Mein im Januar eingereichter Visumsantrag wurde auch nach knapp sieben Wochen noch nicht genehmigt. Natürlich möchte ich wissen, woran das liegt, und höre mich in meinem Netzwerk um. Auf diese Weise lerne ich Ende Februar 2021 über einen russischen Journalisten *Vadim* kennen. Für den Verlauf der weiteren Recherche wird *Vadim* zu einer Schlüsselfigur: Ohne ihn gäbe es auch dieses Buch nicht. Doch wer ist *Vadim?* Auf seine Identität gehe ich im letzten Kapitel ausführlich ein.

Auf der Suche nach einem guten, vertrauenswürdigen Kontakt in Russland lernte ich den Deutsch-Russen *Vadim* im Februar 2021 über einen befreundeten Kollegen kennen. Er habe gute Kontakte zum FSB und lebe in Moskau. Was er genau beruflich macht, kann mir mein Bekannter jedoch nicht sagen. Er habe ihm aber in der Vergangenheit mehrfach gute Informationen oder Kontakte vermittelt. Ich telefoniere einige Male mit *Vadim* und versuche, durch das persönliche Gespräch ein Gespür für ihn zu gewinnen. *Vadim* spricht neben Englisch und Russisch auch fließend Deutsch. Ich schätze ihn auf Grundlage der Tonalität seiner Stimme auf Mitte 30 bis Mitte 40. *Vadim* scheint nicht auf den Kopf gefallen zu sein, auch wenn seine Wortwahl mitunter ein wenig einfach ist. Ich stelle ihn mir wie einen kleinen Gauner vor, der sich seine Lücken im System sucht. Nach einigem Hin und Her stimmt er zu, sich bei seinen »guten Freunden«, wie er es nennt, umzuhören. Dann vergehen einige Wochen und es geschieht erst mal nichts.

Als ich schon beginne, zu glauben, dass *Vadim* nur ein Dampfplauderer ist, informiert er mich, mein Visumsantrag liege in einer »schwarzen Schublade«.[643] Laut *Vadims* Geheimdienstkontakten wolle mir der FSB »prinzipiell kein Visum geben«, da die Geschichte zu »heiß« sei.[644] Nach allem, was wir bisher über Karl-Erivan Haubs Verbindungen nach Russland wissen, überrascht mich diese Begründung nicht wirklich. Ich hätte mir an Stelle der Russen auch kein Visum gegeben. Da ich den Visumsantrag nicht kampflos aufgeben will, bohre ich daher bei meiner russischen Quelle nach, unter welchen Umständen der FSB denn bereit sei, mir die Einreise zu genehmigen. *Vadim* glaubt, die größte Chance könne bestehen, dem russischen Nachrichtendienst meinen kompletten Reiseplan und alle Drehlocations offenzulegen – und dann keinen Millimeter davon abzuweichen. Es sei ganz klar, dass wir ab dem Moment, wo wir das Land betreten, überwacht würden. Jeder Schritt abseits des Drehplans würde beim FSB sofort auffallen.

Solange wir aber nach Russland reisen und dort ein wenig Moskau filmen und vielleicht mal bei Veronika E. klingeln, wäre das aus Sicht des FSB noch vertretbar – und die russische Behörde könne damit sogar propagieren, dass dort »ja gar nichts zu finden« sei und die Presse in Russland »frei arbeiten« könne. *Vadims* Vorschlag widerspricht in jeglicher Hinsicht dem Pressekodex und ich fühle mich damit sehr unwohl. Während der Dreharbeiten in Russland quasi unter 24/7-Beobachtung zu stehen, nimmt uns jegliche Möglichkeit, vor Ort eigene Recherchen anzugehen. Gleichzeitig ist es wohl die einzige Möglichkeit, um mit dieser Geschichte im Gepäck überhaupt eine Einreiseerlaubnis zu erhalten.

Ich sage *Vadim*, unter diesen Umständen könne ich eigentlich keinen Film drehen. Auch meine Redaktion überlegt, ob wir uns als Journalisten derart einschränken lassen wollen und können. Doch der Deutsch-Russe scheint das alles eher gelassen zu sehen: Ich solle doch »erst mal nach Russland kommen«, »Leute treffen« und dann schauen, »was sich vor Ort ergibt«.[645] Offenbar liege ich mit meiner Einschätzung, dass er ein kleiner Gauner ist, gar nicht so daneben: Durch die Blume – aber dennoch ziemlich direkt – sagt mir mein Kontakt, dass *vor Ort* Dinge möglich sein könnten, die von der *offiziellen Linie* des FSB abweichen. Auf gut Deutsch: Unter den rund 280.000 FSB-Mitarbeitern wird es wohl den ein oder anderen geben, den man davon »überzeugen« könne, »auszupacken«.[646] Noch während ich mit *Vadim* telefoniere, hänge ich überrascht dem Gedanken nach, wie ich innerhalb von so kurzer Zeit auf dem Radar eines russischen Geheimdienstes gelandet bin, der mich quasi mit Ansage ab dem Moment der Einreise abhören wird. Es ist beunruhigend und sprengt auch *eigentlich* meine Vorstellungskraft.

Aber nun spüre ich: Ich will nach Moskau. Auch wenn das bedeutet, dem FSB meinen Reiseplan offenzulegen und auf Gespräche »abseits« zu hoffen – weil es das *einzige* Vorgehen ist, das mir die Einreise ermöglichen wird. Ich muss ins Land, und davon kann ich nach einigen völlig berechtigten Bedenken meiner Redaktion auch die Chefs der RTL-Primetime überzeugen.

Während ich meine Unterlagen für einen neuen Visumsantrag zusammenstelle, den *Vadim* dann »persönlich« beim FSB abgeben wird, bekommt er von mir den *inoffiziellen* Auftrag, schon mal nach weiteren »guten

Freunden« Ausschau zu halten, die wir auf einen Kaffee treffen können, um mit ihnen über »die Schönheiten Moskaus« zu sprechen. *Vadim* versteht die Botschaft. Später wird sich herausstellen, dass *Vadim* in der Tat ein feines Gespür für »gute Freunde« hat.

Während mein neuer Moskauer Kontakt die Visa-Angelegenheit vor Ort in unserem Sinne klärt, braut sich fast zeitgleich in Deutschland der journalistische Supergau für meine Kollegen und mich zusammen: Wie befürchtet, stehen die Kollegen eines anderen Medienhauses kurz vor der Veröffentlichung der bis dato größten Geschichte zum mysteriösen Verschwinden des Tengelmann-Chefs. Sie wird einschlagen wie eine Bombe, davon bin ich überzeugt. Christian Haubs wichtiger Berater hatte den Kollegen ebenfalls mehrere Dokumente, darunter sein Protokoll und das *Dossier* über den ehemaligen Top-Manager, zukommen lassen.

Mir wurden die Namen der beiden Kollegen bereits einige Tage zuvor genannt und es wurde von Haubs Vertrautem angeregt, einen »Rechercheverbund« zu gründen, um synchron zu veröffentlichen. Die Geschichte wäre, zeitgleich über mehrere Medien ausgespielt, in ihrer Dimension gewaltig und hätte vermutlich einen großen Einfluss auf die Verhandlungsposition zwischen dem Familienstamm von Karl-Erivan Haub und seinem Bruder Christian Haub.

DIE ERSTE SCHLAGZEILE: KARL-ERIVAN HAUB EIN MÖGLICHER RUSSLAND-SPION?

Sergej und ich sind uns sicher, dass wir durch unser Treffen mit den internen Ermittlern deutlich mehr Dokumente bekommen haben, als andere Kollegen. Wir sind überzeugt, rein von der Recherche her die Nase mit großem Abstand vorn zu haben und viel weitreichender recherchieren zu können, als alle anderen. Doch ein Artikel ist schnell geschrieben, wir wollen aber einen Film produzieren. Wir brauchen Menschen *vor* der Kamera. Im Moment kämpfen wir mit sturen Interviewpartnern in Zermatt und müssen korrupte FSB-Agenten in Moskau finden und »überzeugen«.

Christian Haubs Vertrauter hatte anderen Kollegen offenbar auch erzählt, dass RTL eine große Geschichte plant. Der Konkurrenzkampf ist damit entfacht und am 21. Februar platzt an einem Sonntagabend die Bombe:

Unter der Überschrift »*Interne Tengelmann-Ermittlungen: Verschollener Milliardär Karl-Erivan Haub soll Verbindungen zum russischen Geheimdienst gehabt haben*«[647] veröffentlicht ein Onlinemedium seine Geschichte. Während ich den Artikel zitternd vor Wut lese, ärgere ich mich am allermeisten über mich selbst: Nur zwei Tage zuvor, am Freitag, habe ich mit dem Autor der Story gesprochen.[648] Am Telefon mit ihm klang es nicht so, als wolle er schon 24 Stunden später die Story veröffentlichen.[649]

Ein schwacher Trost für mich ist in diesem Moment, dass der Artikel voller Fehler ist: Der Reporter wollte die große Schlagzeile um jeden Preis, hatte aber keinen Wert darauf gelegt, die Fakten ordentlich zu checken. Die grobe Richtung seines Beitrags stimmt, aber offenbar hat er viele Details vom »Hörensagen« aus den Gesprächen mit Christian Haubs Vertrautem in seinen Text einfließen lassen. Unter anderem behauptet er, der verschollene Milliardär habe am Tag vor seinem Verschwinden mit Sergej Grishin telefoniert: Doch wir wissen ja, dass das nicht stimmt. Uns liegen die Telefondaten vor und aus diesen gehen vier Telefonate am 11. März 2018 mit Andrej Suzdaltsev hervor. Mit Grishin hat Haub laut der Liste nie gesprochen. Später erfahre ich, dass es der andere Journalist mit der Veröffentlichung offenbar deshalb so eilig hatte, weil ich »von Christian Haubs Vertrautem & Co« »so gut gefüttert« worden sei, dass ich noch eine »ganze Tüte voller Geschichten« hätte, von denen er »keinen Schimmer« habe[650]. Tja. Die Schlagzeile gehört zwangsläufig der Konkurrenz, aber der Artikel ist fehlerhaft. Mein Ziel ist es, einen eigenen *fundierteren* Artikel zu veröffentlichen. Die ganze Nacht von Sonntag auf Montag schreibe ich daher durch und hole mir spätabends noch Zitatfreigaben von den internen Ermittlern ein, die meine Frustration und Wut verstehen können.

CHRISTIAN HAUBS ENGER VERTRAUTER WIRD ABGELÖST

Vor allem, das machen sie im Telefonat kurz vor Mitternacht deutlich, kämen wir nun bald in eine Phase, wo es mit gegenseitigen Nettigkeiten vorbei sein könnte. Das Vorgehen, sowohl aufseiten der Presse als auch aufseiten der einzelnen Familienstämme der Haubs, könnte nun bald deutlich schärfer werden: Die ungeheuerlichen Vorwürfe gegen Karl-Erivan Haub sind nun in der Welt, die Geschichte lässt sich nicht mehr unter den Tisch kehren. Und der Druck auf meine Pressekollegen und mich wird wachsen. Alle Medienhäuser müssen nun eigene Rechercheansätze liefern. In diesem Sturm der Interessen, und das fasst der Onlineartikel der Konkurrenz völlig korrekt zusammen, bleibt ein Detail fast unbeachtet: Die geheimen Tengelmann-Dokumente sind »teilweise schon seit Jahren unter Verschluss« und wurden trotz vieler schwerwiegender Verdachtsmomente »den Behörden offenbar nie übergeben«.[651] Aus meiner Sicht ist die Sache mit den Behörden das größte Problem für die Familie Haub. Ich bin sehr gespannt, wie es nach Bekanntwerden der Vorwürfe nun weitergehen wird.

Auch den engen Vertrauten versuche ich abends noch zu erreichen, um von ihm ein Zitat von Christian Haub zu erhalten. Nachts um 2:29 Uhr schreibt er zurück, dass er sich darum bemühe – und was ich denn von dem Konkurrenz-Bericht hielte.[652] Offenbar, so kommt es mir in diesem Moment schlagartig in den Sinn, ist meinem Kontakt *erst jetzt* bewusst geworden, welche Sprengkraft die bisher zurückgehaltenen Informationen haben. Verliert da gerade jemand die Kontrolle über die Lawine, die *eigenständig* und *entgegen aller Warnungen* des Tengelmann-Sicherheitschefs und des Krisenmanagers losgetreten wurde? Ich frage mich in diesem Moment wirklich, ob Haubs Vertrauter die internen Dokumente eigentlich *jemals bis zum Schluss* durchgelesen hat. Was denkt er, was passieren würde? Dass Christian Haub von diesen ungeheuerlichen Vorwürfen gegen seinen Bruder Karl-Erivan und damit auch gegen das Unternehmen völlig unberührt bliebe? Dass der Schmutz, der gerade durch einen medialen Orkan aufgewirbelt wird, nicht an Christian Haub haften bleibt? Nach seiner nächtlichen Nachricht bleibt mir mein Gesprächspartner das versprochene Zitat dann auch schuldig.

Nach juristischer Prüfung veröffentlichen wir am nächsten Tag um 13:08 Uhr dann auf n-tv.de den ersten Teil von Sergejs und meiner Recherche. Unter der Überschrift »*War zu 95 Prozent kein Unfall: Hatte Haub Kontakt zum russischen Geheimdienst?*«[653] beleuchten wir im Detail die Ungereimtheiten rund um das mysteriöse Verschwinden in Zermatt. *Erstmals* lassen wir die internen Ermittler unter Wahrung des Quellenschutzes zu Wort kommen. Und *erstmals* geben wir *exklusive* Einblicke in den internen Recherchestand, die wir durch das Offenlegen der Tengelmann-Dokumente gewinnen konnten. Ich bin zufrieden und weiß: *Niemand* ist näher dran als wir.

Offenbar hat Haubs Vertrauter mit all dem tatsächlich nicht gerechnet oder er hat es einfach völlig falsch eingeschätzt. Oder – und auch das ist eine Option: Der mediale Eklat ist bewusst kalkuliert worden. Nachdem ich den ganzen Tag nichts mehr von ihm höre, erhalte ich am frühen Abend eine wütende Nachricht: Die Erde sei nun sprichwörtlich erst mal verbrannt, es gebe eine interne Nachrichtensperre. Mit größter Verwunderung lese ich, dass unser Kontakt offenbar sauer ist, dass der Text noch nicht einmal mit ihm abgestimmt war. Er sei bisher lediglich von einer Fernsehsendung ausgegangen.

Denkt man bei Tengelmann wirklich, dass man Einfluss auf die Art und Weise der journalistischen Ausspielwege nehmen kann? Ich empfinde sein Ansinnen in diesem Moment fast weltfremd. Das Ärgerliche seien aus Sicht des hochrangigen Beraters die Hinweise auf Christian Haub und das namentlich nicht genannte interne Ermittler-Duo, was dem Verhältnis zur Gegenseite im Erbschaftsstreit schaden[654] werde. Erneut bin ich mehr als überrascht, dass meinem Kontakt die Konsequenzen des eigenen Handelns im Vorfeld nicht bewusst gewesen sein sollen. Die internen Ermittler hatten ihn doch *eindringlich* vor genau diesem Szenario gewarnt. Doch trotz aller vorgetragenen Bedenken wurde das höchst belastende Material auf Anweisung meines Gesprächspartners einem ganzen Team von Investigativjournalisten zur Verfügung gestellt.

Weder der Tengelmann-Sicherheitschef noch dessen Berater beantworten meine Anrufe. Offenbar wirkt die verhängte Nachrichtensperre. Später erfahre ich aus dem Umfeld von Tengelmann, dass man versucht, die Schuld für die Weitergabe der internen Dokumente auf die beiden Tengelmann-Ermittler abzuwälzen. Haubs Vertrauter fordert vom Leiter der internen Ermittlungen, ihm alle Dokumente, die wir im Zuge des gemeinsamen Termins erhalten haben, zu übergeben.[655] Der Sicherheitschef befürchtet jedoch, dass er als direkter Angestellter des Unternehmens als Sündenbock herhalten soll und gefeuert wird. Daher weigert er sich, dem engen Berater weitere belastende Dokumente zu übergeben.

Christian Haub war ja in vielen der E-Mails an die internen Ermittler in cc gesetzt, ihm dürfte klar gewesen sein, wer die Zusammenarbeit mit der Presse mit allen Mitteln forciert hat. Unmittelbar nach der Veröffentlichung der Artikel fallen daher nicht die internen Ermittler, sondern Christian Haubs enger Vertrauter »in Ungnade«.[656] Mein Kontakt hat sich offenbar deutlich verkalkuliert. Die freie Presse lässt sich nicht steuern, sie ist deshalb einer der wichtigsten Grundpfeiler unserer Demokratie. Die Medienberichte zu Haubs möglichen Geheimdienstverbindungen schlagen hohe Wellen und werden im In- und Ausland zitiert. Das entfachte Feuer lässt sich kaum noch löschen.

Der Sicherheitschef und der Krisenmanager hatten uns in unserem ganztägigen Termin prophezeit, dass unser Kontakt bei Tengelmann »scharf schießen« würde, da er das volle Ausmaß seiner Tat vermutlich erst nach der ersten Veröffentlichung begreifen würde. Und so erreicht mich am Folgetag meiner Veröffentlichung prompt eine E-Mail:[657] Sinngemäß schreibt Christian Haubs Vertrauter, der n-tv.de-Beitrag schade aufs Höchste dem Ansehen der ganzen Unternehmensgruppe. Zudem sieht mein Kontakt sein Vertrauen missbraucht und fordert den Abdruck einer Gegendarstellung.[658] Ansonsten, so ist seiner Nachricht zu entnehmen, würde er rechtliche Schritte gegen RTL und mich einleiten. In einer weiteren Nachricht spätnachts kündigt er das ganze Programm an:[659] eine Gegendarstellung in einer (von ihm?) verfassen Variante, außerdem einen Widerruf und eine Unterlassungserklärung. Am meisten stört er sich offenbar an einer ganz bestimmten Formulierung meines Textes, nämlich der Tatsache, dass wir »exklusiven Zugang zu vertraulichen Tengelmann-Unterlagen« erhalten haben. Diesen werde es im Übrigen »so nie wieder« geben.[660]

Das Problem ist jedoch: *Alles* in meinem Text stimmt. Es wirkt geradezu grotesk, dass mein Kontakt, nach allem, was er für die Weitergabe der Dokumente in die Wege geleitet hat, nun zur juristischen Gegenwehr greift. Rein rechtlich steht er mit seinen Forderungen auf einsamer Flur. Eine dritte E-Mail von Haubs Vertrautem erreicht mich am Dienstag in den frühen Morgenstunden.[661] Er sei »entsetzt«, unsere Berichterstattung habe den Interessen von Christian Haub aufs äußerste geschadet, damit stünden die »unmittelbar bevorstehenden Verhandlungen mit Dr. Gauweiler« entsprechend »unter keinem guten Stern«. Der Rechtsanwalt von Katrin Haub müsse ja »vom Timing her« darauf schließen, dass »diese Indiskretionen absichtlich erfolgt sind, mit dem Ziel, seine Kölner Mandanten zu diskreditieren und damit auch zu motivieren, schnellstmöglich aus dem Unternehmen auszuscheiden!« Unter keinen Umständen, so mein Kontakt, dürfe daher

»der böse Schein« erweckt werden, Christian Haub sei »der Initiator« dieses Beitrags.[662]

Nun ja. Mein Kontakt fütterte seit Wochen mehrere Journalisten und mich gezielt mit Informationen. Dass er nun angeblich davon überrascht ist, dass wir Journalisten »konkurrieren, wer am schnellsten die überlassenen Geheimnisse in die Öffentlichkeit bringen kann«,[663] wirkt auf mich nicht glaubwürdig. Ich glaube, der Eklat ist kalkuliert, *alles* läuft für Christian Haubs Vertrauten nach Plan. Er will, dass die schmutzigen Details an die Öffentlichkeit kommen, davon bin ich überzeugt. Einzig die Art und Weise, *wie* die Presse über Christian Haubs Rolle in der Geschichte berichtet, stört meinen Kontakt gewaltig.

Jedenfalls scheint die Stimmung aufs Erste ruiniert zu sein und die bisher so gut funktionierende Zusammenarbeit mit den internen Ermittlern im Keim erstickt. Bis dato war ich fest davon ausgegangen, dass die beiden Männer uns auch die Dokumente mit dem *finalen Beweis* für das bewusste Abtauchen von Karl-Erivan Haub und seinen aktuellen Aufenthaltsort in Russland zukommen lassen werden.

Um die ganze Situation zu deeskalieren, biete ich Haubs Vertrautem an,[664] das Wörtchen »exklusiv« aus meinem Text zu entfernen. Da der Onlineartikel der Konkurrenz Christian Haub und dem Unternehmen Tengelmann vorwirft, den Behörden wichtige Informationen zum Verschwinden von Karl-Erivan Haub vorenthalten zu haben,[665] biete ich an, Christian Haub in unserer Dokumentation zu Wort kommen zu lassen und selbst Stellung zu beziehen.[666]

Natürlich besteht mein Ansinnen darin, die internen Ermittler nicht als Quellen zu verlieren. Sie erwarten den *finalen Beweis* in den kommenden Wochen, und natürlich will ich ihn haben. Bisher hat uns der Sicherheitschef im Auftrag von Christian Haub sehr gutes, belastbares Material zur Verfügung gestellt. Doch weder auf meine E-Mail noch auf meine Kontaktversuche per Telefon reagiert Haubs Vertrauter. Er spielt ein Spiel, und er ist dabei, es zu gewinnen. Zwischen ihm und meinem Sender findet in den folgenden zwei Wochen ein reger Schriftwechsel statt. Mit dem Ergebnis: Alle Forderungen verlaufen im Sande. Ich habe das Gefühl, wir sind mit unserer Berichterstattung auf der sicheren Seite.

Über den Erbschaftsstreit bei Tengelmann hinaus, der wohl bald vorbei sein könnte, kommt den Personen rund um Christian Haub zu diesem Zeitpunkt in den Sinn, dass die einmal von dem hochrangigen Berater losgetretene Lawine an belastenden internen Ermittlungsergebnissen nicht mehr zu stoppen sein wird. Vor allem, da meine RTL-Kollegen und ich – auch nachdem Haubs Vertrauter uns gedroht hat – an unserem Sendetermin im Juni festhalten. Über die internen Ermittler erfahren Christian Haub und seine Berater offenbar, dass wir auch ohne die Unterstützung der beiden mit der Recherche in den vergangenen Wochen erstaunliche Fortschritte gemacht haben und wir ganz klar das Ziel verfolgen, den verschollenen Karl-Erivan Haub in Russland zu finden.

Am 10. März 2021 kommt deshalb plötzlich Bewegung in das deutlich abgekühlte Verhältnis zwischen unserer Redaktion und Tengelmann. Einem klugen Menschen im Unternehmen ist wohl bewusst geworden, dass die Kommunikation mit der Presse von nun an besser in andere professionelle Hände zu geben ist. Der bereits entstandene Imageschaden für die Familie Haub und das Unternehmen ist so groß, dass man ihn vielleicht gar nicht mehr eindämmen kann. Aus diesem Grund bekommt eine Medienrechtsanwältin das Mandat, zusammen mit einem PR-Strategen offiziell in den Austausch mit uns zu treten. Sie hat den Ruf, sehr pragmatisch zu sein. Und Pragmatismus kann nach den hochemotionalen vergangenen Tagen nicht schaden. Mein ganzes Team und ich sind geradezu erleichtert, nach Haubs unberechenbarem engen Vertrauten nun offenbar eine Ansprechpartnerin zu haben, die Ruhe in das Ganze bringt.

DIE FAMILIE STIMMT DER TODESERKLÄRUNG ZU

Während Sergej und ich unsere verschiedenen Rechercheansätze neu sortieren und uns einen Plan erarbeiten, wie wir notfalls auch ohne weiteren Input durch den Sicherheitschef und seinen Berater mit unseren Recherchen weitermachen können, erreichen uns überraschende Neuigkeiten: Nach knapp drei Jahren des Zögerns stimmen Katrin Haub und ihre Kinder plötzlich der Todeserklärung für Karl-Erivan Haub zu.[667] Wir erfahren von einem Sprecher des Amtsgerichts Köln Mitte März 2021, dass sich die Familie den bereits laufenden Anträgen angeschlossen habe.

Medienübergreifend wird diese Wendung mit einer Mischung aus Überraschung und Verwunderung wahrgenommen:[668] Der »Kölner Stamm«, wie Karl-Erivan Haubs Familie aufgrund des Wohnsitzes auch bezeichnet wird, hatte sich bisher vehement gegen diesen Schritt gewehrt. Genau wie Mutter Helga Haub und der mittlere Bruder Georg. Sie alle wollten bisher einer Todeserklärung nicht zustimmen. Der jüngere Bruder Georg hatte sogar seine ursprüngliche Bereitschaft plötzlich zurückgezogen[669] [670] und damit für mediale Spekulationen gesorgt, ob er mehr über das Schicksal seines Bruders wisse.

Wie kam es also zu diesem plötzlichen Sinneswandel? Ich habe diesbezüglich meine eigenen Theorien und es überrascht mich nicht, dass Katrin Haub nach den belastenden Veröffentlichungen der zwei Wochen zuvor diesen Schritt geht. Neben der emotionalen Last geht es auch um viel Geld: Im Fall von Karl-Erivans Tod wird für seine Erben sowohl die deutsche als auch die amerikanische Erbschaftssteuer fällig. Für die schwerreiche Familie stehen Summen in Höhe von mehr als 700 Millionen Euro im Raum.[671] Es ist für die vermeintliche Witwe und ihre Kinder daher sehr wichtig, in den laufenden Vertragsverhandlungen zur Übernahme der Unternehmensanteile einen guten Preis auszuhandeln.

Doch der Tod von Karl-Erivan Haub ist bisher nicht nachgewiesen und es gibt daran sogar erhebliche Zweifel, was wir inzwischen aus erster Hand wissen! Und dank der Berichterstattung der vergangenen Wochen weiß es auch die interessierte Öffentlichkeit. Aus diesem Grund kann die Familie das Todeserklärungsverfahren nur mithilfe eines sogenannten *Aufgebots* durchsetzen. Dieses juristische Verfahren fordert den Verschollenen selbst und jede andere Person, die Hinweise über seinen Verbleib haben könnte, dazu auf, sich beim Amtsgericht Köln in Zimmer 814 im 8. Stock zu melden. Damit möglichst viele Menschen von der Suche nach Karl-Erivan Haub erfahren und sich der Kreis der potenziellen Hinweisgeber vergrößert, veröffentlicht das Gericht zu diesem Zweck das Aufgebot im Bundesanzeiger und im Kölner Stadt-Anzeiger. Zusätzlich wird das Aufgebot im Amtsgericht Köln ausgehängt.[672] Als Frist gilt der 12. Mai 2021. Jede Person, die also in den nächsten acht Wochen irgendetwas über das Verschwinden von Karl-Erivan Haub herausfindet oder Wissen dazu erlangt, wird dazu aufgefordert, sich beim Gericht zu melden. In diesem Fall würde das Gericht dann im Rahmen der Amtsermittlungspflicht der Sache nachgehen. So jedenfalls die Theorie. Sollten bis dahin *keine* stichhaltigen Informationen über den Verbleib des Milliardärs eingehen, kann er als tot erklärt werden.

Nachdem ich die Pressemitteilung des Amtsgerichts Köln gründlich studiert habe, bin ich ziemlich perplex. Es ist Mitte März: Seit rund vier Wochen recherchieren Sergej und ich und sind zu dem Ergebnis gekommen: Das Verschwinden von Karl-Erivan Haub ist mit einer Wahrscheinlichkeit von 95 Prozent *kein* Unfall.[673] [674] Der Leiter der internen Ermittlungen und sein Berater sind sehr zuversichtlich, dass sie belastbare Indizien in Form eines *finalen Beweises*[675] [676] [677] für das Fortleben des Milliardärs in Russland erhalten werden. Um Ostern herum, präzisierten sie uns, liefere die vom Sicherheitschef beauftragte amerikanisch-israelische Agentur ihre Ermittlungsergebnisse aus Russland ab.

Aber was wird Christian Haub dann machen? Bisher, so hatte es uns der Sicherheitschef von Tengelmann zumindest erklärt, sei sein Chef *vollumfänglich* über den Ermittlungsstand informiert worden. Für mich steht dies auch außer Frage, denn es ist auf menschlicher Ebene in höchstem Maße nachvollziehbar, dass er wissen will, ob sein Bruder Karl-Erivan Haub noch lebt. Zum anderen ist Christian Haub an der Aufarbeitung der dubiosen Russland-Geschäfte interessiert: Der Bericht von *Alvarez & Marsal* ist an ihn persönlich adressiert. Und auch die von seinem Vertrauten weitergeleiteten E-Mails sprechen eine eindeutige Sprache. Daher bin ich mir sicher: Christian Haub weiß, dass seine beiden Mitarbeiter kurz vor der Aufklärung des spektakulären Verschwindens stehen. Und selbstverständlich, auch davon bin ich überzeugt, werden die beiden Männer ihre Ergebnisse mit dem Tengelmann-Chef teilen, denn nur wenn der Beweis erbracht ist, dass Karl-Erivan Haub entweder tot oder lebendig ist, fließt die von Haubs Vertrautem erwähnte Erfolgsprämie in Millionenhöhe. Ich muss also herausfinden, ob dieses Geld bereits geflossen ist oder in den kommenden Wochen fließen wird.

Der besagte »Zeitraum rund um Ostern« fällt 2021 auf Anfang April. Der von den internen Ermittlern erwartete *finale Beweis* wird also aller Wahrscheinlichkeit nach *deutlich* vor der vom Amtsgericht Köln festgelegten Frist für das Aufgebotsverfahren eingehen. Nach meinem Rechtsverständnis müssen also sowohl der Tengelmann-Sicherheitschef in seiner Funktion als Leiter der internen Ermittlungen und/oder sein Berater als auch Christian Haub das Gericht über mögliche neue Ermittlungsergebnisse informieren, sofern diese das Fortleben des Verschollenen bestätigen. Und natürlich haben meiner Auffassung nach auch Karl-Erivans Ehefrau Katrin Haub und die beiden Kinder das Recht, die Wahrheit über den vermeintlichen Tod des Ehemanns und Vaters zu erfahren. Ich würde sogar sagen: Christian Haub hat eine *moralische* Verpflichtung, seinen Kenntnisstand über den Verbleib seines Bruders zumindest mit der engsten Familie des Verschollenen zu teilen.

Oder nicht? Selbst die derzeitige uns bekannte Aktenlage wäre in jedem Falle ausreichend, um Zweifel am Tod von Karl-Erivan Haub zu haben: Es liegt aktenweise belastendes Material vor, der Sicherheitschef sowie sein Berater haben mehrfach ihre massiven Zweifel an der Unfalltheorie geäußert. Die gemeinsam mit Katrin Haub angestrebte Todeserklärung steht also in einem *starken* und aus meiner Sicht *unüberwindbaren Widerspruch* zu den Ermittlungen von Christian Haub und seinem internen Ermittler-Duo, die Karl-Erivan Haub *lebend* in Russland finden wollen. Es ist mir völlig schleierhaft, wie er bei Vorlage des *finalen Beweises* mit diesem Widerspruch umgehen will. An der Todeserklärung hängt gleichzeitig auch der von Christian Haub angestrebte Milliarden-Deal, Karl-Erivans Drittel der Tengelmann-Anteile zu übernehmen. Aus meiner Sicht gibt es nur einen Grund, belastende Informationen und Hinweise zurückzuhalten: *Gier.*

Gesetzt den Fall, die vorgelegten Ergebnisse und Indizien zeigen, dass Karl-Erivan Haub aktuell in Russland lebt, kommen aus meiner Sicht nur drei Szenarien in Betracht:

Szenario 1

Das Amtsgericht Köln (und damit auch die Öffentlichkeit) erfährt vom *finalen Beweis*. Unter diesen Umständen entscheidet das Amtsgericht Köln, dem Antrag auf Todeserklärung *nicht* zuzustimmen. Dann bliebe bei den Eigentumsverhältnissen bei Tengelmann erst einmal alles beim Alten: Katrin Haub vertritt in Abwesenheit ihres Ehemanns dessen Drittel am Unternehmen, die Brüder Christian und Georg Haub vertreten jeweils ihr Drittel. Da Karl-Erivan Haub jedoch möglicherweise durch seine Verwicklungen in dubiose Geschäfte in Russland und seine geschäftliche Partnerschaft mit offenkundig fragwürdigen Personen nicht so sehr für das Amt des Tengelmann-Chefs geeignet ist und er seinen Pflichten als Geschäftsführer wahrscheinlich nicht ausreichend nachgekommen ist (u. a. weil er in Zermatt absichtlich »abtauchte«), könnten seine Brüder anstreben, ihn und seine Erben als Gesellschafter auszuschließen. Dieses Verfahren, so hatte es mir Christian Haubs enger Vertrauter erklärt, halte er für eine mögliche Alternative, sollte es nicht zur Todeserklärung kommen. Die internen Ermittlungsergebnisse seien für einen Ausschluss als Gesellschafter belastend genug. Auch bei dieser Variante könnte Christian Haub über kurz oder lang das begehrte Drittel an Tengelmann übernehmen. Doch natürlich ist das Verfahren für einen Gesellschafterausschluss aufwendig und der Ausgang auch in letzter Instanz immer mit Ungewissheit verbunden.

Szenario 2

Nur der engste Familienkreis, darunter auch Katrin Haub und die Kinder, erfahren vom *finalen Beweis*. Das Amtsgericht Köln und damit auch die Öffentlichkeit erlangen jedoch *keine* Kenntnis davon und das Aufgebotsverfahren wird planmäßig durchgeführt. Im Anschluss an die erfolgreiche Todeserklärung kann der Verkauf von Karl-Erivan Haubs Tengelmann-Anteilen an seinen Bruder Christian Haub stattfinden. Ich persönlich würde diese Variante in *jeglicher* Hinsicht verstehen, denn Haubs Russland-Verbindungen werfen eine Menge brisanter Fragen auf: In welcher Beziehung steht der Milliardär zu der mutmaßlichen FSB-Agentin Veronika E.? War er womöglich als Agent für die russische Seite tätig, wie die internen Ermittler als Option in Betracht ziehen? Wo sind die verschwundenen Millionen des gescheiterten PLUS-Russland-Geschäfts? Warum hat sich Karl-Erivan Haub auf drei Geschäftspartner eingelassen, die nachweislich und über mehrere Quellen belegbar mit Geldwäsche in Verbindung gebracht werden? War er gar in das ganze Schema involviert? Oder ist er völlig ahnungslos in etwas hineingestolpert, das sich dann nicht mehr kontrollieren ließ? Diese Variante wäre für alle Familienmitglieder eine bittere Pille. Doch verdient die Familie nicht, die Wahrheit zu kennen, auch wenn sie schwer zu ertragen ist? Das volle Ausmaß der ungeheuerlichen Vorgänge in Zermatt und Russland bliebe dem Gericht, der Öffentlichkeit – und auch den Strafverfolgungsbehörden – allerdings verborgen. Man müsste als Familie *intern* damit klarkommen. Die Auswirkungen auf das Unternehmen und auch das gesellschaftliche Ansehen wären bei dieser Variante eher überschaubar.

Für *eine* Partei hätte Szenario 2 jedoch einen spürbaren Nachteil: Mit dem Wissen, dass Karl-Erivan Haub noch lebt, wären Katrin Haub und ihre Kinder im angestrebten Milliarden-Deal in einer deutlich stärkeren Verhandlungsposition gegenüber Christian Haub: Für ihn hätte das Schweigen des »Kölner Stamms« unter Umständen einen hohen Preis. Katrin Haub könnte von ihm verlangen, ihr die Last der Erbschaftssteuer abzunehmen, und unter Umständen eine weitere Schweigesumme.

Szenario 3

Christian Haub wird vom Tengelmann-Sicherheitschef und seinem Berater über den *finalen Beweis* informiert – und schweigt. Niemand würde in diesem Fall irgendetwas erfahren. Weder Katrin Haub. Weder die Kinder. Weder das Gericht. Weder die Öffentlichkeit. Bis zum 12. Mai 2021 würden *keinerlei* Hinweise beim Amtsgericht Köln eingehen und Karl-Erivan Haub würde ohne größeres Aufsehen für tot erklärt. Sein jüngster Bruder Christian übernähme dann wie geplant das Drittel der Anteile und im Tengelmann-Reich kehrte Ruhe ein. Der neue Mehrheitseigner könnte seine Macht als Konzernlenker festigen. Der jahrelange Streit hätte ein relativ rasches Ende. Über das mysteriöse Verschwinden von Karl-Erivan Haub und seine fragwürdigen Russland-Verbindungen würde sich in den folgenden Jahren der schwere Mantel des Vergessens breiten. Sicher, immer wieder würde es vielleicht Spekulationen geben, und ab und an gibt der Gletscher bei steigenden Temperaturen sicherlich auch einen verunglückten Skifahrer frei. Die Presse wäre dann stets vor Ort: Ist es der verschollene Milliardär? Doch irgendwann würde auch das vermutlich niemanden mehr so richtig interessieren: Wie so viele andere alpine Abenteurer auch, hätte Karl-Erivan Haub sein eisiges Grab zu Füßen des Matterhorns gefunden.

Diese drei Szenarien stehen im Raum. Ich stelle auch mir selbst die Frage: Wie würde *ich* an Christian Haubs Stelle handeln? Gesetzt den Fall, der *finale Beweis* belegt das Fortleben von Karl-Erivan Haub, wovon der Tengelmann-Sicherheitschef und sein Berater ja felsenfest überzeugt sind: Würde *ich* dieses Wissen mit dem Gericht und damit auch der Öffentlichkeit teilen? Mit *allen*

Konsequenzen für den angestrebten Milliarden-Deal? Mit *allen* Konsequenzen für das Unternehmen? FBI und CIA waren ja schon in Zermatt, den *amerikanischen* Behörden ist die Brisanz des Falls also bereits jetzt bewusst. Würden beim Bekanntwerden von Karl-Erivan Haubs Aufenthaltsort in Russland nicht möglicherweise auch die *deutschen* Behörden langsam aufwachen und der Bundesnachrichtendienst, der Verfassungsschutz und auch das Bundeskriminalamt demnächst bei Christian Haub anklopfen? Würde ich nicht auch versuchen, dass zu vermeiden? Doch die beiden anderen Alternativen empfinde ich, um ehrlich zu sein, auch nicht besonders ansprechend. Und zum Glück muss *ich* diese Entscheidung nicht treffen.

WIRD ES BEWEISE GEBEN?

Innerlich schwant mir zu diesem Zeitpunkt im März 2021 jedoch schon, worauf das alles hinauslaufen wird: Unsere neuen Ansprechpartner, die Medienrechtsanwältin und der PR-Stratege, werden alle Mühe damit haben, für Tengelmann und Christian Haub die mediale und auch strafrechtliche Bedrohung einzudämmen. Das freundliche Verhältnis und der gegenseitige Austausch mit dem Leiter der internen Ermittlungen und seinem Berater wird wohl nicht wieder aufgenommen werden können. Den *finalen Beweis*, der ja schon in knapp zwei Wochen erwartet wird, werde ich wohl nie zu Gesicht bekommen – zumindest nicht von den beiden Männern.

Und wie Christian Haubs Vertrauter auf meine weitere Berichterstattung reagieren wird, möchte ich mir gar nicht ausmalen. Ich spüre den gewaltigen Ärger, der auf uns zukommt. Denn eines ist klar: Vom Moment der gemeinsam angestrebten Todeserklärung an wird jeder Artikel, der eine *andere* Möglichkeit als Karl-Erivan Haubs Tod in Betracht zieht und damit sowohl das Aufgebotsverfahren als auch den Milliarden-Deal gefährdet, der vollen Wucht der juristischen Gegenwehr von Christian Haubs Anwälten standhalten müssen.

Doch durch die Weitergabe der internen Dokumente an uns Journalisten hat Haubs hochrangiger Berater die Büchse der Pandora geöffnet. Die Spuren nach Russland sind in ihrer Deutlichkeit außergewöhnlich und, egal wie man es dreht und wendet, nicht von der Hand zu weisen. Das mysteriöse

Verschwinden von Karl-Erivan Haub geht *weit* über eine Familientragödie hinaus. Haubs mögliche Verbindungen zu russischen Geheimdiensten, Geldwäsche und Organisierter Kriminalität lassen den Vermisstenfall zu einem Fall der nationalen Sicherheit werden. Sollte der bis in die höchsten Ebenen der deutschen und amerikanischen Politik und Wirtschaft vernetzte Milliardär in Russland mithilfe eines russischen Nachrichtendienstes abgetaucht sein, hätte das eine ungeheuerliche politische und wirtschaftliche Sprengkraft. Man kann diese offenkundigen Verbindungen daher nicht einfach ignorieren. Sollte es darauf hinauslaufen, dass möglicherweise dem Kölner Amtsgericht im Zuge des Aufgebotsverfahrens Wissen vorenthalten wird, dann bin ich wild entschlossen, alle mir zur Verfügung stehenden journalistischen Mittel auszureizen, um die Veröffentlichung des *finalen Beweises* zu erwirken.

Es wird ein langer Kampf werden und viel Kraft kosten.

REVIER MARKIEREN ZWISCHEN JOURNALISTEN UND PR-STRATEGEN

Am 12. März 2021 kommt es zu einem ersten digitalen Treffen mit der Medienrechtsanwältin, dem Kommunikationsberater und uns. Wir erfahren, dass Christian Haubs engem Vertrauten mehr oder weniger »verboten« wurde, zukünftig mit der Presse zu sprechen, und dass er von der Rechtsanwältin verlangt, im Namen von Tengelmann die vom Sicherheitschef ausgehändigten Dokumente nun wieder von RTL »zurückzufordern«. Die Vorstellung verwundert mich. Alles, was Christian Haubs enger Vertrauter initiiert hat, habe ich schriftlich. Sogar seine *internen* Anweisungen an das Ermittler-Duo sowie die Zustimmung von Christian Haub liegen mir vor. Der hochrangige Berater höchst*selbst* hat mir den ganzen Schriftverkehr weitergeleitet. In diesem Moment frage ich mich wirklich, wie es mein Kontakt zu so einer exponierten Stellung gebracht hat.

Die Position von uns ist daher ganz klar: Selbstverständlich geben wir das ausgehändigte Material *nicht* zurück – wie auch, wir haben ja inzwischen den Großteil davon durch eigene, unabhängige Quellen überprüft. Und selbstverständlich berichten wir über die Ergebnisse unserer Recherche. Dabei ist das Interesse von Christian Haub oder Tengelmann irrelevant.

Ein mögliches Entgegenkommen besteht auf unserer Seite jedoch in einem Punkt. Mitte März 2021 ist es unsere höchste Priorität, einen *Film* fertigzustellen. Inhaltlich haben Sergej und ich schon eine enorme Rechercheleistung erbracht. Doch wir haben noch so gut wie nicht gedreht. Wir brauchen dringend Bilder. Und dafür müssen wir nach Zermatt und Russland. Wir einigen uns mit den Tengelmann-Vertretern darauf, dass wir die Rolle von Christian Haubs engem Vertrauten, dem Sicherheitschef von Tengelmann und dessen Berater vorerst nicht in den Fokus der TV-Doku stellen werden. Dafür wird man uns bei der Suche nach Interviewpartnern in Zermatt keine Steine in den Weg legen. Außerdem stellt man uns in Aussicht, dass wir auch weiterhin von den internen Ermittlern über neue Erkenntnisse, insbesondere den *finalen Beweis*, informiert werden. Für die beiden Männer wird ein absoluter Quellenschutz vereinbart. Ich finde diese Abmachung den beiden gegenüber fair, weil sie ohne persönliche Schuld in das Spiel hineingezogen wurden. Gleichzeitig habe ich den Verdacht, dass das, was hier so freundlich und entgegenkommend klingt, am Ende doch noch anders kommen könnte.

Innerlich habe ich erhebliche Zweifel daran, inwieweit wir weiterhin Auskünfte bekommen werden. Ich kann mir gut vorstellen, dass hinter den Kulissen bei Tengelmann eine ganz andere Strategie gefahren wird: Erst einmal alles zuzusagen, was den Sendetermin der Doku sichert. Außerdem werden sie natürlich darauf bestehen, dass die Rolle von Christian Haub und seinem engen Berater unter Verschluss gehalten wird. An Stelle der Anwältin und des PR-Strategen würde ich genauso verfahren und dann hoffen, die Sache sei nach der Ausstrahlung der TV-Doku erledigt. Wenn wir Journalisten keine weiteren internen Ermittlungsergebnisse mehr erhalten, dann kann im Film theoretisch nicht mehr erzählt werden als das, was durch die Medienberichte bereits bekannt geworden ist.

Wie richtig ich mit meiner Einschätzung liege, werde ich später ziemlich unschön zu spüren bekommen.[678] [679] Dass die Tengelmann-Vertreter uns Journalisten jedoch völlig unterschätzen, werden sie im Verlauf der nächsten Monate gewahr. Fürs Erste haben wir nun aber eine Basis geschaffen, in der die Redaktion und die Tengelmann-Vertreter sich austauschen können. Wir vereinbaren einen Termin für ein Treffen mit den internen Ermittlern in Hamburg. Der PR-Stratege setzt unterdessen alle Hebel in Bewegung, um die Schlüsselfiguren der Suche von damals in Zermatt für Dreharbeiten zu gewinnen. Vor rund drei Jahren hatten der Sicherheitschef und der Krisenmanager *selbst* allen an der Suche beteiligten Personen quasi ein Sprechverbot mit der Presse erteilt, wie wir von den beiden während unseres Termins am 16. Februar erfuhren. Wenn ein Vertreter der Familie Haub nun also das Sprechverbot wieder aufhebt und die damals an der Suche beteiligten Personen sogar zum Mitwirken *auffordert*, dürften wir gute Chancen haben, den ein oder anderen Interviewpartner zu bekommen. Nach unserem Termin mit der Rechtsanwältin und dem PR-Strategen sind meine Chefin und ich guter Dinge, dass zumindest in Zermatt in Bezug auf die Dreharbeiten alles klappen wird.

EIN LETZTES TREFFEN MIT DEN ERMITTLERN (24. MÄRZ 2021)

Unser letztes Treffen mit dem Tengelmann-Ermittler-Duo findet in Anwesenheit der Rechtsanwältin am 24. März 2021 in Hamburg statt. Als Treffpunkt wählt die Anwältin ein schickes Design-Hotel in der Nähe der Reeperbahn. Die Räume des Foyers sind ausladend, mit hohen Decken und riesigen Fenstern. Sie hat eine ganze Suite mit mehreren Räumen und zwei Badezimmern reserviert. An dem großen Konferenztisch im Besprechungszimmer verbringen wir den ganzen Tag.

Die Anwältin, der Tengelmann-Sicherheitschef und sein Berater nehmen mit dem Rücken zur Wand Platz. Ich sitze auf der gegenüberliegenden Seite des großen Tischs mit dem Rücken zum Fenster. In diesem Moment bereue ich, dass ich Sergej nicht zu diesem Termin mitgenommen habe: Vor mir sitzt eine »Tengelmann-Mauer« und ich bin auf mich allein gestellt.

Die Stimmung ist sehr freundlich. Wir besprechen ausführlich, welche Protagonisten wir gerne in Zermatt für die Dreharbeiten gewinnen möchten: den Rettungschef, den Hoteldirektor, Bergretter und nach Möglichkeit auch einen Freund von Karl-Erivan Haub, der in Sichtweite des Matterhorns ein Hotel betreibt. Zu meiner großen Überraschung besteht sogar die Bereitschaft, den Krisenmanager als Interviewgast vor unserer Kamera sprechen zu lassen, mit vollem Namen und seiner Funktion als Krisenmanager.

Natürlich steht diese Zusage in einem krassen Widerspruch zu der Tatsache, dass wir ihn nicht namentlich als *Quelle der internen Ermittlungsergebnisse* nennen dürfen, doch Tengelmann will uns auf diese Weise einen »exklusiven« Gesprächspartner vermitteln, der uns im Detail über die

Suchmaßnahmen berichten kann, da er ja tatsächlich als einer der Ersten in Zermatt vor Ort war. Es gibt nur einen Haken: Wir dürfen ihm keine einzige Frage zu Russland, dem »dubiosen Pärchen« oder seinem Gespräch mit FBI und CIA stellen. Es soll der Eindruck entstehen, er sei lediglich als Berater in Zermatt vor Ort gewesen. Selbstverständlich ist mir klar, was Tengelmann damit bezwecken will: Einfluss auf unseren Film zu nehmen, indem ausschließlich die Unfall-Theorie besprochen wird. Dass ich mich an dieses Frageverbot nicht halten werde, sage ich den Anwesenden natürlich nicht.

Seit dem ersten Treffen mit den internen Ermittlern Mitte Februar sind nun fast sechs Wochen vergangen und Sergej und ich haben unsere Tage und Nächte mit der Verifizierung der Unterlagen und der weiterführenden Recherche verbracht. Wie mit der Medienrechtsanwältin und dem PR-Strategen besprochen, soll es bei der neu aufgenommenen Kommunikation mit dem Sicherheitschef und seinem Berater zu einem *gegenseitigen* Austausch von Informationen kommen. Aus diesem Grund kläre ich die beiden Männer und die Anwältin in den folgenden Stunden über alle neuen Erkenntnisse auf. Zunächst erzähle ich ihnen von dem »großen Betrug«, den Sergej Grishin im Herbst/Winter 2017 in seinem unmittelbaren Umfeld festgestellt haben will, gekoppelt an die Aussage, er werde nun von »russischen Kriminellen bis in die höchsten Regierungskreise gejagt«. [680]

Sofort stellt der Tengelmann-Sicherheitschef eine mögliche Verbindung zu den Vorkommnissen etwa ein halbes Jahr vor dem Verschwinden des Milliardärs her, als Karl-Erivan Haub die Befürchtung hatte, überwacht zu werden. Zeitlich überschneiden sich diese beiden Ereignisse. Enge Geschäftsfreunde und Begleiter von Grishin dürften schon einige Wochen oder Monate vor der Öffentlichkeit mitbekommen haben, dass etwas bei dem Oligarchen großen Unmut erzeugt. Bevor Grishin den Schritt in die Öffentlichkeit gewagt hat, dürfte er zunächst *intern* Dinge angesprochen haben. Vielleicht hat er versucht, Leute zur Rede zu stellen? Oder hat er gar dem ein oder anderen gedroht? Es ist nicht auszuschließen. Auch die übrigen Verbindungen zu Geldwäsche, dem *Russischen Waschsalon* und Offshore-Geschäften hören der Leiter der internen Ermittlungen und sein Berater in dieser Ausführlichkeit von mir das erste Mal. Die internen Ermittlungsberichte sowie der Bericht von *Alvarez & Marsal* hatten den Sachverhalt bisher eher oberflächlich angerissen.

Besonders interessant findet das Ermittler-Duo auch die digitalen Spuren von Veronika E. Die dubiosen Fake Accounts auf Social Media zum Beispiel oder ihre Wahl der Passwörter, die einen Bezug zu Karl-Erivan Haub herstellen. Für die Männer spricht vieles dafür, dass Veronika E. eine wie auch immer geartete »Honigfalle« für Karl-Erivan Haub kreiert hat und die Wahl der Passwörter unter Umständen ein Zeichen dafür sein könne, dass die junge Russin damit ihren »Kanal« steuert. Auch hatten die beiden Männer bisher überraschenderweise den zeitlichen Bezug zwischen dem Todesfall des Patriarchen am 6. März 2018, dem plötzlichen Anstieg der Telefonverbindungen nach Russland und dem mysteriösen Verschwinden keiner genaueren Betrachtung unterzogen.

Die 201 Seiten Reisedaten von Veronika E. wirken auch auf sie so, dass die Russin neben ihrer Tätigkeit als Eventmanagerin noch eine andere »Aufgabe« haben muss, der sie auf den Reisen mutmaßlich nachgeht. Alles, was ich den beiden Männern vorlege, bestärkt sie in der Annahme, dass E. einem der russischen Geheimdienste zuzuordnen ist – und möglicherweise aufgrund ihres Reiseprofils (häufige Flüge nach Genf und Zürich sowie Los Angeles) in irgendeiner Verbindung mit Grishin und Suzdaltsev steht. Das Duo notiert sich alle neuen Informationen und verspricht mir, sich die Dinge genauer anzuschauen. Ich berichte den beiden auch, dass ich über meinen neuen Kontakt *Vadim* versuchen werde, doch noch nach Russland einzureisen, und dass der Mann offenkundig gute Kontakte zum FSB hat. Ich möchte damit vor allem der Rechtsanwältin den Eindruck vermitteln, dass wir Journalisten auch ohne die Hilfe der internen Tengelmann-Ermittler weiterrecherchieren können und uns nicht so leicht abspeisen lassen.

Eine Analyse der Seitenabrufe unseres n-tv.de-Artikels vom 22. Februar 2021 hatte insgesamt 165 gezielte Abrufe aus Russland ergeben.[681] Bei dieser Information werden die beiden Männer schlagartig hellhörig: Ob ich das genauer spezifizieren könne? Eventuell durch konkrete IP-Adressen? Leider kann ich das nicht, da die meisten dieser Suchanfragen über Suchmaschinen ausgeführt wurden, die die IP-Adresse verschleiern und so das anonyme Surfen im Netz garantieren. »Schade«, so einer der beiden internen Ermittler. »Vielleicht ist *die eine* dabei.«

Für einen kurzen Moment habe ich das Gefühl, dass er mir gerade gedankenverloren und *unbewusst* einen Hinweis gegeben hat. Der

Tengelmann-Sicherheitschef bemerkt meinen wachsamen Blick und weicht ihm sofort wieder aus. Schweigsam ordnet er einige Dokumente, die ich gerade auf dem Tisch ausgebreitet hatte. Er schaut auch nicht mehr zu mir. Plötzlich und ohne genau begründen zu können warum, *weiß* ich: Die beiden Männer haben den *finalen Beweis* zu diesem Zeitpunkt bereits vorliegen. Mir kommt es vor, als ob ich die Situation von außen in Zeitlupe wahrnehme, aus einer übergeordneten Perspektive. Alle Vorgänge der vergangenen Wochen laufen vor meinem inneren Auge ab, vom Besuch in Sankt Moritz, dem Durchstechen der geheimen Informationen, unseren eigenen Recherchen, den Veröffentlichungen der vergangenen Wochen, der geradezu verzweifelten Reaktion von Christian Haubs engem Vertrauten bis hin zur plötzlichen Bereitschaft von Katrin Haub und ihren Kindern, der Todeserklärung zuzustimmen. Es gibt nur eine Möglichkeit: Der *finale Beweis* ist da und muss verheimlicht werden, damit das ganze Konstrukt rund um den anstehenden Milliarden-Deal nicht auseinanderfällt.

Der Moment der Erkenntnis dauert nur den Bruchteil einer Sekunde, dann kehre ich zurück ins Hier und Jetzt. Sofort frage ich die beiden Männer, ob die finalen Ermittlungsergebnisse inzwischen eingetroffen seien. Immerhin findet unser Treffen kurz vor Ostern statt und damit genau innerhalb des Zeitfensters, das sie angekündigt haben. Der Sicherheitschef verneint, sichert aber zu, dass wir davon erfahren werden, wenn sie etwas bekommen.

Während die beiden Männer abwechselnd sprechen, beobachte ich sie scharf. Ihre Mienen sind entspannt, betont unaufgeregt, fast gleichgültig. Ich empfinde sie in diesem Moment weit weniger authentisch als bei unserem ersten Treffen im Februar. Damals waren sie angespannt, sich der Brisanz des Gesagten bewusst. Es war eine gewisse Vorfreude zu spüren, dass die jahrelangen Ermittlungen nun kurz vor der Aufklärung stehen. Doch all diese Emotionen schwingen in der schicken Hamburger Hotel-Suite nun gar nicht mehr mit. In diesem Moment *weiß* ich, dass mir nicht die Wahrheit gesagt wird. Aber ich werde es *beweisen* müssen – notfalls auch ohne ihre Hilfe.

DIE RTL-DOKU: WIR RECHERCHIEREN WEITER

Um Ostern 2021 kommt mir im letzten Gespräch mit den Tengelmann-Vertretern der Verdacht, dass sie den Beweis für den Verbleib von Karl-Erivan Haub erbracht haben und es mir verheimlichen. Doch im Moment kann ich das nicht beweisen und muss mein Gefühl, hintergangen worden zu sein, erst einmal verdrängen. Der Fokus für meine Kollegen und mich liegt nun in erster Linie auf den Dreharbeiten in Zermatt und hoffentlich bald auch in Russland. Das Sendedatum rückt immer näher und wir haben bisher noch so gut wie keine bewegten Bilder. Auch das »dubiose Pärchen« aus dem Hotel in Zermatt konnten Sergej und ich bislang nicht ausfindig machen. Es liegt also noch viel Arbeit vor uns.

Immerhin gibt es von Tengelmanns Seite nun eine große Bereitschaft, uns bei den Dreharbeiten zu unterstützen. Der Krisenmanager wird sogar damit beauftragt, für einige Tage nach Zermatt zu reisen, um einige Schlüsselbeteiligte von damals einzeln davon zu überzeugen, vor unsere Kamera zu treten. Mit dieser hochoffiziellen Unterstützung im Gepäck gelingt es ihm tatsächlich, den Rettungschef, die Bergretter, den Chef von Air Zermatt und einen engen Freund von Karl-Erivan Haub als Protagonisten unserer Dokumentation zu gewinnen. Lediglich seitens des Hotels *The Omnia* wird sich beharrlich geweigert.

Die Dreharbeiten sollen Ende April für eine knappe Woche in Zermatt stattfinden. Zu unserer neu erwachten Zusammenarbeit mit den Tengelmann-Vertretern gehört, dass neben meinen RTL-Kollegen und mir auch der Krisenmanager und der PR-Stratege zum Dreh in die Schweiz reisen werden. Sie sollen uns »zur Seite stehen«, damit es »mit der Kommunikation mit den Zermattern klappt« – am Ende wird es aber eher so sein, dass die beiden die Schweizer keine Sekunde aus den Augen lassen, damit keiner von ihnen mit uns Journalisten auch nur einige Sekunden alleine sein kann. In Zermatt soll auch das Interview mit dem Krisenmanager stattfinden. Vor diesem Gespräch graut es mir am meisten, denn es ist für mich völlig klar, dass der ehemalige KSK-Soldat entgegen seiner eigenen Überzeugungen die Unfall-Theorie in der Gletscherspalte in den Vordergrund rücken soll. Noch ist mir nicht ganz klar, wie ich das von Tengelmann erhobene Frageverbot zu Russland, zu dem »dubiosen Pärchen« und zu FBI und CIA umgehen soll.

UNTERSTÜTZUNG BEI DEN DREHARBEITEN

Ende April reisen wir nach Zermatt. Sergej bleibt in Köln, er verfolgt die digitalen Spuren der russischen Geschäftspartner und der vermeintlichen Geliebten Veronika weiter. Außerdem steht mir mein Kollege rund um die Uhr für Fragen zur Verfügung, die sich vielleicht vor Ort ergeben. Seit meinem ersten Besuch Ende Januar sind nun fast auf den Tag genau drei Monate vergangen und in den Alpen ist es Frühling geworden. Der Himmel ist strahlend blau und die Sonne wärmt schon ganz ordentlich. Auf der Fahrt in die Berge kommen wir an den ersten blühenden Rapsfeldern vorbei, die Natur ist nun deutlich lieblicher als im Januar und die Straßen sind weit weniger gefährlich.

Für mich fühlt es sich völlig unwirklich an. Beim letzten Mal versank die Welt um uns herum im Schnee, wir krochen trotz Allradantrieb im Schneckentempo auf unser Ziel zu und konnten kaum mehr als zwei Meter weit sehen. Und danach waren wir für mehrere Tage eingeschneit. Doch noch etwas ist bei diesem zweiten Besuch anders: Inzwischen *weiß* ich viel mehr über die Hintergründe des mysteriösen Verschwindens von Karl-Erivan Haub. Nicht nur habe ich Einblick in streng vertrauliche Dokumente erhalten, Sergej und ich haben weite Teile der Tengelmann-internen Ermittlungen durch *eigene*

Quellen verifiziert und sind nach wie vor damit beschäftigt. Was vor drei Monaten als eine wilde Geschichte mit vielen Dramen und unbestätigten Gerüchten in der Klatschpresse begann, hat sich in den vergangenen Wochen zu einem *realen Thriller* mit enormer Sprengkraft entwickelt.

Während wir über die Schweizer Autobahnen fahren und an den Abzweigungen nach Zürich und Genf vorbeikommen, denke ich an Karl-Erivan Haubs engste russische Kontakte, Veronika E. und Andrej Suzdaltsev. Über Leaks aus den Reisebuchungsportalen wissen wir inzwischen, dass sich beide oft in diesen Städten aufgehalten haben und Suzdaltsev auch am Genfer See lebt. Der Oligarch bringt in der Schweiz vermutlich sein Vermögen in Sicherheit und koordiniert im Schatten des Mont Blanc sein Offshore-Imperium. Aber was hat die junge Frau hier gemacht?

Zum ersten Mal merke ich, dass auch *ich* mich in den letzten drei Monaten sehr verändert habe. War ich zu Beginn der Recherche von einer fast kindlichen Neugierde getrieben, welche verrückte Wendung diese Geschichte als Nächstes nehmen würde, so bin ich inzwischen aufgrund der Skrupellosigkeit und der Lügen der handelnden Akteure in meinem Weltbild ziemlich erschüttert. Getrieben von einer schier unendlichen Gier sind diese superreichen Menschen augenscheinlich dazu bereit, alle Grenzen und Gesetze zu missachten. Als ob sich die Welt der Milliardäre in einem anderen Tempo drehen würde. Ich habe das Gefühl, in den vergangenen Wochen in die Abgründe der menschlichen Psyche geblickt zu haben. Und alle haben bisher weggeschaut: die Schweizer Behörden, die sich von der schwerreichen deutschen Familie den Ausgang der Pressekonferenz diktieren ließen, aber auch die deutschen Behörden, die trotz *mehrfacher* medialer Hinweise nicht einmal bei Tengelmann angeklopft haben, was es denn mit den hauseigenen Ermittlungen auf sich habe. Um ehrlich zu sein beschäftigt mich dies tatsächlich am meisten: Nach dem Artikel Ende Februar mit der Überschrift »*War zu 95 Prozent kein Unfall: Hatte Haub Kontakt zum russischen Geheimdienst?*«[682] gab es *weder* bei uns Journalisten *noch* bei den Tengelmann-Ermittlern Rückfragen. Das finde ich schon sehr erstaunlich. Wäre ein Geheimdienstkontakt von einer politisch und wirtschaftlich so gut vernetzten Person wie Karl-Erivan Haub nach Russland nicht eine Gefahr für die nationale Sicherheit? Und natürlich wundere ich mich auch über meine Pressekollegen. Bisher hat *niemand* außer uns RTL-Journalisten die Herkunft der internen

Tengelmann-Ermittlungen hinterfragt oder gar angezweifelt. *Niemand* hat Kontakt zum Sicherheitschef oder dem Krisenmanager aufgenommen, um die Quellen zu überprüfen.

Die internen Ermittler haben mir während unseres letzten Treffens in Hamburg nicht die Wahrheit gesagt. Davon bin ich zu 100 Prozent überzeugt. Und diese Taktik könnte dazu führen, dass mögliche Lebenszeichen des verschollenen Milliardärs zurückgehalten werden.

Während die Schweizer Landschaft an uns vorbeizieht, versuche ich, mich in Karl-Erivan Haub hineinzuversetzen: Was mag er – mit all den Russland-Verbindungen, über die wir jetzt Bescheid wissen – bei seinem letzten Aufenthalt in Zermatt wohl gedacht haben? Was ging ihm durch den Kopf, als er seinem Piloten das neue Ziel nannte? Was, als er kurz nach der Landung Veronika E. anrief? Was dachte er, als er im Heli-Taxi von Sion nach Zermatt flog? Schaute er wehmütig auf das geliebte Skigebiet zu Füßen des Matterhorns? Mit welchen Gedanken ging er ins Bett, nachdem er zuvor 1,5 Stunden mit der jungen Frau telefoniert hatte? Ich nehme mir vor, die nächsten Tage in Zermatt so viel wie möglich »mit Karl-Erivan Haubs Augen« zu sehen.

Da wir verschiedene Reiserouten haben, treffen meine Kollegen und ich erst am Matterhorn Terminal Täsch aufeinander. Meine Crew besteht aus zwei Kameramännern, einer Tonassistentin, einem Producer und einer betreuenden Redakteurin. Sie alle sind gute Skifahrer, das zählte bei diesem Dreh zu den Voraussetzungen. Wir wollen direkt zum Ort des Geschehens: tief ins Gletschergebiet, dorthin, wo die Gefahr eines Spaltensturzes am größten ist. Außerdem wollen wir schauen, wie realistisch eine Abfahrt auf die italienische Seite des Matterhorns nach Cervinia ist. Die kleine Tengelmann-Delegation, bestehend aus dem PR-Strategen und dem Krisenmanager, erwarten wir gegen Abend. Als Übernachtungsort haben wir das Hotel eines engen Freunds von Karl-Erivan Haub gewählt. Außerhalb der Saison sind einige Hotels schon geschlossen und wir möchten ihn ja ohnehin in unserer Doku auftreten lassen. Warum also nicht in seinem Hotel übernachten und ihn auch abseits der Dreharbeiten kennenlernen? Da das Hotel auch noch in unmittelbarer Nähe zur kleinen Gondelstation liegt, ist es also nahezu perfekt.

Nach dem Check-in sammeln wir uns in der Hotellobby und besprechen die Dreharbeiten der nächsten Tage. Geplant ist, dass wir zwei Tage lang mit

Helikoptern von Air Zermatt in das Gletschergebiet fliegen. Am ersten Tag werden wir aus der Luft Aufnahmen der Berge, des Gletschers und der Spalten machen. Am zweiten Tag wollen wir direkt im Spaltengebiet landen und uns dort mithilfe der Bergretter in eine Gletscherspalte abseilen. Am dritten Tag wollen wir zu Karl-Erivan Haubs letztem *Point of Contact*, der Bergstation *Klein Matterhorn*, und dann von dort aus mit den Skiern ins Tal abfahren und die Möglichkeit einer »unerkannten Abfahrt« nach Italien prüfen. Außerdem will ich überprüfen, ob mein iPhone während der Fahrt nach oben extremer Kälte ausgesetzt ist oder ob am Gipfel der Empfang zu schlecht ist, sodass das Handy möglicherweise einfach nutzlos geworden sein könnte. Am letzten Tag der Dreharbeiten wollen wir Themenbilder von Zermatt filmen. Während mein Team und ich noch den Drehplan besprechen, trudeln nacheinander der PR-Stratege und der Krisenmanager ein und stellen sich meinen übrigen Kollegen vor. Unsere kleine Truppe ist bunt durcheinandergewürfelt: wir Journalisten auf der einen Seite, der Krisenmanager und nun noch ein Kommunikationsfachmann, der für die weitere Schadensbegrenzung zuständig ist, auf der anderen Seite. Der PR-Stratege sieht daher verständlicherweise auch etwas angespannt aus. Während der Krisenmanager bestens trainiert und in Profi-Sportbekleidung so wirkt, als könne er das Matterhorn ohne Seil erklimmen, scheint der PR-Stratege mit nigelnagelneuen und wohl extra für diesen Anlass gekauften Wanderstiefeln und einer Bommelmütze des 1. FC Köln auf dem Kopf in seiner Freizeit weniger Sport zu machen und eher selten ins Hochgebirge zu gehen. So wie wir gerade in der Lobby beisammenstehen, werden die Zermatter unser Outfit gewiss belächeln. Aus den wenigen Gesprächen seit unserer Ankunft hat sich ergeben: Die Menschen hier glauben an einen Bergunfall und halten alles andere für Verschwörungstheorien. Rund um das Matterhorn seien seit 1905 180 Personen vermisst,[683] warum also nicht auch der Milliardär Karl-Erivan Haub? Dass ein deutscher Fernsehsender nun eine aufwendige Doku produziert, die auch gegenteilige Optionen in Betracht zieht, halten die Menschen im Dorf schlicht für verrückt. Ich kann es ihnen nicht verübeln, denn in dem Moment, in dem ich das erste Mal das Gletscherspaltengebiet unter mir sehe, werfe auch ich meine bisherige Meinung (zumindest für kurze Zeit) über Bord.

MIT AIR ZERMATT IN EINE GLETSCHERSPALTE

Beim Beginn einer Recherche ist es vermutlich ähnlich wie beim Beginn einer Ermittlung bei der Polizei: Man muss sich erst mal einen Eindruck vom Ort des Geschehens machen, um ein *Gefühl* für die Lage zu bekommen. Wir beschließen daher, mit den Helikopterflügen über das Gletschergebiet und rund ums Matterhorn zu beginnen. Ich will den Ort, an dem Karl-Erivan Haub so spurlos verschwinden konnte, von oben sehen. Ich möchte mich selbst genau dabei beobachten, wie es mir ergeht, wenn ich das erste Mal das Eis und die Skipisten unter mir erspähe, die in unmittelbarer Nähe an den Spalten vorbeiführen.

In Zermatt liegt zu dieser Jahreszeit kaum noch Schnee, doch weiter oben am Berg ist nach wie vor alles von einer dicken weißen Decke überzogen. Wir starten unsere Dreharbeiten bei Air Zermatt, am Hubschrauber-Hangar am unteren Ortsende. Zusammen mit dem örtlichen Rettungschef werden wir neben dem Spaltengebiet auch die Route der *Patrouille des Glaciers (PDG)* überfliegen. Normalerweise leisten sich vor allem gutbetuchte Touristen die Flüge um das Matterhorn, für meine Kollegen und mich wäre so ein Ausflug unbezahlbar. Die Dreharbeiten der nächsten zwei Tage sind extrem aufwendig. Allein den Helikopter zu mieten ist sehr kostspielig und ich versuche daher, den Flug auch ein wenig zu genießen, aber mir wird so übel, dass ich mich gleich am ersten Tag übergeben muss. Direkt nach dem Start dreht sich der Helikopter stark nach rechts ein und fliegt die knapp 60 Kilometer lange Route der *PDG*[684] von Zermatt über Arolla nach Verbier ab.

Unter Extremsportlern genießt die *Patrouille des Glaciers* Kultstatus: Das Rennen geht auf die Grenzbesetzung im Zweiten Weltkrieg zurück und wird von der Schweizer Armee organisiert. Da es nur alle zwei Jahre stattfindet, trainieren die Wettkämpfer teils jahrelang, um teilnehmen zu können. Der Schwierigkeitsgrad ist hoch, untrainierte Sportler scheitern sofort. Die *PDG* geht durch die gefährliche Hochgebirgsregion der Walliser Alpen und fordert auch immer wieder Verletzte und Tote: Eine ganze dreiköpfige Militärpatrouille verunglückte 1949 in einer Gletscherspalte,[685] woraufhin die *PDG* für lange Zeit verboten wurde. Karl-Erivan Haub, so erzählten es mir Menschen aus seinem Umfeld immer wieder, sei sich der enormen Gefahr und der hohen körperlichen Herausforderung bewusst gewesen und habe daher intensiv mit seiner Personal Trainerin für das Rennen trainiert. Außerdem, das hatte mir ja auch die Wirtschaftsjournalistin Ursula Schwarzer gesagt, sei Haub in einem hohen Maße eitel und wollte daher aller Wahrscheinlichkeit nach mit seinem Team besonders gut abschneiden.

Während wir die Route überfliegen, sehe ich immer wieder Skitourengeher, in Grüppchen oder auch einzeln. In manchen Abschnitten der Route kämpfen sie sich auf weiten Schneefeldern stetig nach oben, auf anderen Abschnitten müssen sie an engen, steilen Stellen fast klettern. Es sieht von oben wahnsinnig anstrengend aus, doch die Schönheit der umliegenden Berge, der weißen, unberührten Flächen im hochalpinen Gelände, rauben mir fast den Atem: Die Menschen sind hier nahezu auf Augenhöhe mit den umliegenden Gipfeln, das Matterhorn überragt mit seiner unverwechselbaren Form und Schönheit alle anderen Berge. Wir fliegen an Berghütten vorbei, die man nur auf Skiern oder aus der Luft erreichen kann. Hier oben kommt man nur hinauf, wenn man wirklich außerordentlich fit ist und sich mit den Gefahren der Bergwelt auskennt.

Innerhalb weniger Minuten lassen wir die halbwegs sichere Route hinter uns: Vor uns liegt mit einer Breite und Länge von vielen Hunderten von Metern der Gletscher. Von oben gut zu sehen: *Tausende* Gletscherspalten. Tatsächlich hatte ich mir – und das wird mir erst in diesem Moment bewusst – noch gar keine Gedanken darüber gemacht, wie eine Gletscherspalte konkret *aussieht*. Von oben sieht man sie ja auch so gut wie nie. Wenn man als Skifahrer unterwegs ist, dann sieht man nicht, was sich einige Meter weiter hinter einer Schneewehe verbergen könnte. Und genau darin liegt ja auch die Gefahr. Doch von *oben* betrachtet reiht sich eine Spalte an die nächste. Wir können aus der Vogelperspektive gut erkennen, dass manche Spalten sichtbar sind, andere wiederum teilweise unter Schnee verdeckt sind, also »zugeweht« wurden. Zu meinem Entsetzen befinden sich zwischen den Spalten auch immer wieder Skifahrer. Sie *sehen* die Gefahr in ihrer unmittelbaren Nähe einfach nicht. Der Zermatter Rettungschef neben mir kommentiert das Ganze damit, dass viele Skifahrer hier »schlicht lebensmüde« seien, ständig würden er und seine Leute ausrücken und Menschen aus den Spalten bergen. Ein Unfall ende dabei auch nicht zwingend tödlich, da viele Wintersportler in diesem Gebiet in Gruppen unterwegs seien und bei einem Unglück schnell Hilfe gerufen werde. Bei einem Sturz könne es dann dazu kommen, dass man »in das Eis hineinschlittere«, bis es »nicht mehr weitergeht«:

Irgendwann sei die Gletscherspalte in der Regel so eng, dass der Körper ausgebremst werde. Die Körpertemperatur der Skifahrer sorge dann dafür, dass sie sich regelrecht im Gletscher »festschmelzen«. Eine schreckliche Vorstellung. Während des Flugs über die Spalten gelobe ich mir, dass ich *niemals* und *unter keinen Umständen* in so einem Gebiet abseits der Pisten unterwegs sein werde. Meinen Kollegen geht es nicht anders. Der Blick von oben führt uns die Gefahr klar und deutlich vor Augen. Von oben kann man die Spalten nicht *nicht* sehen. Teilweise führen die Spuren der Skifahrer sogar *über* Spalten hinüber, da sie von Schnee überweht wurden.

Immer wieder schließt sich der Rettungschef mit der Hubschrauberpilotin kurz, sie sehen quasi ihre nächsten »Klienten« schon unter sich. Und tatsächlich: Während unserer Dreharbeiten kommt es in unmittelbarer Umgebung zu einem schweren Unfall. Ein Skifahrer stürzt nur wenige Meter neben der Piste in eine Gletscherspalte und verletzt sich schwer, wir können die Bergungsarbeiten beim Überfliegen beobachten. Nach allem, was ich über den so sicherheitsbewussten Karl-Erivan Haub weiß, kommt es mir nun völlig abwegig vor, dass er sich ganz entgegen seiner normalen Gewohnheiten ohne ortskundigen Bergführer in dieses lebensgefährliche Gebiet begeben haben soll. Karl-Erivan Haub kennt Zermatt und die Skigebiete rund ums Matterhorn seit seiner Kindheit, er ist seit vielen Jahren Stammgast im Alpendorf. *Ihm müssen die Gefahren bewusst gewesen sein.*

Nach unserer Landung am Heliport gehe ich zum Krisenmanager. Der PR-Stratege und er konnten uns aufgrund der begrenzten Sitzplätze im Helikopter während des Rundflugs nicht begleiten. Jetzt, wo ich mich mit eigenen Augen von den offensichtlichen Gefahren des Gletschers überzeugen konnte, will ich noch mal mit ihm sprechen. Der ehemalige Soldat wirkt in sich gekehrt, als ob er mental zurück im April 2018 ist. Er erzählt mir, gerade in den vergangenen Tagen habe er noch einmal für sich persönlich eine Einschätzung der Situation von damals vorgenommen. Es sei für ihn »ausgeschlossen«, dass Karl-Erivan Haub alleine in das Gletschergebiet aufgebrochen sei. Einige Tage zuvor sei er selbst noch einmal auf Skiern die *Schwarztor Abfahrt* hinuntergefahren. Diese sehr anspruchsvolle Route ist bei der Suchaktion vor drei Jahren besonders im Fokus der Suchmannschaften gewesen, weil sie als einzige Route zu Trainingszwecken für die *Patrouille des Glaciers* einen Sinn ergeben hätte: Von der Bergstation *Klein Matterhorn*, wo es den letzten

Point of Contact mit Haub gegeben hat, geht es zunächst flach über das Breit-horn-Plateau. Eine einfache Route für Skitourengeher. Doch dann steht man nach einigen hundert Metern vor dem *Schwarztor*, von wo aus eine lange Ab-fahrt durch ein Labyrinth aus Gletscherspalten und hohe, steil aufragende Türme aus Gletschereis führt, sogenannten Séracs. Am Ende der Abfahrt wartet als Ziel Zermatt. Für die außerordentlich schwierige Tour empfehlen die Schweizer Behörden neben der gängigen Skitourenausrüstung auch ei-nen Klettergurt, ein Lawinenverschütteten-Suchgerät sowie einen Rucksack mit Schaufel und Sonde mitzunehmen. Außerdem solle nur abfahren, wer den »Parallelschwung in allen Schneearten« beherrsche und bei »guter phy-sischen Fitness« sei.[686]

Über eben jener Abfahrt wurde mir am Vormittag beim Überflug ganz anders zumute, als ich die Skifahrer über verwehte Gletscherspalten fahren sah und auch Spuren, die teilweise nur wenige Zentimeter neben einer offe-nen Spalte entlangführten. Der Krisenmanager, der als ehemaliger KSK-Sol-dat auch im Hochgebirge ausgebildet wurde, sagt, dieser Tag vor wenigen Wochen habe ihm noch mal den Schwierigkeitsgrad der *Schwarztor Abfahrt* vor Augen geführt und er habe sich *erneut* darin bestätigt gesehen, dass Karl-Erivan Haub diese Skitourenabfahrt »ganz sicher niemals, unter keinen Umständen« alleine gefahren wäre. Einem vorsichtigen Menschen wie Haub springe das Risiko für Leib und Leben ja förmlich entgegen und Haub habe sich immer streng an Vorgaben gehalten.

Während des Überflugs habe ich mich immer wieder gefragt, wie es sich wohl *anfühlen* mag, wenn man in eine Spalte stürzt. Laut dem Zermatter Ret-tungschef überleben ja viele Sturzopfer zunächst, weil die Spalte enger wird und den fallenden Körper ausbremst. Mit diesen schaurigen Gedanken gehe ich nach unserem ersten Drehtag ins Bett. Am nächsten Tag werde ich mit meinem Kameramann selbst ins Ewige Eis abtauchen.

TIEF UNTEN IM EWIGEN EIS KLINGELT DAS HANDY

Wie fühlt es sich an, in einem Grab aus Eis gefangen zu sein? Diese Ge-danken gehen mir die ganze Nacht durch den Kopf und ich wache nach wenigen Stunden aus einem unruhigen Schlaf auf. Der heutige Tag wird für mein Team und mich sehr anstrengend werden. Wir planen, mehrere

Stunden zwischen den Spalten in einem der gefährlichsten Abschnitte des Gletschers zu drehen. Alles, was wir für den Tag brauchen, müssen wir mit auf den Berg nehmen. Die Schweizer haben uns eindringlich ans Herz gelegt, auf keinen Fall unsere Sonnenbrillen zu vergessen, da der Schnee dort oben die Sonne so stark reflektiere, dass die Gefahr bestehe, die Netzhaut zu verbrennen. Außerdem kann man dort oben natürlich nirgends auf die Toilette gehen. Während ich meinen Rucksack packe, bin ich hin und hergerissen, ob ich nun viel oder wenig Trinkwasser für den Tag einpacken soll ...

Das Team von Air Zermatt fliegt schließlich mein Kamerateam und mich sowie acht Bergretter, den PR-Strategen und den Krisenmanager in mehreren Etappen auf den Gletscher. Die Bergretter haben aus der Luft eine gute Stelle entdeckt, wo wir genug Platz für die Landung haben und unser ganzes Equipment auspacken können. Anschließend wollen sich der Rettungschef, mein Kameramann und ich uns ins Eis abseilen. Die paar Quadratmeter, in denen wir uns aufhalten werden, wurden von den Bergrettern im Vorfeld mit einem roten Band abgesteckt: Der Bereich ist etwa fünf Meter breit und 50 Meter lang – davor, dahinter und daneben weitere Spalten. Nachdem der Hubschrauber uns abgesetzt hat, atme ich erst einmal tief ein. Nur die wenigsten Menschen bekommen überhaupt jemals die Chance, auf einen Gletscher zu fliegen – und dann auch noch *zwischen* den Spalten zu landen. Der Ort ist so unberührt, so magisch, die Natur so gewaltig. Was für eine unglaubliche Gelegenheit, an so einem Ort drehen zu können! Ich schaue zu den Bergrettern, die gerade dabei sind, Schneeüberhänge mit Schaufeln zu entfernen, damit das sogenannte Dreibein über der Gletscherspalte aufgestellt werden kann. Dieses Metallgestell mit Spezialseilwinde kann rasch über einer Gletscherspalte in eine günstige Position gebracht werden, damit sich Retter und Notärzte abseilen können. Fast alle Rettungshubschrauber, die in den vergletscherten Zentralalpen ihre Einsätze fliegen, haben diese spezielle Ausrüstung für Spaltenbergungen an Bord. Für unsere Dreharbeiten werden wir zwei Dreibeine brauchen: eins für den Rettungschef und mich, ein zweites für den Kameramann, der sich einige Meter entfernt von uns abseilen wird. Er soll uns während des Gesprächs filmen.

Während mein Team und ich darauf warten, dass die Bergretter alle notwendigen Sicherungen getroffen haben, erzählt mir der Rettungschef, dass das Gletschergebiet durch den Klimawandel immer gefährlicher werde, da die Spaltenzonen nun noch unberechenbarer und zerklüfteter seien. Durch die steigenden Temperaturen würden die Schneebrücken dünner und der Schnee mürbe. Seine Rettungsmannschaft und er seien beinahe täglich mit dem Suchen und Bergen beschäftigt. Und manchmal komme es sogar vor, dass sie dabei weiter unten in einer Spalte die Überreste einer schon viel länger vermissten Person fänden, die der Gletscher erst jetzt, bei tauendem Wetter, freigebe. Diese Vorstellung empfinde ich als zutiefst beunruhigend und sehr gruselig. Unweigerlich frage ich mich, ob auch wir gleich *jemanden finden* werden.

Dann ist es so weit. Die Bergretter haben die beiden Dreibeine ausreichend gesichert und wir können mit dem Abseilen beginnen. Die Spalte, die die Schweizer für uns ausgesucht haben, ist circa 60 bis 70 Meter tief. Ich bete, dass der Klettergurt, den ich angelegt bekommen habe, auch halten wird. Durch die Seilwinde gesichert, trete ich nach vorne und mache einen Schritt ins Leere. Der Gurt um meine Hüften spannt sich sofort, ich lasse mein ganzes Gewicht in Gurt und Seile fallen. Das Dreibein und die Seilwinde befinden sich nun wenige Zentimeter direkt über mir, der Zermatter Rettungschef hängt direkt hinter mir. Unter uns öffnet sich der Gletscher und gibt den Blick in eine schwarze Tiefe frei. In meiner unmittelbaren Umgebung ist das Eis unter mir wunderschön klar und strahlend hellblau. Je weiter es nach unten geht, desto dunkler wird es. Den tiefschwarzen Boden der Spalte erkenne ich schon gar nicht mehr: Ob es nun 60 oder 600 Meter sind, kann man von oben nicht sagen. Langsam lassen die Bergretter uns in den Abgrund gleiten. Die Geräusche verstummen, je weiter wir uns ins Eis vorarbeiten. In den makellos glatten Wänden der Spalte gibt es kaum Einschlüsse oder Vorsprünge. Immer wieder hören wir es knacken und knarzen. Als ob wir von einem Lebewesen umgeben wären. Der Gletscher arbeitet, er bewegt sich. Auch wenn es nur wenige Millimeter am Tag sind: Die Spalten werden kleiner oder größer – und manchmal schließen sie ihre Opfer auf ewig ein. Nach etwa 30 Metern geht es für uns nicht mehr weiter nach unten. Wir sind nun zu breit und passen nicht mehr durch. Würde man jedoch von oben *hinunterfallen*, so würde sich der Körper durch die Wucht des Aufpralls regelrecht nach unten *bohren*, sich schließlich im Eis verkeilen und durch die Körpertemperatur einschmelzen. Durch die angeschnallten Skier kommt es in der Regel zu schwersten Verletzungen, Brüchen und ausgekugelten Gelenken. Eine grauenhafte Vorstellung.

Ich blicke nach oben. Der Himmel über mir ist nun nur noch als schmaler, hellblauer Spalt zu erahnen. Die Stimmen der Bergretter, des PR-Strategen, des Krisenmanagers und meiner übrigen Teammitglieder sind nicht mehr zu hören. Hier unten herrscht absolute Ruhe. Bis auf das Knarzen und Ächzen des Gletschers, der sich millimeterweise verschiebt. Wenn man das Glück hat, nach einem Spaltensturz noch am Leben zu sein, dann ist man im jahrtausendealten Eis gefangen. Sollte man theoretisch noch in der Lage sein, nach Hilfe zu rufen: Oben an der Oberfläche könnte einen kaum jemand hören. Ich bitte den Rettungschef und meinen Kameramann um einen Moment Ruhe. Ich schließe die Augen, ertaste mit meinen Händen die glatten Wände und lausche der Stille. Welch unbändige Verzweiflung einen Menschen packen mag, der hier lebend gefangen ist? Die Lage könnte nicht misslicher sein: Ein Entkommen aus eigener Kraft ist angesichts der spiegelglatten eisigen Wände ausgeschlossen. Doch mitten in die Stille hinein klingelt mein Handy: Ich habe auch in der Tiefe des Gletschers 4G-Netz. Karl-Erivan Haub war ganz plötzlich unerreichbar, schießt mir in diesem Moment durch den Kopf. Ich kann mir allerdings nicht vorstellen, dass er in diesem Gebiet, wo die Netzabdeckung offenbar hervorragend ist, ausgerechnet da unterwegs gewesen sein soll, wo es *keinen* Empfang gibt. Und während wir an den Seilen in der Gletscherspalte hängen, bestätigt mir auch der Rettungschef, dass es in der Schweiz tatsächlich nur sehr wenige Blind Spots bei der Netzabdeckung gebe: Überall seien inzwischen 4G- oder 5G-Antennen aufgebaut. Nach circa einer halben Stunde ziehen uns die Bergretter an der Seilwinde wieder nach oben. Den Moment, wo wir aus dem eisigen Grab der Gletscherspalte wieder in die Welt der Lebenden, in den Sonnenschein, auftauchen, werde ich wohl nie vergessen. In mir breitet sich ein tiefes Gefühl der Dankbarkeit aus. Den Ausflug in die Gletscherspalte haben wir nicht wegen eines Notfalls am Berg gemacht. Das Abtauchen ins Ewige Eis hat mich dennoch beeindruckt: Umgeben von der unvorstellbaren Kraft der Natur wurde mir die Vergänglichkeit von uns Menschen bewusst: *Selbst wenn man einen Spaltensturz überlebt, gibt es ohne fremde Hilfe kein Entkommen.*

Auf der Suche nach dem vermissten Milliardär wurden jedoch etliche Spalten abgesucht, Rettungsmannschaften durchkämmten tagelang das

Gelände. Es wurden *keinerlei* Spuren gefunden, die auf einen Bergunfall hindeuten könnten. *KEINE*. Und jetzt, da ich wieder bei den Bergrettern und meinen Kollegen an der Oberfläche stehe und bei gutem Wetter unsere eigenen Spuren im Schnee betrachte, denke ich, dass bei den anfänglich sehr guten Witterungsverhältnissen am 8. und 9. April 2018 doch zumindest *etwas* hätte gefunden werden *müssen*.

Zumindest, wenn es einen Unfall gegeben hätte.

ABFAHRT AUF SKIERN NACH CERVINIA

Doch was, wenn es eben *kein* Unfall war? Was, wenn Karl-Erivan Haub sein Verschwinden *absichtlich* geplant hätte? Wenn es, wie es die internen Ermittler inzwischen glauben, zu einer *Exfiltration* durch einen der russischen Geheimdienste gekommen war? Welche Optionen hätte es dafür gegeben? Da der letzte *Point of Contact* am 7. April 2018 um 9:09 Uhr bei der Bergstation *Klein Matterhorn* war, wissen wir, dass Karl-Erivan Haub von dort aus vermutlich nur drei Optionen gehabt hätte: Abfahrt nach Zermatt, die wir jedoch aufgrund der guten Kameraüberwachung und -auswertung ausschließen können. Flucht mit einem Helikopter, der den Milliardär irgendwo am Berg hätte aufsammeln können. Doch diese Option können wir ebenfalls ausschließen, da an diesem Tag (jenseits der Rettungs- und Heli-Ski-Hubschrauber) keine weiteren Hubschrauber unterwegs gewesen sind. Bleibt also als einzige Option die Abfahrt auf die italienische Seite des Matterhorns, nach Cervinia. Diese Möglichkeit wollen wir uns heute anschauen.

Der dritte Drehtag in Zermatt wird aber auch von einem Eklat mit dem PR-Strategen und dem Krisenmanager geprägt, der die Dreharbeiten kurzfristig komplett gefährdet. Doch zunächst beginnt der Morgen entspannt. Nach dem Frühstück packen wir alle unsere Skier auf die Schultern und laufen Richtung Gondel. Wir wollen hoch zum *Klein Matterhorn* und dann von dort ins Tal abfahren. Ursprünglich wäre ich auch gerne bis auf die italienische Seite nach Cervinia abgefahren, doch in Italien gibt es andere Corona-Schutzmaßnahmen als in der Schweiz. Die Pisten auf der italienischen Seite des Matterhorns sind geschlossen und nicht präpariert. Auch die Gondeln fahren nicht. Wir können uns also die Abfahrt nach Cervinia nur von der Schweizer Seite aus anschauen.

Die Gondelfahrt hoch in Richtung *Klein Matterhorn* ist mir besonders wichtig. Zusammen mit Sergej habe ich ausgerechnet, dass die letzte registrierte Einwahl von Haubs iPhone in das Mobilfunknetz um 8:33 Uhr[687] am Tag des Verschwindens kurz vor Erreichen der Bergstation stattgefunden haben muss. Wir wissen, dass der Milliardär das Hotel gegen 7:30 Uhr verlassen hat und um 9:09 Uhr von einer Überwachungskamera dieser letzten Station aufgezeichnet wurde.[688] Ich möchte nun also herausfinden, ob es entlang der Strecke, vor allem aber im letzten Drittel des Abschnitts, Funklöcher gibt oder der Empfang möglicherweise am Gipfel ganz verschwindet. Nach meinem kleinen Abenteuer am Vortag in der Gletscherspalte kann ich es mir zwar eigentlich nicht vorstellen, da ich dort selbst in 30 Metern Tiefe 4G-Netz und guten Empfang hatte, doch während der Fahrt nach oben habe ich mein Handy immer im Blick. Die reine Fahrtdauer beträgt um die 40 Minuten, inklusive der Umsteigezeiten an den Zwischenstationen. Die Strecke führt entlang des zerfurchten, von Spalten überzogenen Gletschergebiets. Auch aus der warmen Kabine der Gondel heraus müssen Karl-Erivan Haub an jenem Morgen die alpinen Gefahren präsent gewesen sein. *Durchgehend* haben sowohl meine Kollegen als auch ich eine hervorragende Netzabdeckung. Lediglich unmittelbar kurz vor der letzten Station *Klein Matterhorn* sinkt der Empfang für einige Sekunden ein wenig. An dieser Stelle »sackt« die Gondel kurz ab, bevor sie dann sehr nahe an den Felsen entlang den steilsten Abschnitt nach oben nimmt. Obwohl die Bergstation *Klein Matterhorn* mit 3.883 Metern über dem Meer die höchste Europas ist, liegt die Netzabdeckung bei nahezu 100 Prozent.

Die Luft ist sehr dünn und ich bekomme direkt nach dem Aussteigen ein wenig Kopfweh. Wir sind so hoch, dass wir beinahe auf die uns umliegenden Berge hinunterschauen können. Mit Ausnahme des Mont Blanc natürlich, der nochmal fast 1.000 Meter höher ist als unser Standort. Am Horizont meine ich das Mittelmeer zu erkennen, und auch das Matterhorn scheint zum Greifen nah. Das Skigebiet besitzt in der Tat einen außergewöhnlichen Charme und ich kann gut verstehen, dass Karl-Erivan Haub seit seiner Kindheit immer wieder hierher zurückgekehrt ist: Eine einmal entfachte Liebe für diesen Ort erlischt wohl nie wieder.

Mein Team und ich schauen uns um. Zu unserer linken Seite breitet sich das Breithorn Plateau aus. Diese Route müsste Karl-Erivan Haub von hier aus theoretisch gegangen sein, hinter dem Plateau beginnt die sagenumwobene *Schwarztor Abfahrt*. Auch heute sind einige Tourengeher unterwegs, ausnahmslos kleine Grüppchen. Heute wagt also keiner diese schwierige Abfahrt alleine. Auf unserer rechten Seite befinden sich die präparierten Pisten, auf denen die überwiegende Mehrheit der Wintersportler ins Tal abfährt. Bei meinem ersten und bisher einzigen Besuch in Zermatt rund zehn Jahre zuvor bin auch ich diese Pisten gefahren.

Unser Plan: Haubs mögliche Exit-Strategie nach Italien anzuschauen. Mein Team und ich schnallen uns die Skier unter die Füße. Sowohl der Rettungschef als auch der Krisenmanager begleiten uns. Den PR-Strategen konnten wir trotz guten Zuredens nicht davon überzeugen, mit uns den Hang hinabzuwedeln.

Beim Aussteigen aus der Gondel werden die Wintersportler auf neongelben Schildern sofort auf die große Gefahr durch Gletscherspalten hingewiesen: innerhalb der Station, außerhalb der Station und dann regelmäßig entlang der Piste. *Man kann die gelben Warnhinweise eigentlich nicht übersehen.* Nachdem wir zwei Tage zuvor mit dem Helikopter über einen frischen Spaltensturz geflogen sind, wagt auch keiner von uns, die Piste für einen Schwung durch den Tiefschnee zu verlassen. Nach etwa zehn Minuten Fahrt erreichen wir die Gabelung, an der eine Piste zur italienischen Seite der Alpen abbiegt. Doch aufgrund der Corona-Pandemie ist das gesamte Gebiet gesperrt. Ein rot-weißes Flatterband riegelt den kompletten Pistenabschnitt für die Abfahrt ab. Von hier aus bräuchte man nun nochmal circa 15 bis 20 Minuten bis nach Italien. Es wäre für den Milliardär *kinderleicht* gewesen, vom *Klein Matterhorn* aus innerhalb einer guten halben Stunde nach Italien zu fahren und von dort aus in die Anonymität einzutauchen. Ein in der Tat nahezu perfektes Exit-Szenario. Während wir am Rand der Piste stehen und in das italienische Tal hinabblicken, spinne ich den Gedanken weiter. Ich frage mich, was in diesem Moment in dem Tengelmann-Chef vorgegangen sein könnte. Genau *hier* wäre der Punkt gewesen, wo er entweder nach *rechts* in Richtung Zermatt gefahren wäre, zurück in sein altes Leben. Oder eben nach *links*, nach Italien. War es eine Fahrt in eine ungewisse Zukunft? Oder lief alles nach einem sorgfältig ausgeklügelten Plan? Würde es sich *anfühlen* wie eine Flucht? Oder doch eher wie ein Befreiungsschlag?

Ich schaue mich um. Die bergseitige Piste fällt bis zu unserem Standort stark ab und läuft dann über mehrere Meter fast horizontal aus. Man braucht genügend Schwung, um es über die Schneekante auf die Piste nach Italien zu schaffen. Man muss sich regelrecht »einen Stoß« geben, um hinüberzufahren. Kurz: Man tut es äußerst bewusst. Vor meinem inneren Auge stelle ich mir in diesem Moment vor, wie Karl-Erivan Haub, von der Bergstation *Klein Matterhorn* kommend, die steile Piste nach unten nimmt und dann aus der Hocke heraus so viel Geschwindigkeit wie möglich sammelt, um mit ausreichend Schwung in sein neues Leben zu fahren. *Ist es so gewesen?* Zumindest betrachten die internen Ermittler dies mit einer Wahrscheinlichkeit von 95 Prozent als die wahrscheinlichste Variante.[689]

Während ich noch ins Tal hinabblicke und versuche, mir vorzustellen, wie es bei Karl-Erivan Haubs möglicher Flucht dann weitergegangen sein mag, drängt mich mein Team zum Aufbruch. *Unser* Weg führt über die rechte Piste Richtung Zermatt. Wir haben es ein wenig eilig, denn für den Nachmittag haben wir das Interview mit dem Krisenmanager vereinbart. Auch wenn ich explizit nichts zu Haubs Russlandverbindungen, dem »dubiosen Pärchen« oder dem Treffen mit FBI und CIA fragen darf, habe ich natürlich genau das vor: Nach dem gemeinsamen Treffen vom 16. Februar *weiß* ich, dass der Krisenmanager – genau wie der Tengelmann-Sicherheitschef – einen Unfall nahezu komplett ausschließt, die Wahrscheinlichkeit liege bei gerade einmal 5 Prozent.[690] Es erscheint mir absurd, dass er diese Theorie nun ausgerechnet vor der Kamera stürzen soll.

ZERWÜRFNISSE VOR DEM INTERVIEW

Nach einer kurzen Ruhepause im Hotel treffen wir auch den PR-Strategen wieder. Ich habe den Eindruck, dass es ihm nicht ganz recht ist, dass wir Journalisten mit dem Rettungschef und dem Krisenmanager am Vormittag alleine unterwegs waren. Umso wichtiger scheint es ihm nun, bei diesem Interview dabei zu sein. Er wirkt auf mich ziemlich angespannt: Ging es in den vergangenen Tagen vor allem um »schöne Bilder« von Zermatt, dem Gletscher und den Bergen, so kommen wir jetzt ans Eingemachte: *Was* wollte der amerikanische Geheimdienst in der Schweiz? *In was* ist Karl-Erivan Haub womöglich verwickelt? Auch meine Kollegen spüren die Anspannung – und meine leichte Gereiztheit. Der Kommunikationsstratege sitzt mir im Nacken, ich fühle mich von ihm ständig beobachtet. Es herrscht definitiv keine Wohlfühlatmosphäre.

Nachdem meine beiden Kameramänner die Technik für das Interview aufgebaut haben und der Krisenmanager vor mir Platz genommen hat, will der PR-Stratege noch einmal die Fragen absprechen. Genau das hatte ich befürchtet, doch darauf will ich mich nicht einlassen: Ich werde mir die Fragen nicht vorschreiben lassen, ich frage *was* und *wie* ich will. Damit ist der Kommunikationsstratege nicht einverstanden, er will im Vorfeld meine Zusage, dass ich vor der Kamera die besprochenen Themen meide. Seine Sorge ist vermutlich, dass ich etwas zu Haubs Russland-Kontakten oder dem Treffen mit FBI und CIA frage und der Krisenmanager dann im On die Antwort verweigert. Für unseren Film wäre das ein starkes Statement, das Bände spricht – und genau das soll vermieden werden. Es folgt eine hitzige Diskussion. Es fällt mir sehr schwer, bei dieser offenkundigen Beeinflussung ruhig zu bleiben. Ich erkläre dem PR-Strategen, dass ich mir von ihm keine Fragen vorschreiben lasse – und dann platzt das ganze Interview. Ich schäume vor Wut.

Der Kommunikationsfachmann und der Krisenmanager verlassen den Raum und mein Team und ich bleiben zurück. Nach ratlosen Minuten packen wir unsere Kameratechnik wieder ein. Ich bin angespannt und enttäuscht, weil uns nun ein wichtiges Element für die Doku fehlt. Gleichzeitig kann ich nicht akzeptieren, dass man uns verbietet, Fragen zu stellen, die Christian Haub diskreditieren könnten. Ich fühle mich den Tengelmann-Vertretern ausgeliefert, die ja wissen, wie wichtig die Interviews für uns sind. Doch ich will mich nicht benutzen lassen – und genau so fühlt es sich für mich gerade an; so kommen wir nicht weiter. Ich schnappe mir meinen Mantel und gehe an die frische Luft. Nicht weit vom Hotel beginnt die wilde Natur, ein kleiner Wanderweg schlängelt sich den Berg hinauf. Ende April liegt hier auch kein Schnee mehr, der Boden ist trocken. Wütend stapfe ich los und rufe erst mal Sergej an. Er ist inzwischen mein engster Vertrauter, niemand steckt so tief in den Recherchen wie wir beide. Bei ihm lasse ich nun meinen Frust der vergangenen Stunden ab – und Sergej kann mich tatsächlich etwas beruhigen. Auch wenn ich hier in Zermatt in puncto FBI und CIA und dem »dubioses Pärchen« nicht weiterkomme – meinem Kollegen ist ein kleiner Durchbruch gelungen: Mithilfe einer aufwendigen Fotosuche über Social

Media konnte Sergej die Frau des Zweiergespanns aus dem Hotel *The Omnia* ausfindig machen. Meine Stimmung verbessert sich augenblicklich. Sergej erklärt mir, er habe das Foto aus dem Ausweis der Frau genommen und über eine Bildersuche im Internet geprüft. Auf diese Weise habe er in einem russischen Forum namens *OK.ru* eine Frau identifizieren können, die der gesuchten Frau auffallend ähnlich sehe. Und auch der Name stimme. Er habe sie auch schon angeschrieben, doch statt einer schriftlichen Antwort habe er einen Anruf von einem vermeintlichen Schwager mit osteuropäischem Akzent erhalten.[691] Der Mann und die Frau, die wir von den Passkopien kennen, seien inzwischen tatsächlich verheiratet und wohnten in Bremerhaven. Dort betreibe der Mann einen Security Service («Bewachungsgewerbe»).[692] Er werde sich bald bei Sergej persönlich melden. Doch eins will der Anrufer schon vorab loswerden: Sein Bruder, Nerses B., sei »Alpinist« und daher für einen »spontanen Kurztrip« mit seiner damaligen Verlobten Tanja Q. in Zermatt gewesen.

Auf dem kleinen Trampelpfad am Hang hinter dem Hotel beginne ich schallend zu lachen. Ein »Alpinist« aus Bremerhaven, der *ohne* Ausrüstung und *ohne* adäquate Kleidung mit seiner Verlobten »spontan« für zwei Tage nach Zermatt reist, vom Auto aus *zielsicher* in der nobelsten Unterkunft des Orts ein Zimmer bucht und dann *in bar* bezahlt. Ein angeblicher Bergsportler, der die zwei Tage im Alpendorf hauptsächlich damit verbringt, in der Lobby herumzulungern und den Besprechungsraum der internen Ermittler zu beobachten. Von der tollen Natur und dem kleinen Ort bekommt er so gut wie nichts mit. Höchst verdächtig.

Sergej berichtet mir amüsiert, wie sich der vermeintliche Bruder um Kopf und Kragen geredet habe: Nerses B. habe ein »unruhiges Gemüt«, mit ihm sei »nicht zu spaßen«. Er komme aus Armenien und habe eine militärische Ausbildung bei den *Speznas* absolviert und auch im Bergkarabach-Konflikt gekämpft. Hinter den *Speznas* verbirgt sich eine Spezialeinheit des russischen Militärnachrichtendiensts *GRU*. Und der *GRU* ist, wie wir inzwischen wissen, der brutalste von allen russischen Diensten. Mir wird ganz schwindelig. Wenn das alles stimmt: Warum sollte ein ehemaliger russischer Elitesoldat mit Anbindungen an den *GRU zufällig* in Zermatt auftauchen, während zeitgleich ein deutscher Milliardär vermisst wird, der *offenkundig* höchst zweifelhafte Kontakte nach Russland hat?

Während mir diese Fragen durch den Kopf gehen, stelle ich zufrieden fest, dass die Informationen der internen Ermittler auch in diesem Punkt offenbar glaubwürdig sind: Das »dubiose Pärchen« scheint tatsächlich aus dem Umfeld des russischen Geheimdiensts zu kommen! Der vermeintliche Bruder von Nerses B. hat es meinem Kollegen Sergej ja selbst erzählt.

GESPRÄCH MIT HAUBS ALTEM FREUND

Beschwingt mache ich mich auf den Rückweg zum Hotel und beschließe, mich nicht weiter über die beiden Tengelmann-Vertreter und ihre Vorstellungen, wie wir Journalisten unserer Arbeit nachzugehen haben, zu ärgern. Meine Kollegen und ich werden unser *eigenes* Ding machen – und davon müssen die beiden Männer ja auch nicht unbedingt etwas mitbekommen.

Es erweist sich nun als gute Entscheidung, dass wir im Hotel des alten Freundes von Karl-Erivan Haub abgestiegen sind. Hier kennen einige Personen den deutschen Milliardär. Mit einem von ihnen möchte ich sprechen. Ich habe den Schweizer nun schon einige Male in der Lobby oder auf den Gängen getroffen. In einem Gespräch in einem günstigen Moment unter vier Augen erzählt er mir, dass er die Familie Haub seit seiner Kindheit kennt, schon sein Vater sei als Bergführer mit dem Patriarchen und seinen drei Söhnen unterwegs gewesen. Auch dem Zermatter ist seine Liebe zur Bergwelt anzusehen, er wirkt durchtrainiert, verbringt viele Stunden an der frischen Luft und ist auch im Winter braungebrannt. Wenn ich es richtig verstanden habe, ist er in erster Linie ein Freund von Karl-Erivan und Katrin Haub, nicht so sehr von Christian Haub und dessen Familie. Er scheint mir ein ehrlicher und aufrichtiger Mensch zu sein, dem die Dreharbeiten rund um das mysteriöse Verschwinden seines Freundes nicht recht angenehm sind. Ich vermute, dass er durch die jahrelange Freundschaft mit dem deutschen Milliardär auch persönlich von den nun auftretenden Gerüchten und Skandalen betroffen ist. Vermutlich fällt es ihm schwer, das alles zu glauben. Er hat Karl-Erivan Haub sicher ganz anders wahrgenommen. Russische Oligarchen, Geldwäsche und Geheimdienstverbindungen sind eher nicht die Themen, die einen bodenständigen Walliser beschäftigen. Für ihn, so hatte er mir bereits ein paar Tage zuvor gesagt, sei ein

Bergunfall *ganz klar* Ursache für das Verschwinden. Alles andere seien nur böse Gerüchte, die die Klatschpresse säen würde, um mehr Zeitschriften zu verkaufen. Und zur Klatschpresse zählt er offenbar auch mein Team und mich.

Genau aus diesem Grund möchte ich ihn noch mal unter vier Augen sprechen. Ich möchte ihm *zeigen*, was uns und vor allem auch *intern* bei Tengelmann vorliegt. Er stimmt zu, am späten Nachmittag kurz bei mir im Hotelzimmer vorbeizukommen und einen Blick auf meinen Laptop zu werfen. Um ihn nicht mit den ganzen Details unserer Recherche zu erschlagen, zeige ich ihm *ein* Dokument: die Liste der abgehenden Telefonverbindungen nach Russland. Ich habe die Telefonate mit Veronika E. und Andrej Suzdaltsev rot markiert und bitte Karl-Erivans Freund, in der ersten Spalte der Excel-Tabelle selbst mit der Maus herunterzuscrollen. Die Aufzeichnungen beginnen am 1. Februar 2018. Zunächst ist die Liste vollkommen schwarz. Die erste rote Markierung taucht am 14. Februar auf. Ein Gespräch mit der jungen Russin. Könnte es ein Anruf zum Valentinstag sein? Es würde die Theorie einer Liebesbeziehung stützen. Mit angespannter Mine scrollt der Mann weiter. Als er sich den Eintragungen von Mitte März nähert, versteinert sich seine Mine. Tatsächlich habe ich noch nie einen Menschen gesehen, dem tatsächlich *die Farbe aus dem Gesicht gewichen* ist. Doch der Jugendfreund von Karl-Erivan Haub verändert seine Hautfarbe vor meinen Augen von rosig zu kreidebleich. Mit fassungslosem Blick scrollt er durch den März, der bis auf wenige Ausnahmen völlig rot eingefärbt ist. Er lauscht angespannt meinen Erklärungen, beispielsweise der zeitlichen Abfolge zwischen Karl-Erivan Haubs Anrufen spät nachts am 5. April und der darauffolgenden Nachricht an den Piloten, das Ziel zu ändern: dem Anruf am 6. April unmittelbar nach der Landung und Veronikas zeitgleicher Zugbuchung von St. Petersburg nach Moskau sowie den außergewöhnlich langen Telefonaten spät in der Nacht vor seinem Verschwinden. »Man kann halt doch nicht einfach in die Menschen hineinschauen.« Der Satz kommt aus dem tiefsten Inneren des Mannes, der wie erstarrt vor mir sitzt. Von allen Gesprächen, die ich während der Recherche mit den verschiedensten Personen geführt habe, bleibt mir diese kurze Unterhaltung mit dem Freund von Karl-Erivan Haub in ganz besonderer Erinnerung: Es ist bis zum heutigen Tag das *ehrlichste* und *authentischste* Gespräch geblieben. Der Schweizer hat keinerlei persönliche Interessen, ihm geht es nicht um das Erbe, nicht um seinen Ruf und für ihn gibt es keinen Grund, etwas zu verheimlichen: Ihm geht es einzig und allein um seinen verschollenen Freund. Seine körperlichen Reaktionen, der Moment, als die Farbe aus seinem Gesicht wich, als er wohl zum ersten Mal realisierte, dass an den schier unglaublichen Gerüchten doch *mehr* dran sein könnte, als er bisher angenommen hatte: Das kann man nicht spielen. Ich konnte ihm quasi dabei zuschauen, wie sich der Schock in Wellen in seinem Bewusstsein ausbreitete. Nach einer guten halben Stunde verlässt Karl-Erivan Haubs alter Freund mein Zimmer sehr in sich gekehrt. Vermutlich muss er das Gesehene erst mal sacken lassen und sich darüber mit seiner Familie austauschen.

Einige Tage später, am Ende unseres Aufenthalts, erfahre ich von ihm, dass er nun auch aus Tengelmann-Kreisen[693] die Auskunft erhalten habe, dass es tatsächlich »inzwischen handfeste (...) Indizien für die Berichterstattung von RTL«[694] gebe. Wovon ich die ganze Zeit überzeugt war, nämlich dass der *finale Beweis* inzwischen vorliegt, bestätigt sich für mich in diesem Moment.

Ein Interview mit dem Krisenmanager ist für uns dennoch sehr wichtig ist, um in der Doku einen exklusiven Blickwinkel auf die Geschichte zu bieten, bemühe ich mich um einen Kompromiss mit dem PR-Strategen – keine Fragen zu Russland und FBI und CIA, dafür aber zum »dubiosen Pärchen«. Der PR-Stratege willigt ein und wir vereinbaren einen neuen Termin für ein Interview mit dem Krisenmanager einige Tage später in seinem Büro in Deutschland.

Die Zeit in Zermatt vergeht wie im Flug, unsere Drehtage sind allesamt vollgepackt mit viel Arbeit. Erschöpft packen wir am letzten Tag unser Equipment zusammen und Karl-Erivan Haubs Freund fährt uns mit dem hoteleigenen Elektrotaxi zum Bahnhof. Falls ich je herausfinden werde, was mit dem Milliardär *wirklich* passiert ist, werde ich es ihm als einem der Ersten sagen. Das nehme ich mir auf der Zugfahrt nach Täsch vor. Von der Schweiz aus fahren mein Kamerateam und ich dann nicht wie geplant zurück nach Köln und Berlin, sondern in die süddeutsche Grenzstadt, wo der Tengelmann-Berater seine Firma hat.

ZWEITER ANLAUF: DAS INTERVIEW MIT DEM KRISENMANAGER

Nach dem Eklat einige Tage zuvor in Zermatt bemühen wir uns nun alle um eine gute Stimmung für den zweiten Interviewversuch. Wir werden im Büro des Tengelmann-Beraters freundlich empfangen, es warten Croissants und andere gute Dinge zum Verzehr. Die Situation ist eigentlich verrückt. Den beiden Tengelmann-Vertretern ist vermutlich ziemlich klar, dass sie gerade versuchen, uns Journalisten auf eine aus meiner Sicht völlig offenkundig falsche Fährte zu locken. Sowohl der PR-Stratege als auch der Krisenmanager wirken daher auch trotz der vordergründig freundlichen Stimmung sehr angespannt. Das Interview beginnt und als Erstes befrage ich den Krisenmanager in aller Ausführlichkeit über den Ablauf der Such- und Rettungsarbeiten unmittelbar nach dem Verschwinden des Milliardärs.[695] [696] Vieles ist zu diesem Zeitpunkt ja schon bekannt, deshalb entwickelt sich ein teilweise absurdes Gespräch: Die Tatsache beispielsweise, dass Haub am Vorabend des 7. April 2018 mit einer *russischen* Nummer Kontakt hatte, will der Berater nicht in den Mund nehmen.[697] Die Spur soll nicht nach Russland führen. Punkt. Der PR-Stratege steht neben uns wie ein Wachhund. Als ich zu den Fragen rund um das »dubiose Pärchen« komme, steht die Luft vor Anspannung im Raum. Der Krisenmanager ist hochkonzentriert und wägt jedes seiner Worte genau ab. Ich registriere, dass seine Augenlieder mehr flattern als bei den übrigen Fragen, er wippt mehrfach während des Gesprächs nach oben: Der sonst so kontrollierte Mann steht unter gehörigem Druck. Die Veränderung in seiner Gestik ist minimal, aber eben doch wahrnehmbar.[698]

Auch wenn wir über die aus meiner Sicht relevantesten Themen mit dem Krisenmanager nicht sprechen konnten, ist das Interview für meine Kollegen und mich gut gelaufen. Es wird die Doku definitiv bereichern, denn mit einer Person, die so nah an der Familie Haub und den internen Ermittlungen dran ist, hat bisher kein anderer Journalist gesprochen.

Nach dem Interview fährt das Kamerateam zurück nach Köln und für mich geht es nach Berlin zurück. Ob *Vadim* wohl schon Neuigkeiten zu meinem Russland-Visum hat? Und konnte Sergej inzwischen das »dubiose Pärchen«, Nerses B. und seine Frau, von einem Interview überzeugen? Auf der Rückfahrt nach Berlin frage ich mich, ob ich das mysteriöse Verschwinden des Milliardärs nach den Tagen in Zermatt nun anders bewerte als zuvor.

Und tatsächlich: ja. Im Vorfeld hatte ich nur eine sehr abstrakte Vorstellung von den Gefahren eines Gletschergebiets. Natürlich *weiß* man, dass es gefährlich ist. Aber ich hätte nicht gedacht, dass man die Gefahr so deutlich *sehen* kann. Bei meinen bisherigen Skiurlauben habe ich Gletscher eher am Rande wahrgenommen. Die Helikopterflüge haben uns eine Vogelperspektive ermöglicht. Zeitweise dachte ich sogar, die Chance, in eine Spalte zu fallen, sei *größer*, als *nicht* hineinzufallen. Es gibt einfach so verdammt viele! Und die Spuren der Skifahrer führen halsbrecherisch nah am Abgrund vorbei. Als ich das Gebiet das erste Mal von oben sah, dachte ich: Wir können aufhören zu suchen, Karl-Erivan Haub liegt hier bestimmt irgendwo begraben. Doch nach den vielen Gesprächen mit den Bergrettern ist eben auch klar: Nur eine bestimme Anzahl der Spalten kommt überhaupt infrage, Haub musste ja dort irgendwie hinkommen: Sie *müssen* also in der Nähe einer halbwegs befahrbaren Route sein, der Milliardär kann sich ja nicht in die Mitte des Gletschers »beamen«. Und alle Spalten, bei denen auch nur eine entfernte Möglichkeit bestanden hat, dass man sie auf Skiern erreichen kann, wurden akribisch abgesucht. Da Kosten bei der Suche nach dem Verschollenen keine Rolle spielten, wurden darüber hinaus auch viele weitere Spalten abgesucht, um nichts unversucht zu lassen. »Wir haben alles Menschenmögliche getan, um Haub zu finden«, sagten mir sowohl der Rettungschef, seine Bergretter als auch Haubs Freund, der Hotelbesitzer. Und ich glaube es ihnen aufs Wort.

Später erfahre ich über Umwege, dass der Rettungschef während unserer Dreharbeiten die Tengelmann-Vertreter gefragt hat, ob ihnen eigentlich schon während der Phase der akuten Suche im April 2018 »klargewesen« sei, dass »der Haub da oben gar nicht liegt«, und ob die Tengelmann-Leute eigentlich »bewusst das Leben der Bergretter riskiert« hätten, obwohl man intern schon ganz andere Spuren verfolgte. Eine vollkommen berechtigte Frage, denn jeder Einsatz am Berg ist auch für die Retter lebensgefährlich. Offenbar, so denke ich auf der Rückfahrt, haben unsere Dreharbeiten auch bei den Menschen in Zermatt Fragen aufgeworfen: Auch sie werden gerade unschuldig in diese mysteriöse Geschichte hineingezogen – und vielleicht sogar in dem Milliardenstreit für eigene Interessen benutzt: Gespielt wird nach den Regeln der Familie, und zum Zuge kommt nur, wer sich im Kampf um die Firmenanteile als nützlich erweisen könnte. Ich habe das Gefühl, dass wir alle wie Figuren auf einem Schachbrett der Milliardäre bewegt werden:

Journalisten, die Bewohner Zermatts, die Bergretter, die internen Ermittler – und die Behörden.

Auf der Rückfahrt nach Deutschland frage ich mich, was eigentlich das Amtsgericht Köln zu den Indizien sagen würde. Schließlich läuft dort das Aufgebotsverfahren, und jeder, der Informationen über den Verbleib von Karl-Erivan Haub hat, ist aufgefordert, sich beim zuständigen Sachbearbeiter in Zimmer 814 zu melden. Die Frist läuft in wenigen Tagen, am 12. Mai 2021, ab.[699] Mein anfänglicher Verdacht, Christian Haubs Seite könne planen, den *finalen Beweis* gegenüber dem Amtsgericht Köln zu verheimlichen, hat sich nach der Aussage gegenüber dem Schweizer Familienfreund, dass es »inzwischen« handfeste Beweise/Indizien für die Berichterstattung von RTL«[700] gebe, und der Tatsache, dass der Krisenmanager im Interview mit mir jegliche Russlandverbindungen von Karl-Erivan Haub totschweigen musste, aus meiner Sicht bestätigt.

Schon während des Gesprächs mit Christian Haubs engem Vertrauten im Januar hatte ich das Thema angesprochen: Wenn die Indizien so eindeutig seien, wie es mir der Mann schon damals beschrieben hat, müsste dann nicht Christian Haub *selbst* vor Gericht seine Zweifel am Tod seines Bruders vortragen? Mein Gesprächspartner winkte damals lachend ab: Wer solle den derzeitigen Tengelmann-Chef denn zu so einer Aussage *zwingen*? Selbst wenn es stimmt? Wo kein Kläger, da kein Richter! Ich empfinde das Vorgehen als skrupellos und moralisch höchst verwerflich. Es geht hier schon lange nicht mehr um die vermeintliche Suche nach dem Bruder: Es geht einzig und alleine um Macht und Einfluss bei Tengelmann. Und natürlich um noch ein paar Milliarden mehr auf dem Konto von Christian Haub. Doch nach allem, was wir inzwischen wissen, gibt es mindestens eine weitere Person, die berechtigte Zweifel am Tod des verschollenen Milliardärs vortragen kann: ich.

DAS AUFGEBOTSVERFAHREN: ICH INFORMIERE DAS AMTSGERICHT

Unmittelbar nach meiner Rückkehr in Berlin kontaktiere ich das Amtsgericht Köln und den zuständigen Sachbearbeiter. Ich möchte persönlich vorstellig werden und den Mitarbeiter des Gerichts über die Geschehnisse der letzten Wochen informieren; vor allem über die Aussagen des Sicherheitschefs von Tengelmann und seines Beraters sowie über unsere RTL-Rechercheergebnisse. Mein Vorhaben wird innerhalb der Redaktion kontrovers diskutiert. Zwar hegt keiner meiner Kolleginnen und Kollegen ernsthafte Zweifel, *dass* uns etwas verheimlicht werden soll: Das ist eigentlich allen klar. Vielmehr besteht die große Sorge, die Tengelmann-Riege könne unseren Sendetermin für die Doku gefährden, indem sie beispielsweise mit einer einstweiligen Verfügung die Ausstrahlung verhindere. Das wäre aus Sendersicht eine Katastrophe. Dennoch: Bei allem, was wir inzwischen wissen, wäre es *falsch* und *fahrlässig*, unser Wissen *nicht* mit dem Gericht zu teilen. Wir kommen daher überein, dass ich am 3. Mai zum Amtsgericht Köln fahre und den Sachbearbeiter über unsere Zweifel informiere. Der Termin soll montags um 11:30 Uhr im Zimmer 814 stattfinden.

Es ist ein wunderschöner sonniger Maitag, jedoch für mein Empfinden noch etwas frisch. Als ich den Raum des Rechtspflegers betrete, bin ich ziemlich überrascht. Das kleine Zimmer ist voller Pflanzen, es sieht aus wie im Urwald: an den Fenstern, auf den Tischen, im Regal, auf dem Boden. Und wo keine Blumentöpfe stehen, nehmen Akten und Papierstapel den Platz ein. Obwohl der Raum chaotisch wirkt, scheint der Mitarbeiter des Amtsgerichts eine gewisse eigene Ordnung entwickelt zu haben. Er hat zu einem Pferdeschwanz zusammengebundene, lange, hellgraue Haare und trägt einen buschigen Schnauzbart. Er ist sehr schlank und ganz in Schwarz gekleidet. Alles in allem wirkt er eher wie ein zerstreuter Künstler und nicht wie ein klassischer Jurist – später erfahre ich, dass seine Leidenschaft tatsächlich die Malerei ist. Der Mann ist mir gegenüber sehr freundlich und aufgeschlossen. Ich gewinne den Eindruck, dass er die Zweifel am vermeintlichen Tod von Karl-Erivan Haub bis zu einem gewissen Grad nachvollziehen kann. Gleichzeitig macht er mir keine allzu großen Hoffnungen, dass das Gericht angesichts eines Kalibers wie der Familie Haub Christian Haub vorladen würde und ihn und/oder seine internen Ermittler unter Eid vernehmen würde. Mir kommt es in diesem Moment so vor, als sei eine Milliardärsfamilie aufgrund ihres Reichtums über jeden Verdacht erhaben. Als hätten sie es *nicht nötig*, etwas zu verheimlichen. Immer wieder betone ich im Gespräch, das Amtsgericht solle alle an den internen Ermittlungen beteiligten Personen vorladen. *Sie wissen alles.* Zumindest aber sollte das Gericht sie schriftlich nach dem Kenntnisstand der Ermittlungen fragen. Denn so wie ich es einschätze, könnten sich die Beteiligten des *Betrugs* strafbar machen, wenn sie belastbare Hinweise gegenüber dem Gericht verheimlichen: Die Vorlage des *finalen Beweises* würde aller Wahrscheinlichkeit nach eine Todeserklärung von Karl-Erivan Haub verhindern – und damit auch den Verkauf seines Drittels der Anteile an Christian Haub. Beim Verschweigen belastbarer Hinweise würde Karl-Erivan Haub daher im Umkehrschluss durch Vorspiegelung falscher Tatsachen für tot erklärt werden und damit die Grundlage für Christian Haubs Deal bereitet werden. Die an den internen Ermittlungen beteiligten Personen würden sich zu Handlangern des Milliardärs machen – und sich unter Umständen zusammen mit ihm strafbar machen. *Es wäre nichts anderes als ein Betrug in Milliardenhöhe.* Würden sie das riskieren? Oder würden sie gegenüber einem Gericht nicht vielleicht doch die Wahrheit sagen? So wie ich den Sicherheitschef und seinen Berater bisher erlebt habe, kann ich mir nicht vorstellen, dass sie ihre eigenen Existenzen für Christian Haubs Milliarden riskieren. Ich halte sie auch schlichtweg für nicht so raffiniert. Aus meiner Sicht gilt für sie: »mitgehangen, mitgefangen«. Ich hege daher die große Hoffnung, dass die beiden Männer gegenüber einer Behörde die Wahrheit sagen würden.

Nach wenigen Stunden verlasse ich das Amtsgericht Köln dennoch mit einem deprimierten Gefühl. Ich bin mir nicht einmal sicher, ob der Rechtspfleger unsere Zweifel überhaupt in aller Ernsthaftigkeit dem Gericht vortragen wird. Die Tage vergehen und es passiert nichts. Als ob mein Besuch nicht stattgefunden hätte. Doch so einfach will ich das nicht auf mir sitzen lassen. Aus diesem Grund lasse ich dem Amtsgericht meine Zweifel einige Tage später noch einmal *schriftlich* zukommen.[701] Nun sind sie schwarz auf weiß hinterlegt. Sicher ist sicher. Per E-Mail kläre ich das Gericht darüber auf, dass wir »mehrfach von Personen aus dem *direkten* Umfeld von Herrn Christian Haub erfahren« haben, »dass sich Herr Haub laut ihrem Kenntnisstand derzeit in Russland« aufhalte und sie »bis Ostern 2021 belastbare Beweise für diese Aussagen erhalten werden«. Außerdem sind wir »davon überzeugt, dass diese belastbaren Hinweise inzwischen vorliegen«. Aus unserer Sicht könne »Karl-Erivan Haub nicht für tot erklärt werden, solange das Gericht diesen Hinweisen nicht dahingehend nachgegangen ist, dass Herr Christian Haub sowie die mit dem Fall *intern* betrauten Personen zu ihrem Kenntnisstand vom Gericht *vollumfänglich* befragt werden«. Und um es noch deutlicher zu machen: »... aus unserer Sicht könnte Herr Christian Haub das Amtsgericht Köln über die Tatsache getäuscht haben, dass sein Bruder tot ist, indem er und die damit intern betrauten Personen trotz positivem Wissen über den Verbleib von Karl-Erivan Haub das Aufgebotsverfahren initiiert haben und weiterhin daran festhalten«. Im letzten Absatz fordere ich das Gericht daher auf, sicherzustellen, dass Christian Haub offenlegen müsse, »welche Kenntnis er, sowie die mit dem Fall *intern* betrauten Personen, über den Verbleib des Ehemanns und Vaters, Karl-Erivan, haben«.

Bevor ich auf »senden« drücke, halte ich kurz inne. Es ist klar, dass die schriftliche Darlegung unserer Zweifel nichts weniger als eine Kriegserklärung gegenüber Christian Haub ist. Alle Bemühungen der Tengelmann-Medienrechtlerin und des PR-Strategen, den von Christian Haubs engem Vertrauten verursachten Schaden vom Unternehmen und vom Tengelmann-Chef fernzuhalten, sind damit hinfällig. Sollte das Gericht seiner Arbeit ordentlich nachkommen und sowohl die internen Ermittler als auch Christian Haub vorladen, könnte innerhalb weniger Tage bekannt werden, seit wann und mit welchem Aufwand die Spuren nach Russland verfolgt wurden. Es würden sich innerhalb kürzester Zeit höchst unangenehme Fragen für die gesamte Familie stellen: Warum wurden weder die deutschen noch die Schweizer Behörden über die Verdachtsmomente der russischen Geheimdienstverbindungen informiert? Warum wurde das Interesse der amerikanischen Geheimdienste FBI und CIA niemandem gemeldet? Welche Rolle spielen die verschwundenen Tengelmann-Millionen im gescheiterten PLUS-Russland-Geschäft? Ist das Unternehmen in einen der größten Geldwäscheskandale aller Zeiten verwickelt, den *Russischen Waschsalon?* Fragen, die alle Strafverfolgungsbehörden in Deutschland interessieren sollten.

Ich drücke auf »senden«.

Von *jetzt* an gibt es kein Zurück mehr: Unsere Zweifel am Tod von Karl-Erivan Haub und die Verwicklungen seines Bruders Christian Haub sind schwarz auf weiß beim Amtsgericht Köln hinterlegt. Wie zu erwarten, erzielen die schriftlich vorgetragenen Bedenken eine *deutlich* stärkere Wirkung als das mündliche Gespräch mit dem Sachbearbeiter einige Tage zuvor: Die gesamte Tengelmann-Riege ist vor Wut außer sich, allen voran Christian

Haubs Vertrauter. Offenbar bittet das Amtsgericht Köln nach meinem Schreiben sowohl Katrin Haubs Seite als auch Christian Haubs Seite über ihre Anwälte um eine Stellungnahme zu den im Raum stehenden schweren Vorwürfen. Und wie nicht anders zu erwarten, fährt Christian Haubs enger Berater schwere Geschütze auf. Zwei Tage vor Ablauf der Frist besteht eine reelle Möglichkeit, dass das Gericht die Todesklärung nicht aussprechen könnte. Es entsteht ein enormer Druck seitens Tengelmann: Offenbar werden alle Möglichkeiten in Betracht gezogen, eine Ausstrahlung der Doku zu verhindern. Und auch bei uns in der Redaktion entsteht eine Diskussion. Haben wir für diese Vorwürfe wirklich genug Beweise? Ich, die sich so intensiv mit dem Fall beschäftigt hat, bin davon überzeugt. Dass es daran auch intern Zweifel gibt, muss man als Journalistin aushalten können. Und dennoch braut sich in mir ein Sturm der Gefühle zusammen. Als Reporterin war ich in den vergangenen Monaten immer als Gesicht dieser Recherche an der Front, immer in Kontakt mit den Tengelmann-Vertretern. Ich habe viele persönliche Gespräche mit ihnen geführt. Sergej und ich haben fast fünf Monate lang unsere *Tage* und auch *Nächte* mit der Verifizierung der internen Unterlagen verbracht. Wir haben auf den Ergebnissen aufgebaut und eine Vielzahl weiterer Indizien gesammelt. *Ich weiß, was ich weiß.*

Meine Rettung kommt schließlich aus unverhoffter Richtung: Der Reporter eines anderen Mediums[702] lässt mir ein aktuelles mehrseitiges Schreiben von Haubs Anwälten an das Amtsgericht Köln zukommen: Der Brief soll das Gericht von Christian Haubs Unschuld überzeugen und gleichzeitig meinen Sender und mich in die Schmuddelecke stellen. Auf seinem Feldzug gegen uns Journalisten hat man den Brief jedoch nicht nur an das Amtsgericht Köln, sondern auch wieder an alle möglichen anderen Redaktionen verschickt. Und so landet er am Ende eben auch bei uns. In einer für den Anlass ungewöhnlich emotionalen Art und Weise diffamiert man meine Person und unsere Recherche und wird sehr persönlich. Aber das ist wenig überraschend, ein solches, nicht sachliches Verhalten zeigen einige der Tengelmann-Vertreter ja nicht zum ersten Mal. Im Schreiben an das Gericht unterstellt man mir »eigensüchtige Motive« und stellt »strafrechtliche Konsequenzen«[703] gegen mich in Aussicht. Der in jeglicher Hinsicht leeren Drohung folgen dann jedoch nie Taten. Vermutlich zielt Christian Haubs Seite vor allem darauf ab, das Gericht zu beeindrucken.

Im Schreiben an das Gericht wird behauptet, durch die Übereinkunft, die die Rechtsbeistände von beiden Parteien für die verfeindeten Familienstämme vereinbart hätten, sei ein neu gewonnener Familienfrieden entstanden, welcher eine Gefahr von 90.000 Arbeitsplätzen[704] durch die potenzielle Zerschlagung des Unternehmens verhindere. Im Umkehrschluss heißt das nichts anderes, als dass unsere auf einer monatelangen Recherche beruhenden Zweifel an Karl-Erivan Haubs Unfalltod diese 90.000 Jobs gefährden könnten. Umgehend leite ich die vier Seiten bei uns im Sender weiter. In Anbetracht der herablassenden Art und Weise, wie man über den Sender, die Doku und mich spricht – und mit dem Wissen, dass man uns ja *selbst* den Zugang zu den Informationen gewährt hat, die sich jetzt gegen die Absender wenden – treffen wir gemeinsam die Entscheidung, meine vorgetragenen Zweifel *nicht* zurückzuziehen. Einerseits bin ich nun erleichtert, andererseits fühle ich mich wie ein geprügelter Hund. Doch während ich die hochemotionalen und beleidigenden Worte lese, die vermutlich durch Christian Haubs engen Vertrauten gewählt wurden, muss ich schon wieder schmunzeln. Versucht man, durch diesen durchschaubaren Versuch die Verantwortung für das Fortbestehen von 90.000 Arbeitsplätzen in die Hände des Gerichts zu legen? Will man den Richtern *Angst* machen, um so ihre Entscheidung zugunsten der Familie zu beeinflussen? Dem Schreiben ans Gericht ist eine vier Punkte umfassende eidesstattliche Versicherung von Christian Haub beigefügt. Ich lese sie mit Erstaunen. Christian Haub macht einen *riesigen* Fehler. Diese DIN-A4-Seite wird ihm und seinen Rechtsbeiständen eines Tages ordentlich um die Ohren fliegen: Die eidesstattliche Versicherung ist meiner Meinung nach in mehreren Punkten falsch. Und damit ist nach Paragraf 154 StGB der Tatbestand einer Straftat erfüllt.

Am 10. Mai 2021 schrieb Christian Haubs enger Berater im Auftrag von Christian Haub an das Amtsgericht Köln unter Punkt 1, *es lägen* »keine belastbaren Hinweise, geschweige denn Beweise« dafür vor, dass sein Bruder »Charlie« noch leben könnte. Unter Punkt 2 gibt Christian Haub an, er sei »von Anfang an davon überzeugt« gewesen, dass sein Bruder tödlich verunglückt sei.[705] Unter Punkt 3 stellt er außerdem fest, dass er »erstmals« nach einem Bericht in der Zeitschrift »Bunte« im November 2020, wonach sein Bruder das Verschwinden inszeniert haben könnte, einen »externen Sicherheitsdienst« beauftragt habe, »diesen Gerüchten auf den Grund zu gehen«.[706] Im letzten Punkt wird mir persönlich vorgeworfen, nur unsere RTL-Dokumentation besser vermarkten zu wollen. Es sei eine »Unterstellung«, dass er »vorsätzlich Informationen zurück halte, die bewiesen, dass [sein] Bruder noch lebt.« Dies sei »ungeheuerlich« und davon sei »kein einziges Wort wahr«.[707]

Während ich die eidesstattliche Versicherung staunend durchlese, frage ich mich, was in aller Welt Christian Haub und sein Umfeld dazu veranlasst hat, das Schreiben in dieser Form aufzusetzen. Waren die Rechtsanwältin sowie der PR-Stratege nicht in die Kommunikation involviert? Punkt 2 und 3 sind schon zum damaligen Zeitpunkt auch für Außenstehende als falsch zu enttarnen; das hätten die pragmatische Anwältin und der PR-Stratege angesichts dessen, was auf dem Spiel steht, doch nie durchgehen lassen: Es ist ziemlich ersichtlich, dass Christian Haub nicht »von Anfang an davon überzeugt war«, dass sein Bruder tödlich verunglückt ist, denn wenige Monate zuvor schloss er ja, wie ich von seinem engen Vertrauten selbst weiß, einen *erfolgsabhängigen* Vertrag mit dem Tengelmann-Sicherheitschef für die Suche nach Karl-Erivan Haub ab, dessen Ziel eindeutig war, Karl-Erivan Haub *lebend* zu finden. Und mehr noch: Bevor es zur Bezahlung dieser erfolgsabhängigen Vergütung kommen könne, müssten laut Haubs engem Vertrauten mehrere unabhängige Gutachter in der Lage sein, die vorgelegten Belege zu bestätigen. Ebenso wenig stimmt, dass Christian Haub »erstmals« über die Zeitschrift BUNTE im November 2020 davon erfahren haben will, dass sein Bruder sein Verschwinden möglicherweise inszeniert haben könne, und erst dann »einen externen Sicherheitsdienst damit beauftragt« habe, »diesen Gerüchten auf den Grund zu gehen«. Über die Dreistigkeit dieser Aussage bin ich ein wenig erschüttert, denn die Russland-Spuren wurden *unmittelbar* nach dem mysteriösen Verschwinden im April 2018 aufgenommen und *intern* vom Tengelmann-Sicherheitschef koordiniert, der auch aktuell noch an Christian Haub *direkt* berichtet. Im Bericht *Projekt Zermatt RU 2* werden schließlich die »möglichen aktuellen Kontakte des KEH in die Russische Föderation«[708] gesucht. Eindeutiger kann bereits im Sommer 2018 die Möglichkeit eines absichtlichen Untertauchens von Karl-Erivan Haub ja nicht benannt werden.

Punkt 1, nach dem »keine belastbareren Hinweise« vorlägen, sowie die Beteuerung in Punkt 4, Christian Haub halte nicht »vorsätzlich Informationen« zurück, werden sich im Laufe der nächsten Monate ebenfalls als falsch herausstellen. Doch dass er auch in diesem Punkt nicht die Wahrheit sagt, ist zum Zeitpunkt der eidesstattlichen Versicherung im Mai 2021 bereits einem kleinen Kreis von Menschen bekannt: Die belastenden Indizien liegen zu diesem Zeitpunkt schon vor.

Die Erde im Tengelmann-Reich bebt nach meinem Besuch beim Amtsgericht Köln, die Erde bei uns aber leider auch: Selbstverständlich würde ich die Widersprüche gerne sofort veröffentlichen; der Text ist schnell geschrieben, er fließt mir nur so aus meinen Fingern. Es sind ja alles Tatsachen, die ich ohne Probleme belegen kann. Die eidesstattliche Versicherung halte einer »Tatsachenüberprüfung« in Teilen »nicht stand«, wie es unter Juristen so schön heißt. Doch die Veröffentlichung wird auf unbestimmte Zeit verschoben: Im Fokus steht jetzt erst einmal unsere 90-minütige Dokumentation. Ich bin sehr enttäuscht, ich hätte gerne zusätzlich den Artikel veröffentlicht. Sergej kann meinen Frust verstehen. Wir teilen das gleiche Wissen und die gleiche Überzeugung.[709]

Die Frist des Aufgebots läuft am 12. Mai 2021 schließlich ohne weitere Vorkommnisse ab und zwei Tage später wird der verschollene Karl-Erivan Haub vom Amtsgericht Köln für tot erklärt.[710] Das Gericht hat Christian Haubs eidesstattlicher Versicherung offenbar nicht ausreichend hinterfragt: Die internen Tengelmann-Ermittler wurden *nie* zu ihrem Kenntnisstand befragt. Das Durcheinander bei Tengelmann sorgte dennoch für öffentliches Interesse und andere Journalisten wurden ebenfalls skeptisch. Einem Reporter gelingt es in der Folge, sich Zugang zu den internen Tengelmann-Ermittlungsberichten zu verschaffen. Es sind jene Abschlussberichte, von denen ich bis zu diesem Zeitpunkt dachte, niemand außer meinen RTL-Kollegen und mir kenne sie. Erstaunt stellt der andere Journalist fest, wovon ich überzeugt bin: Dass die eidesstattliche Versicherung offenbar auf Unwahrheiten beruht.[711] [712] Das Vorgehen sei »seltsam«, »mysteriös« und »eigenartig«. Christian Haub habe »unaufgefordert eine eidesstattliche Versicherung« abgegeben, wonach er »vom Tod seines Bruders überzeugt« sei. Und das, obwohl »ein Ermittlerteam (...) unmittelbar nach dem Verschwinden von KEH im Jahr 2018 sehr aktiv« war und »zuversichtlich« gewesen sei, dass

Karl-Erivan Haub »noch leben« könnte. Dies belege »der Bericht namens ›Zermatt RU 2‹, der von Ermittlern im Auftrag von Tengelmann erstellt wurde«[713] und welcher seiner Redaktion nun ebenfalls vorliege. Außerdem seien die internen Ermittler »von Tengelmann selbst immer dann gestoppt und zurückbeordert« worden, wenn sie eine »vermeintlich heiße Spur«[714] gefunden hätten. Der Reporter befragt auch das Amtsgericht Köln, ob es bei dieser starken Indizienlage die internen Ermittler befragt hätte, doch der Pressesprecher des Gerichts beantwortet die Frage nicht konkret. Er äußert sich standardmäßig: »Zu Art und Umfang der durchgeführten Ermittlungen« werde »keine Stellung genommen«.[715]

Es wurde einfach *nichts* unternommen, so einfach ist das.

Ich bin froh, dass inzwischen weitere Kollegen über diese Geschichte berichten, dass *irgendjemand* die Wahrheit an die Öffentlichkeit bringt. Für Christian Haub und sein Team bleibt jedoch auch diese Veröffentlichung ohne Konsequenzen. Weder der Bundesnachrichtendienst noch der Verfassungsschutz oder das Bundeskriminalamt kommen auf die Idee, zu reagieren. Vor allem aber frage ich mich, warum das Gericht den *offensichtlichen* Gang zum Sicherheitschef von Tengelmann und seinem Berater scheut. Sowohl meine schriftlich vorgetragenen Zweifel als auch der gerade publizierte Artikel des anderen Kollegen präsentieren dem Kölner Amtsgericht alles quasi auf dem Silbertablett. Warum versteckt es sich vor der Wahrheit? Warum schaut es »trotz einiger Zweifel«[716] weg? Auf *welcher Grundlage* entscheiden die Richter, dass die Hinweise »irrelevant«[717] seien, wie es der andere Reporter schreibt? *Oder wird am Ende politischer Druck ausgeübt, in diesem Fall nicht so genau hinzuschauen?* Diese Frage stelle ich mir bis heute – und kann die Antwort nur vermuten.

Doch – und auch das ist eine seltsame Eigenart bei dieser Recherche – ich habe kaum Zeit, über die Motive des Gerichts nachzudenken. Um mich herum geht alles Schlag auf Schlag: Auf die Ernüchterung des Aufgebotsverfahrens folgt wenige Tage später die einmalige Chance, das »dubiose Pärchen« aus dem Hotel *The Omnia* persönlich zu treffen. Und nicht nur das: *Vadims* »gute Freunde« haben tatsächlich dafür gesorgt, dass mir die Einreise nach Russland doch noch genehmigt wird. Bevor unsere Doku also Anfang Juni gesendet werden kann, haben wir noch zwei wichtige Rechercheschritte vor uns.

DAS »DUBIOSE PÄRCHEN«: DIE SPUREN FÜHREN NACH DEUTSCHLAND

Sergej hat ein bemerkenswertes Telefonat mit Nerses B. geführt: Nach der ursprünglichen Kontaktaufnahme durch dessen angeblichen Bruder meldet sich unser »Verdächtiger« tatsächlich telefonisch bei meinem Kollegen. Das Gespräch dauert ca. eine Viertelstunde und Nerses B. trifft darin einige höchst fragwürdige Aussagen:[718] Sein Besuch in Zermatt sei »spontan« gewesen, er wisse auch nicht mehr genau, von wo er angereist sei. Das Hotel *The Omnia* habe er »auf Empfehlung des Taxifahrers« gebucht, der ihn vom Bahnhof in Zermatt zum Hotel gefahren habe. Wir wissen jedoch, dass am *Vorabend* der Anreise, am 8. April 2018, gegen 22 Uhr telefonisch aus einem Auto heraus gebucht wurde. Offenbar lügt uns der angebliche »Alpinist« an und versucht, die Hintergründe seiner Anreise zu verschleiern. Zudem sind weder Nerses B. noch seine damalige Verlobte und heutige Ehefrau das typische Klientel des Luxushotels – selbst wenn er einen Taxifahrer nach einem guten Hotel gefragt hätte, wäre das *The Omnia* vermutlich nicht die erste Wahl des Befragten gewesen. Doch die mit Abstand seltsamste Antwort erhält Sergej auf die Frage, warum das Paar eigentlich die ganze Zeit in der Lobby verbracht habe: Nerses B. gibt an, »ihn« im Hotel gesehen zu haben. Ihn? »Ja, den der verschwunden ist.« Ohne dass Karl-Erivan Haub im Gespräch zwischen Sergej und dem Deutsch-Armenier bisher ein größeres Thema gewesen ist, lenkt Nerses B. den Fokus unvermittelt auf den vermissten Milliardär. Damit gibt er unbewusst mehr Hintergrundwissen preis, als ihm lieb sein dürfte. Der Security-Mann will auf der einen Seite große Erinnerungslücken rund um seine Anreise haben, behauptet dann aber wiederum, jemanden gesehen zu haben, der zum Zeitpunkt des Aufenthalts des Paars seit mehreren Tagen als spurlos verschwunden gilt und nach dem Hunderte Menschen suchen. Was reimt sich der Typ da zusammen? Ich bin sprachlos – und zwar aufgrund der Naivität, die uns gerade entgegenschlägt. Niemals kann das ein professioneller russischer Spion sein: Der Typ redet sich ja schon am Telefon um Kopf und Kragen und ist außerdem auch noch bereit, Sergej und mich persönlich zu treffen, um uns von seiner Geschichte zu »überzeugen«. Nerses B. fragt auch gar nicht nach, wie wir an seine Kontaktdaten gekommen sind. Irgendwie habe ich den Eindruck, dass ihm sogar *bewusst* ist, dass er da in irgendwas verwickelt ist, dass wir aus gutem Grund *gerade bei ihm* anklopfen. Es scheint ihn tatsächlich gar nicht zu überraschen und er stellt es auch nicht infrage! Am Telefon befindet er sich die meiste Zeit im Rechtfertigungsmodus.

Sergej und ich vereinbaren einen sehr zeitnahen persönlichen Termin wenige Tage später. Als Treffpunkt definieren wir einen gut einsehbaren Parkplatz eines Discounters in Bremerhaven. In unmittelbarer Umgebung befindet sich der Elektronikmarkt, in dem Nerses B. als Sicherheitsmann arbeitet. Dass er in der Sicherheitsbranche tätig ist, hatten wir schon vor einigen Wochen über eine Abfrage im Registeramt herausgefunden.[719] Sein Business scheint eine kleine One-Man-Show zu sein, mit dem er einen Aufenthalt im *The Omnia* definitiv nicht aus der Portokasse bezahlen kann. Sergej und ich haben eine versteckte Kamera bei uns. Auch zu unserer Sicherheit wollen wir das ganze Gespräch filmen. Ein Kamerateam wartet außerdem in einem Van auf dem Parkplatz und filmt unsere erste Begegnung von dort aus. Sergej gibt telefonisch Bescheid, dass wir da sind, und wenig später sehen wir Nerses B. in Richtung Discounterausgang eilen.

Er ist nicht besonders groß, ganz in Schwarz gekleidet und hat eine drahtige Figur und kurze Haare. Nerses B. wirkt verunsichert. Nach einer kurzen Begrüßung bittet er uns, ihn in sein »Büro« zu begleiten. Es befindet sich im hintersten Winkel des Elektronikmarkts unter einer Treppe und ist nur wenige Quadratmeter groß. Überall sind Monitore zur Beobachtung des Markts von innen. Auf dem Weg in sein kleines Reich ist Nerses B. anzumerken, dass ihm unsere Anwesenheit vor seinen Kollegen unangenehm ist. Er versucht, so schnell wie möglich aus ihrem Blickfeld zu verschwinden, und schließt sofort die Tür hinter uns.

Während Sergej und ich auf zwei drehbaren Bürostühlen Platz nehmen, setzt sich der Security-Mann auf die Tischkante seines Schreibtischs und versperrt uns damit mehr oder weniger den Weg nach draußen. Eine für mich sehr unangenehme Situation. Ich versuche, mir einen ersten Eindruck zu machen: Vor uns sitzt ein hochnervöser Mann, der seiner Jobbeschreibung nach über kein besonders großes Einkommen verfügen dürfte. Er ist mir eigentlich sympathisch, er hat nette, leicht naive Augen. Nervös rutscht Nerses B. auf der Tischkante hin und her. Offenbar hat er sich aber auf dieses Gespräch besser vorbereitet als auf das erste Telefonat mit Sergej. Es ist sogar so etwas wie ein »roter Faden« zu erkennen. Der Tenor, der bei uns hängen bleiben soll: Ich bin unschuldig, ich habe nichts zu verbergen, alles Zufall, keine Ahnung, was ihr von mir wollt. Doch so einfach machen wir es ihm nicht. Zunächst erzählt uns Nerses B. noch einmal, wie es zu dem »spontanen« Besuch in Zermatt kam: Er sei, so berichtet Nerses B., ein »Extrem-Bergsteiger«, der »auch mal für einen Tag nach Bayern« reise, um dort den »Großen Watzmann« zu besteigen. In Zermatt sei er gewesen, um »neue Routen am Matterhorn auszukundschaften«. Nachdem ich gerade ebenjene Gegend in der Schweiz inspiziert habe, halte ich diese Aussage für sehr verwegen: *neue* Routen am weltberühmten, sagenumwobenen Matterhorn? Und das während eines zweitägigen Aufenthalts, den er hauptsächlich in einer Hotellobby verbracht hat? Ohne Ausrüstung? Ich halte das für sehr wenig glaubwürdig. Kurz: Ich halte es für eine Lüge. Für seine Frau sei Nerses B. jedoch »nichts zu teuer«, daher habe er für sie »nur das beste Hotel« gewollt. Er bezahle zudem »immer in bar«, um »keine Spuren zu hinterlassen«. Das sei ihm sehr wichtig und er habe auch sehr mit seiner Frau geschimpft, nachdem Sergej sie über ein Foto auf Social Media gefunden hatte. Er sei »nicht lesbar«, daher hätten manche Menschen eben ein Problem mit ihm. Auf die Ungereimtheiten rund um die Buchung angesprochen, behauptet er, er könne sich an nichts Genaues mehr erinnern – ob er nun telefonisch gebucht habe oder spontan auf Empfehlung des Taxifahrers ins *The Omnia* gereist sei. Nerses B. erzählt uns, dass er bereits im Krieg gekämpft habe, einer militärischen Spezialeinheit angehört hätte und nun in seiner Freizeit in Polen schießen gehe, da dort die Regularien nicht so streng seien. Außerdem sei er von einem ehemaligen Mossad-Agenten in Israel als Personenschützer ausgebildet worden. Es klingt alles wild und wenig nachvollziehbar. Zu meiner allergrößten Überraschung – und Verwirrung! – kann Nerses B. jedoch tatsächlich auf seinem iPhone eine Vielzahl Fotos vorweisen, die ihn gut ausgerüstet als Kletterer in alpinem Gelände zeigen. Die Fotos sind teilweise mehrere Jahre alt, sodass wir ausschließen können, dass er sie in der Woche zuvor spontan aufgenommen hat. Ich bin völlig sprachlos: *Rein gar nichts* an diesem Mann wirkt so, als ob die »Alpinisten«-Story stimmen könnte. Doch die Fotos sprechen eine andere Sprache: Es besteht eine *reale* Möglichkeit, dass an der Geschichte zumindest der *Hauch* einer Wahrheit sein könnte. Mein Bild von Nerses B. gerät in diesem Moment ins Wanken. Mein *Gefühl* sagt mir klar und deutlich, dass der Mann uns eine

Lügengeschichte auftischt. Zu 100 Prozent. Er versucht, etwas zu verheimlichen, da bin ich mir ganz, ganz sicher. Doch die Fotos verunsichern mich: Und wenn er wirklich aus Liebe zu seiner Frau mehr als 1000 Kilometer von Bremerhaven nach Zermatt zurückgelegt hat, um *spontan* im besten Hotel des Dorfs zwei Nächte zu bleiben, dieses Mal aber seine Ausrüstung zu Hause ließ, weil er nicht als »Alpinist« ins Gebirge gehen, sondern einfach mal ganz entspannt mit ihr in der Lobby sitzen wollte? Was, wenn es einfach Zufall ist, dass die beiden zeitgleich mit dem Verschwinden des Milliardärs dort aufgetaucht sind? Ich kann es mir *eigentlich* wirklich nicht vorstellen. Aber *theoretisch* ist es möglich.

Wieder einmal frage ich mich, warum die deutschen oder Schweizer Behörden nie richtig ermittelt haben. Warum die Familie Haub die Beobachtungen rund um das »dubiose Pärchen« nicht mit der Polizei geteilt hat. Warum das Hotel des *The Omnia* nicht mehr gemacht hatte – einem Mitarbeiter war das Paar ja anfänglich wegen ungewöhnlichem Verhalten aufgefallen. *Warum?* Vor drei Jahren hätten die Strafverfolgungsbehörden ja ganz andere Möglichkeiten gehabt. Man hätte Handydaten auswerten können. Mit wem haben die beiden unmittelbar vor der Buchung telefoniert? Wen haben sie auf der Rückfahrt angerufen? Wen vor Ort?[720]

Wir verlassen Nerses B.s kleines Büro unter der Treppe nach etwa einer halben Stunde wieder. Ich habe das sichere Gefühl, dass er versucht hat, uns eine Geschichte aufzutischen, die uns von weiteren Recherchen in seinem Umfeld abhält. Er wollte *uninteressant* erscheinen. Doch es gibt rund um das Auftauchen von Nerses B. und seiner Frau in Zermatt zu viele Ungereimtheiten, zu viele Zufälle hätten zusammenspielen müssen. *Man hätte diese Spur unbedingt verfolgen müssen.* Und ich bin auch heute noch der Meinung, dass Nerses B.s Hintermänner einer der Schlüssel zur Aufklärung des mysteriösen Verschwindens von Karl-Erivan Haub sein könnten.

Sergej und ich können uns jedoch jetzt nicht mehr weiter um das »dubiose Pärchen« kümmern. Unser Sendedatum Anfang Juni rückt immer näher und eine letzte entscheidende Vor-Ort-Recherche fehlt: die Reise nach Russland.

UNSERE DREHARBEITEN IN RUSSLAND: WIR WERDEN ÜBERWACHT

Zurück in Berlin gibt es hervorragende Neuigkeiten: Mein Russland-Visum liegt abholbereit im russischen Visa-Zentrum in Berlin Mitte vor. *Vadim* hat Wort gehalten. Unmittelbar nach der Rückkehr aus Bremerhaven hole ich es ab. Doch einen Wermutstropfen gibt es: Leider erhalte nur ich ein Visum – vor Ort muss ich auf ein russisches Kamerateam zurückgreifen. Sicher kein Zufall, meiner Redaktion und mir ist völlig klar, dass wir auf diese Weise enger im Auge behalten werden sollen. Und vermutlich ist es auch kein Zufall, dass ich seit Wochen seltsame Anrufe auf meine Privatnummer erhalte. Es ist die Nummer, mit der ich *Vadim* das erste Mal kontaktiert habe; ohne nachzudenken hatte ich nicht mit meinem Diensthandy angerufen. Nun bekomme ich ständig sogenannte *Ping-Anrufe*. Doch anders als bei normalen Lockanrufen entstehen keine hohen Kosten. Das finde ich ungewöhnlich und nehme mir vor, *Vadim* bei Gelegenheit mal darauf anzusprechen. Ich werde den Deutsch-Russen ja schon in wenigen Tagen persönlich treffen. Vielleicht hat er eine Antwort.

Mitte/Ende Mai fliege ich zusammen mit einem RTL/n-tv-Russland-Korrespondenten nach Moskau. Mein Kollege besitzt neben der deutschen auch die russische Staatsbürgerschaft und braucht daher kein Visum. Außerdem spricht er fließend Russisch, auf seine Übersetzungen und seine Expertise kann ich mich verlassen. Im Vorfeld zu unserer Reise wurde er vom russischen Außenministerium angerufen. Sein dortiger Kontakt teilte ihm mit, dass er »gut auf die Journalistin aufpassen« und ich »keine dummen Fragen« stellen solle. Eine unverhohlene Drohung. Mein Kollege hat als Russland-Korrespondent schon viel erlebt und wundert sich daher über nichts mehr. Ich treffe ihn direkt vor dem Abflug am Flughafen Berlin-Brandenburg. Zuletzt haben wir uns hier vor einem knappen halben Jahr gesehen, als der russische Oppositionspolitiker Alexej Nawalny nach seiner Nowitschok-Vergiftung von Berlin zurück nach Moskau flog.[721] Dieses Mal werden nun also wir beide in ein Flugzeug in die russische Hauptstadt steigen. Ich bin wahnsinnig gespannt, was in den nächsten Tagen passieren wird.

Vadim hatte bereits einige Tage zuvor angekündigt, er habe sich mehrmals mit seinen »guten Freunden« getroffen und müsse nun dringend mit mir persönlich sprechen. Zuvor hatte er mir auch vorausschauend die aktuelle Adresse von Veronika E. übermittelt: Es handelt sich um die gleiche Anschrift in dem Luxus-Hochhaus, die wir schon aus den internen Tengelmann-Berichten kennen. *Vadim* hat die letzten Wochen gut genutzt, das merke ich. Ich freue mich, ihn in den nächsten Tagen persönlich kennenzulernen. Während der Flieger abhebt und Berlin unter uns immer kleiner wird, frage ich mich, wie Russland wohl so ist. Bisher war ich noch nie dort, ich habe keine rechte Ahnung, was mich erwartet. In den vergangenen Monaten habe ich viel über die Welt der Oligarchen gelesen, über die Welt von Grishin, Suzdaltsev und Co. In Moskau und St. Petersburg wird es für Menschen wie sie jeden erdenklichen Luxus geben: glänzende Fassaden, Boutiquen und schnelle Autos. Doch nur ein minimaler Bruchteil der Russen zählt zu den Superreichen. Die überwiegende Mehrheit der Menschen lebt knapp oberhalb der Armutsgrenze. Der Durchschnittslohn beträgt circa 600 Euro, der Mindestlohn liegt gar bei 160 Euro im Monat.[722] Und jeder fünfte Russe hat keinen Zugang zur Kanalisation und erledigt seine Notdurft in offenen Plumpsklos.[723] Kaum vorstellbar für einen Westeuropäer. Angesichts solch gravierender Missstände bröckelt das Bild der Weltmacht arg. Während des Anflugs auf Moskau sehen wir jedoch nichts von der Armut: Große Villen mit eigenen Wäldern und Seezugängen liegen im Speckgürtel der Hauptstadt nah beieinander.

Nach der Landung wollen wir schnell in unser Hotel. Es ist schon spät und durch den Feierabendverkehr werden wir sicherlich ein bis zwei Stunden zu unserer Unterkunft brauchen. Unser Hotel liegt in unmittelbarer Nähe des *Leningrader Bahnhofs*, jenes Bahnhofs, von dem Karl-Erivan Haub und Veronika E. zu einer gemeinsamen Nachtzugreise aufbrachen. In den nächsten Tagen will ich mir den Ort genauer anschauen. Wie würde *ich* mich als deutscher Milliardär in einem russischen Bahnhof fühlen? Während ich darüber nachdenke, stehe ich an der Zollkontrolle des Flughafens. Just in dem Moment, in dem ich den Grenzbeamten passiere, klingelt mein Privathandy zweimal an. Da ich mich noch im Zollbereich befinde, telefonieren hier verboten ist (und ich die russische Nummer auch nicht kenne), gehe ich nicht ran. Wer sollte mich hier kontaktieren? Wir sind mit niemandem verabredet. Und niemandem (außer *Vadim*) ist diese Nummer bekannt. Mich beschleicht ein ungutes Gefühl. Sollte mir dieser Anruf gerade noch einmal vor Augen führen, dass ich mich ab jetzt an die *russischen* Spielregeln halten muss? War das gerade eine kleine Drohung? Mein Kollege sieht es so – und ich beschließe, gleich nach der Ankunft im Hotel bei *Vadim* anzurufen und zu fragen, was da los ist. Vielleicht bin ich durch die Recherchen der vergangenen Monate etwas paranoid geworden, aber ich traue den Menschen um mich herum inzwischen so einiges zu. Vom Moment der Ankunft in Moskau an fühle ich mich beobachtet. Ich untersuche das Hotelzimmer ganz genau nach versteckten Kameras oder Wanzen und komme mir dabei ziemlich dämlich vor. Während mein Kollege und ich ein spätes Abendessen in der Lobby des Hotels einnehmen, erreiche ich schließlich meinen lokalen Kontakt. *Vadim* erklärt ein wenig entschuldigend, diese Überwachung sei »normal«, der FSB wolle »halt wissen«, wo ich bin. Auf meinem Handy sei eine Spionagesoftware, die »unbemerkt auf sämtliche Daten zugreifen« könne. Inzwischen, so sagt es der Deutsch-Russe, gebe es auch *zero click*-Angriffe, man habe eine Möglichkeit gefunden, ohne das Zutun der Zielperson auf das Gerät zu gelangen.[724] Für mich ist das alles irgendwie eine Nummer zu groß. Ich kann dem Gesagten entweder Glauben schenken – oder eben nicht. Fest steht: Seit Wochen erhalte ich diese Anrufe, und fest steht auch, sie begannen in der Hochphase unserer Russland-Recherche. Ich erinnere mich auch konkret an eine Situation, die vielleicht der Auslöser gewesen sein könnte: Zusammen mit meinem Kamerateam und einem Producer drehte ich einige Szenen vor dem Brandenburger Tor.[725] Von dort aus hat man einen guten Blick auf das Hotel Adlon und die dahinterliegende Russische Botschaft. Als stilistisches Element für die Doku wollten wir eine Schärfenverlagerung zwischen der deutschen Flagge auf dem Hotel und der russischen Flagge auf der Botschaft drehen. Nach einiger Zeit bemerkten wir einen Mann, der uns zu beobachten schien: ein großer Kerl mit breiten Schultern und sehr kräftigen Armen. Er hatte einen Stiernacken und ein sehr bulliges, fast brutales Gesicht. Er trug eine glatte, hüftlange Jacke aus braun-schwarzem Kunstleder. Immer wieder lief er an uns vorbei und schaute verstohlen herüber, schließlich stellte er sich in die Schlange eines Starbucks in unmittelbarer Nähe. Aufgrund der geltenden Coronaregeln war die Schlange *außerhalb* des Cafés. Kunden durften nur einzeln eintreten. Der Mann zückte ein Gerät, vermutlich ein Telefon, und drehte es hüfthoch immer wieder in unsere Richtung. Fotografierte er uns? Dafür wirkte das Gerät zu alt. Es schien eher so ein uraltes Klapphandy zu sein. Meine Kollegen scherzten, dass er gerade sicherlich unsere »Handydaten abgreifen« würde, es war einfach eine bizarre Situation. In dem Moment, in dem der komische Typ an der Reihe gewesen wäre, den Starbucks zu betreten, drehte er sich jedoch um und ging weg. Er wollte also offenbar gar keinen Kaffee holen. Zwei Stunden später begannen bei einigen aus meinem Team und mir die komischen Anrufe. Gab es eine Verbindung zu dem Mann? Ich glaube schon, wir wissen es aber nicht – und mein Recherche-Kollege Sergej glaubt bis heute an einen Zufall. Da wir es letztlich nicht beweisen können, dass wir abgehört werden, lasse ich *Vadims* Aussagen so stehen und beschließe, mein Handy nach diesen Dreharbeiten einfach auszutauschen und bis dahin auch keine vertraulichen Informationen mehr über dieses Gerät zu teilen.

Die erste Nacht in Moskau schlafe ich unruhig. Das Hotelzimmer ist riesig, das Bett ebenfalls. Obwohl wir in einem westlichen Hotel übernachten, ist der Standard verhältnismäßig niedrig, die Teppiche und das Bad wirken abgenutzt. Die Matratze ist sehr hart und die Decke ein wenig zu dünn. Obwohl es inzwischen Ende Mai ist, friere ich die ganze Nacht.

Am nächsten Morgen treffen wir als Erstes das Kamerateam. Es besteht aus vier jungen Russen: einem Kameramann, einem Tonassistenten, einem Drohnen-Operator und einem Fahrer. Leider sprechen sie so gut wie kein Englisch. Ich kann mich mit ihnen also nicht direkt verständigen und muss immer den Umweg über meinen Kollegen gehen. Bei den Dreharbeiten für eine Reportage ist so etwas immer schlecht, da der Kameramann eigentlich in der Lage sein müsste, das Geschehen *inhaltlich* mitzubekommen, um so die Bilder einzufangen, die wir für die Dokumentation brauchen. Wenn ich beispielsweise als Reporterin vor der Kamera über etwas spreche, das *hinter* mir stattfindet, so sollte er in der Lage sein, das zu verstehen und dann die Schärfe in den Hintergrund zu verlagern. Aber gut. Es ist jetzt halt so und wir werden mit diesem Problem klarkommen. Als Erstes möchte ich mit und den vier Russen einmal die Kreuzung überqueren und den *Leningrader Bahnhof* besuchen. Bei einer Millionenstadt wie Moskau ist es wirklich ein glücklicher Zufall, dass wir fußläufig zu unserer Drehlocations wohnen.

LENINGRADER BAHNHOF: WIESO FUHR KARL-ERIVAN HAUB MIT DEM NACHTZUG NACH ST. PETERSBURG?

Der *Leningrader Bahnhof* wurde im Jahr 1851 fertiggestellt und ist damit nicht nur der älteste Bahnhof Moskaus, sondern sogar ganz Russlands. Der Kopfbahnhof befindet sich am *Komsomolskaja*-Platz, dem wichtigsten Schienenverkehrsknotenpunkt der russischen Hauptstadt. Mehrere Metrostationen, verschiedene Straßenbahnen und gleich drei der neun Moskauer Bahnhöfe liegen hier nebeneinander, weshalb der Platz umgangssprachlich auch *Platz der drei Bahnhöfe* genannt wird. Von diesem Platz aus starten Züge, die ein Drittel der Erde umrunden! Von hier aus erreicht man mit der weltweit längsten durchgehenden Schlafwagenverbindungen Peking und Wladiwostok. Das riesige Russische Reich läuft an diesem Platz zusammen. Er ist ein Schmelztiegel verschiedener Nationalitäten. Mehr als eine Million Reisende passieren diesen Platz täglich. Doch was wollte Karl-Erivan Haub hier?

Inzwischen ist es später Vormittag und auf dem Weg zum *Leningrader Bahnhof* sehe ich Pendler, vermutlich aus den Vororten der Hauptstadt, die gerade auf dem Weg zur Arbeit sind. Doch es gibt auch viele Menschen mit einem deutlich asiatischen Einschlag, möglicherweise Usbeken, Mongolen, Tadschiken und andere Bewohner des russischen Vielvölkerstaats. Sie kommen offenbar gerade nach bis zu zehntägigen Reisen am *Platz der drei Bahnhöfe* an, sind mit Koffern und Taschen schwer beladen. Ihre Herkunft aus den eher strukturschwachen ehemaligen Sowjetrepubliken sieht man ihnen an. Es fällt mir schwer, mir den verschollenen Milliardär mitten in so einem Gewusel vorzustellen. Ein Mann, der äußersten Luxus gewohnt ist, der mit einem Privatjet verreist: Was würde er an einem Ort wie diesem machen? Würde er sich mit einer Limousine vor den *Leningrader Bahnhof* chauffieren lassen, um dann in einen Nachtzug zu steigen? Würde ein Mann seines Formats, ein Mann mit seinem Vermögen, nicht viel eher auch für die Strecke Moskau – St. Petersburg einen Privatjet benutzen? Aus den Daten der internen Tengelmann-Ermittler wissen wir ja, dass viele der Flüge nach Russland mit einem Privatflugzeug stattgefunden haben. Warum also nicht auch diese Strecke? Und welche Rolle spielt die Russin Veronika E.? Aus ihren 201 Seiten umfassenden Reisedaten wissen wir zweifelsfrei, dass beide Buchungen *zeitgleich aus Russland heraus* vorgenommen wurden, zu einem Zeitpunkt, als

Karl-Erivan Haub sich *nicht* im Land aufhielt. Vermutlich buchte Veronika für beide eine Fahrt im Nachtzug in getrennten Abteilen. *Warum?*

Das Empfangsgebäude des Bahnhofs ist wuchtig, die leicht orangene Fassade erinnert an eine Mischung aus Renaissance und traditioneller Alt-Moskauer Baukunst. Beim Eintreten nehme ich einmal mehr wahr, wie viele Menschen sich um uns herum drängen. Ich höre viele verschiedene Sprachen, ein einziges Durcheinander. In der Vorhalle gibt es einige Essensstände und kleine Geschäfte und sogar ein Spielcasino und ein kleines Gefängnis.[726] Ziemlich verloren stehe ich in der Mitte des großen Raums: Wo geht es denn zu den Gleisen? Ich kann sie nirgends entdecken. Und alle Schilder und alle Anzeigetafeln sind in kyrillischer Schrift geschrieben. Nirgends ist der Weg auf Englisch ausgeschildert. Wenn ich nicht meinen Kollegen dabei hätte, wäre ich hier völlig verloren. Ging es Karl-Erivan Haub damals genauso? Hatte er sich besser zurechtgefunden als ich? Oder war das vielleicht der Grund, warum Veronika E. ihn begleiten *musste?* Damit er sich auf dem Weg zu seinen Terminen zurechtzufinden konnte, warum auch immer er sie mit dem Zug wahrnehmen wollte? Ich nehme mir vor, später am Abend Sergej von meinen Gedanken zu berichten, und finde einmal mehr bestätigt, wie wichtig es doch ist, sich *vor Ort* ein Bild der Situation zu machen. Auf dem Bahnsteig betrachte ich die Züge, die die 660 Kilometer lange Strecke nach St. Petersburg zurücklegen. Die Expresszüge sind allesamt nicht die Variante »Orientexpress«, sie gehen vielmehr auf die dritte Generation des deutschen ICE zurück und werden von Siemens produziert.[727] Sie wirken sauber und einigermaßen modern. Aber definitiv nicht wie ein rollendes Hotel, in dem man gemütliche Stunden zu zweit verbringt. Die Fahrt nach St. Petersburg in einem dieser hochmodernen Züge dauert etwa vier Stunden. Und damit wären wir auch schon bei meinem nächsten ungeklärten Punkt: Der Nachtzug braucht zwischen acht und neun Stunden.[728] Wenn Karl-Erivan Haub also unbedingt Zug fahren wollte, warum wählte er nicht die *deutlich schnellere* Verbindung? Ich stehe ratlos auf dem Bahnsteig und schaue den Reisenden beim Einsteigen in den Schnellzug zu. Egal aus welcher Perspektive ich es betrachte – ob Nachtzug oder Schnellzug –, diese Art des Reisens ist nicht die eines romantischen Abenteuers, das ich mir bei einem vermeintlichen Liebespaar vorstelle. Zumal Karl-Erivan Haub und die junge Frau ja auch in getrennten Kabinen unterwegs waren. *Es muss eine andere Erklärung geben.* Und neben dem Verschollenen selbst gibt es nur eine Person, die mir die Frage beantworten kann: Veronika E. Ich hoffe sehr, dass *Vadims* »wichtige Neuigkeiten« für mich sind, dass die Frau bereit ist, sich mit mir zu unterhalten. Ich hatte ihn einige Wochen zuvor darum gebeten, dass seine »guten Freunde« mal mit der Frau reden und meinen Interviewwunsch platzieren sollten. Da wir ja davon ausgehen, dass die Russin in irgendeiner Art und Weise mit dem FSB (oder vielleicht auch einem der anderen russischen Dienste) verbandelt sein könnte, klingt es erst einmal etwas unwahrscheinlich, dass der FSB selbst die mutmaßliche Agentin vor eine Kamera schicken würde. Doch Tatsache ist auch, dass solche Vorgänge in der Vergangenheit durchaus stattgefunden haben, nämlich immer dann, wenn ein Interview mit den Beschuldigten die *offizielle* Linie des FSB, wonach man nichts mit den Vorwürfen zu tun habe und seine Hände in Unschuld wasche, unterstützen könnte. Dies war unter anderem auch nach dem Attentat auf den ehemaligen Doppelagenten Sergej Skripal der Fall, dessen mutmaßliche Attentäter schließlich gegenüber dem russischen Propaganda-Sender Russia Today angaben, auf Sightseeing-Tour in der »wunderschöne(n) Stadt«[729] Salisbury gewesen zu sein. Das Treffen mit *Vadim* ist für den Vormittag des nächsten Tags geplant. Am Nachmittag möchte ich dann weiter zum Luxus-Hochhaus von Veronika E.

KONTAKT MIT DEM FSB: MEIN ERSTES PERSÖNLICHES TREFFEN MIT VADIM

Mein RTL-Kollege und ich treffen *Vadim* zu einem späten Frühstück in einem Café in der belebten Fußgängerzone in der Innenstadt. Der Mann, der uns gegenüber an einem kleinen Tisch im Außenbereich des Cafés Platz nimmt, entspricht ziemlich exakt meinen Vorstellungen nach unseren wenigen Telefonaten. *Vadim* ist Mitte/Ende 30, circa 1,80 Meter groß, hat kräftige Schultern und Arme und einen kleinen Bauchansatz. *Vadims* Haare sind kurz und dunkelblond, er trägt keinen Bart. Seine Augen sind strahlend hellblau, jedoch weicht er meinem Blick ständig aus. Wenn er mit mir redet, schaut er fast ausschließlich meinen Kollegen an. *Vadim* trägt eine etwas zu enge Jeans, ein blau gestreiftes Hemd mit Kragen, das ein wenig über dem Bauch spannt, und eine braune Jacke aus glattem Leder. Zum Frühstück bestellt sich der Deutsch-Russe einen Espresso und ein

Croissant mit Schinken und Käse. Ich trinke genau wie mein Kollege einen großen, frischen Orangensaft. Ich bin ein wenig überrascht, dass *Vadim* im persönlichen Gespräch weit weniger selbstbewusst wirkt als am Telefon. Er erzählt uns, alle Versuche seiner »guten Freunde«, Veronika E. vor unsere Kamera zu bringen, seien leider bisher gescheitert. Sie sei zu keinem Interview bereit. Der FSB habe darauf auch eigentlich keinen Einfluss, da die Russin »eher für den GRU oder SWR« arbeite, also für einen der mit dem FSB konkurrierenden Geheimdienste. Man habe sie »ordentlich unter Druck« gesetzt, es gebe auch etwas in Richtung Steuerhinterziehung, was man im Gespräch mit ihr als Druckmittel eingesetzt habe. Zunächst, so erzählt *Vadim*, seien seine »guten Freunde« und er sehr sicher gewesen, dieses Druckmittel reiche aus, um sie zur »Kooperation« zu bewegen. Doch Veronika E. weigere sich hartnäckig, auch mehrere persönliche Treffen der »guten Freunde« mit ihr hätten daran nichts geändert. Sie sei »tiefenentspannt«, er glaube daher, jemand halte »seine schützende Hand« über sie. *Vadim* wirkt aufrichtig ratlos. Für eine erfolgreiche Vermittlung des Interviews wären wir bereit, ihm eine Provision zu zahlen. Ein nicht unübliches Prozedere. Und die wollen sowohl er als auch seine »guten Freunde« haben, das ist klar. *Vadim* berichtet weiter, Karl-Erivan Haub habe in Russland mit Leuten verkehrt, mit denen er eventuell auch aktuell noch verkehre, die »bei Putin im Büro nicht mal anklopfen müssen«. Die Information stimmt sicherlich zumindest teilweise, denn mindestens einer von Haubs ehemaligen Geschäftspartnern, Ilya Brodski, steht wegen seiner Nähe zum Kreml auf mehreren internationalen Sanktionslisten.

Ob Karl-Erivan Haub tot sei oder hier in Russland lebe, könne er mir zu diesem Zeitpunkt aber noch nicht sagen. Fest stehe jedoch, dass alle Aktivitäten seiner »guten Freunde« beim FSB aufgefallen seien und intern zu unangenehmen Nachfragen geführt hätten. Ähnliches hatten mir auch die internen Ermittler über die Recherchen der Privatermittler erzählt: Die Abfrage in den behördlichen Systemen habe damals »hohe Wellen« geschlagen. Doch kann ich *Vadim* das glauben? Ich kenne mein Gegenüber ja kaum. Seine angeblichen »guten Freunde« sind für mich wie eine Blackbox. Ich habe keine Ahnung, wer sich hinter dieser Bezeichnung verbirgt, ob es diese Personen gibt oder ob er sich etwas zusammenreimt. *Vadim* scheint sich jedoch tatsächlich näher mit Veronika E. befasst zu haben: Im Gespräch mit mir nennt er Zusammenhänge, zum Beispiel Adressen und Geschäftskontakte bei *Russian Event* sowie Informationen zu ihren vielen Reisen, die er nur haben kann, wenn er *tatsächlich* Informationen über sie eingeholt hat. Über welche Quellen auch immer. Der Deutsch-Russe scheint den gleichen Wissensstand über das soziale Umfeld der Frau zu haben wie Sergej und ich nach unserer monatelangen Recherche.

Doch was ist *Vadims* Motivation? Warum sitzt er hier bei uns? Will er sich durch seine Dienste ein kleines Zubrot verdienen? Ist er ideologisch motiviert? Soll er bei uns eine Botschaft platzieren? Es ist für mich unglaublich schwer, seinen Antrieb zu verstehen. Es ist für Journalisten üblich, im Ausland mit lokalen Kontakten zusammenzuarbeiten, sogenannten *Stringern* oder *Fixern*. Als genau so eine Person wurde mir *Vadim* von meinem Kollegen vorgestellt. Doch mein Gegenüber scheint keinen klassischen journalistischen Hintergrund zu haben; er scheint in erster Linie gut mit den staatlichen Strukturen in Russland vernetzt zu sein. Seine »guten Freunde« sind aller Wahrscheinlichkeit nach korrupte Beamte des FSB. Doch aus dem Gespräch wird mir im Moment noch nicht klar, wie *gut* diese Leute wirklich sind: Sind es ranghohe FSB-Mitarbeiter, die wirklich etwas wissen könnten? Oder doch eher kleine Beamte, die für ein paar Euro einen Blick in die staatlichen Systeme werfen? Von meinem russischen Reporterkollegen weiß ich, dass er bisher immer zuverlässig Informationen herangeschafft hat, doch davon sind wir im Moment noch meilenweit entfernt. Bisher haben wir außer einer erfolgreichen Visumsbeschaffung und einer Bestätigung der Wohnanschrift von Veronika E. nichts Konkretes bekommen. Während mein Kollege aufsteht, um am Tresen die Rechnung zu bestellen, frage ich *Vadim*, wie wir denn nun verbleiben sollen. Er zögert. Ich habe den Eindruck, dass er etwas sagen will, aber nicht so richtig weiß, wie. Er druckst ein wenig herum und nach einigem Hin und Her rückt er schließlich mit der Sprache heraus. Die Abfragen – und zwar ganz konkret die Abfragen zu Veronika E. und die Suche nach Karl-Erivan Haubs russischen Pässen in den Datenbanken des russischen Innenministeriums – hätten in den vergangenen Tagen für »ziemlich Stress« mit anderen Vertretern des FSB geführt. *Vadim* geht nicht näher darauf ein, welche Art von »Stress« das gewesen sei, und weicht meinem Blick auch permanent aus. Die Sache ist ihm sehr unangenehm. Die Recherche sei einfach »aufgefallen«. Mit der Information solle ich mich zufriedengeben. Er macht eine Pause und schaut angestrengt auf seine leere Espresso-Tasse. Da sei aber noch etwas. Ob ich schon mal etwas vom biometrischen Überwachungssystem in Moskau gehört hätte? Ich bin ein wenig überrascht und weiß nicht so recht, worauf der Deutsch-Russe hinauswill. Zwar ist mir aufgefallen, dass um uns herum überall Überwachungskameras hängen, aber so *richtig* habe ich mir darüber noch keine Gedanken gemacht. *Vadim* klärt mich daher kurz auf: In Moskau alleine gebe es circa 170.000 Kameras,[730] die meisten von ihnen seien mit einer biometrischen Gesichtserkennungssoftware ausgestattet. Das biometrische Überwachungssystem sei damit das weltweit größte dieser Art, in ganz Großbritannien gebe es beispielsweise nur circa 70.000 Kameras. Mein Kontakt wirkt jetzt etwas unruhig und rutscht auf seinem Stuhl leicht hin und her. Er habe da etwas gehört, wisse jedoch nicht, ob es relevant für mich sei und vor allem, ob er es überhaupt sagen dürfe. Er scheint mit sich zu ringen, ob er mir nun von seiner Beobachtung erzählen soll oder nicht. Doch dann überwindet er sich offenbar: Im Februar diesen Jahres habe es eine Häufung von Abfragen in diesem System gegeben: Es sei offenbar ganz gezielt nach einem Mann gesucht worden. Ein Mann, der so aussehe wie Karl-Erivan Haub. Mir stockt der Atem. *Februar.* Genau in diesem Zeitraum fand unser Treffen mit dem Tengelmann-Sicherheitschef und seinem Berater statt. Genau in diesem Zeitraum waren sich die beiden Männer *ganz sicher*, dass das von ihnen beauftrage israelisch-amerikanische Unternehmen demnächst den *finalen Beweis* für Karl-Erivan Haubs Aufenthaltsort in Russland liefern würde. *Selbstverständlich* ist diese Information für mich relevant! Ich springe *Vadim* fast um den Hals und bombardiere ihn mit Fragen. Wurden bei der Suchabfrage im System Treffer erzielt? Wenn ja, kann ich sie sehen? Wer hat ihm von dem Vorfall erzählt? Kann ich mit den Personen ebenfalls sprechen? Wer waren ihre Auftraggeber? *Vadim* wehrt meinen Fragensturm sofort ab. Ihm ist nun deutlich unwohl. Er habe diese Informationen *zufällig* bei einem wodkagetränkten Abend aufgeschnappt – und zwar von Leuten, bei denen er *nicht einfach* nachfragen könne. Das Hauptthema sei nicht der gesuchte Mann selbst, sondern die gute Bezahlung dieses Jobs gewesen. Man habe sich gefragt, ob sich die Auftraggeber, die »Ausländer«, noch mal melden würden, um weitere Abfragen zu der gesuchten Person im System zu bestellen. Er glaube auch, dass er das Gesagte gar nicht hätte hören dürfen. Die Ursprungsquelle seien nicht seine »guten Freunde«. Es seien »Typen weiter oben in der Hierarchie«. Korruption und Bestechlichkeit seien hier wirklich enorm verbreitet und diese Leute wollen laut *Vadim* nichts von ihrem lukrativen Kuchen abgeben. Es könne für ihn und seine Kontakte wirklich ungemütlich werden, wenn sie den Typen in die Quere kämen. Enttäuscht lasse ich mich gegen meine Rückenlehne sinken. Wir schauen uns an. Ich verstehe, dass *Vadim* und seine Quellen sich bei der Beschaffung solcher Informationen auf einen Tanz auf Messers Schneide begeben. Nicht nur brechen sie Gesetze, denn natürlich ist Korruption auch in Russland *offiziell* eine Straftat: Sie haben es auch *intern* mit einer Art Konkurrenz zu tun. Während *Vadim* vor mir ein wenig betreten ins Leere schaut, frage ich mich, was in ihm gerade vorgeht. Er ist mir nicht unsympathisch. Fast wirkt es für mich so, als ob ihm erst in den vergangenen Tagen bewusst geworden ist, nach was für einer großen Geschichte er da gerade seine Fühler ausstreckt. Zu Beginn, so vermute ich, dachte er vor allem an ein paar leicht zu verdienende Euro. Seine wenigen Bemerkungen über Korruption und Bestechlichkeit der »Typen weiter oben in der Hierarchie« wirken auf mich, als widere ihn das Ganze ein wenig an. In seiner Stimme lag bei diesen Bemerkungen eine gewisse Ablehnung gegenüber dem russischen System. Oder bilde ich mir das nur ein? Schließlich wollen auch er und seine »guten Freunde« ein kleines Geschäft mit uns machen. Irgendwie widerspricht sich das aus meiner Sicht.

Mein Kollege hat bezahlt und steuert wieder auf unseren Tisch zu. *Vadim* bittet mich, das gerade Gesagte vorerst für mich zu behalten. Ich sichere es ihm zu – mit Ausnahme von Sergej. Mein Kollege ist in dieser Recherche mein engster Vertrauter und ich *muss* mit ihm darüber sprechen. Außerdem ringe ich *Vadim* das Versprechen ab, sich in den nächsten Tagen nochmals umzuhören, ob er nicht doch noch mehr über die Suchabfragen im biometrischen Überwachungssystem herausfinden kann. Gab es Treffer? Und wer sind die Auftraggeber?

Inzwischen ist es Mittag geworden und wir verabschieden uns von *Vadim*. Unser russisches Kamerateam hat sich die Zeit in der Fußgängerzone vertrieben und wartet nun vor dem Café auf uns. Als Nächstes wollen wir zu Veronika E.s Luxuswohnhaus fahren und schauen, wie weit wir dort kommen.

VERONIKA E. VERWEIGERT DAS GESPRÄCH

In einem Kleinbus des Kcamerateams fahren wir zu der uns bekannten Adresse von Veronika E. Die Fahrt aus dem Stadtzentrum dauert trotz dichten Verkehrs nur eine knappe halbe Stunde. In einer Metropole wie Moskau keine nennenswerte Distanz, das Wohnhaus hat eine hervorragende Lage. Es wirkt auf mich wie eine Festung. Es besteht aus zwei Wohntürmen, die teilweise auf Stelzen oder Säulen stehen. Ob diese Bauelemente auch tragen oder es sich lediglich um optische Fassadenelemente handelt, kann ich nicht sagen. In jedem Fall wirkt das Hochhaus beeindruckend. Es ist von einer Art Mauer aus Glas und Stein umgeben: Wenn man vor dem Gebäude vorfahren möchte, muss man eine Rampe bis zu einem Schlagbaum hochfahren. Sollte man befugt sein, das Gelände zu betreten, öffnet ein Pförtner die Schranke. Mein Kollege und ich gehen zu Fuß zum Pförtnerhäuschen. Wir machen uns keine Illusionen, ins Gebäude zu gelangen. Aber versuchen wollen wir es trotzdem. Wie nicht anders zu erwarten, werden wir vom Wachmann harsch abgewiesen. Neugierige Personen sieht man hier nicht gerne. Journalisten erst recht nicht.

Ein wenig enttäuscht machen wir uns auf den Weg zurück auf die andere Straßenseite, wo das russische Kamerateam gerade Außenaufnahmen des Hauses dreht. Auch eine Drohne lassen wir starten. Während ich den jungen Kameramännern bei der Arbeit zusehe, beobachte ich gleichzeitig die Einfahrt der Tiefgarage, die unmittelbar neben dem Haus liegt. Es fahren *ausschließlich* Luxusautos rein und raus: Porsche, Bentley, Range Rover ... Die deutschen Marken BMW und Mercedes sind fast schon die »unterste Klasse«, gemessen an dem, was die Bewohner dieses Hauses bevorzugen. Veronika E. passt gut hierher, sie fährt einen Range Rover Evoque. Einmal mehr denke ich an ihren offiziellen Job als kleine Eventmanagerin bei *Russian Event*. Dass sie immer auf Reisen ist, aber angeblich ihrer Chefin davon nie erzählt. Einen Partner oder eine Partnerin scheint es in ihrem Leben jedenfalls nicht zu geben. *Zumindest nicht offiziell.* Ich denke an *Vadims* Worte, man hätte »etwas mit der Steuer« gegen sie in der Hand. Es ist mehr als offensichtlich, dass die Frau nicht mit ihren knappen 10.000 Euro Jahresgehalt in diesem schicken Haus leben kann. Ausgeschlossen. Doch wer finanziert sie? Hat sie ein geheimes Arrangement mit dem verschollenen Milliardär? Wird sie von einem der russischen Nachrichtendienste bezahlt? Oder handelt die junge Frau am Ende im Auftrag der dubiosen Geschäftspartner Suzdaltsev, Grishin und Brodski? *Alles scheint möglich.*

Ich beschließe, Veronika E. zusammen mit meinem Kollegen einfach anzurufen. Wir wissen, dass sie sowohl Deutsch als auch Englisch spricht, dennoch probieren wir es zunächst auf Russisch. Vielleicht fühlt sie sich in ihrer Muttersprache wohler und ist eher bereit, mit uns zu sprechen? Mein Kollege wählt die Nummer und nach kurzer Zeit nimmt die junge Frau tatsächlich ab. Mein Kollege stellt uns vor, erläutert ihr unser Anliegen. Doch noch bevor er zu Ende gesprochen hat, sagt Veronika E. etwas auf Russisch und legt auf. Für einen kurzen Moment kann ich ihre Stimme hören, dann ist der Moment auch schon wieder vorbei. Seit Monaten beschäftige ich mich so intensiv mit ihr, kenne ihre Reiseziele der letzten 20 Jahre, viele davon zu Schwerpunkten der russischen Rüstungsindustrie. Ich weiß, wo Veronika E. wohnt, dass sie aber immer die Anschrift ihrer Eltern angibt, vermutlich um ihre wahre Anschrift zu verschleiern. Ich weiß, wie hoch ihr offizielles Einkommen ist. Wir kennen ihre Passwörter, kennen die seltsamen Fake Accounts und die vielen sehr jungen Frauen, die sie abbilden. Wir wissen über die gemeinsamen Reisen mit Karl-Erivan Haub Bescheid, die langen Telefonate kurz vor seinem Verschwinden. Ich habe mich Tag und Nacht mit ihrem Leben beschäftigt, habe unzählige offene Fragen.

Veronika E. ist mir vertraut und gleichzeitig fremd. Vor allem aber war sie bisher so wenig *real*. Sie war für mich wie eine Figur aus einem Film. Eine Fantasiegestalt. Doch nun höre ich ihre Stimme und auf einen Schlag wird die junge Russin damit zu einer lebenden Person. *Sie ist echt, es gibt sie wirklich.* Sofort schnappe ich mir mein Telefon und rufe sie noch mal an. Dieses Mal von einer deutschen Nummer. Eigentlich erwarte ich, dass sie gar nicht abnimmt. Mit Erstaunen stelle ich fest, dass sie es doch tut. Auch ich stelle mich kurz vor, auch mich unterbricht die junge Russin recht schnell. Höflich, aber sehr bestimmt, erklärt sie mir in perfektem Englisch, sie wolle von uns nicht weiter angerufen werden und woher wir ihre Nummer denn hätten? Sie fühle sich belästigt. »*Goodbye.*« Dann ist auch dieses Gespräch beendet. Für mich fühlt sich der Moment sehr unwirklich an. Veronika E.s Stimme zu hören ist wie eine Verbindung von zwei konträren Welten: Auf der einen Seite die Welt derjenigen, die das mysteriöse Verschwinden von Karl-Erivan Haub aufklären wollen, und auf der anderen Seite die Welt derjenigen, die das Verschwinden aller Wahrscheinlichkeit nach *ermöglicht haben*, die den Milliardär dabei unterstützt haben. Und dazu zählt – nach allem was wir an Indizien vorliegen haben – in erster Linie die junge Russin. Veronika E. kennt vermutlich die Antwort auf *all* unsere Fragen. Doch außer dieser wenigen Sekunden am Telefon kommen wir nicht an sie heran.

Auch nach dem Verschwinden von Karl-Erivan Haub ist die Russin mehrfach nach Deutschland,[731 732 733] in die Schweiz,[734 735 736] und in die USA[737 738 739 740 741742] gereist. Wären die deutschen und amerikanischen Behörden über die Ermittlungsergebnisse der internen Tengelmann-Ermittlungen informiert gewesen, wäre sie wohl bei der Einreise festgenommen worden. Nach diesen Ermittlungsergebnissen könnte die junge Frau eine aktive Agentin eines russischen Geheimdiensts und in das Verschwinden des Milliardärs involviert sein. Warum ist sie nie vernommen worden? Abgesehen von der Erkenntnis, dass diese Frau eine geheime Geldquelle haben *muss*, hat unser Besuch bei Veronika E.s Adresse wenig Erhellendes gebracht. Auf der Rückfahrt zum Hotel denke ich darüber nach.

Für den Folgetag planen wir, einige typische Bilder von Moskau einzufangen: den Roten Platz, die »Sieben Schwestern«, berühmte Hochhäuser aus der Stalin-Zeit. Während ich in meinem Hotelzimmer sitze und die Wahrzeichen der Stadt studiere, erhalte ich eine Nachricht von *Vadim*. Er will mich unbedingt noch vor unserer Abreise persönlich treffen. Es gebe etwas »zu besprechen«. Zwischen den Zeilen lese ich so etwas wie Vorfreude. Oder bilde ich es mir nur ein?

ZWEITES TREFFEN MIT VADIM

Für das zweite Treffen hat *Vadim* den Hinterhof eines georgischen Restaurants[743] gewählt. Der Hof dient als Parkplatz für die umliegenden Gebäude und ist schlecht einzusehen. Das Restaurant hat rückseitig einen kleinen, überdachten Außenbereich. Das Sitzareal trennt eine bordsteinhohe Terrasse mit blauen und weißen Fliesen optisch vom Parkplatz. Eng an eng stehen hier Gartenmöbel aus wetterfestem, rattanähnlichem Material und mit nässebeständigen Sitzpolstern. Eine rot-orange-grün-weiße Markise überdacht den Außenbereich. Das Restaurant liegt direkt gegenüber vom *Ljubjianka*-Gebäude, also direkt gegenüber der Zentrale des russischen

Inlandsgeheimdiensts FSB. Ich halte den Ort des Treffpunkts für keinen Zufall. Hat er eine *symbolische* Bedeutung oder wurde er aus *praktischen* Gründen gewählt?

Vadim und ich treffen zeitgleich ein. Mit Ausnahme seines Hemds trägt er heute das gleiche Outfit wie zwei Tage zuvor. Wir nehmen an einem der Tische draußen Platz. Es ist kurz nach 11 Uhr und wir sind zu dieser Uhrzeit die einzigen Gäste. Ich werfe einen Blick in die Karte. Nach dem, was ich hier lesen kann, ist die georgische Küche eher deftig, es gibt Teigtaschen mit Hackfleischfüllung, ein gebackenes Brot-Schiff, dessen Käsefüllung einen Klumpen Butter enthält, oder verschiedene Sorten von Fleischspießen. Für so ein schweres Mittagessen ist es jetzt definitiv noch zu früh und *Vadim* hat ebenfalls noch keinen Hunger. Mein deutsch-russischer Kontakt kommt gleich zur Sache: Er habe gerade einen Termin mit seinen »guten Freunden« und weiteren Personen gehabt. Offenbar war er also wirklich am Vormittag bei ihnen in der FSB-Zentrale, nur wenige Meter von unserem jetzigen Treffpunkt entfernt. Im Vergleich zu unserem ersten Treffen wirkt er wie ausgewechselt. Irgendwie fokussierter und selbstbewusster. Ein wenig elektrisiert. Er schaut auch nicht die ganze Zeit weg, sondern mir direkt in die Augen. *Vadim* hat offenbar einen Plan – oder so etwas Ähnliches.

In den vergangenen zwei Tagen sei Folgendes passiert: Seine »guten Freunde« seien »ziemlich wild darauf«, in die Suche nach Karl-Erivan Haub »voll einzusteigen«. Wie ich vermutet habe, haben seine Hintermänner (und vermutlich auch er) *erst jetzt* realisiert, welchen Stellenwert der verschwundene Milliardär hat und dass man mit Informationen zu seinem aktuellen Aufenthaltsort *richtig* Geld verdienen kann. *Vadim* berichtet, er habe sich mit seinen Leuten nach unserem Gespräch vor zwei Tagen getroffen und sie hätten darüber beratschlagt, ob und wie man die »interne Konkurrenz« in das Ganze miteinbinden könne. Wie er neulich selbst mitbekommen habe, stünden diese Männer aktuell vor dem »Problem«, dass ihr ursprünglicher Auftraggeber kein Interesse an *weiteren* Suchabfragen habe. Vielleicht, so sehen es *Vadims* Kontakte, sei das ja eine Win-win-Situation, denn *Vadim* und seine »guten Freunde« verfügen ja nun möglicherweise über weitere Interessenten: uns Journalisten – und vielleicht sogar weitere Teile der Familie Haub. Offenbar haben sich die Russen in den vergangenen 48 Stunden eingehend in die bisherige Berichterstattung eingelesen und sich über den milliardenschweren Erbschaftsstreit informiert. Doch ebenso offensichtlich ist auch, dass sie bei den vielen verschiedenen Interessen innerhalb der Familie im Moment noch nicht so richtig den Durchblick haben. Auch haben sie vollkommen falsche Vorstellungen davon, wie Journalisten in Deutschland arbeiten. Der Deutsch-Russe denkt kurz nach und beginnt dann zu erzählen.

Gestern, so berichtet er, habe es ein Treffen zwischen seinen Kontakten und ihrer »internen Konkurrenz« gegeben, den »Typen weiter oben in der Hierarchie«. Seine »guten Freunde« hätten den anderen erklärt, sie hätten eventuell weitere Interessenten für Suchabfragen im biometrischen Überwachungssystem des Innenministeriums; seine Leute seien bereit, den Kontakt zu diesen Interessenten herzustellen, wenn die andere Seite zunächst eine Art »Referenz« erbringen würde. Diese Referenz solle von *Vadim*, dem offiziellen »Verbindungsmann« zu den potenziellen Interessenten (also uns), eingesehen werden, damit er uns dann aus erster Hand davon berichten könne. Sollte es in Folge zu einem Deal kommen, so würde die Bezahlung durch alle Beteiligten geteilt. Die Russen hätten das Angebot angenommen – und heute Morgen sei es bereits zu einem Treffen zwischen ihnen, *Vadim,* und dessen »guten Freunden« gekommen. Gebannt schaue ich ihn an. Ich bin voller Erwartung und natürlich merkt mein Gegenüber das. Dankenswerterweise ist *Vadim* nicht der Typ Mensch, der Spannung künstlich aufrechterhalten will, um die Dramatik zu erhöhen. Ohne groß um den heißen Brei herumzureden, sagt er, wie die Dinge liegen.

»Schau«, setzt er an. »Es gab im Februar *mehrere* Treffer.« Er blickt mir fest in die Augen. »Die Wahrscheinlichkeit einer Übereinstimmung liegt bei deutlich über 90 Prozent.« Die Fotos, die er angeblich auf dem Laptop der FSB-Kontakte zu sehen bekommen hat, zeigten eine Person, die »aussieht wie der gesuchte Mann«. Die Fotos zeigten die Person sowohl von vorne als auch von der Seite. Der Gesuchte trage eine dicke, blaue Winterjacke mit weißem Pelzkragen sowie eine blaue Mütze und sei »wirklich gut zu erkennen«. Gebannt starre ich *Vadim* an, während er fortfährt. Die Aufnahmen stammten laut Aussage seiner Gesprächspartner von *verschiedenen* Überwachungskameras aus einer eher einfachen Gegend im südlichen Distrikt der russischen Hauptstadt. Aber nicht nur das: Die Geheimdienstler hätten »Kontakt mit jemandem«, einer Art Privatermittler, der von den »Ausländern« mit der ganzen Suche beauftragt worden sei – und dieser sei unmittelbar nach den Treffern im biometrischen System in die Straße gefahren, wo die Kameras den vermeintlichen Karl-Erivan Haub aufgezeichnet hätten. Dort habe der Privatermittler Kontakt zu Anwohnern aufgenommen und ihnen »Referenzdaten« gezeigt. Bei diesen »Referenzdaten« handle es sich um Fotos von Karl-Erivan Haub, die die »Ausländer« den FSB-Typen zur Verfügung gestellt hätten. *Vadim* erklärt mir, es seien Front- und Profilbilder des ehemaligen Tengelmann-Chefs gewesen und auch er habe sie einsehen können: Er habe diese Fotos *direkt* neben den Treffer bei der Suchabfrage legen können. *Vadim* erklärt mir, die Ähnlichkeit sei »erschlagend«. Und auch einige Anwohner hätten den verschollenen Milliardär »zweifelsfrei« erkannt. Der Vor-Ort-Ermittler habe diese Gespräche mit den Hausbewohnern »heimlich gefilmt«, um sie seinen Auftraggebern, den »Ausländern«, als zusätzliche Quelle zu überlassen. An dieser Stelle muss ich *Vadim* kurz unterbrechen: Wer sind denn diese »Ausländer«? Kann er da vielleicht etwas konkreter werden? Er antwortet in drei Worten: »Juden aus Amerika.«

Juden aus Amerika? Ist das eine durchaus plumpe Umschreibung für das »israelisch-amerikanische Unternehmen«, von dem mir sowohl die internen Ermittler als auch Christian Haubs enger Vertrauter während verschiedener Treffen erzählt hatten? Das Unternehmen, von dem ich ausgehe, dass es aus dem israelischen Geheimdienst Mossad und den amerikanischen Sicherheitsdiensten FBI und CIA hervorgegangen ist? Dessen Namen ich aber bisher nicht herausfinden konnte? Es könnte tatsächlich sein. Ungünstig sei aus Sicht der FSB-Männer jedoch gewesen, dass die gefundenen Treffer im biometrischen Überwachungssystem sowie die Vor-Ort-Recherche des Privatermittlers »so gut« gewesen seien, dass den »Ausländern« diese Informationen gereicht hätten. *Vadim* zuckt mit den Schultern. Ich lehne mich zurück und schaue ihn an. »Kann ich mir die Fotos anschauen?« Er schüttelt den Kopf. »Nein«, die FSB-Leute würden »nichts mit Journalisten zu tun haben« wollen. Ich sei auch nicht ihre primäre Zielperson: Vielmehr wollen sie über meine Kollegen und mich an die Ehefrau von Karl-Erivan Haub herankommen. Aus ihrer Sicht habe Katrin Haub doch das »größte Interesse« zu wissen, was ihr Mann so in Russland treibe. Vor allem aber, so denke ich im Stillen, hat Katrin Haub *unendlich* viel Geld und dürfte alleine deswegen der vielversprechendere Kontakt sein. Um ganz sicher zu sein, dass ich alles richtig verstanden habe, fasse ich das Gesagte noch einmal zusammen:

»Juden aus Amerika« (vielleicht das israelisch-amerikanische Unternehmen) haben sich Anfang des Jahres bei ihren Geheimdienstkontakten in Russland gemeldet (aller Wahrscheinlichkeit nach korrupte Mitarbeiter des FSB) und eine Abfrage im biometrischen Überwachungssystem in Moskau (und St. Petersburg?) in Auftrag gegeben. Als Referenzdaten wurden angeblich mehrere Fotos von Karl-Erivan Haub hinterlegt. Wer die *echten* Auftraggeber hinter den »Juden aus Amerika« seien, weiß von den Russen angeblich niemand. Natürlich *könnten* es die internen Tengelmann-Ermittler sein, aber das sind reine Spekulationen. Im Februar 2021 sei es dann im System zu einer vermehrten Abfrage nach einer Person gekommen, »die so aussieht wie der gesuchte Mann«. Prompt sei es zu »mehreren Treffern« gekommen. Nachdem die Kameras identifiziert wurden, von welchen die vermeintlichen Aufzeichnungen gemacht worden seien, sei ein »Privatermittler der Ausländer« in die Straße gefahren und habe die Nachbarschaft befragt. Mit den Referenzbildern. Anwohner hätten Karl-Erivan Haub anhand der Fotos »zweifelsfrei« identifiziert. Er sei aber schon länger nicht mehr dort gesichtet worden. Von diesem doppelten Treffer seien die »Juden aus Amerika« so »zufrieden« gewesen, dass es (leider) keine weiteren lukrativen Aufträge von ihnen gegeben habe. Habe ich das alles richtig verstanden? »Ja.« *Vadim* nickt bedächtig. Ich betrachte ihn und sage erst mal nichts. Meine Gedanken brauchen eine kurze Auszeit. Wenn alles stimmt, was ich gerade *gehört* habe, dann wäre das der Beweis für einen der spektakulärsten Wirtschaftsskandale der deutschen Geschichte: Ein deutscher Milliardär wäre vermutlich mithilfe eines russischen Geheimdiensts aus Zermatt verschwunden (im Geheimdienstjargon hieße es dann, die »Exfiltration« sei »erfolgreich« gewesen). Und schlimmer noch: Nach allem, was ich inzwischen an Indizien vorliegen habe, wissen auch Teile der Familie Haub davon und verheimlichen es im Kampf um das Milliardenerbe.

Gedanklich gehe ich einige Wochen zurück zum ersten Treffen mit den beiden internen Ermittlern am 16. Februar in Ratingen. Sollte das wirklich alles so abgelaufen sein, vermute ich, dass die beiden bereits zum Zeitpunkt des Termins mit meinen Kollegen und mir über die Treffer im biometrischen Überwachungssystem von Moskau informiert waren und in den Folgewochen die vorliegenden Informationen und Bilder weiter erhärten wollten, zum Beispiel durch unabhängige Überprüfungen der Suchergebnisse, zusätzliche Quellen, forensische Vergleichsanalysen, Bewegungsprofile etc.: Die Aussage des Tengelmann-Sicherheitschefs, man warte auf den *finalen Beweis*, rückt unter diesen Gesichtspunkten sogar in ein völlig neues Licht: Es *muss* bereits zu diesem Zeitpunkt einen *nicht-finalen, vorläufigen Beweis* gegeben haben, auf dessen rechtssichere Bestätigung die beiden Männer nur noch warteten.

»Teilen Sie alle Ergebnisse«, hatte die zum Zeitpunkt dieses Treffens ausgegebene Parole von Christian Haubs engem Vertrauten gelautet. Und genau das hatte das Duo damals getan: Mehrfach hatten sie erwähnt, dass der *finale Beweis* kurz bevorstehe. Kannten sie die Fotos zu diesem Zeitpunkt schon? Laut *Vadim* liegt die Wahrscheinlichkeit einer Übereinstimmung bei »über 90 Prozent«. Doch »über 90 Prozent« sind eben *nicht* 100 Prozent. So wie ich die beiden internen Ermittler einschätze, hätten sie weitere Maßnahmen zur Verifizierung eingeleitet. Dieser Schritt wäre aus meiner Sicht schon alleine deswegen nötig gewesen, um Christian Haub gegenüber die »erfolgsabhängige Vergütung« geltend machen zu können, von der Christian Haubs Vertrauter mehrfach gesprochen hatte. Wenn es um die Bezahlung ginge, wären dem aktuellen Tengelmann-Chef »über 90 Prozent« als Wert sicher zu wenig – und sein enger Vertrauter hatte mir während eines Gesprächs zudem erklärt, dass auch *unabhängige* Gutachter in der Lage sein müssten, die vorgetragenen Belege zu bestätigen. Und um auf Nummer sicher zu gehen, würde ich nicht nur *ein* Gutachten anfertigen, sondern besser *mehrere*. Wer weiß, welche Ausflüchte zur Nicht-Bezahlung sonst gefunden werden könnten ... Auf einem Zeitstrahl betrachtet, könnten diese möglichen biometrischen Gutachten zwischen Ende Februar und Mitte März 2021 beauftragt worden sein: genau in dem Zeitraum also, in dem Katrin Haub und ihre Kinder plötzlich der Todeserklärung zustimmten und Christian Haub damit ein wichtiger Etappensieg im Erbschaftsstreit gelang.

Kurze Zeit später, am 24. März, kam es dann während unseres letzten gemeinsamen Treffens zu der unbedachten Äußerung des Tengelmann-Sicherheitschefs bezüglich der IP-Adressen der russischen Abrufe des n-tv-Artikels. Meine innere Gewissheit von damals, dass die internen Ermittler mir nicht die Wahrheit sagten, ist mir in diesem Moment im georgischen Restaurant in Moskau wieder sehr präsent. Das Gefühl war *eindeutig*, ich hatte *nicht den Hauch eines Zweifels*, aber damals leider noch nicht genug Fakten zusammen.

Wenn also alle meine Schlussfolgerungen stimmen, dann lagen zum Zeitpunkt unseres Termins in Hamburg Bilder und vermutlich auch weitere *unabhängige* Bestätigungen vor, welche vermutlich für einen ursprünglich von Christian Haubs Rechtsanwälten angestrebten Gesellschafterausschluss von Karl-Erivan Haub und seinem Familienstamm ausgereicht hätte. Doch dieser war zu diesem Zeitpunkt schon nicht mehr notwendig, da Katrin Haub und die Kinder der Todeserklärung inzwischen zugestimmt hatten. Zum anderen wären aussagekräftige Bilder und biometrische Gutachten auch die Voraussetzung für die erfolgsabhängige Bezahlung der Ermittler, die somit *auch keinen Grund* für weitere Suchabfragen im biometrischen Überwachungssystem gehabt hätten: Wenn ich richtig schlussfolgere, lag zu diesem Zeitpunkt also *alles* vor. Damit wäre dann auch die, nennen wir es »Frustration« von *Vadims* neuen FSB-Kontakten zu erklären, die auf weitere lukrative Aufträge hofften, die dann aber nicht kamen.

Und selbstverständlich rückt nun auch die höchst emotionale Reaktion von Christian Haubs Seite im Zuge des Aufgebotsverfahrens und den vorgetragenen Zweifeln in ein neues Licht. Man gab sich wirklich die größte Mühe, zu verhindern, dass das Gericht weitere Nachforschungen anstellt. Wenn es stimmt, was *Vadim* mir gerade erzählt hat, dann beruht die Todeserklärung von Karl-Erivan Haub im Grunde auf einer in mehreren Punkten falschen eidesstattlichen Versicherung.

Ich muss das Gesagte erst einmal sacken lassen. *Es wäre ein ungeheuerlicher Betrug.* Auf so vielen Ebenen. Nach meiner Rückkehr in Deutschland werde ich als Erstes mit Sergej darüber sprechen. Bis dahin muss ich mich aber gedulden, denn über mein Handy, das möglicherweise abgehört wird, möchte ich solche Informationen nicht teilen. Außerdem – und auch das ist ein wichtiger Teil meiner Wahrnehmung – plagen mich ernste Zweifel, ob überhaupt stimmt, was *Vadim* mir erzählt. Ob es stimmen *kann!* Er erzählt mir viel von seinen angeblichen FSB-Kontakten, seinen »guten Freunden« und nun auch noch den »Typen einige Hierarchien weiter oben«. Es ist für mich alles schwammig, ich kenne keinen dieser angeblichen Hintermänner. Dieser Aspekt gefällt mir überhaupt nicht. Gleichzeitig habe ich das, was er mir sehr detailliert beschrieben hat, in den vergangenen Wochen stark vermutet: Vor meinem inneren Auge fügt es sich in das Bild, das sich aus vielen einzelnen Rechercheschritten wie Puzzlesteine zusammensetzt. Und von den ganzen zeitlichen Abläufen, die jetzt plötzlich einen Sinn ergeben und wie ein gut geöltes Triebwerk ineinandergreifen, *kann Vadim einfach nichts wissen*. Das wissen nur Sergej und ich.

Ich muss über all das in Ruhe nachdenken und unser Rückflug nach Deutschland steht unmittelbar bevor. Zum jetzigen Zeitpunkt, so erzählt *Vadim*, sei es ausgeschlossen, uns die Februar-Fotos zu überlassen. Die korrupten Geheimdienstler würden damit unwiederbringlich den Kontakt zu den jetzigen Auftraggebern verbrennen, und das wollen sie nicht riskieren. Schließlich sei dann sofort klar, dass sie doppelt Kasse gemacht hätten. *Vadim* schaut mich an. Seine neuen Kontakte würden in den nächsten Wochen »die Augen offenhalten«: Falls sich »etwas ergebe«, werde er sich bei mir melden. »Versprochen.« Vermutlich meint er damit, dass seine »neuen Freunde« bei passender Gelegenheit die Referenzbilder von Karl-Erivan Haub durch das biometrische Überwachungssystem jagen werden.

Während ich mich mit dem Taxi auf den Weg zurück zu unserem Hotel am *Platz der drei Bahnhöfe* mache, wo mein Kollege schon auf mich wartet, breitet sich in mir ein tiefes Gefühl der inneren Leere aus: Ich hätte erwartet, aufgrund der Informationen der letzten Stunden vollkommen aus dem Häuschen zu sein, aber das Gegenteil ist der Fall. Ich fühle mich sehr erschöpft. Wenn das Gesagte stimmt, dann werden Christian Haub und seine Anwälte *alles Menschenmögliche* unternehmen, um weitere Recherchen zu erschweren oder zumindest die Veröffentlichung zu verhindern. Sie werden *alle* Geschütze auffahren, dessen bin ich mir sicher. Und gleichzeitig frage ich mich, ob ich nicht vielleicht doch auf einem Holzweg bin? Ob ich mir heute einen Bären habe aufbinden lassen?

Doch zeitgleich kommen mir unsere ganzen eigenen Rechercheergebnisse zu Karl-Erivan Haubs dubiosen Reisen, seinen kriminellen Geschäftskontakten, der vermeintlichen Geliebten, die auch eine Spionin sein könnte, und nicht zuletzt das »dubiose Pärchen« aus dem Hotel *The Omnia* in den Sinn. In meinen Gedanken herrscht ein ziemliches Chaos. Ich weiß nicht, was ich selbst noch glauben soll. Wie man es auch dreht und wendet: Die Widersprüche rund um das Verschwinden in Zermatt und Karl-Erivan Haubs Verbindungen nach Russland sind real, man kann sie nicht leugnen.

KAPITEL 8

RESIGNATION, NEUE PROJEKTE UND EINE WENDUNG IM FALL TENGELMANN

Sofort nach meiner Rückkehr in Deutschland bespreche ich mit Sergej, was ich in Russland erlebt habe. Ich erzähle ihm, dass es wenige Monate zuvor angeblich Treffer im biometrischen Überwachungssystem gegeben habe. Auch wenn alles, was *Vadim* mir erzählt hat, von der zeitlichen Abfolge her durchaus Sinn macht, hat die Sache einen sehr, sehr dicken Haken: Sergej und ich können *nichts* davon beweisen und bis zu unserem Sendetermin am 11. Juni 2021 sind es nur noch knapp zwei Wochen.

Mein Kollege ist jedoch genau wie ich davon überzeugt, dass uns vonseiten Tengelmann seit mehreren Wochen Informationen vorenthalten werden: Die Kommunikation mit den internen Ermittlern ist seit dem letzten Treffen am 24. März nur noch eine Einbahnstraße. Während ich auf Recherchereise in Moskau war, hat Sergej eine genaue Aufstellung unserer E-Mail-Kommunikation mit den beiden erarbeitet:[744] Auf so gut wie keine unserer Fragen wurde seitdem geantwortet. Jetzt, da ich die lange Liste an offenen Fragen vor mir sehe, ist das Offensichtliche noch offensichtlicher. Doch außer Sergej kann ich meine übrigen

Kollegen nicht davon überzeugen, Christian Haub noch *vor* dem Sendetermin mit den Falschaussagen in der eidesstattlichen Versicherung zu konfrontieren.

DER SENDETAG

Aufgrund der angespannten Lage verzichten wir fast komplett auf die Crosspromo, die bei so einer großen Produktion üblich ist: Normalerweise werden alle verfügbaren Kanäle im TV, online und im Radio schon Tage im Voraus mit Trailern, Beiträgen und Querverweisen auf die Sendung bespielt. Im Fall der Tengelmann-Doku starten wir erst am Sendetag, dem 11. Juni, mit der Vorab-Berichterstattung. Um Viertel nach acht läuft »Tengelmann: Das mysteriöse Verschwinden eines Milliardärs« zur besten Sendezeit in der RTL-Primetime. Zusammen mit zwei Kolleginnen schaue ich den Film in einem Kölner Hotelzimmer an. Fünf Monate intensiver Recherchen gehen innerhalb von 90 Minuten zu Ende – und doch weiß ich, dass die Geschichte für mich *nicht zu Ende ist.*

Im Gegenteil. Genau genommen fängt an diesem Abend die eigentliche Arbeit an: nämlich zu beweisen, dass Christian Haub und seine Entourage vermutlich seit Monaten über Informationen zum aktuellen Aufenthaltsort von Karl-Erivan Haub verfügen und diese Informationen sowohl innerhalb der Familie als auch gegenüber dem Amtsgericht Köln zurückgehalten werden und Christian Haub darüber hinaus noch an Eides statt in Teilen die Unwahrheit gesagt hat. Da ich bis zum letzten Tag vor der Sendung gearbeitet habe, sehe ich die Dokumentation an diesem Abend ebenfalls zum ersten Mal in voller Länge. Mit Genugtuung stelle ich fest, dass meine Kollegen, die getextet und geschnitten haben, im rechtlich möglichen Rahmen zu erkennen geben, was wir über Christian Haubs Rolle wissen. Aber all die kleinen Hinweise sind eben nur zwischen den Zeilen zu erkennen. Beim Zuschauer, so meine ich, wird am Ende hängen bleiben, dass es *einen* großen Profiteur rund um das mysteriöse Verschwinden von Karl-Erivan Haub gibt: seinen jüngsten Bruder Christian. Doch – und das werde ich in den folgenden Wochen jedem sagen, der es hören möchte (und auch jenen, denen es eigentlich egal ist) – wir haben nur die *Spitze des Eisbergs* veröffentlicht. Die Dokumentation bleibt *weit* hinter unserem tatsächlichen Wissenstand zurück. Es ist ein spannender Film für einen netten Fernsehabend. Gute Unterhaltung, mehr aber auch nicht. Wir kratzen den Skandal an, sorgen für ein Raunen in den Klatschspalten der Boulevardpresse, verstärken sicherlich die Gerüchte. Jedoch ernsthafte Konsequenzen hat unsere Berichterstattung nicht: Weder nimmt das BKA Ermittlungen auf noch klopfen BND oder Verfassungsschutz bei der Familie an. Dafür bewegen wir uns viel zu sehr im Nebulösen, werden nicht konkret. *Und auch mir fehlen weitere Beweise.*

Kurz danach erfahre ich, dass es unmittelbar nach der Ausstrahlung bei Tengelmann eine interne Auswertung der Sendung gegeben hat. Man einigt sich offenbar darauf, die Doku nicht zu kommentieren und auch nicht gegen RTL vorzugehen. Der Plan ist wohl, dass die Zeit dabei helfen solle, dass das öffentliche Interesse einfach irgendwann nachlasse.

KONFRONTATION MIT WIDERSPRÜCHEN IN DER EIDESSTATTLICHEN VERSICHERUNG

Ich fühle mich nach der Ausstrahlung sehr erschöpft. Es ist Mitte Juni und ich habe seit Mitte Januar fast ohne einen Tag Pause durchgearbeitet. Und was schwerer wiegt: Ich bin enttäuscht. Die letzten Wochen waren wie ein Kampf gegen einen übermächtigen Gegner. Ich hätte gerne Christian Haub und sein aus meiner Sicht perfides Spiel enttarnt, hätte gerne die Falschaussagen in der eidesstattlichen Versicherung veröffentlicht. Hätte ihn gerne mit *Vadims* Aussagen zu den Treffern im biometrischen Überwachungssystem in Moskau konfrontiert.

Einige Tage nach der Ausstrahlung kann ich meine Chefredaktion davon überzeugen, Christian Haubs Anwältin eine Bitte um schriftliche Stellungnahme zu den Widersprüchen in der eidesstattlichen Erklärung zu schicken. Ich will die Antwort des Tengelmann-Chefs zumindest für die Zukunft schwarz auf weiß hinterlegt haben.

Am 14. Juni bitte ich die Anwältin,[745] folgende Fragen an ihren Mandanten weiterzuleiten:

Sehr geehrter Herr Haub,
wie Sie wissen, recherchieren wir seit mehreren Monaten im Vermisstenfall Ihres Bruders, Herrn Karl-Erivan Haub. Im Zuge unserer Recherchen hatten wir Kontakt zum Sicherheitschef von Tengelmann und seinem Berater.

Mehrfach kam es im Zuge des Austauschs mit den beiden zu der Aussage, dass man zumindest zeitweise »den Aufenthaltsort von Karl-Erivan Haub in Russland« kenne und man kurz davor sei den finalen Beweis zu haben. Als zeitliche Perspektive wurde uns Journalisten der Zeitraum rund um Ostern genannt, an dem jene finalen Beweise vorliegen sollten.

Die von Ihnen eingereichte Eidesstattliche Versicherung vom 10. Mai 2021 sowie das Statement gegenüber RTL am 27. Mai 2021 widersprechen sich diesbezüglich in Teilen und werfen daher Fragen auf. Ich bitte Sie daher im Zuge der journalistischen Sorgfaltspflicht zu folgenden Punkten aus der Eidesstattlichen Versicherung Stellung zu beziehen:

Ad 1) »Mir liegen keine belastbaren Hinweise, geschweige denn Beweise dafür vor, dass mein Bruder Charlie noch leben könnte.«

Bei einem persönlichen Treffen zwischen dem Sicherheitschef von Tengelmann und seinem Berater mit vier Journalisten der Mediengruppe RTL am 16. Februar 2021 am Mintarder Berg in Ratingen wurde vom Tengelmann-Sicherheitschef explizit der Zeitraum rund um Ostern genannt, an dem neue, belastbare Hinweise zum Verbleib von Herrn Karl-Erivan Haub in Russland vorliegen sollen.

Bitte um Stellungnahme: Wurden Ihnen in den letzten Monaten vom Tengelmann- Sicherheitschef und / oder seinem Berater Informationen zum Verbleib von Herrn Karl-Erivan Haub vorgelegt? Falls Ihnen Hinweise vorgelegt wurden, die Sie aber für »nicht belastbar« erachten: Welche Art von Hinweisen wurden Ihnen vorgelegt? (Fotos / Videos / biometrische Gutachten / Passkopien / Kontobewegungen etc.?) Auf welcher Grundlage / mit Hilfe wessen Expertise haben Sie diese Informationen / Hinweise als »nicht belastbar« eingestuft? Haben Sie das Amtsgericht Köln darüber informiert, dass Hinweise dieser Art bei Ihnen eingegangen sind? Falls ja: teilt das Amtsgericht Köln Ihre Auffassung, dass diese Hinweise »nicht belastbar« sind?

Ad 2) »Ich war von Anfang an davon überzeugt, dass mein Bruder tödlich verunglückt ist (...)«

Bitte um Stellungnahme: Wenn Sie vom Unfalltod Ihres Bruders überzeugt waren, warum fanden unmittelbar nach dem Verschwinden von Herrn

Karl-Erivan Haub Ermittlungen in Russland statt, in denen nach den »möglichen aktuellen Kontakten des KEH« (Abschlussbericht Projekt Zermatt RU 2, Seite 2 / Stand 8.6.2018) gesucht wird – und damit eindeutig ein Fortleben von Herrn Karl-Erivan Haub in Betracht gezogen wird?

Ad 3) »Nachdem erstmals über BUNTE im November 2020 Gerüchte aufkamen, mein Bruder könnte sein Verschwinden inszeniert haben, habe ich einen externen Sicherheitsdienst beauftragt, diesen Gerüchten auf den Grund zu gehen. Bisher haben sich keinerlei neue Erkenntnisse ergeben, die Anlass gäben, meine bisherige Beurteilung in Frage zu stellen.«
Nachweislich begannen die Ermittlungen rund um das Verschwinden Ihres Bruders unmittelbar nach seinem Verschwinden in Zermatt – und zwar unter der Leitung des Tengelmann-Sicherheitschefs und jetzigen Leiters der internen Ermittlungen. Besonders die Spuren nach Russland wurden umgehend untersucht, so trägt der Abschlussbericht Projekt Zermatt RU 2 das Datum vom 8.6.2018 und der Abschlussbericht Zermatt RU 3 das Datum vom 19.6.2018. Sowohl durch die Verbindung von Zermatt und Russland im Titel der Dokumente als auch durch den Inhalt (Beschattungen von Personen aus dem Umfeld von KEH in Russland) wird eine eindeutige Verbindung zwischen dem Verschwinden Ihres Bruders in Zermatt und einem möglichen Aufenthaltsort (Suche nach »aktuellen Kontakten«) hergestellt. Auch der an Sie persönlich adressierte Bericht von Alvarez & Marsal vom 7. August 2020 zeigt ohne Zweifel, dass schon weit vor der Veröffentlichung des BUNTE-Artikels im November 2020 Spuren nach Russland verfolgt wurden und die zweifelhaften Kontakte Ihres Bruders intern aufgefallen waren.
Im Statement gegenüber RTL am 27. Mai 2021 schreiben Sie, dass »nach Jahren intensiver Arbeit, auch im Ausland, (...) bis heute keine stichhaltigen Beweise« vorlägen. Damit widersprechen Sie der Aussage aus der eidesstattlichen Versicherung ans Amtsgericht Köln, dass erst im November 2020 mit den Ermittlungen begonnen wurde.
Bitte um Stellungnahme: Warum teilen Sie dem Amtsgericht Köln in der eidesstattlichen Versicherung den Vorgang bezüglich der Ermittlungen daher in dieser Form mit?

Ich bitte Sie auch im Zuge der journalistischer Sorgfaltspflicht, zu folgendem Punkt aus dem Statement gegenüber RTL vom 27. Mai 2021 Stellung zu beziehen:
»Das Amtsgericht Köln hat nun auf Basis der vorgenommenen Ermittlungen und der beigebrachten Unterlagen dem Antrag auf Erlass der Todeserklärung stattgegeben.«
Bitte um Stellungnahme:
Haben Sie dem Amtsgericht Köln alle Unterlagen aus den fast drei Jahre andauernden, internen Ermittlungen zukommen lassen?
Gab es ein Angebot von Ihrer Seite aus, dass das Amtsgericht Köln Gespräche mit dem Sicherheitschef von Tengelmann und seinem Berater führen kann, um sich selbst ein Bild über Art und Umfang der Ermittlungen zu machen?
Bitte nehmen Sie bis morgen, Dienstag, 15. Juni, um 18 Uhr Stellung zu den vorgebrachten Fragen.
Mit freundlichen Grüßen
Liv von Boetticher

Die Antwort erfolgt im Rahmen der von uns gesetzten Frist am nächsten Tag um 17:37 Uhr. Die Rechtsanwältin formuliert sie sehr schmallippig: Man rate »dringend davon ab«, »in irgendeiner Weise zu insinuieren«, dass die eidesstattliche Versicherung »ganz oder teilweise falsch ist oder sein könnte«, sie sei vielmehr »richtig«.[746] Kein Wort zu den Widersprüchen. Kein Wort zur Frage, ob Fotos, Videos, biometrische Gutachten, Passkopien oder Kontobewegungen von Karl-Erivan Haub vorgelegt wurden. Stattdessen moniert die Anwältin, dass wir die Möglichkeit eines Bergunfalls zu wenig beleuchtet hätten.

Ich nehme den Brief und lege ihn zu den übrigen Unterlagen der Akte Tengelmann. Inzwischen füllt unsere Recherche mehrere Leitz-Ordner und ich lagere die Dokumente sicherheitshalber in mehrfacher Ausführung an verschiedenen Orten. Noch einmal diskutieren wir, ob wir die Widersprüche nun veröffentlichen, die Doku ist ja inzwischen ausgestrahlt worden. Aber leider sieht die Redaktion in diesem Moment nicht den Anlass, den Artikel zu bringen. Ich bedaure die Entscheidung sehr.

CHRISTIAN HAUB ÜBERNIMMT FIRMENANTEILE SEINES BRUDERS

Bei Tengelmann ist indes die Machtfrage offenkundig geklärt: Knapp zwei Wochen nach der Ausstrahlung der Doku wird nach »langwierigen und harten«, aber dennoch »fairen« Verhandlungen der notarielle Kaufvertrag zwischen den Erben des nun offiziell für tot erklärten Karl-Erivan Haub und seinem Bruder Christian Haub unterzeichnet.[747] »Fair«? Der Kaufpreis soll zwischen 1,1 und 1,7 Milliarden Euro liegen und Christian Haub könne nun als Mehrheitseigner »durchstarten«.[748] Bei Christian Haub und seinem Team dürften an diesem Tag ordentlich die Korken knallen. Die Strategie scheint vollends aufgegangen zu sein.

Meine Chefs raten mir, nach den anstrengenden Wochen erst mal in Urlaub zu gehen und mich zu erholen. Auf meinem Überstundenkonto schiebe ich diverse Überstunden vor mir her. Tatsächlich bin ich zu diesem Zeitpunkt bereits so erschöpft, dass ich regelrecht vergessen habe, dass ich mich bereits seit einigen Tagen theoretisch in einem Anfang des Jahres eingereichten Sommerurlaub befinde. Ich habe schlicht das Gefühl für die Zeit verloren. Plötzlich habe ich frei und weiß nicht so recht, was ich mit mir anfangen soll.

Ohne ein Ziel radle ich zwei Wochen durch die Straßen Berlins und lerne meine neue Heimat kennen. Meine Gedanken hängen jedoch in der Tengelmann-Recherche fest. Wir wurden in Christian Haubs Kampf um das Erbe seines Bruders benutzt. Wir wurden angelogen. Und niemanden scheint es mehr so recht zu stören. So funktioniert die Welt. Ich sollte mich vermutlich daran gewöhnen, doch warum kann ich das Thema nicht hinter mir lassen? Diese Geschichte endlich *loslassen*? Sergej und den übrigen Kollegen gelingt es doch auch? Meine Erschöpfung hört auch nach den freien Tagen nicht auf. Sie legt sich wie ein Schleier über mein ganzes Sein. Meine Chefs erklären es damit, dass es öfter vorkomme, dass man nach so einer Recherche »in ein Loch« falle, doch ich fühle, dass es mehr ist als das. Ich komme aus dem Loch gar nicht mehr heraus. Ich habe so sehr dafür gekämpft, die Wahrheit zu erfahren und sie zu veröffentlichen. Am Ende hat ein entscheidendes Puzzlestück gefehlt. Meine Kollegen lassen mich in dieser Zeit in Ruhe. Ich habe ein wenig das Gefühl, ihnen inzwischen auf die Nerven zu gehen, weil ich mit der Recherche nicht aufhören will. *Nicht aufhören kann.* Sergej zumindest hat keine große Lust mehr auf weitere

Tengelmann-Geschichten. Ich glaube, ihn stößt das alles ziemlich ab, und ich kann es ihm nicht verübeln.

Die Welt um mich herum nehme ich in diesen Wochen wie durch einen dichten Nebel wahr. Mein Arzt erkennt darin eine depressive Verstimmung, für diese Diagnose hätte ich ihn aber gar nicht gebraucht. Ich weiß, dass es mir nicht gut geht. Als Journalistin habe ich mich immer einzig und alleine der Wahrheit verpflichtet gefühlt und der Kampf, im Fall Tengelmann an die Wahrheit heranzukommen, hat seelische Spuren hinterlassen. Trotz all der Anstrengungen haben wir es nicht geschafft, gegen Macht und Geld anzukommen. Mit dieser Erkenntnis komme ich unglaublich schwer zurecht. Meine Niedergeschlagenheit lähmt mich über Wochen hinweg.

KRISENREPORTERIN IN AFGHANISTAN

Dann kommt ein Sonntag Mitte August 2021. Es ist ein wahnsinnig heißer Tag und in meiner Berliner Dachgeschosswohnung steht die Luft. Wie auch die Tage zuvor liege ich erschöpft von meinem Gemütszustand auf dem Sofa und kann den Blick nicht vom Fernseher wenden. Mit Entsetzen verfolge ich über Stunden die schrecklichen Szenen, die sich Tausende Kilometer entfernt in Afghanistan abspielen: Nach 20 Jahren im Land treten die westlichen Truppen nun einen chaotischen Rückzug an und die Taliban übernehmen in Windeseile die Macht am Hindukusch. *Afghanistan*. Das wird mein neues Projekt. Als Journalistin wollte ich dieses Land schon immer bereisen und von dort berichten. Nun ist es mein ganzes Bestreben, eine Afghanistan-Doku im Sender unterzubringen.

IMMER NOCH ZUSCHAUERHINWEISE ZUM FALL TENGELMANN

Nach einigem Hin und Her überzeuge ich meine Chefs. Langsam beginnt sich der düstere Schleier über mir wieder zu lichten, ich lege meine ganze Kraft in die Vorbereitung für diese Reise. Ich absolviere ein Training für Krisenreporter, lerne, wie man lebensbedrohliche Wunden behandelt und Blutungen stillt. Ich suche mir ein Team, das mich mehrere Monate begleiten wird, bestelle mir eine schusssichere Weste und lese mich in die Geschichte Afghanistans ein. Die Wochen vergehen, der Sommer geht, Herbst und Winter kommen. Meine Kollegen haben inzwischen mit Tengelmann und der Familie Haub abgeschlossen. Von der Anwältin oder dem PR-Strategen höre ich nichts mehr. Auch die internen Ermittler sind von der Bildfläche nahezu verschwunden. Der Sicherheitschef reagiert überhaupt nicht mehr auf E-Mails, der Krisenmanager antwortet zumindest kurz auf eine Frage, doch dabei geht es um Afghanistan, wo er einige Jahre gearbeitet hat, und nicht um seine Tätigkeit für Tengelmann. Es scheint so, als ob sich der Mantel des Vergessens tatsächlich über das mysteriöse Verschwinden von Karl-Erivan Haub legen würde.

Sergej hält auf mein Bitten hin weiterhin Kontakt zu seinen russischen Quellen, durchforstet bei Gelegenheit die Foren oder macht Suchabfragen in den Telegram-Bots. Ich schreibe ab und an mit *Vadim*, der seinerseits weiterhin den Kontakt zu seinen »guten Freunden« und zur »internen Konkurrenz« beim FSB hält.[749] Auch gehen nach wie vor Hinweise unserer Zuschauer ein, die wir bei Gelegenheit abarbeiten. Unmittelbar nach der Ausstrahlung habe ich zwei interessante Telefonate mit Personen geführt, die sich proaktiv bei uns gemeldet haben: Der eine arbeitete in der Vergangenheit für Tengelmann und kann unsere Recherchen rund um das familiäre Umfeld mit vielen Details bestätigen und ergänzen.

Interessanter jedoch ist ein anonymer Gesprächspartner, der mich einige Tage nach dem Sendetermin auf meinem privaten Handy kontaktiert. Woher hat er meine Nummer? Der Anrufer kennt eine Menge Insiderinformationen rund um das »dubiose Pärchen«, er selbst war offenbar einige Zeit mit ihrer Beschattung betraut und weiß über die von uns besuchten Orte in Bremerhaven genau Bescheid. Er behauptet auch, die Hintermänner der beiden zu kennen, aber nach dem ersten vielversprechenden Kontakt meldet er sich nie wieder bei mir. Ich vermute, dass er aus dem Umfeld einer Behörde stammt und inzwischen in der Privatwirtschaft tätig ist.

Neben diesen beiden seriösen Anrufern melden sich auch eine Vielzahl von Trittbrettfahrern und Kriminellen. Mehrfach wird uns angeboten, gegen die Zahlung von 30.000 Euro[750] Informationen zu beschaffen, die in einem »Schließfach in der Schweiz«[751] aufbewahrt würden. Man werde uns nach der Zahlung des Gelds »per Kurier« ein Handy mit nur einer eingespeicherten Nummer zukommen lassen, über die dann der Code des Schließfachs kommuniziert werden solle.[752] Natürlich sind das alles Betrüger, die irgendwie Geld abgreifen wollen.[753] Aber bis zu einem gewissen Grad untersuchen wir auch diese Hinweise. Man kann ja nie wissen.

IN AFGHANISTAN: RUSSLAND GEHT MIR NICHT AUS DEM KOPF

Während die Nacharbeit zur Tengelmann-Doku immer weniger wird, nimmt mein neues Projekt immer mehr Raum ein. Anfang 2022 reise ich schließlich mit einem Team nach Afghanistan.[754] Wir werden mehrere Monate im Land bleiben und planen unsere Rückkehr erst im Laufe des Frühlings.

Unser Hauptaugenmerk liegt auf dem Schicksal der Frauen und Mädchen unter der Herrschaft der Taliban. Jeden Tag werden mein Team und ich mit hoffnungslosen Schicksalen konfrontiert, eine Geschichte trauriger als die Nächste. Während wir auf den Fahrten zu unseren Drehorten sind, kommen wir immer wieder an der Russischen Botschaft vorbei, sie ist eine der wenigen Vertretungen, die in Kabul zu diesem Zeitpunkt *nicht* geschlossen ist. Alle westlichen Botschaften sind seit dem Sommer zu. Sollte uns am Hindukusch irgendetwas passieren, wäre die Russische Botschaft vermutlich eine unserer wenigen möglichen Anlaufstellen.

Überhaupt ist die leidvolle Geschichte zwischen Afghanistan und Russland immer wieder sichtbar: Ganze Häuserblocks in Kabul stammen aus der sowjetischen Besatzungszeit, und gerade in den ländlichen Regionen habe ich den Eindruck, dass die Bauern nicht wissen, ob Russen, Amerikaner oder Taliban im Land das Sagen haben. Die Welt dreht sich in den Provinzen deutlich langsamer. Wir verbringen viel Zeit auf Reisen und ich bin aufgrund der miserablen hygienischen Bedingungen ständig gesundheitlich angeschlagen. Mit meiner ganzen Kraft konzentriere ich mich auf die Arbeit. Die aussichtslose Situation der Frauen und Mädchen im Land ist nur schwer zu ertragen.

Doch Russland geht mir nicht aus dem Kopf, immer wieder denke ich auch an die unvollendete Tengelmann-Recherche. Irgendwie muss ich an die Bilder aus Moskau herankommen. Doch wie? Mir fällt keine Möglichkeit ein. Sergej und ich haben wirklich viel versucht. Ab und an frage ich auch von Afghanistan aus bei *Vadim* nach, ob er Neuigkeiten für mich hat, doch mein Kontakt berichtet mir, seine »guten Freunde« verlören inzwischen die

Geduld. Der von ihnen erhoffte neue Auftrag ist bisher ausgeblieben, sie wollen mit uns Journalisten nur Berührungspunkte haben, wenn auch irgendwann Geld fließt. Geld ist zu einem leidigen Thema zwischen *Vadim* und mir geworden.

Während mein Team und ich immer wieder ohne Strom und Heizung in unserer Kabuler Unterkunft sitzen, mache ich *Vadim* daher erneut meinen Standpunkt klar: Sollten die »guten Freunde« über eindeutige Fotos verfügen, können sie sie mir gerne zukommen lassen. Sollten die Bilder Karl-Erivan Haub zeigen, können wir über einen Preis verhandeln. *Davor nicht.* Inzwischen bin ich mir auch gar nicht mehr so sicher, ob es die Fotos wirklich gibt oder ob einmal mehr versucht wird, rund um das mysteriöse Verschwinden sehr viel Geld abzugreifen.

Doch dann greift Russland am 24. Februar 2022 über Nacht die Ukraine an. Ohne dass ich es in diesem Moment ahnen kann, verändert dies bei meinen Kontakten in Russland einiges. Zunächst verfolgen mein Team und ich jedoch fassungslos von Afghanistan aus, wie sich in Europa ein Krieg zusammenbraut. Wir fühlen uns hilflos, plötzlich scheint es in Kabul sicherer zu sein als in Kiew. Bei uns am Hindukusch ist es so ruhig, dass meine Kollegen und ich unsere schusssicheren Westen und Helme überhaupt nicht brauchen; meine Kollegen, die sich nun von Deutschland aus auf den Weg in die Ukraine machen, jedoch umso dringender. Innerhalb weniger Tage »leert« sich die afghanische Hauptstadt. Fast alle westlichen Journalisten verlassen das Land und reisen in das neue Krisengebiet am Rand Europas. Wie schnell sich die Dinge doch ändern können. Auch unsere afghanischen Gesprächspartner bemerken das nachlassende öffentliche Interesse an Geschichten aus ihrem Land.

Einige Tage nach Kriegsbeginn kontaktiere ich *Vadim* erneut. Ich will von ihm wissen, wie die Lage in Russland ist, wie die Stimmung der Menschen im Land ist. Unterstützen sie den Krieg? *Vadim* bleibt in unserem Gespräch völlig oberflächlich, erzählt nur Gutes über Putins Strategie. Doch ich bemerke eine Veränderung in seinem Verhalten. Inzwischen kommuniziert er nicht mehr über WhatsApp, sondern nur noch über den Messengerdienst Signal. Außerdem löschen sich seine Nachrichten wenige Sekunden, nachdem man sie gelesen hat. Offenbar will er so gut es geht in der Anonymität verschwinden und keine Spuren hinterlassen. Vermutlich wird er überwacht, so wie wahrscheinlich alle, die mit westlichen Journalisten in Kontakt sind.

Seine »guten Freunde« befänden sich derzeit im »Urlaub« oder auf »Dienstreise«, erzählt er mir. Ich glaube jedoch eher, dass viele FSB-Agenten zu diesem Zeitpunkt in der Ukraine unterwegs sind. Und *Vadims* Bekannte ebenfalls. Der Deutsch-Russe sagt dazu nichts. Abfragen im biometrischen Überwachungssystem sind jedoch nun zu gefährlich geworden und auch Sergej berichtet mir, dass seine Kontakte aus den Foren ebenfalls extrem vorsichtig geworden seien. Die Angst, in dieser Zeit in Russland als »Vaterlandsverräter« gesehen zu werden und möglichweise direkt ins Gefängnis oder an die Front geschickt zu werden, ist riesig.

Doch Russland ist weit weg – gerade bin ich in Afghanistan und unsere Arbeit hier bleibt vom Krieg weitestgehend unberührt, wir kommen gut voran. Aus diesem Grund beschließen wir, am 31. März wie geplant wieder zurück nach Deutschland zu fliegen. In den zwei Monaten im Land haben wir einen Temperaturwechsel von -20 auf +35 Grad erlebt und große Teile des kargen Lands bereist. Mit vielen spannenden, vor allem aber auch sehr traurigen Geschichten treten wir die Heimreise an. Am liebsten würde ich direkt die Koffer gepackt lassen und entweder aus der Ukraine oder aus Russland über den Kriegsverlauf berichten, doch die nächsten Wochen werde ich im Schnitt verbringen. Wir haben mehrere Terrabyte an Material aus Afghanistan mitgebracht und müssen es erst mal sortieren.

ERNEUT STELLT SICH DIE FRAGE: WAS VERSCHWEIGT CHRISTIAN HAUB?

Kurz nach unserer Rückkehr aus Afghanistan jährt sich auch der Tag des Verschwindens von Karl-Erivan Haub zum vierten Mal. Jetzt beschließen wir, dass der richtige Zeitpunkt gekommen ist, meinen Text rund um die widersprüchliche eidesstattliche Versicherung zu veröffentlichen. Am 10. April erscheint unter der Überschrift »Ex-Tengelmann-Chef in Russland: Verschweigt Christian Haub etwas?«[755] ein Text, der unsere Erkenntnisse ziemlich schonungslos zusammenfasst: Dass der Aufenthaltsort von Karl-Erivan Haub dem Tengelmann-Sicherheitschef und seinem Berater »zumindest zeitweise bekannt« gewesen sei, dass die beiden Männer rund um den Zeitraum Ostern 2021 mit dem *finalen Beweis* gerechnet hätten und wir keinen Grund sehen, diese Aussagen anzuzweifeln. Ich thematisiere die Untätigkeit des Amtsgerichts Köln, die vorgetragenen Zweifel und die darauffolgende emotionale und unangemessene Reaktion von Christian Haubs engem Vertrauten. Und natürlich werden nicht zuletzt die Unstimmigkeiten innerhalb der eidesstattlichen Erklärung in meinem Text einzeln aufgelistet. Dazu passt auch Christian Haubs Antwort auf unsere Bitte um Stellungnahme: Nämlich, dass er auf die Fragen mit *keinem Wort* eingeht. Gespannt warten meine Kollegen und ich auf eine Reaktion des Tengelmann-Chefs und seiner rechtlichen Vertreter, doch es bleibt ruhig. Der Text wird mit *keinem* Wort angefochten. Hatte man uns nicht ein Jahr zuvor rechtliche Konsequenzen angedroht?

Was hätten Christian Haub und seine Rechtsvertreter auch machen sollen? Wir können ja *jedes Wort* beweisen! Einmal mehr bedauere ich zutiefst, dass wir den Artikel nicht zum richtigen Zeitpunkt veröffentlicht haben. *Er war damals genauso wenig angreifbar wie heute.* Nun, zwischen all den Schlagzeilen von der Ukraine-Front, verpufft seine Schlagkraft. Doch irgendwie habe ich mich auch damit inzwischen abgefunden. Bisher haben alle, vor allem die Behörden, weggeschaut: Warum sollte es jetzt anders sein?

Der Kampf gegen die vermeintlich übermächtigen Gegner hat mich zermürbt. Ich will alles, was mit Tengelmann zu tun hat, eigentlich vergessen; genau wie Sergej, dem ich mit dem Thema nicht mehr zu kommen brauche. Mein Kollege verifiziert nun von morgens bis abends Videos vom ukrainischen Schlachtfeld, er sieht schreckliche Bilder und unvorstellbare Verbrechen. Die menschlichen Abgründe innerhalb der Familie Haub fühlen sich da nicht mehr relevant an. Der Text über den fragwürdigen Milliarden-Deal von Christian Haub musste aber noch raus, er lag so viele Monate in meinem digitalen Archiv. Dass der Artikel nun *endlich* veröffentlicht wird, gibt mir ein wenig innere Ruhe zurück. Dass wir darüber hinaus auch noch völlig ohne juristische Gegenwehr auskommen, bestätigt mich in der Annahme, dass unsere Recherche wasserfest ist. Auch wenn es mir schwerfällt: Nun kann ich endlich einen dicken, fetten Haken unter die Sache setzen. Ich möchte meinen Kopf wieder für andere Themen »freiräumen« und es gelingt mir, nicht mehr dauernd an die Machenschaften der Familie Haub zu denken. Als Christian Haub das komplette OBI-Russland-Geschäft an den russischen Investor Josef Liokumowitsch »verschenkt«,[756] was er mit dem russischen Angriffskrieg auf die Ukraine begründet, habe ich keine große Lust, darüber einen Artikel zu schreiben oder weitere Recherchen anzustellen. Selbstverständlich stelle ich mir viele Fragen: Hatte Tengelmann nicht erst 2016 sein Geschäft in Russland *ausgebaut* und die 49 Prozent der Anteile des Oligarchen Igor Sossin *zurückgekauft*?[757] Hatte es dann nicht 2019 Verhandlungen für einen Verkauf gegeben und lag damals der Preis nicht bei 100 Millionen Euro?[758] [759] Warum sollte man die Baumarktkette nun *verschenken*? Aus »moralischen Gründen«[760], wie Christian Haub behauptet?

Natürlich werde ich stutzig, als ich in einem Interview mit dem neuen OBI-Russland-Chef Liokumowitsch lese, Christian Haub habe sich trotz zwei weiterer Konkurrenten für ihn als neuen Eigentümer entschieden, weil Liokumowitsch »Karl-Erivan vor langer Zeit kannte«[761] und weil er Tengelmann beim OBI-Markteintritt in Russland Anfang der 2000er-Jahre »geholfen« habe.[762] Natürlich fällt mir auf, dass Josef Liokumowitsch, der sich selbst als »sehr unöffentliche Person«[763] bezeichnet, Mitte der 1990er-Jahre Geschäftsführer einer Firma für Anbahnung von Russland-Beziehungen in Berlin war[764], die laut dem *Dossier* über den ehemaligen Top-Manager, Karl-Erivan Haubs väterlichen Berater, in unmittelbarer Nachbarschaft zu dessen ehemaliger Anschrift liegt.[765] Natürlich ist es fragwürdig, warum der neue OBI-Russland-Chef den Deal offenbar zusammen mit einer weiteren »nicht-öffentlichen Person«[766], einem »ehrlichen Partner«, eingegangen ist, dessen Identität er jedoch nicht preisgeben möchte.[767] Und nicht zuletzt lässt mich Liokumowitschs enge persönliche Beziehung nach Armenien, genauer gesagt zum Präsidenten der Union der Armenier in Russland,[768] aufhorchen. Hatte nicht Karl-Erivan Haub immer und immer wieder seinen Bezug zu diesem Land betont? Nicht zuletzt durch die Familientradition, jeweils den Erstgeborenen »Erivan« zu nennen, nach der armenischen Hauptstadt Eriwan? Hatte mir nicht der Leiter der internen Ermittlungen erzählt, dass es laut Aussagen von Geheimdienstkreisen nach 2018 eine Ein- und Ausreise von Karl-Erivan Haub nach Armenien gegeben habe? Dem Land, wo angeblich auch sein möglicher russischer Pass ausgestellt worden ist und in dem der Milliardär möglicherweise nach April 2018 in »Waffengeschäfte im Berg-Karrabach Konflikt zwischen Armenien und Aserbaidschan«[769] verwickelt gewesen sein soll.

Wieder öffnen sich viele neue Fragen, aber ich möchte an den verschollenen Milliardär und die dubiosen Verstrickungen nicht mehr denken. Ich habe keine Lust und keine Kraft mehr, noch einmal in dieses Wespennest zu stechen.

NEUIGKEITEN AUS RUSSLAND: DIE SUCHE GEHT WEITER

Ende Juni erhalte ich überraschend eine Nachricht von *Vadim*. Mehrere Wochen hatte ich nichts mehr von ihm gehört. Er klingt erschöpft. Die letzten Wochen seien nicht gut gewesen, sein Geschäft sei aufgrund des Kriegs nahezu vollkommen eingebrochen. Was auch immer er damit meint, denn nach wie vor weiß ich sehr wenig über sein genaues Tätigkeitsfeld. *Vadim* erzählt mir, er plane, in den nächsten Monaten zurück nach Deutschland zu kommen. Da er auch den deutschen Pass besitze, sollte das relativ problemlos klappen. Auch von hier aus könne er bei Recherchen und Visumsanträgen in Russland helfen. Seine »guten Freunde« habe er nach wie vor und sie seien aufgrund des Kriegsverlaufs alle »sehr frustriert«. Ich bin sehr überrascht, dass er am Telefon so offen darüber redet. »Wir müssen uns persönlich treffen, wenn ich in Deutschland bin«, sagt er zum Abschied. »Ich muss dir etwas zeigen.«

Zunächst höre ich nichts mehr von ihm. Der Hochsommer kommt und in Berlin ist es wie im Vorjahr wieder so heiß, dass ich die meiste Zeit im gekühlten Büro verbringe. Bis zum Sendetermin der Afghanistan-Doku sind es noch wenige Wochen. Sie soll rund um den Jahrestag des Falls von Kabul laufen. Wie immer bei einem so großen Projekt arbeite ich auch jetzt wieder an vielen Wochenenden durch. Die Tage im Büro sind lang und relativ ruhig. Doch mitten in diese Ruhe platzt plötzlich eine Nachricht aus Zermatt: Während ich gerade mit einem Dari-Paschto-Übersetzer die Interviews mit unseren afghanischen Protagonistinnen übersetze, ploppt auf meinem Handy eine Schlagzeile auf: »Gletscher bei Zermatt gibt Leiche frei: Ist es der verschwundene Tengelmann-Milliardär? Untersuchung der sterblichen Überreste dauert an.«[770] Bei hochsommerlichen Temperaturen hat der Berg offenbar ein Opfer freigegeben. Kurz zucke ich zusammen. *Könnte es Karl-Erivan Haub sein?*

Doch schon im nächsten Moment spule ich innerlich all unsere Rechercheergebnisse ab, die Verbindungen nach Russland, die Telefonate, die Widersprüche rund um das Verschwinden in Zermatt, die Aussagen der internen Ermittler, das Verhalten von Christian Haub – und nicht zuletzt *Vadims* Aussagen rund um die Treffer im biometrischen Überwachungssystem von Moskau. *Er kann es nicht sein.* Wenige Tage später folgt auch prompt die Entwarnung aus der Schweiz: Nach Angaben der Behörden handelt es sich zweifelsfrei um einen jungen Mann aus dem Landkreis Esslingen, der seit 1990 vermisst wird.[771][772] Ich freue mich für seine Angehörigen, dass sie endlich Gewissheit haben.

Die ganze Aufregung um den Gletscherfund hat auch bei uns die alte Begeisterung neu entfacht. Und wieder steht die große Frage im Raum: Wo ist Karl-Erivan Haub? Doch Sergej und ich sind überzeugt, dass wir *alle* uns verfügbaren Kontakte ausgeschöpft haben. Wir haben wirklich *alles* versucht, wir kommen nicht weiter. Wir bräuchten jemanden, der sprichwörtlich auspackt. Einen Whistleblower. Aber wer sollte das sein? Aus dem Tengelmann-Kreis hat niemand ein Interesse, an den neu entstandenen Realitäten etwas zu ändern: Christian Haub hat zwei Drittel des Unternehmens, Katrin Haub und die Kinder haben ihr Geld, die internen Ermittler wurden sicher für ihre Arbeit fürstlich entlohnt. Wer würde das kaputtmachen wollen? Und was hätten wir Journalisten außer einer Schlagzeile auch zu bieten? Mir kommt wieder *Vadim* in den Sinn. Ob er wohl schon in Deutschland ist? Ich nehme mir vor, ihn schnellstmöglich zu treffen und meinen Chefs dann mitzuteilen, wie die Lage ist. Viel Hoffnung auf eine große Wendung in dem Fall habe ich allerdings nicht mehr.

TREFFEN MIT VADIM IN DEUTSCHLAND

Der Sendetermin für die Afghanistan-Doku ist am 23. August, und dieses Mal spreche ich im Vorfeld mit anderen Medien und bin gut beschäftigt. Im Anschluss sind mehrere Wochen Urlaub mit der Familie geplant, ich muss dringend die vielen Überstunden abbauen.

Mitte September meldet sich *Vadim* wieder: Er sei seit einigen Wochen in Deutschland und lebe nun in München. Wir vereinbaren ein Treffen für Anfang Oktober in der bayerischen Landeshauptstadt. Bis dahin habe ich Urlaub und beschäftige mich nicht weiter mit Tengelmann.

In der ersten Oktoberwoche fahre ich an einem sonnigen Herbsttag frühmorgens nach München. *Vadim* und ich haben uns für einen Spaziergang im Englischen Garten verabredet, im Anschluss wollen wir noch eine Kleinigkeit essen gehen. Als ich um 11 Uhr zum vereinbarten Treffpunkt am Ausgang einer U-Bahnstation in der Nähe vom Café Luitpold komme, wartet der Deutsch-Russe schon auf mich. Anstelle seiner Moskauer Lederjacke trägt er nun einen Kapuzenpulli, über seiner Schulter hängt eine Stofftasche mit dem Schriftzug einer lokalen Apotheke. Er trägt weiße Sneaker einer bekannten Marke und ich schmunzle innerlich. *Vadim* hat seine Jahre in Moskau zumindest äußerlich abgelegt und sich optisch verändert: Er sieht jetzt aus wie ein Student, der gerade aus der Uni kommt. Auch hat er sich in den vergangenen Wochen offenbar einen kleinen Bart wachsen lassen. Wollte er damit sein Aussehen für die Ausreise aus Russland ein wenig verändern? Wir holen uns einen Kaffee und spazieren los. Es ist ein herrlicher Tag und *Vadim* erzählt mir von den vergangenen Monaten.

Jeder, der könne, würde Russland verlassen, berichtet er. Vor allem Männer im wehrfähigen Alter. Man munkle bereits, dass den Russen eine Mobilmachung bevorstehe. Das Land »blute« regelrecht aus, sagt er. Einige Wochen später wird tatsächlich eine Mobilmachung für russische Männer verkündet. Der Deutsch-Russe berichtet weiter, dass ein immer größerer Bruch durch die Gesellschaft gehe: Zwar äußere sich niemand so richtig gegen Putin, aber viele lehnten die Regierung inzwischen ab, hätten aber Angst, das auch offen zuzugeben. Es herrsche große Furcht – und obwohl ihn einige Flugstunden von Moskau trennen, bezieht auch *Vadim* in unserem Gespräch nie richtig Stellung: Was *er* eigentlich vom Krieg hält, erfahre ich nicht. Ich habe fast den Eindruck, als fürchte er sich auch in Deutschland vor dem langen Arm des Kreml. Seine »guten Freunde« vom FSB, das gibt er jedoch offen zu, seien nun alle »regelmäßig« in der Ukraine im Einsatz, zuletzt habe er sie in Moskau kaum noch gesehen. Während *Vadim* erzählt, höre ich zwischen den Zeilen eine gewisse Abscheu mitschwingen. Diesen Eindruck habe ich bei ihm nicht zum ersten Mal. Schon bei meinem Besuch in Moskau vor mehr als einem Jahr hatte ich dieses Gefühl. Aber offen Kritik äußern würde *Vadim* nie.

Inzwischen ist es Mittag geworden und wir steuern ein bayerisches Restaurant am Opernplatz an. Es ist warm und sonnig. Draußen unter den roten Schirmen gibt es noch einige freie Plätze, aber *Vadim* möchte lieber drinnen essen. Will er nicht mit mir gesehen werden? Ich mache mir darüber keine weiteren Gedanken und wir gehen rein.

DIE FOTOS

Neben den Tischen in der Mitte des Gastraums gibt es an den Seiten auch einige abgetrennte Nischen mit Tischen. Perfekt, wenn man ungestört reden möchte. *Vadim* steuert eine dieser Nischen an. Wir sind fast die einzigen Gäste, die sich bei dem schönen Wetter für einen Sitzplatz im Innenraum entschieden haben. Nur ein älteres Paar sitzt in unserer Nähe. Als die Kellnerin mit der Speisekarte kommt, winkt *Vadim* ab. Ohne Umwege bestellt er einen Schweinekrustenbraten mit Kartoffelknödeln und Rotkraut, ich nehme eine Grießklößchensuppe. Das Essen kommt überraschend schnell. *Vadim* scheint die deutsche Küche sehr zu genießen.

Während er langsam das Fleisch zerlegt, frage ich mich, wohin dieses Treffen heute noch führt. Ihn als Kontakt zu halten, ist sicherlich nicht schlecht – aber sonst? Freunde werden wir eher nicht, denn außer zu Russland-bezogenen Themen haben wir uns nicht viel zu sagen. Und als ob mein Gegenüber meine Gedanken in diesem Moment lesen kann, schaut er mich an. »In Russland haben sich die Dinge geändert«, setzt er an. »Innerhalb des FSB gibt es große Richtungskämpfe.« Er mustert das ältere Ehepaar neben uns, doch offenbar scheinen sie ihn nicht weiter zu stören. Mein Gegenüber fährt fort. »Die Leute brauchen Geld. Das bewegt sie im Moment am meisten.« Er holt seine Stofftasche unter dem Tisch hervor. »Bevor ich abgereist bin, haben mich die Typen von damals besucht.« Das Wort »besucht« betont Vadim und schaut mich dabei etwas unglücklich an. Offenbar handelt es sich nicht um seine »guten Freunde«, sondern um deren »interne Konkurrenz«.

»Ich hatte denen nicht gesagt, dass ich das Land verlasse. Sie haben es von alleine herausgefunden; vielleicht haben sie mich auch überwacht oder abgehört. Ich weiß es nicht. Sie wussten jedenfalls, dass ich gehe.« Er holt aus der Tasche ein iPad hervor. »Die Jungs wollen, dass du das hier siehst.« Während er spricht, entsperrt er das iPad, öffnet die Foto-App und schiebt das Gerät zu mir herüber. Ich erstarre. Vor mir auf dem Tisch sehe ich Karl-Erivan Haub – oder zumindest eine Person, *die genauso aussieht wie er*. Die Ähnlichkeit ist frappierend. Der vermeintliche Karl-Erivan ist frontal zu sehen und trägt auf dem Bild eine dicke blaue Winterjacke mit einer Kapuze und einem weißen Pelzkragen. Das Blau springt mir sofort ins Auge, es hat einen ganz besonderen Farbton. Es erinnert mich an die Winterjacken der Luxusmarke Canada Goose und den Farbton *Blue PBI*[773], ein stechendes, strahlendes Blau.

Kein Dunkel- oder Hellblau, sondern irgendetwas dazwischen, ein wenig wie das Blau auf deutschen Verkehrsschildern, etwa um auf eine Fahrrad- oder Spielstraße hinzuweisen. Auf seinem Kopf trägt der Mann eine blaue, enganliegende Wollmütze. Sein Gesichtsausdruck wirkt konzentriert, als ob ihm etwas durch den Kopf geht. Die Augen sind leicht zusammengekniffen und sein Mund gerade. Ich betrachte die Umgebung um die Person herum. Kann man aus dem, was auf dem Bildausschnitt zu erkennen ist, Rückschlüsse über den genauen Aufenthaltsort ziehen? Im Hintergrund sind Kräne zu erkennen, eine Baustelle vielleicht? Davor vermute ich eine Straße, aber der Ausschnitt ist zu klein, um mehr Details zu erhaschen.

Ich wische mit dem Finger über das Bild nach links. Auf dem Bildschirm erscheint ein weiteres Foto der Person, dieses Mal von der Seite. Der Mann auf dem Bild hat exakt das gleiche Profil wie der verschollene Milliardär, die gleiche Stirn, die gleiche Nase. Eine unglaubliche Ähnlichkeit. Die Auflösung der Fotos ist sehr gut, die Aufnahmen sind offenbar aus einer relativ geringen Distanz gemacht worden. Vom Winkel her könnte es gut eine Überwachungskamera sein. Wortlos blicke ich zu *Vadim* rüber. Zwar habe ich diese Fotos noch nie zuvor gesehen, doch sind sie mir sehr vertraut: Exakt diese Bilder hatte mir *Vadim* vor mehr als einem Jahr in dem georgischen Restaurant in Moskau *beschrieben*. Einen Moment lang bin ich so sprachlos, dass ich gar nichts sagen kann. Nach einigen Minuten stelle ich die aus meiner Sicht offensichtlichste Frage: Wo und wann genau sind die Fotos entstanden? *Vadim* zieht das iPad zu sich herüber und öffnet die Notizen-App. »Die Bilder stammen von Überwachungskameras an verschiedenen Häusern in der *Kolomenskaya* Straße im südlichen Bezirk von Moskau«, liest er vor. Offenbar, so fährt er fort, wurden die Fotos an zwei aufeinanderfolgenden Tagen aufgenommen, und zwar am 19. und 20. Februar 2021, jeweils am späten Nachmittag.

Ich habe keine Ahnung, um was für eine Gegend es sich handelt, notiere mir die Adresse aber, um sie später zu Hause zu überprüfen. »Die FSB-Leute wollten, dass ich dir die Fotos zeige. Sie wollen Geld von der Frau haben.« Etwas in die Richtung hatte ich bereits vermutet. Was würde Katrin Haub zu den Aufnahmen sagen? Ich schaue auf die Fotos und wische zwischen den Bildern hin und her. Würde sie ihren Mann erkennen? *Oder kennt sie die Fotos vielleicht sogar schon?* Karl-Erivan Haubs Ehefrau hat alle unsere

Presseanfragen immer abgelehnt oder besser gesagt ich bin mir nicht einmal sicher, ob meine Anfragen, die ich an ihren Anwalt Dr. Gauweiler gerichtet hatte, überhaupt zu ihr durchgestellt wurden. Auf jeden Fall gab es nie einen direkten Kontakt. Ich habe daher überhaupt keine Ahnung, wie Haubs Ehefrau auf solche Nachrichten reagieren würde. Vermutlich, so glaube ich, möchte sie mit dem Verschwinden ihres Mannes abschließen. In was auch immer er mutmaßlich verwickelt ist, mit wem auch immer er nachweislich in Russland Kontakt hat(te): Was interessierte es sie *jetzt* noch? Würden diese Fotos ihr Leben *besser* machen? Tatsächlich sehe ich einzig in den finanziellen Auswirkungen rund um den Milliarden-Deal einen Anreiz, noch einmal Ermittlungen aufzunehmen. Und vielleicht auf einer persönlichen Ebene, weil sich Katrin Haub von ihrem Schwager Christian hintergangen fühlen könnte. Aber sonst? Vermutlich will sie ihre Ruhe haben. So oder so: Ich werde *Vadim* nicht helfen können, einen Kontakt zu ihr herzustellen, denn ich habe ihn schlichtweg auch nicht. Mein Gegenüber kennt meine Antwort, noch bevor ich sie aussprechen muss. »Klar, das habe ich denen auch gesagt.« Er schaut mich nachdenklich an. »Ich habe denen gesagt, dass da keiner mehr Interesse an den Bildern hat, sie wollen es aber trotzdem versuchen.« Ratlos sitzen wir einander gegenüber. »*Vadim*, die Bilder sind für *uns* von Interesse. Für *uns* Journalisten. Wie kann ich sie bekommen?« Ich bin so kurz vor dem Ziel, ich möchte diese Chance nicht verpassen. Natürlich: Erst einmal müssten wir die Fotos unabhängig verifizieren, das ist klar. Es könnten ja auch Fotomontagen sein, billige Fälschungen, die für viel Geld verkauft werden sollen. *Aber falls sie es nicht sind*: Besteht dann eine Chance, sie zu veröffentlichen? Welche Summe schwebt den FSB-Typen überhaupt vor? *Vadim* schiebt den leeren Schweinebraten-Teller von sich weg und winkt ab. »Die wollen Millionen«, er schaut etwas verächtlich. Inzwischen kennt er mich gut genug, um zu wissen, dass das keine Option für einen Fernsehsender ist.

Doch über den finanziellen Aspekt hinaus gibt es noch weitere. »Wir haben immer noch das Problem, dass die ursprünglichen Auftraggeber ziemlich verärgert sein könnten, weil sie genau wissen, dass das ihr Suchauftrag war. Die Jungs haben ja gegenüber den Ausländern Stillschweigen vereinbart.« Sofort schaue ich von den Fotos auf und wende meinen Kopf zu *Vadim*. Mir ist klar, dass es unglaublich wichtig wäre, den Namen des israelisch-amerikanischen Unternehmens ausfindig zu machen, von dem ich sowohl von

Christian Haubs engem Vertrauten als auch von den internen Ermittlern so viel gehört habe. Doch ein Schritt nach dem anderen. Ich halte inne.

Ich bin mir nahezu sicher, dass die Bilder auf dem iPad Karl-Erivan Haub zeigen, der munter in Moskau herumspaziert, und ich vor mir den *finalen Beweis* für sein Fortleben habe.

Jetzt stellt sich nur die Frage: Was mache ich damit?

KAPITEL 9

KURZ VOR DER VERÖFFENTLICHUNG DIESES BUCHS

Aufgewühlt verlasse ich München und mache mich auf den Weg zurück nach Berlin. Es muss einen Weg geben, diese Bilder zu veröffentlichen. Mit *Vadim* verbleibe ich so, dass ich die Situation mit meiner Redaktion bespreche und wir unsere Optionen auswerten. Wir brauchen einen Plan, denn es ist sehr wahrscheinlich, dass *Vadims* Kontakte uns die Fotos nicht einfach so überlassen. In meinem Kopf schießen die Gedanken wild durcheinander. Ich bin auf der Suche nach Rechercheansätzen, die wir bisher nicht berücksichtigt haben. Am wichtigsten erscheint es mir, Klarheit über das israelisch-amerikanische Ermittlungsunternehmen zu erlangen, das Tengelmann in der letzten Phase der Ermittlungen in Russland unterstützt hat. Rund um diese Firma wird es einen Kreis an informierten Personen geben, die mir theoretisch als Quelle dienen könnten. Ich werde also in den kommenden Wochen alle meine Kontakte in die Politik und in die Sicherheitsbehörden nutzen, um diese Spur weiterzuverfolgen.

Außerdem *muss* es zu einer Bezahlung der internen Ermittler gekommen sein. Christian Haubs Vertrauter nannte mir während des Besuchs in Sankt Moritz eine erfolgsabhängige Vergütung in Millionenhöhe. Wenn das Geld geflossen ist, dann gibt es auch Menschen, die das neben Christian Haub und den internen Ermittlern bestätigen können: Bankangestellte, Buchhalter, Steuerberater, Rechtsanwälte, Mitarbeiter in den Kanzleien und nicht zuletzt das Finanzamt. Lief die Zahlung über ein Tengelmann-Firmenkonto oder über Haubs Privatkonto? *Es muss irgendwo vermerkt worden sein* – und zwar sowohl aufseiten von Christian Haub als auch aufseiten der internen Ermittler. Können wir beispielsweise Zahlungseingänge checken? Welche Möglichkeiten gibt es sonst?

Wochenlang grüble ich, suche nach Lösungen, spreche mit meinen Kontakten und erwäge die abwegigsten Rechercheansätze. Eines Nachts – ich bin gerade beruflich in Stuttgart – schrecke ich in meinem Hotelzimmer aus einem Alptraum auf. Die Tür des Nachbarzimmers ist laut ins Schloss gefallen und ich habe geträumt, dass die Schergen von Suzdaltsev, Grishin und Co. in mein Zimmer einbrechen würden, um mich zu holen. Ich zähle nun vermutlich zu einem sehr, sehr kleinen Kreis an Menschen, die über die Existenz der Bilder Bescheid wissen. Im Laufe der internen Ermittlungen ist es bereits zu zwei plötzlichen Todesfällen gekommen – langsam bekomme auch ich Angst.

Bislang habe ich niemandem von dem letzten Treffen mit *Vadim* erzählt; ich habe die Bilder ja lediglich gesehen und halte sie nicht physisch in meinen Händen. Solange ich nicht noch mehr Beweise habe, hege ich die Sorge, von meinen Kollegen nicht ernst genommen zu werden. »Du hast dich verrannt« – dieser Satz hängt mir nach. Doch nun sitze ich zitternd im Hotelzimmer, die alltäglichen Geräusche eines Reisenden, der mit seinem Koffer zur frühen Morgenstunde in Richtung Bahnhof aufbricht, haben mich in Todesangst versetzt: Ich dachte, jemand bricht meine Zimmertür auf. In diesem Moment beschließe ich, das Geheimnis um die Bilder nicht länger allein mit mir herumzutragen. Das Wissen um den vermeintlich letzten bekannten Aufenthaltsort von Karl-Erivan Haub birgt eine große Gefahr – und derer ist sich mein Unterbewusstsein mehr als deutlich bewusst.

Ich muss diese Geschichte veröffentlichen, notfalls ohne die Fotos.

Ich werde *beschreiben*, was meine Quellen mir berichtet haben und was ich mit eigenen Augen gesehen habe. In diesem Falle werde ich es riskieren, vom Unternehmen und der Familie verklagt zu werden. Könnte ich dieses Wagnis eingehen? Behörden und Öffentlichkeit würden von einem aus meiner Sicht zweifelhaften Milliarden-Deal erfahren, von starken Indizien nachrichtendienstlicher Verbindungen eines der reichsten und einflussreichsten Firmenlenkers des Landes, Karl-Erivan Haub, von Kontakten zu russischen Geldwäsche-Netzwerken – und das mitten in einem Krieg, der gerade in Europa tobt. Eine Veröffentlichung würde mit Sicherheit in den betreffenden Kreisen hohe Wellen schlagen: *Dort könnte man sie nicht ignorieren – und würde aller Voraussicht nach auch versuchen, zu verhindern, dass ich mit meinem Wissen an die Öffentlichkeit gehe.*

Ohne Frage sind die von mir gegen Christian Haub gerichteten Vorwürfe gewaltig. Für den Fall, dass ich all die vorliegenden Fakten und Indizienketten falsch deute, hätte er das gute Recht nicht nur meinen Sender und den Verlag, sondern auch mich persönlich wegen Verleumdung und übler Nachrede anzeigen. *Doch ich weiß, was ich gesehen habe.* Ich weiß, was ich mir in den vergangenen eineinhalb Jahren an Hintergrundwissen erarbeitet habe: Die aufwendigen Recherchen rund um Karl-Erivan Haubs Geschäftspartner halten auch einer Überprüfung durch Dritte stand. Außerdem gibt es in dem gesamten Skandal inzwischen etliche Mitwisser, Informanten und Hinweisgeber. Wenn ich mein ganzes Wissen zu Papier bringe und im Fernsehen darüber spreche, würden sich ziemlich schnell die Anwälte der Familie bei mir melden. Käme es auch zu einem Prozess? Gegenüber einem Gericht würde ich meine Quellen offenlegen. Und ich würde den Tengelmann-Sicherheitschef als Leiter der internen Ermittlungen sowie seinen Berater, den Krisenmanager, beim Namen nennen. Wie würde eine Staatsanwaltschaft reagieren? Außerdem wäre vermutlich das öffentliche Interesse sehr groß – so groß, dass medienübergreifend über einen Prozess gegen mich, eine Investigativjournalistin, berichtet werden würde. Andere Kollegen würden Fragen stellen, was dazu führen könnte, dass sich auch der Druck auf die deutschen Ermittlungsbehörden erhöht. *Es würde vermutlich genau das passieren, was das Amtsgericht Köln versäumt hat zu tun:* Christian Haub und alle intern mit der Sache betrauten Personen müssten sich endlich von verschiedenen Seiten höchst unangenehme Fragen stellen lassen. Für die Ermittlungsbehörden wäre es hingegen deutlich einfacher, relevante Informationen einzuholen: Zum einen präsentieren meine Kollegen und ich ihnen eine jahrelange Recherche quasi auf dem Silbertablett, zum anderen könnten sie Christian Haub und die internen Ermittler unter Eid vernehmen. Was würde der Tengelmann-Chef sagen? Wie würden die beiden Männer reagieren? Würden sie die Wahrheit sagen? Wissen kann ich es nicht. Es wäre zu riskant, mich auf die beiden zu verlassen. Eine Veröffentlichung muss daher zu 100 Prozent wasserfest sein, die Recherchen über jeden Zweifel erhaben.

DAS TREFFEN MIT VADIM UND MEINEM ANWALT

Im Fall einer Veröffentlichung ist es also nicht unwahrscheinlich, dass ich mit einer Klage rechnen muss. Das persönliche Risiko erscheint mir inzwischen sehr, sehr groß. Sowohl physisch als auch auf einer beruflichen Ebene. Bevor ich mit dem Wissen um die Bilder zu meinen Kollegen gehe, möchte ich eine rechtliche Einschätzung über die Situation haben, nämlich ob ich als Privatperson mit der vorliegenden Beweislage einen Rechtsstreit überstehen kann. Zuerst spreche ich daher mit meinem Anwalt.

Mehrere Tage verbringe ich damit, den Juristen in die Details der Recherche einzuarbeiten, ihm unsere Quellen vorzulegen, die Rechercheschritte und Zusammenhänge zu erklären. Ich erzähle ihm ausführlich von den Treffen mit *Vadim*. Außerdem berichte ich ihm im Detail von den Fotos aus dem biometrischen Überwachungssystem in Moskau, die ich wenige Tage zuvor im Münchner Wirtshaus gesehen habe.

Der Anwalt ist von der Qualität unserer journalistischen Recherche überzeugt, sie ist aus seiner Sicht nicht angreifbar und auch für Dritte jederzeit ohne viel Aufwand zu überprüfen. Zögerlich ist er jedoch, was die Aussagen rund um die Fotos betrifft. Er kennt *Vadim* nicht und kann ihn nicht einschätzen. Wie vertrauenswürdig ist er? Ist er gar ein Betrüger? Die Einwände des Anwalts sind berechtigt. Wenn ich hundertprozentige Sicherheit zu den Fotos haben möchte, dann muss mein Anwalt sie einsehen, um die Situation vollständig einschätzen zu können.

Mehrfach bespreche ich die Situation mit *Vadim*. Er befürchtet, aufgrund seiner Nähe zu den russischen Diensten könne er selbst auf dem Radar der deutschen Nachrichtendienste landen. Außerdem bringt es seinen Kontaktleuten in Russland unter finanziellen Gesichtspunkten nichts, wenn die Existenz der Fotos ohne Gegenleistung veröffentlicht wird. Verärgerte russische Kontakte hätten zudem vermutlich Auswirkungen auf *Vadims* Sicherheit. Ich verspreche ihm daher, den finanziellen Aspekt zu berücksichtigen und ein letztes Mal zu versuchen, mit Katrin Haub in Kontakt zu kommen. Sollte sie einem Treffen mit mir zustimmen, so würde ich sie über die Fotos informieren und den Kontakt zu *Vadim* und seinen russischen Kontakten herstellen. Mehrere Tage lang überlege ich, wie ich meine Nachricht an sie formulieren soll. Mitte November informiere ich Katrin Haub schließlich darüber, dass ihr meines Wissens nach »innerhalb der Familie Informationen vorenthalten« werden und dass dies möglichweise zu ihrem »finanziellen Schaden« geschehen sein könnte.[774] Ihre Nummer entnehme ich aus der uns von Tengelmann überlassenen Telefonliste. Zwar erscheinen bei WhatsApp zwei blaue Häkchen, ich gehe daher davon aus, dass sie meine Nachricht gelesen hat, jedoch erhalte ich keine Antwort.

Vadim ist darüber nicht sonderlich überrascht, mit den Fotos werden er und seine Hintermänner wohl kein Geld mehr verdienen können. Doch ohne mir seine Beweggründe näher zu erläutern, ist er dann trotzdem bereit, sich zu einem vertraulichen Gespräch mit meinem Anwalt und mir zu treffen. Während eines mehrstündigen Termins zeigt der Deutsch-Russe meinem Rechtsbeistand die Bilder und gibt Auskunft darüber, wann und wo und wie sie mithilfe welcher Personen aus dem Umfeld des FSB gewonnen wurden. *Vadim* hat viel Detailwissen rund um das biometrische Überwachungssystem. Er erzählt uns, dass die Software mithilfe von mehr als 500 Messpunkten im Gesicht den Abstand zwischen Augen, Nasen und Mund sowie die Lippenform vermesse und mit einem Referenzbild vergleiche. Ein weiterer Algorithmus werde zusätzlich zum Biometrie-Algorithmus eingesetzt, um aus den Millionen Pixeln eines Bilds eine Art Identifizierungswert zu errechnen, denn jeder Pixel könne mehr als 250 Farbwerte haben.[775] Die Kombination aus diesen Farbwerten könne einen Wahrscheinlichkeitswert ergeben, woraus sich Rückschlüsse auf das gesamte Bild ergeben könnten. Der Algorithmus werde daher häufig eingesetzt, um fehlende Bildmerkmale zu rekonstruieren, beispielsweise eine Stirn, die von einer Mütze verdeckt sei. So wie bei den Fotos des vermeintlichen Karl-Erivan Haub. Die damit erreichten Rechenleistungen würden zu Ergebnissen führen, die so individuell zugeordnet werden könnten wie ein Fingerabdruck. Inzwischen, so erfahren es mein Anwalt und ich, seien die Software-Programme so weit fortgeschritten, dass man mithilfe der Videoaufnahmen neben Alter und Geschlecht sogar Rückschlüsse zur Gefühlslage eines Menschen treffen könne.

Die Erläuterung der Funktionsweise der Software ist hoch komplex, doch am Ende ist *Vadims* Botschaft klar: Die Übereinstimmung zwischen den Treffern aus dem biometrischen Überwachungssystem und den Referenzbildern liegt bei weit über 90 Prozent. *Es ist äußerst wahrscheinlich, dass die Fotos von Februar 2021 den verschollenen Milliardär Karl-Erivan Haub zeigen.*

Warum sich *Vadim* letztendlich doch dazu bereiterklärt hat, ohne finanzielle Gegenleistung sein Wissen mit meinem Anwalt und mir zu teilen, kann ich bis heute nicht beantworten. Die Tatsache, dass es neben mir nun eine weitere, unabhängige Person gibt, die Einblick in die vorliegenden Resultate nehmen konnte, ist enorm wichtig: Bei einem möglichen Prozess kann mein Anwalt als zusätzlicher Zeuge die Existenz der Bilder bestätigen. *Vadims* Intention werde ich vermutlich nie erfahren, vielleicht will er aus der Rolle des Mittelsmanns ausbrechen, einen Bruch zwischen sich und seine russischen Kontakte bringen, wer weiß. Unser gemeinsames Treffen endet gegen 17:30 Uhr, und während *Vadim* in die bitterkalte, schwarze Novembernacht verschwindet, bleibe ich in der Kanzlei meines Anwalts. Wir beraten, wie ich diese Geschichte veröffentlichen kann, ohne dabei durch Klagen der Familie Haub in jeglicher Hinsicht zugrunde zu gehen.

DER PLAN: UNBESCHADET VERÖFFENTLICHEN

Nach dem Treffen zwischen meinem Anwalt, *Vadim* und mir ist für mich klar, dass ich diese unglaubliche Geschichte von Lug und Betrug, von Gier und Geheimdiensten, den perfiden Machenschaften der Milliardäre und ihrer Handlanger sowie das unsägliche Versagen der deutschen Behörden, allen voran des Kölner Amtsgerichts, publizieren werde. Schon lange hatte ich die Idee, den ganzen Umfang der Recherche in einem Buch zu veröffentlichen, weil eine Fernsehsendung, ein Print-Artikel im STERN oder online bei n-tv.de nicht ausreichend Platz für all die Hintergründe und Verstrickungen bieten würden. Nun scheint der richtige Moment gekommen – vor allem auch, weil ich mein Wissen nicht mehr alleine bei mir behalten will.

Tatsächlich liegt ein auf 300 Seiten ausgearbeiteter Überblick über die Recherche seit Monaten bei mir zu Hause. Ich hatte das Werk in der dunkelsten Phase der Enttäuschung im Sommer 2021 als eine Art Therapie für mich selbst begonnen. *Den Frust von der Seele schreiben.* Nun fehlen noch die Geschehnisse der letzten Wochen, ich werde die Treffen mit *Vadim* und das, was er mir erzählt und gezeigt hat, auf einigen Seiten zusammenfassen. Dann könnte das Buch fertig sein.

Einen n-tv-Kollegen, der nebenher als Literaturagent arbeitet, bitte ich, mir einen Kontakt zu einem Verlag herzustellen. Ich möchte diese Geschichte mit jemandem veröffentlichen, der sich mit großen Fällen von Wirtschaftsbetrug, möglichen Klagewellen und Prozessen auskennt: Der Finanz-Buch Verlag brachte als erster Verlag ein Buch zu Wirecard heraus,[776] die Münchner haben daher mein Vertrauen, sich auch mit dem Handelsriesen Tengelmann und der Familie Haub anlegen zu können.

Ich werde versuchen, weitere Informationen, vor allem aber die Bestätigung rund um die Bezahlung der erfolgsabhängigen Vergütung der internen Ermittler, über unabhängige Quellen zu verifizieren. Die Wochen vor Weihnachten verbringe ich daher intensiv damit, mein Netzwerk in die deutschen Sicherheitsbehörden, in die Politik und zu anderen Journalisten zu befragen. Auch im Umfeld von Tengelmann kenne ich inzwischen genug Personen, die etwas mitbekommen haben *könnten.*

WAS WEITER GESCHAH

Als Erstes nehme ich Kontakt zum Bundeskriminalamt auf, um den Beamten anzubieten, Einblicke in die Recherche rund um den mutmaßlichen Wirtschaftsbetrug sowie die Verbindungen zu Geldwäsche, Organisierter Kriminalität und Nachrichtendiensten zu nehmen. Unter der Hand erfahre ich jedoch, dass die zuständige Stelle in der Behörde die Akte Tengelmann auf keinen Fall auf den Tisch bekommen will: Das Thema sei »zu groß«, es würde »zu viele Kräfte binden«.[777] Zwar bin ich nach allem, was ich in den vergangenen zwei Jahren erlebt habe, kaum noch überrascht, aber dennoch ein wenig entsetzt: Dass der Vermisstenfall Karl-Erivan Haub aufgrund der Nähe zu russischen Geheimdiensten und kriminellen Strukturen »groß« ist, ist mir auch klar. Genau deshalb sollten die Behörden ihn auch ordentlich untersuchen! Schriftlich biete ich den Beamten daher noch einmal an, ihnen in einem Hintergrundgespräch unsere Recherchen offenzulegen – ohne Erfolg: »Leider« könne man mir »zum Sachverhalt Tengelmann/ Haub kein Hintergrundgespräch anbieten.«[778]

Über alle Vorgänge informiere ich unter anderem meinen Anwalt: Das Zögern und Wegducken der Behörden ist gut dokumentiert.

DIE ERFOLGSABHÄNGIGE VERGÜTUNG FÜR DEN FINALEN BE-WEIS WURDE GEZAHLT

Vor Weihnachten gelingt es mir schließlich, über eine Person aus dem Tengelmann-Umfeld eine Bestätigung über die Bezahlung der erfolgsabhängigen Vergütung an den Tengelmann-Sicherheitschef zu erhalten. Wie ich vermutet habe, gibt es mehrere Personen, die davon Kenntnis haben, und einige von ihnen haben von selbst eine Verbindung zwischen den Presseartikeln, denen zufolge Karl-Erivan Haub im Auftrag von Christian Haub *lebend* gesucht wird («Aufenthaltsort zeitweise bekannt»[779]) und der mit dem Auffinden verknüpften erfolgsabhängigen Vergütung[780] gezogen: Ich erhalte die Aussage, der Sicherheitschef habe das dafür in Aussicht gestellte Geld »zweifelsfrei« erhalten.

Ziemlich früh in der Recherche, es muss wohl Januar/Februar 2021 gewesen sein, hatte ich zudem über öffentlich zugängliche Register gesehen, dass der Sicherheitschef sowohl als Geschäftsführer der Tengelmann-eigenen Sicherheitsfirma eingetragen ist,[781] gleichzeitig jedoch auch als geschäftsführender Gesellschafter einer *eigenen* Beratungsgesellschaft auftritt.[782] [783] Aus Gesprächen mit Christian Haubs engem Vertrauten weiß ich, dass teilweise auch über dieses Unternehmen Leistungen für Tengelmann abgerechnet werden. Meinem Verständnis nach würde es nur Sinn ergeben, wenn eine erfolgsabhängige Vergütung über das *eigene* Unternehmen abgerechnet wird – und nicht über die Sicherheitsfirma von Tengelmann. Das wäre ja sonst finanziell wenig reizvoll. Über ein öffentlich zugängliches Unternehmensregister[784] möchte ich mir daher die Jahresbilanzen dieses Beratungsunternehmens anschauen. Ich erhalte für die Jahre 2020 und 2021 Treffer[785] und bespreche sie mit einem Steuerberater.

Die Bilanzsumme für 2021, dem Jahr, in dem es für die Vorlage des *finalen Beweises* laut Christian Haubs Vertrautem eine erfolgsabhängige Vergütung in Millionenhöhe geben sollte, fällt deutlich höher aus als im Vorjahr. Sie steigt von 138.303 Euro auf 1.018.167 Euro.[786] Interessant ist vor allem, dass auf der Aktiva-Seite das Umlaufvermögen einen Bilanzwert von 955.802

Euro aufweist. Da es sich um ein Beratungsunternehmen handelt, bei dem eher keine großen Vorräte, wie zum Beispiel Waren, zu erwarten sind, lässt das Umlaufvermögen darauf schließen, dass diese hohe Summe einfach auf einem Bankkonto liegt.

Der Blick auf die Passiva-Seite erlaubt weitere interessante Analysen: Das Eigenkapital ist im Vergleich zum Vorjahr um rund 840.000 Euro gestiegen, woraus zu schließen ist, dass es im Jahr 2021 zu einem hohen Jahresgewinn gekommen ist und eine signifikante Betriebseinnahme erzielt wurde. Dadurch, dass es kaum Rückstellungen für Steuern gibt, ist wohl die Steuer bereits abgeflossen. Ein ungewöhnlich lukrativer Auftrag. Die enorme Steigerung des Eigenkapitals von 17.094 Euro (2020) auf 857.307 Euro (2021) kann daher als ein weiteres belastbares Zeichen für die Zahlung einer erfolgsabhängigen Prämie gewertet werden.

Leider kann ich die einzelnen Positionen des Jahresabschlusses jedoch über das Portal nicht im Detail einsehen und denke mir wieder einmal, wie einfach es im Prinzip für die deutschen Sicherheitsbehörden (gewesen) wäre, in diesem vielschichtigen Vermisstenfall zu ermitteln: Jedes Finanzamt, jede Strafverfolgungsbehörde könnte im Zuge behördlicher Maßnahmen Zugriff auf diese Informationen erhalten: Alles wäre sichtbar. *Warum passiert es also nicht?*

AM ENDE IMMER NOCH VIELE OFFENE FRAGEN

Unter Berücksichtigung aller Rechercheergebnisse der vergangenen zwei Jahre (starke Indizien für nachrichtendienstliche Verbindungen von Karl-Erivan Haub und nachweisliche Kontakte zu kriminellen russischen Akteuren) und angesichts der eindeutigen Aussagen der internen Tengelmann-Ermittler (*»finaler Beweis* liegt bald vor«, »Aufenthaltsort zeitweise bekannt«), unter Berücksichtigung von Tatsachen (plötzliche Bereitschaft, die Todeserklärung zu unterstützen, Durchführung des Milliarden-Deals, Aussagen von *Vadim* zu den Treffern im biometrischen Überwachungssystem in Moskau, Einsicht in die vorliegenden Bilder durch meinen Anwalt und mich, Vereinbarung einer erfolgsabhängigen Vergütung und dann im zeitlich passenden Rahmen eine Erhöhung der Bilanzsumme der Firma des Tengelmann-Sicherheitschefs in Millionenhöhe) lassen aus meiner Sicht nur eine Schlussfolgerung zu: Die Indizien sprechen dafür, dass Christian Haub und seinem Team die biometrischen Fotos aus dem Überwachungssystem in Moskau vorgelegt wurden. Dafür spricht in meinen Augen vor allem der signifikante Anstieg in der Jahresbilanz des Sicherheitschefs von Tengelmann für das Jahr 2021[787] und das völlige Ausklammern[788] bei der Beantwortung der Fragen zum *finalen Beweis* und damit verbunden den möglicherweise vorgelegten Fotos und biometrischen Gutachten in meiner Presseanfrage im Juni 2021[789]. In jedem Fall sind die Fotos, die mein Anwalt und ich einsehen konnten, in ihrer Eindeutigkeit als belastbares Indiz für einen möglichen Aufenthaltsort von Karl-Erivan Haub in Russland zu werten. Fotos, auf deren Existenz Christian Haub in der eidesstattlichen Erklärung jedoch mit keinem Wort eingeht. Wenn sie ihm tatsächlich vorgelegt wurden, wovon ich nach der derzeitigen Sachlage überzeugt bin, dann hat sie der aktuelle Tengelmann-Chef dem Gericht wissentlich vorenthalten. Damit wäre unter Vorspiegelung von falschen Tatsachen die Grundlage für eine Todeserklärung geschaffen worden, welche in Folge zum Verkauf der Tengelmann-Anteile in Milliardenhöhe geführt hat. Ob Christian Haub diese Informationen mit Katrin Haub und den Kindern geteilt hat, weiß ich nicht. Die in Russland erzielten Treffer im biometrischen Überwachungssystem von Moskau sind aus meiner Sicht in ihrer Eindeutigkeit in jedem Fall als »belastbare Hinweise« zu werten, von denen Christian Haub in seiner eidesstattlichen Erklärung angibt, dass sie ihm nicht vorlägen.

Aus meiner Sicht wäre es daher nun zwingend an der Zeit, die in die internen Ermittlungen eingebundenen Akteure umfassend zu ihrem Kenntnisstand zu befragen. Viele der Beteiligten haben sich zu Handlangern eines zweifelhaften und undurchsichtigen Deals gemacht. Gleichzeitig aber, und das wiegt aus meiner Sicht noch schwerer, haben sie Teilen der Familie Haub vermeintlich dabei geholfen, die dubiosen Machenschaften und nachrichtendienstlichen Verbindungen des verschollenen Karl-Erivan Haub zu vertuschen. Die Behörden in Deutschland, der Schweiz und den USA wurden in der Endphase der internen Ermittlungen nach meinem Kenntnisstand nie oder nicht vollständig über die hauseigenen Ermittlungsergebnisse informiert. Warum wollte man ihre Unterstützung bei der Aufklärung nicht?

Das Resultat: Das »dubiose Pärchen« aus dem Hotel *The Omnia* wurde nie durchleuchtet, die Hintermänner nie herausgefunden. Die mutmaßliche russische Agentin Veronika E. reist auch aktuell noch in Deutschland, der Schweiz und den USA ein und aus. Die Rolle einer deutschen Partnerfirma von *Russian Event*,[790] die keine einzige unserer Anfragen je beantwortet hat, wurde ebenfalls nie untersucht. Der Besuch von FBI und CIA in Zermatt erregte ebenfalls bei den deutschen und Schweizer Behörden wenig Aufsehen. Die Tatsache, dass der mittlere Sohn bis zum Schluss nicht bereit war, sich der angestrebten Todeserklärung anzuschließen, passt da nur allzu gut ins Bild. Es wurde nie aufgeklärt, wo sich Karl-Erivan Haub in den 30 bis 45 Minuten am Vorabend seines Verschwindens aufhielt, als er aus dem Blickfeld der Kameras in Zermatt verschwand. Es wurde nie aufgeklärt, warum es zum »Bruch« zwischen dem Tengelmann-Chef und seinem väterlichen Berater, dem ehemaligen Top-Manager, kam, der laut den internen Akten kurz vor dem Verschwinden stattgefunden haben soll. Auch die zweifelhaften Russland-Verbindungen des Mannes wurden nicht mehr genauer beleuchtet, nach den verschwundenen Millionen aus dem PLUS-Russland-Geschäft wurde nicht weiter gesucht. Die Behörden wurden nie darüber informiert, dass der Tod der zwei *externen* Privatermittler möglicherweise in Zusammenhang mit ihren Russland-Recherchen im Auftrag von Tengelmann stehen könnte.

Und selbst nachdem spätestens ab April 2022 durch den n-tv-Artikel[791] viele dieser Punkte der Öffentlichkeit bekannt waren, passierte nichts. Doch nicht nur die Tengelmann-Vertreter haben durch eine intransparente Informationspolitik dazu beigetragen, die Hintergründe des mysteriösen Verschwindens im Nebulösen zu halten. Auch die Behörden spielen eine zweifelhafte Rolle. Trotz mehrfacher Presseberichte verschiedener Medien sind die einschlägigen Stellen ihrer gesetzlichen Verpflichtung zur Ermittlung von Straftaten nicht nachgekommen. Die veröffentlichten Hinweise wurden schlicht ignoriert. Darüber hinaus wurden sogar Angebote meinerseits, die betreffenden Behörden in ausführlichen Hintergrundgesprächen über unseren aktuellen Recherchestand zu informieren, abgelehnt.[792]

KRONZEUGE STIRBT: SERGEJ GRISHIN IST TOT

Und nicht zuletzt wäre es für die deutschen Sicherheitsbehörden hochinteressant gewesen, zu erfahren, warum Karl-Erivan Haubs ehemaliger

Geschäftspartner Sergej Grishin in seinem Umfeld im Herbst 2017 einen Betrug witterte,[793] [794] während sich Haub laut Aussage seines Sicherheitschefs nahezu gleichzeitig überwacht fühlte. Bestand ein Zusammenhang? Grishin fürchtete damals um sein Leben, flehte den damaligen US-Präsidenten Donald Trump förmlich an, ihm die amerikanische Staatsbürgerschaft zu geben, und wollte mit den amerikanischen Sicherheitsbehörden kooperieren. Doch die Chance, mit Sergej Grishin zu sprechen, ist inzwischen verstrichen, man wird dem Oligarchen diese Fragen nicht mehr stellen können, denn er ist inzwischen tot.[795] Gestorben mit nur 56 Jahren im März 2023. Die Umstände sind mysteriös: Der offiziellen Version zufolge hatte Grishin gut einen Monat vor seinem Ableben eine Durchblutungsstörung im Gehirn, im Anschluss sei es zu einer Blutvergiftung gekommen und er sei gestorben. Mehr Informationen gibt es nicht, niemand aus seinem Umfeld äußert sich. Mir fällt es schwer, an sein natürliches Ableben zu glauben, aber an Beweise, wie sich die Dinge sonst abgespielt haben könnten, ist wohl kaum zu kommen. Kurz nachdem Karl-Erivan Haub im April 2018 spurlos in den Zermatter Alpen verschwunden war, hatte Grishin öffentlich damit gedroht, »auszupacken« und alle beim Namen zu nennen, die in den großen Betrug verwickelt waren. Da er nun von »russischen Kriminellen« und »einigen Vertretern der Regierungsstrukturen«[796] gejagt werde, müsse er in den USA dauerhaft Zuflucht erhalten. Seine darauffolgende urplötzliche Rückkehr nach Russland, die Tatsache, dass er dann zunächst abtauchte und sich später plötzlich geläutert gab, passt meiner Ansicht nach weder ins Bild noch macht sie Sinn. Vielleicht war Grishin zu wertvoll und mächtig, um ihn nach seinen skandalösen Aussagen in den Jahren 2017/2018 sofort aus dem Weg zu räumen. Vielleicht ist die Bedrohung, die wohl für viele seiner (ehemaligen) Geschäftspartner von dem unkontrollierbaren Oligarchen ausging, doch zu groß geworden.

WER STECKT HINTER VADIM?

Zum Schluss ein paar erklärende Worte zu *Vadim*. Ohne diese Person gäbe es dieses Buch nicht. Für die Bereitschaft, mich über knapp zwei Jahre hinweg in der Recherche zu unterstützen, bin ich sehr, sehr dankbar. *Vadim* ist nicht nur meine wichtigste Quelle – *Vadim* ist auch eine fiktive Person.

In ihr verschmelzen mehrere *real* existierende deutsche und russische Informanten. Alle Personen wurden rechtssicher geprüft und die Ergebnisse entsprechend hinterlegt. Es handelt sich um mehrere Männer und Frauen sowie die mit ihnen verknüpften Hintermänner und -frauen. Über einen Zeitraum von zwei Jahren stand ich mit allen in einem mal mehr, mal weniger engen Austausch. Ich habe sie alle persönlich getroffen. Einige der Personen sind mit den deutschen, russischen und den israelischen Nachrichtendiensten verknüpft. Sie alle sind ein hohes persönliches Risiko eingegangen, indem sie mit mir gesprochen haben. Für sie gilt weiterhin der vereinbarte Quellenschutz. Einige von ihnen wären jedoch bereit, unter bestimmten Voraussetzungen mit Strafverfolgungsbehörden für die Aufklärung dieses Falls zusammenzuarbeiten. *Vadim* heißt »Vadim«, weil die meisten Informationen über die russischen Quellen kamen und ich der fiktiven Person daher einen russischen Namen geben wollte; da einige Namen schon durch Protagonisten in diesem Buch oder die *realen* Quellen besetzt waren, wurde es am Ende der Name *Vadim*. Es hätte aber auch jeder andere Name werden können, es gibt keine tiefere Bedeutung.

Die Entscheidung, alle Quellen in *einer* Person zu verschmelzen, ist nach vielen Gesprächen mit ebenjenen Personen gefallen. Keine/r von ihnen wollte Hinweise auf sich oder sein/ihr Umfeld in diesem Buch lesen, die Verschmelzung dient daher auch der Verschleierung ihrer Identitäten und damit zu ihrem Schutz. Die mit *Vadim* beschriebenen Treffen, Aussagen zu den Rechercheergebnissen, Details zu den Hintermännern und Kontakten haben alle so stattgefunden und wurden einer rechtssicheren Überprüfung unterzogen.

EPILOG

Wo ist Karl-Erivan Haub? Ist er verschollen im ewigen Eis oder doch in Russland abgetaucht? Nach der jahrelangen Recherche, den vielen Gesprächen, die wir geführt haben, dank der Fotos, die mein Anwalt und ich einsehen konnten, sowie der signifikanten Erhöhung der Bilanzsumme im Unternehmen des Tengelmann-Sicherheitschefs halte ich einen Bergunfall für ausgeschlossen und ein Verschleiern der wahren Hintergründe für sehr wahrscheinlich.

Trotz aller Anstrengungen ist es uns jedoch nicht gelungen, Karl-Erivan Haub *physisch* zu finden und ihn mit unseren Rechercheergebnissen zu konfrontieren. Lebt er heute, fast zwei Jahre nach den Treffern im biometrischen Überwachungssystem, überhaupt noch? Oder sind die Bilder am Ende doch nur extrem aufwendig gemachte Fälschungen, die aber zur Ausbezahlung der erfolgsabhängigen Vergütung ausgereicht haben?

Karl-Erivan Haubs Kontakte zu kriminellen Akteuren der russischen Wirtschaft sind so vielsagend, dass man sie bei der Suche nach einem möglichen Motiv für ein Untertauchen nicht außer Acht lassen kann. Alles deutet darauf hin, dass der Tengelmann-Chef seine über Jahrzehnte hinweg aufgebauten Verbindungen zu nachrichtendienstlichen Strukturen in Russland dazu genutzt hat, sein Verschwinden herbeizuführen. War er, wie der Tengelmann-Sicherheitschef und sein Berater glauben, ein Einflussagent der Russen? Ist er so auf das Radar der amerikanischen Geheimdienste geraten? Haubs Verbindungen in die höchsten Kreise der deutschen und amerikanischen Politik und Wirtschaft könnten ihn zu einem begehrten Ziel für russische Einflussnahme gemacht haben.

Solange ich jedoch nicht physisch vor Karl-Erivan Haub stehe, ihn mit eigenen Augen sehen kann, wird bei mir immer eine Restunsicherheit bestehen bleiben. Doch – und das ist der springende Punkt – selbst wenn der vermisste Milliardär morgen in den Zermatter Alpen in einer Gletscherspalte gefunden werden sollte: All die von uns recherchierten und mehrfach überprüften Verbindungen nach Russland bleiben bestehen. Sie sind nicht von der Hand zu weisen. Sie sind da. Sollte man den Verschollenen nach der Veröffentlichung dieses Buchs plötzlich im ewigen Eis finden, so würde ich mir vermutlich als Erstes die Frage stellen, *seit wann* er dort überhaupt liegt. Einen Unfall am 7. April 2018 halte ich für ausgeschlossen.

Nach dem Verschwinden des Firmenlenkers begann mit uns Journalisten ein Katz-und-Maus-Spiel im Erbschaftsstreit um Macht und Milliarden bei Tengelmann. Während ich die letzten Zeilen dieses Buchs tippe, muss ich an die Worte von Christian Haubs engem Vertrauten denken: *Wer will, findet Wege, wer nicht will findet Gründe.*[797] Es ging Christian Haub aus meiner Sicht nie darum, als »mutiger Aufklärer« das mysteriöse Verschwinden seines Bruders zu enträtseln, sonst hätte man gegenüber dem Amtsgericht Köln wohl kaum die Existenz der Fotos aus dem biometrischen Überwachungssystem in Moskau verschwiegen. Doch was treibt ihn an? Leitet ihn letztendlich nur die Gier nach noch mehr Macht, nach noch mehr Geld? Oder steckt etwas anderes dahinter? Wahrheit und Moral kamen in dieser Geschichte stets an zweiter Stelle: Eitelkeit und die Gier nach Geld und Einfluss hatten bei den handelnden Akteuren stets Priorität.

Christian Haub hat dem Kölner Familienstamm seine Anteile an Tengelmann abgekauft und kann innerhalb der nächsten Jahre außerdem die Firmenanteile seines zweiten Bruders Georg mithilfe eines Ankaufsrechts übernehmen.[798] Damit ist Christian Haub nun unangefochtene Nummer eins bei Tengelmann und kann endgültig aus dem Schatten seines ältesten Bruders heraustreten.

Mir ist bewusst, dass all das, was sich der jetzige Firmenlenker in den Jahren nach Karl-Erivan Haubs Verschwinden aufgebaut hat, mit der Veröffentlichung dieses Buchs in Gefahr geraten könnte.

Christian Haub hat nach allem was wir wissen eine eidesstattliche Versicherung abgegeben, die in großen Teilen einer Tatsachenüberprüfung nicht standhält.[799] Ob dies eine Straftat ist, soll die Staatsanwaltschaft entscheiden, wenn sie sich endlich dazu durchringt, sich mit der Causa Haub ernsthaft zu beschäftigen.

Ich für meinen Teil bin bereit, mit der Staatsanwaltschaft, den Behörden und Gerichten mein ganzes Wissen und all unsere Rechercheergebnisse zu teilen und zur Aufklärung dieses Falls beizutragen.

DANKSAGUNG

Das Schreiben dieses Buchs war und ist mit großen persönlichen Risiken verbunden. Der Inhalt wird einigen Menschen nicht gefallen und ich gehe davon aus, dass man von verschiedenen Seiten versuchen wird, gegen mich, den Sender, den Verlag und meine Quellen vorzugehen.

Umso größer ist daher meine Dankbarkeit gegenüber meinem engsten Umfeld, meiner Familie, meinen Freundinnen und den Menschen, die mich in den vergangenen zwei Jahren, besonders jedoch in den vergangenen Monaten, in meinem Vorhaben unterstützt haben, diese unglaubliche Geschichte zu Papier zu bringen und damit den Weg für die Wahrheit zu ebnen. Sie alle haben die Recherche rund um das mysteriöse Verschwinden von Karl-Erivan Haub hautnah mitbekommen, von den ersten Dreharbeiten in Zermatt über die Treffen mit Christian Haubs engem Vertrauten bis hin zu den Lügen und Täuschungsmanövern, die uns die vergangenen Jahre begleitet haben. Sie waren in der dunkelsten Phase der Resignation bis hin zum Aufkommen neuer Spuren an meiner Seite. Sie sind nachts ans Telefon gegangen, wenn ich neue Ideen hatte, haben geduldig zugehört und Ratschläge gegeben. Sie alle wurden in den vergangenen Jahren zu Experten im Gesellschaftsrecht, kennen sich inzwischen mit Geldwäsche und der russischen Mafia aus, haben mit mir über Passwörter gerätselt und Reisedaten analysiert. Fast alle sind froh, nicht als Milliardäre geboren worden zu sein.

Ohne den unerschütterlichen Glauben dieser Menschen an mich wäre dieses Buch nie geschrieben worden. Diejenigen wissen, wen ich meine, und werden sich bei diesen Zeilen angesprochen fühlen.

Vielen Dank an meine Quellen, an *Vadim*. Menschen, die trotz des explosiven Umfelds aus russischer Organisierter Kriminalität, Geheimdiensten, gerissenen Anwälten und mächtigen Milliardären dennoch den Mut gefunden haben, mit mir offen zu sprechen, und immer wieder wertvolle Hinweise geliefert haben. Ohne sie würde die Öffentlichkeit nicht von den Bildern erfahren.

Vielen Dank, Sergej, ohne dich wären wir gleich zu Beginn der Recherche niemals so weit gekommen. Danke, dass du bereit warst, die Nächte am Telefon durchzuarbeiten, auf viele Wochenenden zu verzichten und so ein vertrauensvoller Recherchepartner warst. Und natürlich gilt mein Dank auch all meinen übrigen RTL-Kolleginnen und -Kollegen sowie meiner Chefredaktion, die mich bis zuletzt bei der Aufarbeitung der Hintergründe dieser unglaublichen Geschichte unterstützt haben und mir viele Freiheiten gewährten.

Auch bei den Lektorinnen und Lektoren des Verlags sowie all den involvierten Juristinnen und Juristen möchte ich mich bedanken: Es war ein großer, gemeinsamer Kraftakt, dieses Werk bis zur Veröffentlichung zu bringen.

Danke Tommy, dass Du mich bis hier her begleitet hast und immer und überall für meine vielen Fragen erreichbar warst.

Euch allen gilt mein aufrichtiger Dank.

ÜBER DIE AUTORIN

Liv von Boetticher arbeitet seit vielen Jahren als Investigativjournalistin. Nach ihrem Studium in München arbeitete sie ab 2012 bei Sky Deutschland, ehe sie 2015 zur Mediengruppe RTL ging. Von 2018 a war sie Korrespondentin in Leipzig. Seit Ende 2020 gehört sie der Primetime-Redaktion von RTL an. Von ihr sind die Dokumentationen »Tengelmann – Das mysteriöse Verschwinden eines Milliardärs« (2021) und »60 Tage Frauenhass: Eine Reporterin bei den Taliban« (2022). Als eine der ersten deutschen Journalisten war Liv von Boetticher nach dem Corona-Ausbrauch in Italien vor Ort. Sie lebt und arbeitet in Berlin.

QUELLEN

1   Vgl.: https://tengelmann21.com/geschaeftsfelder/investitionsbereiche/
2   Vgl.: https://www.faz.net/aktuell/wirtschaft/unternehmen/tengelmann-eigentue-mer-von-kik-und-tedi-trennen-sich-17116721.html
3   Vgl.: https://www.chip.de/news/Tengelmann-kappt-die-Verbindung-Edeka-uebernimmt-letz-te-Netto-Prozente_182815874.html
4   Vgl.: https://www.n-tv.de/wirtschaft/Die-Zeit-von-Kaiser-s-Tengelmann-ist-zuende-artic-le19442051.html
5   Vgl.: https://www.n-tv.de/wirtschaft/Die-Zeit-von-Kaiser-s-Tengelmann-ist-zuende-artic-le19442051.html
6   Vgl.: https://www.wiwo.de/unternehmen/handel/nach-uebernahme-durch-rewe-und-edeka-der-abschied-von-kaisers-tengelmann/20659922.html
7   https://www.spiegel.de/wirtschaft/notverkauf-tengelmann-gibt-plus-maerkte-an-rewe-ab-a-580171.html
8   Vgl.: https://www.handelsblatt.com/unternehmen/handel-konsumgueter/neuer-grossinves-tor-tengelmann-versilbert-zalando-anteile/8630860.html
9   Vgl.: https://www.n-tv.de/wirtschaft/Tengelmann-macht-jetzt-in-Moebeln-article11742896.html
10 Vgl.: https://handel-nrw.verdi.de/einzelhandel/konzern-und-unternehmensdaten/++co++ff62 87c8-472d-11e6-b921-525400ed87ba
11 Vgl.: https://www.manager-magazin.de/magazin/artikel/a-651244.html
12 Vgl.: https://www.handelsblatt.com/unternehmen/handel-konsumgueter/spitzel-affae-re-bei-tengelmann-vorgang-sissy/1472716.html?tm=login
13 Interview mit Ursula Schwarzer am 23.03.2021
14 Interview mit Ursula Schwarzer am 23.03.2021
15 Vgl.: https://www.manager-magazin.de/magazin/artikel/a-651244.html
16 Interview mit Ursula Schwarzer am 23.03.2021
17 Interview mit Ursula Schwarzer am 23.03.2021
18 Interview mit Ursula Schwarzer am 23.03.2021
19 Vgl.: Manager Magazin (Dezember-Ausgabe 2020), »Stunde der Revanche«, Seiten 52–59
20 Aussage der internen Ermittler gegenüber vier RTL-Journalisten während des ganztägigen »Workshops« am 16.02.2021
21 Vgl.: Manager Magazin (Dezember-Ausgabe 2020), »Stunde der Revanche«, Seiten 52–59
22 Interview mit Ursula Schwarzer am 23.03.2021
23 RTL-Dokumentation »Tengelmann: Das mysteriöse Verschwinden eines Milliardärs«, abruf-bar bei RTL+, 2021
24 Interview mit Ursula Schwarzer am 23.03.2021
25 Vgl.: https://www.manager-magazin.de/magazin/artikel/a-651244.html
26 Vgl.: Manager Magazin (Dezember-Ausgabe 2020), »Stunde der Revanche«, Seiten 52–59
27 Interview mit Ursula Schwarzer am 23.03.2021
28 Vgl.: https://www.faz.net/aktuell/wirtschaft/unternehmen/supermaerkte-neuer-tiefpunkt-fu-er-tengelmann-in-amerika-13276.html
29 Vgl.: https://www.ndr.de/fernsehen/sendungen/panorama_die_reporter/tengelmann157.html
30 Vgl.: https://www.bild.de/geld/wirtschaft/tengelmann/jetzt-spricht-herr-tengel-mann-44997064.bild.html
31 Vgl.: https://tengelmann21.com/unternehmen/geschichte/
32 Interview mit Ursula Schwarzer am 23.03.2021
33 Vgl.: https://www.manager-magazin.de/magazin/artikel/a-651244.html
34 Vgl.: https://www.manager-magazin.de/magazin/artikel/a-651244.html
35 Interview mit Ursula Schwarzer am 23.03.2021
36 Interview mit Ursula Schwarzer am 23.03.2021
37 Vgl.: https://www.manager-magazin.de/magazin/artikel/a-651244.html

38 Vgl.: https://www.tagesspiegel.de/wirtschaft/der-tengelmann-clan-bricht-auseinander-4054534.html
39 Interview mit Ursula Schwarzer am 23.03.2021
40 Quelle: Videoaufzeichnung der Trauerfeier von Karl-Erivan und Erivan Karl Haub
41 Vgl.: https://www.manager-magazin.de/magazin/artikel/a-651244.html
42 Vgl.: https://www.manager-magazin.de/magazin/artikel/a-651244.html
43 Vgl.: https://www.manager-magazin.de/magazin/artikel/a-651244.html
44 Vgl.: https://www.manager-magazin.de/magazin/artikel/a-651244.html
45 Interview mit Ursula Schwarzer am 23.03.2021
46 Vgl.: https://www.waz.de/wirtschaft/binz-ueber-macht-liebe-und-geld-bei-tengelmann-toennies-co-id237137237.html
47 Vgl.: https://www.manager-magazin.de/magazin/artikel/a-651244.html
48 Vgl.: https://www.manager-magazin.de/magazin/artikel/a-651244.html
49 Vgl.: https://www.manager-magazin.de/fotostrecke/fotostrecke-48275.html
50 https://www.nrz.de/wirtschaft/ehemaliger-tengelmann-chef-erivan-haub-stirbt-mit-85-jahren-id213697813.html
51 Vgl.: https://www.americanacademy.de/remembering-erivan-haub-1932-2018/
52 Vgl.: Buch »Geliebte Freundin: meine geheimen Jahre mit Helmut Kohl« (Herbold, Beatrice / Sachse, Katrin), Europa Verlag, München 2019
53 Vgl.: Buch »Geliebte Freundin: meine geheimen Jahre mit Helmut Kohl« (Herbold, Beatrice / Sachse, Katrin), Europa Verlag, München 2019
54 Vgl.: https://www.n-tv.de/politik/Tengelmann-wirbt-offensiv-fuer-Merkel-article11408856.html
55 Vgl.: https://www.spiegel.de/wirtschaft/unternehmen/karl-erivan-haub-bleibt-verschollen-tengelmann-ordnet-fuehrung-neu-a-1203365.html
56 Vgl.: https://www.spiegel.de/wirtschaft/unternehmen/karl-erivan-haub-bleibt-verschollen-tengelmann-ordnet-fuehrung-neu-a-1203365.html
57 Vgl.: https://www.spiegel.de/wirtschaft/unternehmen/karl-erivan-haub-bleibt-verschollen-tengelmann-ordnet-fuehrung-neu-a-1203365.html
58 Vgl.: https://www.handelsblatt.com/unternehmen/handel-konsumgueter/spitzel-affaere-bei-tengelmann-vorgang-sissy/14727116.html?tm=log_n
59 Vgl.: https://www.n-tv.de/wirtschaft/Edeka-und-Rewe-unterzeichnen-Vertraege-article19282561.html
60 Vgl.: https://www.tagesspiegel.de/wirtschaft/der-tengelmann-clan-bricht-auseinander-4054534.html
61 Vgl.: https://www.tagesspiegel.de/wirtschaft/der-tengelmann-clan-bricht-auseinander-4054534.html
62 Vgl.: https://www.handelsblatt.com/unternehmen/handel-konsumgueter/spitzel-affaere-bei-tengelmann-vorgang-sissy/14727116.html
63 Unser Gespräch fand in Anwesenheit eines RTL-Kollegen und einem Kamerateam statt. Wir haben Quellenschutz vereinbart.
64 Interview mit Ursula Schwarzer am 23.03.2021
65 Interview mit Ursula Schwarzer am 23.03.2021
66 Interview mit Ursula Schwarzer am 23.03.2021
67 Interview mit Ursula Schwarzer am 23.03.2021
68 Interview mit Ursula Schwarzer am 23.03.2021
69 Interview mit Ursula Schwarzer am 23.03.2021
70 Interview mit Ursula Schwarzer am 23.03.2021
71 Interview mit Ursula Schwarzer am 23.03.2021
72 Aussagen des Tengelmann-Sicherheitschefs während des Termins am 16.02.2021 in Gegenwart von vier RTL-Journalisten
73 Aussagen des Tengelmann-Sicherheitschefs während des Termins am 16.02.2021 in Gegenwart von vier RTL-Journalisten
74 Aussagen des Tengelmann-Sicherheitschefs während des Termins am 16.02.2021 in Gegenwart von vier RTL Journalisten

75 Aussagen des Tengelmann-Sicherheitschefs während des Termins am 16.02.2021 in Gegenwart von vier RTL-Journalisten
76 Vgl.: https://www.waz.de/wirtschaft/binz-ueber-macht-liebe-und-geld-bei-tengelmann-toennies-co-id237137237.html
77 Vgl.: https://www.manager-magazin.de/magazin/artikel/a-651244.html
78 Quellenschutz: Namen der Redaktion bekannt
79 Quellenschutz: Namen der Redaktion bekannt
80 Interview mit Ursula Schwarzer am 23.03.2021
81 Vgl.: https://www.manager-magazin.de/magazin/artikel/a-651244.html
82 Vgl.: https://www.manager-magazin.de/magazin/artikel/a-651244.html
83 Interview mit Ursula Schwarzer am 23.03.2021
84 Aussagen des Tengelmann-Sicherheitschefs während des Termins am 16.02.2021 in Gegenwart von vier RTL-Journalisten
85 Vgl.: https://www.bild.de/unterhaltung/leute/leute/tengelmann-brueder-streit-um-1-2-milliarden-euro-79212390.bild.html
86 Vgl.: https://www.bild.de/geld/wirtschaft/tengelmann/tengelmann-milliardaer-heiratet-55818768.bild.html
87 Interview mit Quelle (Name der Redaktion bekannt) am 27.05.2021
88 Interview mit Quelle (Name der Redaktion bekannt) am 27.05.2021
89 Vgl.: Manager Magazin (Dezember-Ausgabe 2020), »Stunde der Revanche«, Seiten 52–59
90 Vgl.: Manager Magazin (Dezember-Ausgabe 2020), »Stunde der Revanche«, Seiten 52–59
91 Vgl.: Chart Francisco Guadamillas Cortes
92 Interview mit Quelle (Name der Redaktion bekannt) am 27.05.2021
93 Vgl.: Chart Francisco Guadamillas Cortes
94 Vgl.: Chart Francisco Guadamillas Cortes
95 Vgl.: https://www.manager-magazin.de/finanzen/artikel/a-248494.html
96 Vgl.: https://www.spiegel.de/wirtschaft/spuren-in-den-kreml-a-696550ee-0002-0001-0000-000027163314
97 Vgl.: Chart Francisco Guadamillas Cortes
98 Vgl.: https://www.manager-magazin.de/finanzen/artikel/a-248494.html
99 Vgl.: https://www.spiegel.de/wirtschaft/spuren-in-den-kreml-a-696550ee-0002-0001-0000-000027163314
100 Interview mit Quelle (Name der Redaktion bekannt) am 27.05.2011
101 Vgl.: https://www.manager-magazin.de/finanzen/artikel/a-248494.html
102 Vgl.: https://www.spiegel.de/wirtschaft/spuren-in-den-kreml-a-696550ee-0002-0001-0000-000027163314
103 Interview mit Quelle (Name der Redaktion bekannt) am 27.05.2011
104 Vgl.: Auszug aus den Adato-Akten
105 Vgl.: https://www.handelsblatt.com/unternehmen/handel-konsumgueter/spizel-affaere-bei-tengelmann-vorgang-sissy/1472716.html
106 Interview mit Quelle (Name der Redaktion bekannt) am 27.05.2021
107 Aussage der internen Ermittler gegenüber vier RTL-Journalisten während des ganztägigen »Workshops« am 16.2.2021
108 Vgl.: Buch »Macht & Millionen« (Gode/Özgenc), Piper Verlag, München 2022, Seite 204
109 Vgl.: Protokoll des engen Vertrauten
110 Vgl.: Protokoll des engen Vertrauten
111 Vgl.: Manager Magazin (Dezember-Ausgabe 2020), »Stunde der Revanche«, Seiten 52–59
112 Vgl.: Manager Magazin (Dezember-Ausgabe 2020), »Stunde der Revanche«, Seiten 52–59
113 Interview mit Quelle (Name der Redaktion bekannt) am 27.05.2021
114 Interview mit Quelle (Name der Redaktion bekannt) am 27.05.2021
115 Interview mit Quelle (Name der Redaktion bekannt) am 27.05.2021
116 Interview mit Quelle (Name der Redaktion bekannt) am 27.05.2021
117 Vgl.: Chart Francisco Guadamillas Cortes

118 Vgl.: https://www.spiegel.de/wirtschaft/spuren-in-den-kreml-a-696550ee-0002-0001-0000-000027163314

119 Vgl.: https://www.manager-magazin.de/finanzen/artikel/a-248494.html

120 Vgl.: https://www.wallstreet-online.de/diskussion/500-beitraege/315662-1-500/analyse-spag-st-petersburg-immobilien-ag

121 Vgl.: Chart Francisco Guadamillas Cortes

122 Interview mit Quelle (Name der Redaktion bekannt) am 27.05.2021

123 Interview mit Quelle (Name der Redaktion bekannt) am 27.05.2021

124 Vgl.: Chart Francisco Guadamillas Cortes

125 Vgl.: https://www.spiegel.de/wirtschaft/spuren-in-den-kreml-a-696550ee-0002-0001-0000-000027163314

126 Vgl.: https://www.manager-magazin.de/finanzen/artikel/a-248494.html

127 Vgl.: https://www.wallstreet-online.de/diskussion/500-beitraege/315662-1-500/analyse-spag-st-petersburg-immobilien-ag

128 Vgl.: Buch »Die Gangster aus dem Osten« (Rot, Jürgen), Europa Verlag GmbH, Hamburg 2003

129 Vgl.: Chart Francisco Guadamillas Cortes

130 Vgl.: Buch »Die Gangster aus dem Osten« (Rot, Jürgen), Europa Verlag GmbH, Hamburg 2003, Seite 36/37

131 Interview mit Quelle (Name der Redaktion bekannt) am 27.05.2021

132 Vgl.: Chart Francisco Guadamillas Cortes

133 Vgl.: Chart Francisco Guadamillas Cortes

134 Vgl.: Chart Francisco Guadamillas Cortes

135 Interview mit Quelle (Name der Redaktion bekannt) am 27.05.2021

136 Vgl.: Buch »Die Gangster aus dem Osten« (Rot, Jürgen) Europa Verlag GmbH, Hamburg 2003

137 Vgl.: Chart Francisco Guadamillas Cortes

138 Vgl.: https://kurier.at/politik/ausland/haftbefehle-fuer-putin-freunde/196.918.152

139 Vgl.: https://www.manager-magazin.de/magazin/artikel/a-257396.html

140 Vgl.: Chart Francisco Guadamillas Cortes

141 Vgl.: Jahresbericht Snoras Bank 2008 (https://www.nasdaqbaltic.com/market/upload/reports/srs/2008_yb_en_ltl_con_ias.pdf), Seite 21

142 Vgl.: https://www.eqs-news.com/de/news/corporate/changing-the-project-decisions-of-the-agenda-of-the-extraordinary-general-shareholders-meeting/604153

143 Vgl.: https://www.manager-magazin.de/unternehmen/banken/a-798315.html

144 Vgl.: https://www.manager-magazin.de/unternehmen/autoindustrie/a-798440.html

145 Vgl.: Chart Francisco Guadamillas Cortes

146 Vgl.: Jahresbericht Snoras Bank 2008 (https://www.nasdaqbaltic.com/market/upload/reports/srs/2008_yb_en_ltl_con_ias.pdf, Seite 21

147 Vgl.: Chart Francisco Guadamillas Cortes

148 Vgl.: https://www.yumpu.com/en/document/read/39598216/moscow-international-financial-forum-2012

149 Vgl.: https://www.handelszeitung.ch/unternehmen/andorra-uebernimmt-bank-nach-geldwaeschevorwuerfen-752568

150 Vgl.: https://www.wiwo.de/politik/europa/mafioese-strukturen-kriminelle-nutzen-spanien-als-geldwaesche-paradies/11542094.html

151 Interview mit Quelle (Name der Redaktion bekannt) am 27.05.2021

152 Interview mit Quelle (Name der Redaktion bekannt) am 27.05.2021

153 Interview mit Quelle (Name der Redaktion bekannt) am 27.05.2021

154 Interview mit Quelle (Name der Redaktion bekannt) am 27.05.2021

155 Interview mit Quelle (Name der Redaktion bekannt) am 27.05.2021

156 Interview mit Quelle (Name der Redaktion bekannt) am 27.05.2021

157 Interview mit Quelle (Name der Redaktion bekannt) am 27.05.2021

158 Vgl.: https://www.companydirectorcheck.com/francisco-guadamillas-cortes

159 Interview mit Quelle (Name der Redaktion bekannt) am 27.05.2021
160 Vgl.: Manager Magazin (Dezember-Ausgabe 2020), »Stunde der Revanche«, Seiten 52–59
161 Vgl.: Manager Magazin (Dezember-Ausgabe 2020), »Stunde der Revanche«, Seiten 52–59
162 Vgl.: https://www.waz.de/wirtschaft/binz-ueber-macht-liebe-und-geld-bei-tengelmann-toen-nies-co-id237137237.html
163 Vgl.: Manager Magazin (Dezember-Ausgabe 2020), »Stunde der Revanche«, Seiten 52–59
164 Vgl.: Manager Magazin (Dezember-Ausgabe 2020), »Stunde der Revanche«, Seiten 52–59
165 Vgl.: https://www.waz.de/wirtschaft/binz-ueber-macht-liebe-und-geld-bei-tengelmann-toen-nies-co-id237137237.html
166 Vgl.: Manager Magazin (Dezember-Ausgabe 2020), »Stunde der Revanche«, Seiten 52–59
167 Vgl.: https://www.waz.de/wirtschaft/binz-ueber-macht-liebe-und-geld-bei-tengelmann-toen-nies-co-id237137237.html
168 Vgl.: https://www.tagesspiegel.de/wirtschaft/der-tengelmann-clan-bricht-auseinan-der-4054534.html
169 Interview mit Ursula Schwarzer am 23.03.2021
170 Interview mit Ursula Schwarzer am 23.03.2021
171 Vgl.: Manager Magazin (Dezember-Ausgabe 2020), »Stunde der Revanche«, Seiten 52–59
172 Interview mit Ursula Schwarzer am 23.03.2021
173 Vgl.: https://www.manager-magazin.de/fotostrecke/fotostrecke-48275.html
174 Interview mit Ursula Schwarzer am 23.03.2021
175 Interview mit Ursula Schwarzer am 23.03.2021
176 Vgl.: Manager Magazin (Dezember-Ausgabe 2020), »Stunde der Revanche«, Seiten 52–59
177 Vgl.: https://tengelmann21.com/unternehmen/geschichte/
178 Vgl.: https://www.tagesspiegel.de/wirtschaft/der-tengelmann-clan-bricht-auseinan-der-4054534.html
179 Vgl.: Manager Magazin (Dezember-Ausgabe 2020), »Stunde der Revanche«, Seiten 52–59
180 Vgl.: https://www.tagesspiegel.de/wirtschaft/der-tengelmann-clan-bricht-auseinan-der-4054534.html
181 Vgl.: https://www.tagesspiegel.de/wirtschaft/der-tengelmann-clan-bricht-auseinan-der-4054534.html
182 Vgl.: https://www.tagesspiegel.de/wirtschaft/der-tengelmann-clan-bricht-auseinan-der-4054534.html
183 Vgl.: Manager Magazin (Dezember-Ausgabe 2020), »Stunde der Revanche«, Seiten 52–59
184 Vgl.: Manager Magazin (Dezember-Ausgabe 2020), »Stunde der Revanche«, Seiten 52–59
185 Vgl.: Manager Magazin (Dezember-Ausgabe 2020), »Stunde der Revanche«, Seiten 52–59
186 Vgl.: Manager Magazin (Dezember-Ausgabe 2020), »Stunde der Revanche«, Seiten 52–59
187 Vgl.: E-Mail an post@XXX.de vom 12.01.2021 um 12:15 Uhr
188 Vgl.: Quelle liegt vor
189 Vgl.: Manager Magazin (Dezember-Ausgabe 2020), »Stunde der Revanche«, Seiten 52–59
190 Vgl.: https://www.manager-magazin.de/unternehmen/handel/tengelmann-victoria-und-eri-van-karl-haub-wollen-sich-gegenseite-nicht-beugen-a-5602a718-175d-410d-9442-1f87f16f8293
191 WhatsApp-Nachricht vom Informanten am 25.01.2021 um 0:12 Uhr
192 WhatsApp-Nachricht vom Informanten am 25.01.2021 um 14:20 Uhr
193 WhatsApp-Nachricht vom Informanten am 25.01.2021 um 14:20 Uhr
194 Vgl.: https://www.instagram.com/p/CKhQ6RcBRCc/?utm_source=ig_web_copy_link
195 Namen der Redaktion bekannt
196 Vgl.: Protokoll des engen Vertrauten
197 Name der Redaktion bekannt
198 Das Protokoll ist an dieser Stelle falsch. Tatsächlich betrug der Akkustand 84% (Anmerkung der Autorin). Quelle: Dokument »iPhone von KEHAUB«, Seite 2
199 Anmerkung der Autorin
200 Anmerkung der Autorin
201 Anmerkung der Autorin

202 Das Protokoll ist an dieser Stelle falsch: Für den Vortag des Verschwindens gibt es insgesamt drei Telefonate zu zwei verschiedenen russischen Nummern; beide Nummern können Veronika E. zugeordnet werden.
203 Das Protokoll ist an dieser Stelle falsch: Karl-Erivan Haub hatte am Vortag seines Verschwindens keinen Kontakt zu einem Banker; richtig ist jedoch, dass er am 11.03.2018 viermal versucht hat, seinen ehemaligen Geschäftspartner und Anteilseigner einer russischen Bank, Andrej Suzdaltsev, zu erreichen.
204 Anmerkung der Autorin
205 Der Leiter der internen Ermittlungen betont später im persönlichen Gespräch, dies bedeute nicht, dass sie nicht stattgefunden haben – sie seien lediglich nicht nachzuweisen gewesen.
206 Name und Medium der Redaktion bekannt
207 E-Mail an meine Chefinnen am 26.01.2021
208 E-Mail an meine Chefin vom 27.01.2021
209 Vgl.: Protokoll des engen Vertrauten
210 Vgl.: https://www.instagram.com/p/CKpIIdalAni/?utm_source=ig_web_copy_link
211 Aussage einer Mitarbeiterin von Air Zermatt am Telefon, 28.01.2021
212 Vgl.: https://www.the-omnia.com/de/zimmer-suiten/
213 E-Mail an Krisenmanager vom 28.01.2021 / 14.30 Uhr, Betreff: Hintergrundgespräch KEH
214 WhatsApp-Nachricht des engen Vertrauten vom 28.01.2021, 16:28 Uhr
215 Vgl.: https://www.bahnonline.ch/6572/lawinenniedergang-mgb-strecke-taesch-zermatt-unterbrochen/
216 E-Mail von Mitarbeiter von Christian Haubs Vertrauten vom 29.01.2021, 15:23 Uhr
217 Vgl.: https://www.bahnonline.ch/6572/lawinenniedergang-mgb-strecke-taesch-zermatt-unterbrochen/
218 Vgl.: https://www.matterhornparadise.ch/de/Buchen/Online-Tickets?interest-s=525974&gclid=CjwKCAiAmuKbBhA2EiwAxQnt7743SEBMWwpyNGyvGcpLAADSAzTAtd-c8fHn0Gd3DxRl8n0HV9vRQFhoCqGoQAvD_BwE
219 Vgl.: Abschlussbericht Project Switzerland
220 Vgl.: E-Mail von Ermittlungsberater an engen Vertrauten vom 28.01.2021, 14:46 Uhr, weitergeleitet an mich am 05.02.2021 um 15:41 Uhr
221 Vgl.: E-Mail von engen Vertrauten an den Krisenmanager und Christian Haub vom 03.02.2021 um 23:13 Uhr
222 Vgl.: E-Mail von Krisenmanager an engen Vertrauten vom 03.02.2021 um 14:50 Uhr
223 E-Mail an engen Vertrauten vom 04.02.2021
224 Vgl.: E-Mail von engem Vertrauten an Christian Haub vom 05.02.2021 um 10:23 Uhr
225 Vgl.: https://www.alvarezandmarsal.com/de/global-locations/germany
226 Vgl.: Bericht von Alvarez & Marsal, Seite 2
227 Vgl.: Bericht von Alvarez & Marsal, Seite 2
228 Vgl.: Bericht von Alvarez & Marsal, Seite 2
229 Vgl.: Bericht von Alvarez & Marsal, Seite 2
230 Vgl.: Bericht von Alvarez & Marsal, Seite 3
231 Vgl.: Bericht von Alvarez & Marsal, Seite 3
232 Vgl.: Bericht von Alvarez & Marsal, Seite 3
233 Vgl.: Bericht von Alvarez & Marsal, Seite 3
234 Vgl.: Bericht von Alvarez & Marsal, Seite 3
235 Vgl.: Bericht von Alvarez & Marsal, Seite 3
236 Vgl.: Bericht von Alvarez & Marsal, Seite 3
237 Vgl.: Bericht von Alvarez & Marsal, Seite 3
238 Vgl.: https://ostexperte.de/obi-kauft-anteile-des-russischen-partners-auf/
239 Vgl.: https://igorsosin.wordpress.com/about/
240 Vgl.: Bericht von Alvarez & Marsal, Seite 3
241 Vgl.: Bericht von Alvarez & Marsal, Seite 3
242 Vgl.: Bericht von Alvarez & Marsal, Seite 4
243 Vgl.: Bericht von Alvarez & Marsal, Seite 4

244 Vgl.: Bericht von Alvarez & Marsal, Seite 4
245 Vgl.: https://interfax.com/newsroom/top-stories/77339/, 22.03.2022, 12:00 Uhr
246 Vgl.: https://offshoreleaks.icij.org/nodes/21440, 22.07.2021, 17:30 Uhr
247 Vgl.: https://offshoreleaks.icij.org/nodes/22312, 22.07.2021, 17:30 Uhr
248 Vgl.: https://offshoreleaks.icij.org/nodes/22316, 22.07.2021, 17:31 Uhr
249 Vgl.: https://offshoreleaks.icij.org/nodes/20331, 22.07.2021, 17:31 Uhr
250 Vgl.: https://www.cbinsights.com/investor/sergey-grishin, 18.11.2022
251 Vgl.: https://www.sueddeutsche.de/politik/laundromat-geldwaesche-russland-1.4354499, 04.03.2019
252 Vgl.: E-Mail des engen Vertrauten am 16.02.2021 um 9:04 Uhr
253 Vgl.: u.a. Bericht von Alvarez & Marsal, Gesprächsprotokoll des engen Vertrauten
254 Sinngemäße Aussage des Sicherheitschefs von Tengelmann gegenüber vier RTL-Journalisten während des ganztägigen »Workshops« am 16.02.2021
255 Vgl.: Wetterdaten Zermatt vs. Les Deux Alpes
256 Vgl.: RTL-Dokumentation »Tengelmann: Das mysteriöse Verschwinden eines Milliardärs«, Minute 19:30
257 Vgl.: Protokoll Sicherheitsvorfall / Vermisst-Meldung Karl-Erivan W. Haub, Seite 1
258 Vgl.: RTL-Dokumentation »Tengelmann: Das mysteriöse Verschwinden eines Milliardärs«, Minute 20:00
259 Vgl.: Telefonliste der abgehenden Anrufe
260 Vgl.: Protokoll Sicherheitsvorfall / Vermisst-Meldung Karl-Erivan W. Haub, Seite 1
261 Vgl.: Protokoll Sicherheitsvorfall / Vermisst-Meldung Karl-Erivan W. Haub, Seite 1
262 Vgl.: Protokoll Sicherheitsvorfall / Vermisst-Meldung Karl-Erivan W. Haub, Seite 1
263 Vgl.: Protokoll Sicherheitsvorfall / Vermisst-Meldung Karl-Erivan W. Haub, Seite 1
264 Vgl.: Protokoll Sicherheitsvorfall / Vermisst-Meldung Karl-Erivan W. Haub, Seite 2
265 Aussage des Krisenmanagers gegenüber vier RTL-Journalisten während des ganztägigen »Workshops« am 16.02.2021
266 Vgl.: Protokoll Sicherheitsvorfall / Vermisst-Meldung Karl-Erivan W. Haub, Seite 2
267 Vgl.: PowerPoint-Präsentation Vermisstensuche K.E. Haub Zermatt 07.04. bis 14.04.2018
268 Vgl.: PowerPoint Präsentation Vermisstensuche K.E. Haub Zermatt 07.04. bis 14.04.2018
269 Vgl.: PowerPoint Präsentation Vermisstensuche K.E. Haub Zermatt 07.04. bis 14.04.2018
270 Vgl.: PowerPoint Präsentation Vermisstensuche K.E. Haub Zermatt 07.04. bis 14.04.2018
271 Vgl.: Protokoll des engen Vertrauten
272 Vgl.: PowerPoint Präsentation Vermisstensuche K.E. Haub Zermatt 07.04. bis 14.04.2018
273 Aussage des Sicherheitschefs von Tengelmann gegenüber vier RTL-Journalisten während des ganztägigen »Workshops« am 16.02.2021
274 Vgl.: PowerPoint Präsentation Vermisstensuche K.E. Haub Zermatt 07.04. bis 14.04.2018
275 Aussage des Sicherheitschefs von Tengelmann gegenüber vier RTL-Journalisten während des ganztägigen »Workshops« am 16.02.2021
276 Aussage des Sicherheitschefs von Tengelmann gegenüber vier RTL-Journalisten während des ganztägigen »Workshops« am 16.02.2021
277 Vgl.: Protokoll Sicherheitsvorfall / Vermisst-Meldung Karl-Erivan W. Haub, Seite 3
278 Vgl.: Protokoll Sicherheitsvorfall / Vermisst-Meldung Karl-Erivan W. Haub, Seite 4
279 Aussage des Sicherheitschefs von Tengelmann gegenüber vier RTL-Journalisten während des ganztägigen »Workshops« am 16.02.2021
280 Aussage des Sicherheitschefs von Tengelmann gegenüber vier RTL-Journalisten während des ganztägigen »Workshops« am 16.02.2021
281 Protokoll Sicherheitsvorfall / Vermisst-Meldung Karl-Erivan W. Haub, Seite 4
282 Vgl.: PowerPoint-Präsentation Vermisstensuche K.E. Haub Zermatt 07.04. bis 14.04.2018
283 Vgl.: Protokoll Sicherheitsvorfall / Vermisst-Meldung Karl-Erivan W. Haub, Seite 1
284 Vgl.: Dokument »iPhone von KEHAUB«, Seite 1
285 Vgl.: Dokument »iPhone von KEHAUB«, Seite 2
286 Vgl.: Protokoll des engen Vertrauten, Seite 4
287 Vgl.: Protokoll Sicherheitsvorfall / Vermisst-Meldung Karl-Erivan W. Haub, Seite 5

288 Aussage des Sicherheitschefs von Tengelmann gegenüber vier RTL-Journalisten während des ganztägigen »Workshops« am 16.02.2021

289 Vgl.: Protokoll des engen Vertrauten, Seite 3

290 Protokoll Sicherheitsvorfall / Vermisst-Meldung Karl-Erivan W. Haub, Seite 4 / 7

291 Vgl.: Protokoll Sicherheitsvorfall / Vermisst-Meldung Karl-Erivan W. Haub, Seite 7

292 Vgl.: Protokoll Sicherheitsvorfall / Vermisst-Meldung Karl-Erivan W. Haub, Seite 5/6

293 Aussagen des Krisenmanagers

294 Aussage des Sicherheitschefs von Tengelmann gegenüber vier RTL-Journalisten während des ganztägigen »Workshops« am 16.02.2021

295 Aussage des Sicherheitschefs von Tengelmann gegenüber vier RTL-Journalisten während des ganztägigen »Workshops« am 16.02.2021

296 Vgl.: Liste der abgehenden Telefonanrufe

297 Vgl.: Liste der abgehenden Telefonanrufe, Spalte 219

298 Vgl.: Liste der abgehenden Telefonanrufe, Spalte 220

299 Vgl.: Liste der abgehenden Telefonanrufe, Spalten 211–214

300 Vgl.: Protokoll des engen Vertrauten, Seite 4

301 Aussage des Sicherheitschefs von Tengelmann gegenüber vier RTL-Journalisten während des ganztägigen »Workshops« am 16.02.2021

302 Liste der abgehenden Telefonanrufe, Spalte 215

303 Vgl.: Protokoll Sicherheitsvorfall/Vermisst-Meldung Karl-Erivan W. Haub, Seite 1

304 https://www.helikopterflug.ch/standorte/sion/40-min-matterhorn/, 18.11.2021

305 Vgl.: Liste der abgehenden Anrufe

306 Vgl.: Liste der abgehenden Telefonanrufe, Spalte 220

307 Vgl.: Liste der abgehenden Telefonanrufe, Spalte 219

308 Vgl.: Abschlussbericht Zermatt / RU 2

309 Vgl.: http://www.russianevent.com/

310 Aussage des Sicherheitschefs von Tengelmann gegenüber vier RTL-Journalisten während des ganztägigen »Workshops« am 16.02.2021

311 Vgl.: http://www.russianevent.com/who-we-are.php (inzwischen sind das Foto und die Bildbeschreibung gelöscht worden)

312 Liste der abgehenden Telefonanrufe, Spalten 176–179

313 Aussage des Sicherheitschefs von Tengelmann gegenüber vier RTL-Journalisten während des ganztägigen »Workshops« am 16.02.2021

314 Vgl.: https://hubertus-knabe.de/putins-lehrjahre-in-dresden/

315 Eigene Recherche

316 Vgl.: https://www.n-tv.de/panorama/Ex-Tengelmann-Chef-offiziell-tot-Ist-Karl-Erivan-Haub-in-Russland-untergetaucht-article22251498.html

317 Aussage des Sicherheitschefs von Tengelmann gegenüber vier RTL-Journalisten während des ganztätigen »Workshops« am 16.02.2021

318 Aussage des Sicherheitschefs von Tengelmann gegenüber vier RTL-Journalisten während des ganztätigen »Workshops« am 16.02.2021

319 Vgl.: Abschlussbericht Projekt Zermatt RU 2, Seite 2

320 Aussage des Sicherheitschefs von Tengelmann gegenüber vier RTL-Journalisten während des ganztägigen »Workshops« am 16.2.2021

321 Aussage des Sicherheitschefs von Tengelmann gegenüber vier RTL-Journalisten während des ganztägigen »Workshops« am 16.02.2021

322 Aussage Sicherheitschefs von Tengelmann gegenüber vier RTL-Journalisten während des ganztägigen »Workshops« am 16.02.2021

323 Aussage des Sicherheitschefs von Tengelmann gegenüber vier RTL-Journalisten während des ganztägigen »Workshops« am 16.02.2021

324 Vgl.: PowerPoint Präsentation Vermisstensuche K.E. Haub Zermatt 07.04. bis 14.04.2018, Seite 25

325 Vgl.: Bericht von Alvarez & Marsal, Absatz 8a (Seite 2)

326 Vgl.: Abschlussbericht Projekt Zermatt RU 2, Seite 3

327 Aussage des Sicherheitschefs von Tengelmann gegenüber vier RTL-Journalisten während des ganztägigen »Workshops« am 16.02.2021
328 Vgl.: Abschlussbericht Projekt Zermatt RU 2 / Seite 4
329 Vgl.: Abschlussbericht Projekt Zermatt RU 2 / Seite 5
330 Vgl.: Abschlussbericht Projekt Zermatt RU 2 / Seite 5
331 Aussage des Sicherheitschefs von Tengelmann gegenüber vier RTL-Journalisten während des ganztägigen »Workshops« am 16.02.2021
332 Aussage des Sicherheitschefs von Tengelmann gegenüber vier RTL-Journalisten während des ganztägigen »Workshops« am 16.02.2021
333 Vgl.: Abschlussbericht Projekt Zermatt RU 2 / Seite 7
334 Vgl.: Abschlussbericht Projekt Zermatt RU 2 / Seite 13
335 Vgl.: Abschlussbericht Projekt Zermatt RU 2 / Seite 13
336 Vgl.: Abschlussbericht Projekt Zermatt RU 2 / Seite 13
337 Vgl.: Abschlussbericht Projekt Zermatt RU 2 / Seite 13
338 Vgl.: Abschlussbericht Projekt Zermatt RU 2 / Seite 14
339 Vgl.: Abschlussbericht Projekt Zermatt RU 2 / Seite 14
340 Vgl.: Abschlussbericht Projekt Zermatt RU 2 / Seite 17
341 Vgl.: Abschlussbericht Projekt Zermatt RU 2 / Seite 17
342 Vgl.: Abschlussbericht Projekt Zermatt RU 2 / Seite 17
343 Vgl.: Abschlussbericht Projekt Zermatt RU 2 / Seite 19
344 Vgl.: Abschlussbericht Projekt Zermatt RU 2 / Seite 20
345 Vgl.: Abschlussbericht Projekt Zermatt RU 2 / Seite 21
346 Vgl.: Abschlussbericht Projekt Zermatt RU 2 / Seite 23
347 Vgl.: Abschlussbericht Projekt Zermatt RU 2 / Seite 24
348 Vgl.: Abschlussbericht Projekt Zermatt RU 2 / Seite 33
349 Aussage des Sicherheitschefs von Tengelmann gegenüber vier RTL-Journalisten während des ganztägigen »Workshops« am 16.02.2021
350 Aussage des Sicherheitschefs von Tengelmann gegenüber vier RTL-Journalisten während des ganztägigen »Workshops« am 16.02.2021
351 Vgl.: Zermatt 3 / RU Bericht, Seite 1
352 Vgl.: Zermatt 3 / RU Bericht, Seite 1
353 Vgl.: Zermatt 3 / RU Bericht, Seite 9
354 Vgl.: Zermatt 3 / RU Bericht, Seite 4
355 Vgl.: Zermatt 3 / RU Bericht, Seite 6
356 Vgl.: Zermatt 3 / RU Bericht, Seite 2
357 Aussage des Sicherheitschefs von Tengelmann gegenüber vier RTL-Journalisten während des ganztägigen »Workshops« am 16.02.2021
358 Aussage des Sicherheitschefs von Tengelmann gegenüber vier RTL-Journalisten während des ganztägigen »Workshops« am 16.02.2021
359 Aussage des Sicherheitschefs von Tengelmann gegenüber vier RTL-Journalisten während des ganztägigen »Workshops« am 16.02.2021
360 Vgl.: Zermatt 3 / RU Bericht, Seite 9
361 Vgl.: Zermatt 3 / RU Bericht, Seite 10
362 Vgl.: Bericht von Alvarez & Marsal, Seite 1, Absatz 1
363 Vgl.: Zermatt 3 / RU Bericht, Seite 11
364 Vgl.: https://www.deutschlandfunk.de/streit-um-denkmalschutz-sehnsucht-nach-der-stalin-zeit-100.html, 14.11.2021, 13:37 Uhr
365 Vgl.: Zermatt 3 / RU Bericht, Seite 11
366 Vgl.: Bericht von Alvarez & Marsal, Seite 2
367 Vgl.: https://www.occrp.org/en/russianlaundromat/, 14.11.2021, 13:52 Uhr
368 Vgl.: Telefonliste, Spalte 178 und 179
369 Vgl.: https://munscanner.com/2018/12/guide-to-geneva/, 12.08.2022, 14:05 Uhr
370 Vgl.: Zermatt 3 / RU Bericht, Seite 12
371 Vgl.: Zermatt 3 / RU Bericht, Seite 12

372 Liste der abgehenden Telefonanrufe, Spalten 176–179

373 Vgl.: Bericht von Alvarez & Marsal, Aussagen der internen Ermittler, Protokoll des engen Vertrauten, PowerPoint-Präsentation

374 Vgl.: Ermittlungsbericht Top-Manager, Seite 10

375 Vgl.: Ermittlungsbericht Top-Manager, Seite 10

376 Vgl.: Quelle liegt vor

377 Vgl.: Ermittlungsbericht Top-Manager, Seite 2

378 Vgl.: Ermittlungsbericht Top-Manager, Seite 6

379 Vgl.: Ermittlungsbericht Top-Manager, Seite 6

380 Vgl.: Quelle liegt vor, 15.11.2022, 17:06 Uhr

381 Vgl.: WhatsApp am 21.02.2021, 10:57 Uhr

382 Vgl.: WhatsApp am 21.02.2021, 10:57 Uhr

383 Vgl.: Ermittlungsbericht Top-Manager, Seite 7

384 Vgl.: Ermittlungsbericht Top-Manager, Seite 8

385 Vgl.: Ermittlungsbericht Top-Manager, Seite 9

386 Vgl.: Quelle liegt vor

387 Vgl.: Quelle liegt vor

388 Vgl.: https://www.blick.ch/schweiz/schweiz-wehrte-sich-dagegen-russischer-milliardaer-muss-eingebuergert-werden-id17105384.html

389 Vgl.: Ermittlungsbericht Top-Manager, Seite 14

390 Vgl.: Bericht von Alvarez & Marsal, Bericht Zermatt RU 3

391 Vgl.: https://igorsosin.wordpress.com/about/

392 Vgl.: https://www.alsharqiya.com/en/news/the-mysterious-death-of-a-billionaire-after-a-crime-that-shook-russia

393 Vgl.: https://tass.com/economy/1239199

394 Vgl.: https://www.mirror.co.uk/news/world-news/russian-billionaire-igor-sosin-found-23215900

395 Vgl.: Ermittlungsbericht Top-Manager, Seite 10, 11, 12, 13, 15, 16

396 Vgl.: Quelle liegt vor

397 Vgl.: Quelle liegt vor

398 Vgl.: Ermittlungsbericht Top-Manager, Seite 4

399 Aussage des Sicherheitschefs von Tengelmann gegenüber vier RTL-Journalisten während des ganztägigen »Workshops« am 16.02.2021

400 Protokoll des engen Vertrauten

401 Aussage des Sicherheitschefs von Tengelmann gegenüber vier RTL-Journalisten während des ganztägigen »Workshops« am 16.02.2021

402 Vgl.: Ermittlungsbericht Top-Manager und Bericht Alvarez & Marsal

403 Aussage des Sicherheitschefs von Tengelmann gegenüber vier RTL-Journalisten während des ganztägigen »Workshops« am 16.02.2021

404 Vgl.: Chart Francisco Guadamillas Cortes

405 Vgl.: Manager Magazin (Dezember-Ausgabe 2020), »Stunde der Revanche«, Seiten 52–59

406 Vgl.: Chart Francisco Guadamillas Cortes

407 Vgl.: Chart Francisco Guadamillas Cortes

408 Aussage des Sicherheitschefs von Tengelmann gegenüber vier RTL-Journalisten während des ganztägigen »Workshops« am 16.02.2021

409 Protokoll des engen Vertrauten

410 Vgl.: Buch »Geliebte Freundin: meine geheimen Jahre mit Helmut Kohl« (Herbold, Beatrice / Sachse, Katrin), Europa Verlag, München 2019

411 Aussage des Sicherheitschefs von Tengelmann gegenüber vier RTL-Journalisten während des ganztägigen »Workshops« am 16.02.2021

412 Namen der Redaktion bekannt

413 Protokoll des engen Vertrauten

414 Aussage des Sicherheitschefs von Tengelmann gegenüber vier RTL-Journalisten während des ganztägigen »Workshops« am 16.02.2021

415 Vgl.: https://www.n-tv.de/panorama/Ex-Tengelmann-Chef-offiziell-tot-Ist-Karl-Eri-van-Haub-in-Russland-untergetaucht-article23251498.html

416 Buch Putins Netz – Wie sich der KGB Russland zurückholte und dann den Westen ins Auge fasste, Catherine Belton (HarperCollins), 2020

417 Vgl.: Buch The Foundations of Geopolitics: The Geopolitical Future of Russia (Dugin, Alexander), Arktogeja, Russland 1997

418 Vgl.: http://www.4pt.su/en/content/aleksandr-dugin%E2%80%99s-foundations-geopolitics

419 Vgl.: https://www.zeit.de/politik/ausland/2022-09/us-geheimdienste-russland-wahlbeeinflus-sung-kandidaten-parteien-millionen

420 Vgl.: https://www.n-tv.de/politik/Briten-machen-Russen-schon-wieder-Vorwuerfe-artic-le21924705.html

421 Vgl.: https://www.spiegel.de/politik/deutschland/bundestag-angegriffen-deutsche-ermitt-ler-fahnden-nach-putins-top-hacker-a-abdc9c2f-697d-461f-bfcd-b5a054a509bc

422 Vgl.: https://www.zeit.de/politik/ausland/2021-12/tiergarten-mord-berlin-russland-auftrags-mord

423 Vgl.: https://www.spiegel.de/politik/ausland/sergej-skripal-anschlag-in-salisbury-russ-land-und-grossbritannien-streiten-weiter-a-1201225.html

424 Vgl.: https://www.n-tv.de/politik/Trotz-Ausreden-alles-deutet-auf-Putin-article22035829.html

425 Vgl.: Buch »Die Wirecard-Story: Die Geschichte einer Milliarden-Lüge« (Melanie Bergermann, Volker ter Haseborg), FinanzBuch Verlag, München, 2020

426 Vgl.: https://www.faz.net/aktuell/politik/igor-setschin-putins-schatten-1147264.html

427 Vgl.: https://www.spiegel.de/politik/ausland/monsterholding-rostechnologii-putins-milliar-dengrab-a-622267.html

428 Vgl.: https://kurier.at/politik/ausland/russlands-patriarch-kirill-milliardaer-ex-kgb-agent-kir-chenoberhaupt/402032066

429 Vgl.: https://www.spiegel.de/politik/ausland/usa-russland-mischt-sich-offenbar-weiter-in-us-wahlen-ein-a-1221454.html

430 Vgl.: https://www.deutschlandfunk.de/moskau-und-die-afd-parteienfinanzierung-aus-russ-land-oder-100.html

431 Vgl.: https://www.sueddeutsche.de/politik/russland-und-der-front-national-analyse-le-pens-draht-nach-moskau-1.3387671

432 Vgl.: https://www.spiegel.de/ausland/italien-rechte-parteien-bestreiten-finanzsprit-zen-aus-russland-a-d1a5f359-bd0e-41b9-b67d-0fb2ab37dd48

433 Vgl.: https://taz.de/Wahlmanipulation-durch-Russland/!5878206/

434 Vgl.: https://www.n-tv.de/wirtschaft/Bericht-der-EU-Kommission-Russland-ziehen-die-Strip-pen-bei-31-000-EU-Unternehmen-article23680648.html

435 https://www.n-tv.de/wirtschaft/Bericht-der-EU-Kommission-Russland-ziehen-die-Strippen-bei-31-000-EU-Unternehmen-article23680648.html

436 Vgl.: https://www.n-tv.de/wirtschaft/Bericht-der-EU-Kommission-Russland-ziehen-die-Strip-pen-bei-31-000-EU-Unternehmen-article23680648.html

437 Interview mit Malte Roschinski, Geheimdienstexperte, 13.03.2021

438 Vgl.: https://www.rbb24.de/politik/beitrag/2022/07/russland-fordert-freilassung-tiergar-ten-mord-russe-vadim.html

439 Vgl.: https://www.bellingcat.com/resources/2020/12/14/navalny-fsb-methodology/

440 Vgl.: https://www.berliner-kurier.de/berlin/wladimir-putin-laesst-seine-russen-spione-ver-staerkt-in-berlin-schnueffeln-und-das-ist-der-grund-li.266405

441 Vgl.: https://www.bellingcat.com/news/uk-and-europe/2019/02/14/third-suspect-in-skripal-poisoning-identified-as-denis-sergeev-high-ranking-gru-officer/

442 Vgl.: Anrufe zu Riccardo M., Liste abgehender Anrufe, Spalten 164 und 171

443 Vgl.: Quelle liegt vor

444 Vgl.: Quelle liegt vor

445 Vgl.: Quelle liegt vor

446 Vgl.: Quelle liegt vor

447 Vgl.: Quelle liegt vor

448 Vgl.: Quelle liegt vor

449 Vgl.: Quelle liegt vor
450 U.a. Telefonat mit Ursula Schwarzer am 19.11.2022
451 Vgl.: https://www.n-tv.de/wirtschaft/Hatte-Haub-Kontakt-zum-russischen-Geheimdienst-article22378190.html
452 Vgl.: https://www.n-tv.de/wirtschaft/Hatte-Haub-Kontakt-zum-russischen-Geheimdienst-article22378190.html
453 Vgl.: https://ok.ru/profile/543126369979
454 Vgl.: https://vk.com/id167900001, https://vk.com/id260124880, https://vk.com/id164533420, https://vk.com/id170395283, https://vk.com/id163616998, https://vk.com/id175544431, https://vk.com/id169703927, https://vk.com/id188029718 https://vk.com/id163929708
455 Namen der Redaktion bekannt
456 Interview mit Malte Roschinski am 13.03.2021
457 Interview mit Malte Roschinski am 13.03.2021
458 Vgl.: Abschlussbericht Zermatt RU 2, Seite 14
459 Vgl.: Abschlussbericht Zermatt RU 2, Seite 18
460 Vgl.: Dokument: Recherche über Veronika E. und Russian Event
461 Vgl.: Datenblatt von Seldon Basis zu Russian Event
462 Vgl.: Datenblatt von Seldon Basis zu Russian Event, Seite 2
463 Vgl.: Auszug aus Datenblatt von Seldon Basis zu Russian Event, Seite 10
464 Vgl.: Auszug aus Datenblatt von Seldon Basis zu Russian Event, Seite 11
465 Vgl.: Auszug aus Datenblatt von Seldon Basis zu Russian Event, Seite 12
466 Vgl.: E-Mail von Olga Shishkova vom 04.06.2021
467 Vgl.: E-Mail von Olga Shishkova vom 25.06.2021
468 Vgl.: Individueller Analysebericht Veronika E.
469 Vgl.: Individueller Analysebericht Veronika E.
470 Vgl.: Abschussbericht Projekt Zermatt RU 2, Seite 19
471 Vgl.: Dokument »Meldeadresse Veronika E. Moskau«, Seite 1
472 Vgl.: https://www.avito.ru/moskva/avtomobili/volkswagen_tiguan_2011_2168488436
473 Vgl.: E-Mail von Sergej Maier an Liv von Boetticher, 12.04.2021, 12:52 Uhr
474 Vgl.: Dokument »Reisen von Veronika E.«
475 Anmerkung: Zeitverschiebung nach Russland in der Winterzeit +2 Std., in der Sommerzeit +1 Std. Beginn Sommerzeit im Jahr 2018: 25.03.
476 Vgl.: Liste abgehender Anrufe von Karl-Erivan Haub
477 Vgl.: Protokoll des engen Vertrauten und PowerPoint-Präsentation vom 16.02.2021
478 Vgl.: Wetterverhältnisse Les Deux Alpes vs. Zermatt
479 Vgl.: Liste abgehender Anrufe Karl-Erivan Haub, Spalte 215
480 Vgl.: Dokument »Reisedaten von Veronika E.«, Seite 4, Zeile 3
481 Vgl.: Liste abgehender Anrufe Karl-Erivan Haub, Spalte 219 und 220
482 Vgl.: Protokoll des engen Vertrauten und PowerPoint-Präsentation vom 16.02.2021
483 Vgl.: Protokoll des engen Vertrauten
484 Vgl.: E-Mail von Sergej Maier an Liv von Boetticher, 20.05.2021, 12:15 Uhr
485 Vgl.: Auszug 201 Seiten Reisedaten Veronika E., Spalten 54–57
486 Vgl. 201 Seiten Reisedaten von Veronika E., Spalten 55–57
487 Vgl. 201 Seiten Reisedaten von Veronika E., Spalten 60–62
488 Vgl.: Auszug 201 Seiten Reisedaten von Veronika E., Spalte 65
489 Vgl.: Abschlussbericht Projekt Zermatt RU 2, Seite 5
490 Vgl.: RTL-Dokumentation »Tengelmann: Das mysteriöse Verschwinden eines Milliardärs«, Minute 39:15
491 Vgl.: Auszug 201 Seiten Reisedaten Veronika E., Spalte 81
492 Vgl.: 201 Seiten Reisedaten von Veronika E., Spalten 81–83
493 Vgl.: Auszug 201 Seiten Reisedaten von Veronika E., Spalten 86/87
494 Vgl.: Auszug von Passagierliste Privatjet nach Tirana
495 Vgl.: Auszug Abschlussbericht Projekt Zermatt RU 2, Seite 6
496 Vgl.: Auszug 201 Seiten Reisedaten Veronika E., Seite 141

497 Vgl.: Auszug Abschlussbericht Projekt Zermatt RU 2, Seite 5
498 Vgl.: Auszug 201 Seiten Reisedaten Veronika E., Spalten 174/176
499 Vgl.: 201 Seiten Reisedaten von Veronika E., Spalten 255–259
500 Vgl.: Liste der abgehenden Anrufe, Spalte 215
501 Vgl.: Abschlussbericht Zermatt RU 3, Seiten 2, 6, 7, 8
502 Vgl.: Abschlussbericht Zermatt RU 2, Seiten 3, 17
503 Vgl.: Auszug 201 Seiten Reisedaten Veronika E., Spalten 299–317
504 Vgl.: E-Mail von Olga Shishkova an Sergej Maier vom 25.06.2021, 10 Uhr
505 Vgl.: E-Mail von Olga Shishkova an Sergej Maier vom 25.06.2021, 10 Uhr
506 Vgl.: E-Mail von Olga Shishkova an Sergej Maier vom 25.06.2021, 10 Uhr
507 Vgl.: E-Mail von Olga Shishkova an Sergej Maier vom 25.06.2021, 10 Uhr
508 Vgl.: E-Mail von Olga Shishkova an Sergej Maier vom 25.06.2021, 10 Uhr
509 Vgl.: Auszug 201 Seiten Reisedaten Veronika E., Spalte 312
510 Aussage des Sicherheitschefs von Tengelmann gegenüber vier RTL-Journalisten während des ganztägigen »Workshops« am 16.02.2021
511 Vgl.: Abschlussbericht Projekt Zermatt RU 2, Seite 13
512 Vgl.: E-Mail von Olga Shishkova an Sergej Maier vom 25.06.2021, 10 Uhr
513 Vgl.: Auszug 201 Seiten Reisedaten Veronika E., Spalten 33–44
514 Vgl.: Auszug 201 Seiten Reisedaten Veronika E., Spalten 26–44
515 Vgl.: https://www.arms24.com/barnaul/
516 Vgl.: Abschlussbericht Zermatt RU 2, Seite 5
517 Vgl.: Abschlussbericht Projekt Zermatt RU 2, Seite 5
518 Vgl.: Abschlussbericht Projekt Zermatt RU 2, Seite 5
519 Vgl.: Protokoll des engen Vertrauten, Seite 5
520 Vgl.: https://www.lebensmittelzeitung.net/handel/nachrichten/Joint-Venture-Obi-baut-Russlandgeschaeft-aus-124301?crefresh=1
521 Vgl.: E-Mail von Rechtsanwalt des Top-Managers, 10.03.2021 um 12:16:44 Uhr
522 Vgl.: Bericht von Alvarez & Marsal
523 Anmerkung der Autorin
524 Aussage des Sicherheitschefs von Tengelmann gegenüber vier RTL-Journalisten während des ganztägigen »Workshops« am 16.02.2021
525 Vgl.: Dossier Top-Manager, Seite 13
526 Aussage des Sicherheitschefs von Tengelmann gegenüber vier RTL-Journalisten während des ganztägigen »Workshops« am 16.02.2021
527 Vgl.: E-Mail an Kanzlei vom 05.03.2021 um 10:18 Uhr
528 Vgl.: Antwortschreiben der Kanzlei vom 02.03.2021, Seite 3
529 Vgl.: Antwortschreiben der Kanzlei vom 02.03.2021, Seite 3
530 Vgl.: Antwortschreiben der Kanzlei vom 10.03.2021, Seite 3
531 Vgl.: Antwortschreiben der Kanzlei vom 10.03.2021, Seite 3
532 Vgl.: Antwortschreiben der Kanzlei vom 02.03.2021, Seite 3
533 Vgl.: Antwortschreiben der Kanzlei vom 02.03.2021, Seite 2
534 Vgl.: Antwortschreiben der Kanzlei vom 02.03.2021, Seite 3
535 Vgl.: Antwortschreiben der Kanzlei vom 02.03.2021, Seite 3
536 Vgl.: Antwortschreiben der Kanzlei vom 02.03.2021, Seite 4
537 Vgl.: Antwortschreiben der Kanzlei vom 02.03.2021, Seite 4
538 Vgl.: Antwortschreiben der Kanzlei vom 02.03.2021, Seite 4
539 Vgl.: Antwortschreiben der Kanzlei vom 02.03.2021, Seite 4
540 Vgl.: Antwortschreiben der Kanzlei vom 02.03.2021, Seite 4
541 Vgl.: Antwortschreiben der Kanzlei vom 02.03.2021, Seite 2
542 Vgl.: Quelle liegt vor
543 Vgl.: https://taz.de/!1407819/
544 Vgl.: https://www.focus.de/politik/ausland/starker-tabak-der-kirche-globus_id_1871981.html
545 Vgl.: https://www.bild.de/politik/ausland/politik-ausland/wladimir-putin-patriarch-kyrill-segnet-seine-raketen-80043640.bild.html

546 Vgl.: https://taz.de/!1407819/
547 Vgl.: https://www.bild.de/politik/ausland/politik-ausland/wladimir-putin-patriarch-kyrill-seg-net-seine-raketen-80043640.bild.html
548 Vgl.: https://www.bild.de/politik/ausland/politik-ausland/wladimir-putin-patriarch-kyrill-seg-net-seine-raketen-80043640.bild.html
549 Vgl.: https://www.bild.de/politik/ausland/politik-ausland/wladimir-putin-patriarch-kyrill-seg-net-seine-raketen-80043640.bild.html
550 Vgl.: https://www.bild.de/politik/ausland/politik-ausland/wladimir-putin-patriarch-kyrill-seg-net-seine-raketen-80043640.bild.html
551 Vgl.: https://taz.de/!1407819/
552 Quelle liegt vor
553 Quelle liegt vor
554 Quelle liegt vor
555 Quelle liegt vor
556 Vgl.: Antwortschreiben der Kanzlei vom 02.03.2021, Seite 3
557 Quelle liegt vor
558 Quelle liegt vor
559 Quelle liegt vor
560 Quelle liegt vor
561 Quelle liegt vor
562 Quelle liegt vor
563 Quelle liegt vor
564 Quelle liegt vor
565 Quelle liegt vor
566 Vgl.: https://www.welt.de/print-welt/article512463/Ikonen-werden-zur-heissen-Ware.html
567 Vgl.: https://www.welt.de/print-welt/article512463/Ikonen-werden-zur-heissen-Ware.html
568 Vgl.: https://www.welt.de/print-welt/article512463/Ikonen-werden-zur-heissen-Ware.html
569 Vgl.: https://www.ikonen-galerie.de/
570 Vgl.: https://taz.de/Wer-exekutierte-Avraham-G/!1580200/
571 Vgl.: https://taz.de/Ikonenschmuggel-aus-Russland-ist-kaum-zu-bremsen/!1662708/
572 Vgl.: https://www.focus.de/politik/deutschland/deutschland-im-visier-russen-mafia_id_1811045.html
573 Name der Redaktion bekannt
574 Anmerkung der Autorin
575 Anmerkung der Autorin
576 Vgl.: https://opencorporates.com/companies/cy/HE270143
577 Vgl.: https://opencorporates.com/officers/254404917
578 Vgl.: https://cyprusregistry.com/companies/HE/152429
579 Vgl.: https://www.rusprofile.ru/person/suzdalcev-aa-773000550860?filter=founder
580 Vgl.: https://offshoreleaks.icij.org/nodes/201833
581 Vgl.: https://offshoreleaks.icij.org/nodes/201163
582 Vgl.: https://offshoreleaks.icij.org/nodes/230328
583 Vgl.: https://offshoreleaks.icij.org/nodes/203379
584 Vgl.: https://dewiki.de/Lexikon/Russischer_Waschsalon#cite_note-4
585 Vgl.: https://www.sueddeutsche.de/wirtschaft/bka-razzia-harter-schlag-gegen-geldwae-scher-1.4338163
586 Vgl.: https://www.theguardian.com/world/2017/mar/20/the-global-laundromat-how-did-it-work-and-who-benefited#:~:text=What%20is%20the%20Laundromat%3F,the%20US%20and%20other%20countries
587 Vgl.: https://www.theguardian.com/world/2017/mar/20/the-global-laundromat-how-did-it-work-and-who-benefited#:~:text=What%20is%20the%20Laundromat%3F,the%20US%20and%20other%20countries
588 Vgl.: https://www.sueddeutsche.de/wirtschaft/bka-razzia-harter-schlag-gegen-geldwae-scher-1.4338163

589 Vgl.: https://www.sueddeutsche.de/wirtschaft/bka-razzia-harter-schlag-gegen-geldwae-scher-1.4338163
590 Vgl.: https://calert.info/details.php?id=1501
591 Vgl.: Abschlussbericht Zermatt RU 3, Seite 12
592 Vgl.: https://calert.info/details.php?id=1501
593 Vgl.: https://calert.info/details.php?id=1501
594 Vgl.: https://opencorporates.com/companies/cy/HE270143
595 Vgl.: Bericht von Alvarez & Marsal, Seite 1 und 2
596 Vgl.: https://www.talk-finance.co.uk/international/us-sanctioned-ilya-brodsky-and-mikhail-klyukin-became-cypriots-without-any-background-checks/
597 https://interfax.com/newsroom/top-stories/77339/
598 Vgl.: https://www.talk-finance.co.uk/international/us-sanctioned-ilya-brodsky-and-mikhail-klyukin-became-cypriots-without-any-background-checks/
599 Vgl.: https://europe-cities.com/2022/03/24/us-imposes-new-sanctions-against-the-russian-elite/
600 Vgl.: https://assets.publishing.service.gov.uk/government/uploads/system/uploads/attachment_data/file/1149299/Russia.pdf
601 Vgl.: https://www.talk-finance.co.uk/international/us-sanctioned-ilya-brodsky-and-mikhail-klyukin-became-cypriots-without-any-background-checks/
602 Vgl.: https://offshoreleaks.icij.org/nodes/22314
603 Vgl.: https://offshoreleaks.icij.org/nodes/21323
604 Vgl.: https://opencorporates.com/officers/259264837
605 Vgl.: https://montrealex.blog/2020/08/13/ill-cut-you-up-piece-by-piece-until-i-reach-your-head-how-harry-and-meghan-snapped-up-14-7m-dream-home-from-russian-tycoon-whose-ex-wife-claims-he-threatened-to-kill-her-but-he-says-it/
606 Vgl.: https://www.thesun.co.uk/news/12406433/meghan-harry-house-linked-to-three-mysterious-businessmen-20m-scam/
607 Vgl.: https://www.motherjones.com/crime-justice/2021/06/russian-sergey-grishin-421-media-billionaire-instagram-content-farm-trump-threats/
608 Vgl.: https://www.motherjones.com/crime-justice/2021/06/russian-sergey-grishin-421-media-billionaire-instagram-content-farm-trump-threats/
609 Vgl.: https://www.dailymail.co.uk/news/article-8739489/Ex-love-Russian-sold-14-7m-Montecito-home-Harry-Meghan-tells-death-threats.html
610 Vgl.: https://www.thesun.co.uk/news/12406433/meghan-harry-house-linked-to-three-mysterious-businessmen-20m-scam/
611 Vgl.: https://www.thesun.co.uk/news/12406433/meghan-harry-house-linked-to-three-mysterious-businessmen-20m-scam/
612 Vgl.: https://www.motherjones.com/crime-justice/2021/06/russian-sergey-grishin-421-media-billionaire-instagram-content-farm-trump-threats/
613 Vgl.: https://www.the-sun.com/news/1315942/harry-and-meghan-california-mansion-scarface-tycoon/
614 Vgl.: https://www.motherjones.com/crime-justice/2021/06/russian-sergey-grishin-421-media-billionaire-instagram-content-farm-trump-threats/
615 Vgl.: https://www.motherjones.com/crime-justice/2021/06/russian-sergey-grishin-421-media-billionaire-instagram-content-farm-trump-threats/
616 Vgl.: https://www.motherjones.com/crime-justice/2021/06/russian-sergey-grishin-421-media-billionaire-instagram-content-farm-trump-threats/
617 Vgl.: https://www.motherjones.com/crime-justice/2021/06/russian-sergey-grishin-421-media-billionaire-instagram-content-farm-trump-threats/
618 Vgl.: https://www.businessinsider.com/sg-financial-dovi-frances-profile-2014-4
619 Vgl.: https://www.thesun.co.uk/news/12406433/meghan-harry-house-linked-to-three-mysterious-businessmen-20m-scam/
620 Vgl.: https://www.dailymail.co.uk/news/article-8739489/Ex-love-Russian-sold-14-7m-Montecito-home-Harry-Meghan-tells-death-threats.html
621 Vgl.: https://calert.info/details.php?id=1501

622 Vgl.: https://www.businessinsider.com/sg-financial-dovi-frances-profile-2014-4
623 https://www.wsj.com/articles/instagrams-content-factories-are-hugeand-a-growing-problem-for-facebook-11569510271
624 Vgl.: https://www.motherjones.com/crime-justice/2021/06/russian-sergey-grishin-421-media-billionaire-instagram-content-farm-trump-threats/
625 Vgl.: https://www.motherjones.com/crime-justice/2021/06/russian-sergey-grishin-421-media-billionaire-instagram-content-farm-trump-threats/
626 Vgl.: https://www.businessinsider.com/sg-financial-dovi-frances-profile-2014-4
627 Vgl.: https://www.dailymail.co.uk/news/article-8624021/The-Scarface-oligarch-sold-Meghan-Harry-cut-price-mansion.html
628 Vgl.: https://www.imcgrupo.com/billionaire-investor-sergey-grishin-opens-up-about-the-world-economy/
629 Vgl.: https://life.ru/p/1173114
630 Vgl.: https://life.ru/p/1173114
631 Vgl.: https://www.ntv.ru/novosti/2122342/, Minute 10:28
632 Vgl.: https://www.dailymail.co.uk/news/article-8624021/The-Scarface-oligarch-sold-Meghan-Harry-cut-price-mansion.html
633 Vgl.: https://life.ru/p/1173114
634 Vgl.: https://www.ntv.ru/novosti/2122342/
635 Vgl.: https://life.ru/p/1173114
636 Vgl.: https://www.motherjones.com/crime-justice/2021/06/russian-sergey-grishin-421-media-billionaire-instagram-content-farm-trump-threats/
637 https://www.motherjones.com/crime-justice/2021/06/russian-sergey-grishin-421-media-billionaire-instagram-content-farm-trump-threats/
638 Vgl.: https://www.hellomagazine.com/homes/20230222165056/prince-harry-meghan-markle-montecito-house-10-million-pound-saving/
639 Vgl.: https://lenta.ru/articles/2020/07/21/grish/
640 Vgl.: https://www.ntv.ru/novosti/2122342/, Minute 07:22
641 Aussage des Sicherheitschefs von Tengelmann gegenüber vier RTL-Journalisten während des ganztägigen »Workshops« am 16.02.2021
642 Namen der Redaktion bekannt
643 Vgl.: WhatsApp von »Vadim« (Quelle der Redaktion bekannt) vom 14.05.2021, 10:18 Uhr
644 Vgl.: WhatsApp von »Vadim« (Quelle der Redaktion bekannt) vom 14.05.2021, 10:18 Uhr
645 Telefonat mit »Vadim« (Quelle der Redaktion bekannt) am 16.05.2021 um 13:57 Uhr
646 Telefonat mit »Vadim« (Quelle der Redaktion bekannt) am 16.05.2021 um 13:57 Uhr
647 Vgl.: https://www.businessinsider.de/wirtschaft/interne-tengelmann-ermittlungen-verschollener-milliardaer-karl-erivan-haub-soll-verbindungen-zum-russischen-geheimdienst-gehabt-haben-c/
648 Vgl.: WhatsApp an Journalist vom 18.02.2021, 20:19 Uhr
649 Vgl.: WhatsApp an Journalist vom 21.02.2021, 07:41 Uhr
650 Vgl.: WhatsApp an Journalist vom 21.02.2021, 22:31 Uhr
651 Vgl.: https://www.businessinsider.de/wirtschaft/interne-tengelmann-ermittlungen-verschollener-milliardaer-karl-erivan-haub-soll-verbindungen-zum-russischen-geheimdienst-gehabt-haben-c/
652 Vgl.: WhatsApp vom 22.02.2021 um 02:29 Uhr
653 Vgl.: https://www.n-tv.de/wirtschaft/Hatte-Haub-Kontakt-zum-russischen-Geheimdienst-article22378190.html
654 Vgl.: WhatsApp vom 22.02.2021 um 16:33 Uhr
655 Aussagen von Quelle aus dem Umfeld des Unternehmens (Name der Redaktion bekannt)
656 Aussagen von Quelle aus dem Umfeld des Unternehmens (Name der Redaktion bekannt)
657 Vgl.: E-Mail vom 23.02.2021 um 10:58 Uhr
658 Vgl.: E-Mail vom 23.02.2021 um 10:58 Uhr
659 Vgl.: E-Mail vom 23.02.2021 um 23:48 Uhr
660 Vgl.: E-Mail vom 23.02.2021 um 23:48 Uhr
661 Vgl.: E-Mail vom 23.02.2021 um 00:37 Uhr

662 Vgl.: E-Mail vom 23.02.2021 um 00:37 Uhr
663 Vgl.: E-Mail vom 23.02.2021 um 00:37 Uhr
664 Vgl.: E-Mail vom 23.02.2021 um 12:43 Uhr
665 Vgl.: https://www.businessinsider.de/wirtschaft/interne-tengelmann-ermittlungen-verscholle-ner-milliardaer-karl-erivan-haub-soll-verbindungen-zum-russischen-geheimdienst-gehabt-ha-ben-c/
666 Vgl.: E-Mail vom 23.02.2021 um 12:43 Uhr
667 Vgl.: https://www.bild.de/bild-plus/unterhaltung/leute/leute/tengelmann-chef-kat-rin-haub-will-ehemann-fuer-tot-erklaeren-lassen-75199412.bild.html
668 Vgl.: https://www.waz.de/wirtschaft/wirtschaft-in-nrw/wende-im-fall-haub-familie-jetzt-auch-fuer-todeserklaerung-id231466555.html
669 Vgl.: https://www.handelsblatt.com/unternehmen/mittelstand/familienunternehmer/handelskonzern-tengelmann-miteigentuemer-zieht-antrag-auf-todeserklaerung-fuer-karl-eri-van-haub-zurueck/26827782.html
670 Vgl.: https://www.waz.de/wirtschaft/wirtschaft-in-nrw/tengelmann-georg-haub-zieht-an-trag-auf-todeserklaerung-zurueck-id231347500.html
671 Vgl.: https://www.faz.net/aktuell/wirtschaft/unternehmen/erbe-von-karl-erivan-haub-milliar-denstreit-um-tengelmann-17002224.html
672 Vgl.: https://www.ag-koeln.nrw.de/behoerde/presse/ZT_AG/Pressemitteilungen/PM-16-03-2021--Todeserklaerungsverfahren-Haub.pdf
673 Vgl.: PowerPoint-Präsentation der internen Ermittler vom 16.02.2021, Seite 25
674 Vgl.: https://www.n-tv.de/wirtschaft/Hatte-Haub-Kontakt-zum-russischen-Geheimdienst-artic-le22378190.html
675 Aussage des Sicherheitschefs von Tengelmann gegenüber vier RTL-Journalisten während des ganztägigen »Workshops« am 16.02.2021
676 Vgl.: https://www.n-tv.de/panorama/Ex-Tengelmann-Chef-offiziell-tot-Ist-Karl-Eri-van-Haub-in-Russland-untergetaucht-article23251498.html
677 https://www.n-tv.de/panorama/Ex-Tengelmann-Chef-offiziell-tot-Ist-Karl-Erivan-Haub-in-Russ-land-untergetaucht-article23251498.html
678 Vgl.: E-Mail »Offene Punkte im Deal« vom 13.05.2021 um 23:21 Uhr
679 Vgl.: PDF »Zusammenfassung Kommunikation mit Ermittlungsberater und Leiter der inter-nen Ermittlungen« vom 09.05.2021 um 15:19 Uhr
680 Vgl.: https://life.ru/p/1173114
681 Vgl.: Interne Auswertung vom 03.03.2022
682 Vgl.: https://www.n-tv.de/wirtschaft/Hatte-Haub-Kontakt-zum-russischen-Geheimdienst-artic-le22378190.html
683 Vgl.: https://www.bild.de/news/ausland/karl-erivan-haub/verschollen-im-eis-55371130.bild.html
684 Vgl.: https://www.pdg.ch/de/le-parcours/
685 Vgl.: https://www.pdg.ch/de/historique-de-la-pdg/
686 Vgl.: https://www.zermatt.ch/Media/Wanderungen-Touren-finden/Schwarztor
687 Vgl.: Protokoll Sicherheitsvorfall / Vermisst-Meldung Karl-Erivan W. Haub
688 Vgl.: Protokoll Sicherheitsvorfall / Vermisst-Meldung Karl-Erivan W. Haub
689 Vgl.: https://www.n-tv.de/wirtschaft/Hatte-Haub-Kontakt-zum-russischen-Geheimdienst-artic-le22378190.html
690 Vgl.: https://www.n-tv.de/wirtschaft/Hatte-Haub-Kontakt-zum-russischen-Geheimdienst-artic-le22378190.html
691 Vgl.: RTL-Dokumentation »Tengelmann: Das mysteriöse Verschwinden eines Milliardärs«, Minute 01:08:43
692 Vgl.: PDF-Auskunft aus dem Gewerberegister gemäß § 14 Abs. 7 GewO zu Nerses B. vom 04.03.2021
693 Name der Redaktion bekannt
694 Vgl.: E-Mail an Chefin vom 09.05.2021 um 10:55 Uhr
695 Vgl.: Interview mit Ermittlungsberater in der RTL-Dokumentation »Tengelmann: Das mysteri-öse Verschwinden eines Milliardärs«, Minute 16:33

696 Vgl.: Interview mit Ermittlungsberater in der RTL-Dokumentation »Tengelmann: Das mysteriöse Verschwinden eines Milliardärs«, Minute 32:09

697 Vgl.: Interview mit Ermittlungsberater in der RTL-Dokumentation »Tengelmann: Das mysteriöse Verschwinden eines Milliardärs«, Minute 20:20

698 Vgl.: Interview mit Ermittlungsberater in der RTL-Dokumentation »Tengelmann: Das mysteriöse Verschwinden eines Milliardärs«, Minute 1:06:41

699 Vgl.: https://www.ag-koeln.nrw.de/behoerde/presse/ZT_AG/Pressemitteilungen/PM-16-03-2021--Todeserklaerungsverfahren-Haub.pdf

700 Vgl.: E-Mail an Chefin vom 09.05.2021 um 10:55 Uhr

701 Vgl.: E-Mail vom 06.05.2021 um 10:22 Uhr

702 Name der Redaktion bekannt

703 Vgl.: Fax an das Amtsgericht Köln vom 10.05.2021

704 Vgl.: Fax an das Amtsgericht Köln vom 10.05.2021

705 https://www.n-tv.de/panorama/Ex-Tengelmann-Chef-offiziell-tot-Ist-Karl-Erivan-Haub-in-Russland-untergetaucht-article23251498.html

706 https://www.n-tv.de/panorama/Ex-Tengelmann-Chef-offiziell-tot-Ist-Karl-Erivan-Haub-in-Russland-untergetaucht-article23251498.html

707 Vgl.: Fax an das Amtsgericht Köln vom 10.05.2021, Seite 4

708 Vgl.: Abschlussbericht Zermatt RU 2, Seite 2

709 Vgl.: E-Mail von Sergej Maier an Chefin vom 09.05.2021 um 13:53 Uhr

710 Vgl.: https://www.ag-koeln.nrw.de/behoerde/presse/ZT_AG/Pressemitteilungen/PM-Todeserklaerung-Haub-II.PDF

711 Vgl.: https://www.bild.de/bild-plus/unterhaltung/leute/leute/tengelmann-chef-fuer-tot-erklaert-witwe-katrin-wird-jetzt-milliardaerin-76399260.bild.html

712 Vgl.: https://www.bild.de/bild-plus/unterhaltung/leute/leute/tengelmann-milliardaer-haub-offiziell-tot-aber-das-mysterium-ist-weiter-ungeloes-76751398.bild.html

713 Vgl.: https://www.bild.de/bild-plus/unterhaltung/leute/leute/tengelmann-milliardaer-haub-offiziell-tot-aber-das-mysterium-ist-weiter-ungeloes-76751398.bild.html

714 Vgl.: https://www.bild.de/bild-plus/unterhaltung/leute/leute/tengelmann-milliardaer-haub-offiziell-tot-aber-das-mysterium-ist-weiter-ungeloes-76751398.bild.html

715 Vgl.: https://www.bild.de/bild-plus/unterhaltung/leute/leute/tengelmann-chef-fuer-tot-erklaert-witwe-katrin-wird-jetzt-milliardaerin-76399260.bild.html

716 Vgl.: https://www.bild.de/bild-plus/unterhaltung/leute/leute/tengelmann-milliardaer-haub-offiziell-tot-aber-das-mysterium-ist-weiter-ungeloes-76751398.bild.html

717 Vgl.: https://www.bild.de/bild-plus/unterhaltung/leute/leute/tengelmann-milliardaer-haub-offiziell-tot-aber-das-mysterium-ist-weiter-ungeloes-76751398.bild.html

718 Vgl.: RTL-Dokumentation »Tengelmann: Das mysteriöse Verschwinden eines Milliardärs«, Minute 01:12:04

719 Vgl.: PDF-Auskunft aus dem Gewerberegister gemäß § 14 Abs. 7 GewO zu Nerses B. vom 04.03.2021

720 Aussage des Sicherheitschefs von Tengelmann gegenüber vier RTL-Journalisten während des ganztägigen »Workshops« am 16.02.2021

721 Vgl.: https://www.instagram.com/tv/CKJdhLtoQZs/?utm_source=ig_web_copy_link

722 Vgl.: https://www.ihk.de/rhein-neckar/international/maerkte-international/russland/personal-arbeitsrecht-loehne/loehne-in-russland-951132

723 Vgl.: https://www.eurotopics.net/de/217691/was-sagt-das-plumpsklo-ueber-russland-aus#

724 Vgl.: https://www.amnesty.org/en/latest/research/2021/07/forensic-methodology-report-how-to-catch-nso-groups-pegasus/

725 Vgl.: https://www.instagram.com/p/CP1JZVOhdVE/?utm_source=ig_web_copy_link

726 Vgl.: https://www.mdr.de/nachrichten/welt/osteuropa/land-leute/russland-moskau-platz-drei-bahnhoefe-bahn-100.html

727 Vgl.: https://de.wikipedia.org/wiki/Sapsan

728 Vgl.: https://rail.cc/de/zug/moskau-nach-sankt-petersburg

729 Vgl.: https://www.saarbruecker-zeitung.de/nachrichten/politik/topthemen/skripal-verdaechtigte-wollen-touristen-gewesen-sein_aid-32952315

730 Vgl.: https://www.heise.de/newsticker/meldung/Moskau-ergaenzt-Videoueberwachung-mit-automatischer-Gesichtserkennung-3847485.html

731 Vgl.: 201 Seiten Reisedaten von Veronika E., Spalte 304

732 Vgl.: 201 Seiten Reisedaten von Veronika E., Spalte 320

733 Vgl.: 201 Seiten Reisedaten von Veronika E., Spalte 333

734 Vgl.: 201 Seiten Reisedaten von Veronika E., Spalte 307

735 Vgl.: 201 Seiten Reisedaten von Veronika E., Spalte 317

736 Vgl.: 201 Seiten Reisedaten von Veronika E., Spalte 331

737 Vgl.: 201 Seiten Reisedaten von Veronika E., Spalte 302

738 Vgl.: 201 Seiten Reisedaten von Veronika E., Spalte 309

739 Vgl.: 201 Seiten Reisedaten von Veronika E., Spalte 335

740 Vgl.: 201 Seiten Reisedaten von Veronika E., Spalte 339

741 Vgl.: 201 Seiten Reisedaten von Veronika E., Spalte 340

742 Vgl.: 201 Seiten Reisedaten von Veronika E., Spalte 352

743 Vgl.: https://www.google.com/maps/place/Natakhtari/@55.7593548,37.6236271,16.43z/data=!4m5!3m4!1s0x0:0xa544ddb664d34998!8m2!3d55.7572229!4d37.6283616

744 Vgl.: E-Mail an Chefin vom 09.05.2021 um 10:55 Uhr

745 Vgl.: E-Mail vom 14.06.2021 um 12:53 Uhr

746 Vgl.: E-Mail von Rechtsanwältin vom 15.06.2021 um 17:37 Uhr

747 Vgl.: https://www.manager-magazin.de/unternehmen/handel/tengelmann-christian-haub-uebernimmt-anteile-der-erben-von-karl-erivan-haub-a-7d426be3-f544-46b3-b453-7e145b96ec6b

748 Vgl.: https://www.manager-magazin.de/unternehmen/handel/tengelmann-christian-haub-uebernimmt-anteile-der-erben-von-karl-erivan-haub-a-7d426be3-f544-46b3-b453-7e145b96ec6b

749 Vgl.: Fotos vom 04.01.2022

750 Vgl.: E-Mail von »Igor Swerew« vom 10.08.2021 um 12:34 Uhr

751 Vgl.: E-Mail von »Igor Swerew« vom 10.08.2021 um 12:34 Uhr

752 Vgl.: E-Mail von »Igor Swerew« vom 10.08.2021 um 12:34 Uhr

753 Vgl.: E-Mail von »Igor Swerew« vom 27.07.2021 um 12:34 Uhr

754 Vgl.: https://www.instagram.com/p/CZY9F8bosWj/?utm_source=ig_web_copy_link

755 Vgl.: https://www.n-tv.de/panorama/Ex-Tengelmann-Chef-offiziell-tot-Ist-Karl-Erivan-Haub-in-Russland-untergetaucht-article23251498.html

756 Vgl.: https://www.lebensmittelzeitung.net/handel/nachrichten/investor-erwirbt-obi-märkte-in-russland-fuer-zehn-Euro-166679?crefresh=1

757 Vgl.: https://www.lebensmittelzeitung.net/handel/nachrichten/Joint-Venture-Obi-baut-Russlandgeschaeft-aus-124301

758 Vgl.: https://www.forbes.ru/biznes/474131-mne-bylo-obidno-smotret-na-eto-pervoe-interv-u-novogo-vladel-ca-obi-v-rossii

759 Vgl.: https://www.kp.ru/daily/27432/4633444/

760 Vgl.: https://www.derwesten.de/panorama/vermischtes/obi-russland-markt-tengelmann-christian-haub-id235082683.html

761 Vgl.: https://www.forbes.ru/biznes/474131-mne-bylo-obidno-smotret-na-eto-pervoe-interv-u-novogo-vladel-ca-obi-v-rossii

762 Vgl.: https://www.forbes.ru/biznes/474131-mne-bylo-obidno-smotret-na-eto-pervoe-interv-u-novogo-vladel-ca-obi-v-rossii

763 Vgl.: https://www.business-vector.info/u-obi-novye-vladelcy-146335/

764 Vgl.: https://www.companyhouse.de/Josef-Liokumowitsch-Berlin

765 Vgl.: Bericht Top-Manager, Seite 6

766 Vgl.: https://daily.afisha.ru/news/66674-novyy-vladelec-rossiyskogo-biznesa-obi-kupil-ego-za-600-rubley/

767 Vgl.: https://retailer.ru/jozef-liokumovich-novyj-vladelec-obi-vesnoj-sredi-rossijskih-top-menedzherov-byli-te-kto-uzhe-videl-sebja-vladelcami-kompanii/

768 Vgl.: http://ereforum.org/աշխարհահռչակ-սուպերմարկա-ընկերությ/?lang=ru

769 Aussage des Sicherheitschefs von Tengelmann gegenüber vier RTL-Journalisten während des ganztägigen »Workshops« am 16.02.2021

770 Vgl.: https://www.bild.de/regional/ruhrgebiet/ruhrgebiet-aktuell/zermatt-gletscher-lei-che-ist-es-tengelmann-milliardaer-karl-erivan-haub-80939154.bild.html

771 Vgl.: https://www.alpin.de/home/news/53186/artikel_zermatt_gletscher_gibt_nach_32_jah-ren_leiche_eines_deutschen_bergsteigers_frei.html

772 Vgl.: https://www.merkur.de/welt/schweizer-alpen-gletscher-leiche-skelett-vermissten-deut-schen-fund-ba-wue-91756251.html

773 Vgl.: https://www.canadagoose.com/ca/en/shop/pbi-collection/

774 WhatsApp an Katrin Haub vom 15.11.2022 um 13:38 Uhr

775 Vgl.: https://www.datenschutzkonferenz-online.de/media/oh/20190405_oh_positionspapier_biometrie.pdf

776 Vgl.: https://www.m-vg.de/finanzbuchverlag/shop/article/20329-die-wirecard-story/

777 Aussagen eines BKA-Beamten, Name der Redaktion bekannt

778 Vgl.: E-Mail Pressestelle BKA, vom 24.11.2022 um 9:06 Uhr

779 Vgl.: https://www.n-tv.de/panorama/Ex-Tengelmann-Chef-offiziell-tot-Ist-Karl-Eri-van-Haub-in-Russland-untergetaucht-article23251498.html

780 Aussage des Sicherheitschefs von Tengelmann gegenüber vier RTL-Journalisten während des ganztägigen »Workshops« am 16.02.2021

781 Vgl.: Quelle liegt der Redaktion vor

782 Vgl.: Quelle liegt der Redaktion vor

783 Vgl.: Quelle liegt der Redaktion vor

784 Vgl.: Quelle liegt der Redaktion vor

785 Vgl.: Quelle liegt der Redaktion vor

786 Vgl.: Quelle liegt der Redaktion vor

787 Vgl.: Quelle liegt der Redaktion vor

788 Vgl.: E-Mail von Rechtsanwältin vom 15.06.2021 um 17:37 Uhr

789 Vgl.: E-Mail vom 14.06.2021 um 12:53 Uhr

790 Vgl.: http://www.russianevent.com/get-to-know-us.php

791 Vgl.: https://www.n-tv.de/panorama/Ex-Tengelmann-Chef-offiziell-tot-Ist-Karl-Eri-van-Haub-in-Russland-untergetaucht-article23251498.html

792 Vgl.: E-Mail Pressestelle BKA, vom 24.11.2022 um 09:06 Uhr

793 https://life.ru/p/1173114

794 https://www.ntv.ru/novosti/2122342/, Minute 10:28

795 https://www.rtl.de/cms/sergey-grishin-kritisierte-putin-jetzt-ist-er-tot-war-es-wirklich-eine-blutvergiftung-5033752.html

796 https://life.ru/p/1173114

797 Vgl.: E-Mail an Krisenmanager und Christian Haub vom 03.02.2021 um 23:13 Uhr

798 Vgl.: https://www.manager-magazin.de/unternehmen/handel/georg-und-christian-haub-ten-gelmann-brueder-beenden-ihren-gerichtsstreit-a-64ce9ab9-fae6-4dea-aed3-45c98ce3ccba

799 https://www.n-tv.de/panorama/Ex-Tengelmann-Chef-offiziell-tot-Ist-Karl-Erivan-Haub-in-Russ-land-untergetaucht-article23251498.html

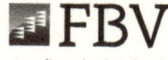